湖北省学术著作出版专项资金资助项目

数字信息资源与服务创新研究丛书

基于用户-资源关联的社会化推荐研究

Study on Social Recommendation Based on the Association of Users-Resources

胡吉明 著

武汉大学出版社

图书在版编目(CIP)数据

基于用户-资源关联的社会化推荐研究/胡吉明著.—武汉：武汉大学出版社,2017.10
数字信息资源与服务创新研究丛书
ISBN 978-7-307-18834-1

Ⅰ.基… Ⅱ.胡… Ⅲ.社会化—数字信息—信息管理—研究
Ⅳ.G203

中国版本图书馆 CIP 数据核字(2016)第 274980 号

责任编辑：程牧原　　责任校对：李孟潇　　版式设计：马　佳

出版发行：**武汉大学出版社**　（430072　武昌　珞珈山）
（电子邮件：cbs22@whu.edu.cn　网址：www.wdp.com.cn）
印刷：武汉中远印务有限公司
开本：720×1000　1/16　印张：25　字数：360 千字　插页：1
版次：2017 年 10 月第 1 版　　2017 年 10 月第 1 次印刷
ISBN 978-7-307-18834-1　　定价：80.00 元

版权所有，不得翻印；凡购我社的图书，如有质量问题，请与当地图书销售部门联系调换。

CONTENTS 目 录

第1章 绪论 ·· 1
  1.1 研究背景与意义 ·· 2
    1.1.1 研究背景 ·· 2
    1.1.2 研究意义 ·· 8
  1.2 研究内容与结构 ·· 11
  1.3 研究目标与关键问题 ·· 15
  1.4 技术路线与研究方法 ·· 16
  1.5 研究特色与创新点 ··· 18
    1.5.1 研究特色 ··· 19
    1.5.2 研究创新点 ··· 20

第2章 社会网络环境下信息推荐研究进展 ··································· 21
  2.1 信息推荐研究发展的总体脉络 ··· 21
    2.1.1 信息推荐研究的基本理论 ··· 21
    2.1.2 社会化推荐研究的提出 ·· 31
  2.2 国外信息推荐研究进展 ··· 35
    2.2.1 传统推荐瓶颈与用户关系的作用机制分析 ················ 37
    2.2.2 基于关系网络的社会化推荐 ···································· 38

目 录

  2.2.3 基于标签标注的社会化推荐 ……………………………… 40
  2.2.4 基于信任关系的社会化推荐 ……………………………… 42
  2.2.5 基于关系情境的社会化推荐 ……………………………… 44
 2.3 国内信息推荐研究进展 …………………………………………… 45
  2.3.1 社会化推荐模式分析 ……………………………………… 46
  2.3.2 传统推荐的"社会化"改进 ……………………………… 46
  2.3.3 基于关系网络的社会化推荐 ……………………………… 47
  2.3.4 基于社会化标注的推荐 …………………………………… 48
 2.4 研究现状评析 ……………………………………………………… 50

第3章 社会化网络服务中的用户关系特征及其演化 ………… 53
 3.1 基于用户关系的社会化网络服务发展与构架 …………………… 54
  3.1.1 社会网络环境下网络服务的社会化发展 ………………… 54
  3.1.2 基于用户关系的社会化网络服务构架 …………………… 61
 3.2 社会化网络服务中的用户关系特征与演化 ……………………… 65
  3.2.1 网络服务中的用户关系形成 ……………………………… 66
  3.2.2 社会化网络服务中的用户关系结构 ……………………… 69
  3.2.3 社会化网络服务中的用户关系演化 ……………………… 80
 3.3 用户关系网络结构与演化规律的仿真描述 ……………………… 84
  3.3.1 用户关系网络研究的理论基础 …………………………… 84
  3.3.2 用户关系网络的拓扑结构仿真 …………………………… 88
  3.3.3 用户关系扩散的指数规律仿真 …………………………… 94
 3.4 总结 ………………………………………………………………… 98

第4章 基于用户关系的信息传播机制与影响作用 …………… 100
 4.1 社会网络环境下的信息传播机制 ………………………………… 101
  4.1.1 社会网络环境下的信息传播变革 ………………………… 101
  4.1.2 网络信息传播要素 ………………………………………… 105
  4.1.3 基于用户关系的信息传播及其演化 ……………………… 110
 4.2 社会化网络服务中用户关系与信息传播的关系 ………………… 114
  4.2.1 微博的信息传播模式 ……………………………………… 114

4.2.2 信息传播中的用户关系分类结构 …………………………… 118
4.2.3 用户关系结构与信息传播的关系 …………………………… 122
4.3 用户关系对信息传播的影响作用分析 ………………………… 125
4.3.1 基于用户关系的信息传播调研 ……………………………… 125
4.3.2 基于用户关系的信息传播影响因素分析 …………………… 129
4.4 大数据环境下信息传播的新发展 ……………………………… 138
4.4.1 基于大数据的云信息传播 …………………………………… 138
4.4.2 云信息传播模式的推动作用 ………………………………… 141
4.5 总结 ……………………………………………………………… 143

第5章 推荐系统中基于关系社区发现的用户建模与更新 … 145
5.1 推荐服务中的社区关系与用户建模 …………………………… 146
5.1.1 推荐服务中的用户网络社区关系 …………………………… 147
5.1.2 基于社区关系的用户建模 …………………………………… 151
5.2 社会网络环境下的用户关系社区发现 ………………………… 159
5.2.1 复杂网络中的社区发现 ……………………………………… 160
5.2.2 基于模块度改进的关系社区发现 …………………………… 165
5.3 基于关系社区的双层用户建模 ………………………………… 171
5.3.1 基于社区和个体模型加权融合的用户建模 ………………… 171
5.3.2 基于主题层次树和语义向量空间模型的用户建模 ………… 175
5.3.3 基于语义向量空间模型的用户需求趋向表示 ……………… 183
5.4 用户模型的动态更新 …………………………………………… 185
5.4.1 用户模型动态更新方法 ……………………………………… 185
5.4.2 用户模型的动态更新实现 …………………………………… 189
5.5 实验分析 ………………………………………………………… 191
5.6 总结 ……………………………………………………………… 194

第6章 推荐系统中用户关系导向下的内容语义挖掘
与关联 ………………………………………………………… 197
6.1 用户关系导向下的语义关联与内容挖掘 ……………………… 198
6.1.1 用户关系与需求内容的关联 ………………………………… 198

6.1.2　用户-资源关联组织与内容挖掘 …………………………… 200
6.2　基于 LDA 主题模型的信息内容挖掘 ……………………………… 203
6.2.1　信息内容挖掘研究的基本理论与发展 ………………………… 203
6.2.2　基于概率主题模型的文本挖掘 ………………………………… 211
6.2.3　基于动态 LDA 主题模型的内容挖掘 …………………………… 223
6.2.4　基于主题相似度和强度度量的主题演化 ……………………… 230
6.3　内容挖掘中基于语义向量空间模型的文本建模 …………………… 232
6.3.1　基于向量空间模型的文本建模 ………………………………… 233
6.3.2　文本建模中的语义向量空间模型构建 ………………………… 236
6.3.3　基于语义相似度的文本建模改进 ……………………………… 241
6.4　基于超球支持向量机的文本分类与关联 …………………………… 246
6.4.1　基于超球支持向量机的文本分类模型 ………………………… 246
6.4.2　基于改进 HS-SVM 的文本分类实现 …………………………… 251
6.4.3　基于语义向量的文本内容关联 ………………………………… 256
6.5　实验分析 ……………………………………………………………… 260
6.5.1　LDA 主题提取和演化的实验分析 ……………………………… 260
6.5.2　文本分类的实验分析 …………………………………………… 262
6.6　总结 …………………………………………………………………… 265

第 7 章　基于用户-资源关联和物理动力学的社会化推荐 …… 268
7.1　基于用户-资源关联关系的社会化小众推荐服务 ………………… 270
7.1.1　社会化推荐服务及用户-资源关联关系 ………………………… 270
7.1.2　基于小众化的协同过滤推荐改进 ……………………………… 275
7.2　基于物质扩散和用户-资源二部关联图的社会化推荐 …………………………………………………………………… 285
7.2.1　用户-资源二部关联图中基于物质扩散的推荐 ………………… 287
7.2.2　基于用户-资源二部关联图推荐的社会化改进 ………………… 291
7.3　基于热传导和物质扩散混合的社会化小众推荐 …………………… 294
7.3.1　基于热传导能量扩散的小众推荐机制 ………………………… 294
7.3.2　基于热传导和物质扩散混合的推荐实现 ……………………… 299
7.4　基于用户-资源-词汇三部关联图的社会化小众

推荐实现 ·································· 301
    7.4.1 推荐实现中三部关联图的应用 ··············· 301
    7.4.2 基于三部关联图的推荐实现 ················ 304
  7.5 实验分析 ································ 306
    7.5.1 实验数据集处理 ······················ 306
    7.5.2 推荐性能评价指标 ···················· 308
    7.5.3 实验结果分析 ······················· 310
  7.6 总结 ································· 318

第8章 案例与实证 ···························· 321
  8.1 微博服务中的社会化信息推荐实现 ··············· 321
    8.1.1 微博信息结构与数据处理 ················· 322
    8.1.2 基于 LDA 的微博文本挖掘 ················ 327
    8.1.3 基于用户-微博文本-词汇三部关联图的微博推荐实现 ····· 331
  8.2 高校数字图书馆面向知识社区关系的交互推荐
    服务组织 ······························ 334
    8.2.1 高校数字图书馆基于知识社区的社会化服务推进 ······ 335
    8.2.2 武汉大学数字图书馆基于资源整合的知识社区服务建设 ··· 339
    8.2.3 武汉大学数字图书馆基于交互和推荐的知识社区
        服务拓展 ························· 343
  8.3 总结 ································· 348

第9章 总结与展望 ···························· 351
  9.1 全书总结 ······························ 351
  9.2 研究不足 ······························ 354
  9.3 研究展望 ······························ 355

参考文献 ································ 357

第 1 章 绪　　论

　　在社会网络环境下，用户的信息需求和行为模式、资源组织的策略和方法以及推荐服务的实现都有别于传统的网络服务模式，是一种全新的变革。众所周知，社会化网络服务的研究和应用需要多个学科领域的理论与方法作为支撑，研究体系庞大，包含内容繁多。基于此，本书仅仅选取其中的一个方向——基于用户关系的信息推荐服务展开相关的研究工作，以用户关系为中心，构建用户-资源关联网络，在语义层面对信息资源进行内容挖掘和关联，实现面向用户社群化和小众化需求的资源推荐服务，以期在理念、思路和方法上拓展信息资源挖掘与推荐服务实现的研究与应用。

　　本研究从信息服务的社会化变革出发，根据当前社会化网络服务的发展和运行状态，分析基于社会化行为而形成的用户关系网络结构和其演化特征，及其对信息服务的社会化进程和信息流机制的影响；在用户关系社区内基于主题层次树进行用户需求偏好建模和更新；根据当前环境下信息资源文本内容的特点，基于 LDA 主题模型、SVSM 和 HS-SVM 展开资源文本建模和分类基础上的语义关联研究，实现用户-资源-特征词的三部关联；加权混合二部关联图构建三部关联图，基于物质扩散和热传导理论，进行推荐列表生成；最后，从网络应用和学术知识社区两个角度进行案例与实证分析，深化研究工作。

1.1 研究背景与意义

随着信息技术的发展,网络服务对用户生活、工作、学习以及思维模式产生了重大的影响。近年来,基于 SNS 的服务应用已成为网络服务的核心,带来了网络服务理念的升级,冲击了传统的信息服务模式。众所周知,新服务模式的产生是众多因素综合作用的结果;与此同时,新服务模式的产生与发展又反作用于环境中的其他元素,如对服务中用户的影响,包括用户需求的变革、用户角色的转换及用户关系的演化。这就需要重新审视和考虑面向用户的信息服务开展问题;将用户关系及其他关联关系嵌入网络服务中,能够深度开发信息资源,促进知识的应用和创新,对提升服务质量具有重要的现实意义。

1.1.1 研究背景

笔者一直从事"数字信息资源管理与服务"相关领域的研究,通过导师胡昌平教授主持的多个国家级重大项目工作的历练,对网络环境下信息服务体系与运行机制有了深层次的认识和把握。同时,笔者主持了国家自然科学基金青年科学基金项目"社会网络环境下基于用户-资源关联的信息推荐研究"(71303178)和教育部人文社会科学青年基金项目"社会网络环境下信息内容主题挖掘与语义分类研究"(13YJC870008),对社会网络环境下的资源挖掘与推荐服务问题有了深入研究。而本书也是在这两个项目的研究成果积累和深化的基础上,归纳提炼而成。

本书的研究主要集中于以下几个方面:社会网络环境下用户需求与信息行为研究,以及由此产生的用户关联模式;网络服务中的用户关系演化规律研究,如其演化动因、结构与趋势分析;用户关系作用下的需求建模,最终落脚于社会网络环境下的信息资源语义挖掘及推荐服务实现研究。这些前期研究为本书的选题奠定了基础;同时,基于以下两个方面的考虑,将本书选题定为"基于用户-资源关联的社会化推荐研究"。

(1) 社会化网络服务中的现实问题

从社会人的角度讲,每个人的生活是整个社会中的一个组成部分,必须不断地适应和改造社会,进行"社会化"①过程;即在认识自然和改造自然的过程中建立起互动的社会关系,形成所共同认可的规则或规范,以更好地适应社会和改造社会的过程。同时,与个人行为相关的社会活动也随之进入社会化进程,如规范、制度、文化与次文化等。因此,互联网及网络服务也在进行着相应的社会化过程。

目前,在互联网的支持下,生活已逐渐从物理空间扩展到虚拟空间,将时间和空间进行了很大程度的消弭和压缩,全球都被迅速地纳入其中且逐渐变小,形成了一个小小的村落——地球村②。交互式理念和技术的广泛应用,促进了互联网的社会化进程,即网络的社会化或社会的网络化③,从而产生了社会网络环境。社会网络环境下知识信息交流和情感沟通方式的巨变导致了信息服务的革命性变革——社会网络环境下信息服务的社会化变革。

互联网社会化中,网络技术逐渐成熟,用户将逐渐降低对技术的新鲜感,对服务的期望由"技术"转向"认知";因此,用户对服务的要求不仅仅是其操作性和可用性,而是上升至亲和力和用户体验上。用户的角色从信息的接收者和使用者转变为信息和知识的创造者、共享者和传播者;在信息创造、共享和传播过程中,用户之间的关系得到加强,建立起属于自己的关系网络,形成具有共同需求偏好的社区群组,并接受社区的行为规范和价值观,用户与网络服务共同完成社会化过程。

综上所述,网络服务的社会化过程,即用户在网络服务中,通过各种社会化网络行为(评注、标签、同城、交友等)建立关系,形成复

---

① [德]盖奥尔格·西美尔.社会学:关于社会化形式的研究[M].林荣远,译.北京:华夏出版社,2002:2.

② [加]马歇尔·麦克卢汉.理解媒介:论人的延伸[M].何道宽,译.北京:商务印书馆,2000:7.

③ Kumar R, et al. Structure and Evolution of Online Social Networks[C]// Proceedings of 12th International Conference on Knowledge Discovery in Data Minining.New York:ACM Press,2006:611-617.

3

杂的关系网络的过程;而以此为基础所开展的服务则称为社会化网络服务(Social Networking Service,SNS)。社会化网络服务赋予了每个用户、每种服务其社会化属性,改变了以往的纯机器服务方式。首先,它基于关系构建功能,产生用户黏性;基于功能加强用户关系,通过关系提高功能的用户体验性。其次,在底层,信息过滤和信息推荐依附于用户关系而变得更有价值①,解决了信息的信任问题,也满足了用户的认同和社交需求;在高层,在人与人交流与分享的基础上,衍生出了更加有个性和精确的内容,以及多元化的社会化产品和服务。

  社会化网络服务开展的基础为基于用户关系的信息过滤与推荐。服务中的用户互动关系能够帮助系统和其他用户过滤和筛选信息;而且能够基于用户的各种社会化行为,如标注、评论、分享、协同编辑等,从语义层次上深度开发信息资源,使其转化为知识信息资源;而将两者结合则能够提高推荐服务的质量以及促进知识的转化和创新。

  众所周知,个性化信息推荐服务能够从信息海洋中为用户自动寻找和推荐所需的信息资源,满足用户的专业需求偏好,正受到研究界和用户越来越多的重视。信息推荐作为社会化网络服务开展的基础,推荐质量的优劣直接关系到整个 SNS 的良好运行。而传统的信息推荐方式因其推荐机理和算法实现上的缺陷,还只是单纯地通过进行信息项与用户需求或趋向的匹配达到推荐目的,无法有效解决用户需求漂移和满足用户社会化需求等问题,也无法实现资源的语义挖掘和深度开发。传统信息推荐方式忽视了用户和信息项背后所反映的重要信息——用户和信息资源之间所存在的关联关系(包括用户与用户之间的关系、用户与信息之间的关系以及信息与信息之间的关系),而这些"关联关系"恰恰能够为信息推荐效果和效率的提升提供新的解决思路;因此,社会化推荐服务(Social Recommendation

---

① Zhang J S. A Social Network Service-Oriented Architecture for Mass Customization[C]// International Conference on Computer Aided Industrial Design and Conceptual Design-CAID&CD. New York: Ieee, 2009: 2012-2015.

Service,SRS)应运而生。

(2)社会网络环境下的服务理论发展

网络环境下,信息服务的理论发展不断推进,在"面向用户"的信息服务理论框架下,针对不同的领域和服务要求,催生了多元的服务理论与实践。社会网络环境是互联网社会化进程中所产生的一种网络环境,在此环境下的信息服务运行与开展有别于其他系统或环境,在服务理念和方式等方面发生了变革。

随着现代信息技术的发展和网络环境的形成,信息的生成、传播和利用方式发生了革命性的变化。近年来,依托众多项目研究,围绕面向用户的信息服务理论,众多研究者对信息服务理论进行了深化和拓展。面向用户的信息资源整合与信息集成服务理论①,系统分析了现代信息技术条件下信息资源整合及其深层开发和分布共享,依据用户专门化、个性化、全方位和全程化的服务需求特点,突破当前的服务组织模式,将专门化服务从功能、内容上集成,最终构建了现代信息资源整合体制与集成服务体系。网络环境下的数字化信息服务理论,以数字化信息服务的组织发展为目标,研究面向用户的数字信息资源组织、数字信息服务业务系统构建、数字信息资源共享和整合,形成了数字化信息服务的组织原理与方法,提出了社会化、集成化和个性化信息服务的推荐策略②。

在分布、异构和动态的资源与技术环境中,要求实现跨系统的信息服务协同,信息服务的跨系统组织理论应运而生③;在资源组织层变革信息资源配置模式,在服务推进层进行协同构架下的服务集成。一方面从知识创新价值链的角度,进行跨系统协同服务的架构,侧重于协同信息服务组织模式、技术实现模式和业务拓展模式的确立和优化;另一方面根据系统之间的差别和异构,在协议基础上构建有机

---

① 胡昌平.面向用户的信息资源整合与服务[M].武汉:武汉大学出版社,2007.
② 焦玉英.数字化信息服务研究:2009年信息化与信息资源管理学术研讨会论文集[C].武汉:武汉大学出版社,2009.
③ 胡昌平.创新型国家的知识信息服务体系研究[M].北京:经济科学出版社,2011.

结合和互用的服务平台,实现基于协同服务平台的系统互操作。基于此,研究者进行了 e-Science 中跨系统的融汇服务研究①和学术知识社区中的信息聚合服务研究,并展开了信息服务的跨系统应用拓展。

  上述多为宏观上的服务理论研究,而在微观层次上,主要集中于交互式的服务理论研究。Web 2.0 和 SNS 交互理念与技术的广泛应用,催生了社会网络环境,而由此带来了此环境下的服务理论与实践研究。用户通过各种 Web 2.0 工具和应用开展信息交互、合作、分享等信息行为,对知识层面上的信息资源挖掘和服务质量的提升具有重要作用。基于 Web 2.0 的交互式信息服务理论,重视用户与用户间的交互关系,实现服务提供者、资源、用户三者之间的双边互动,利用 Web 2.0 服务理念和技术体系构建交互式信息服务平台,架起资源、服务提供者和用户之间的畅通信息渠道,实现信息提供与利用的优化,并探索了交互式服务的运营方式与推进策略②。由此开启了将社会网络环境下的关联关系(用户关系、信息关系、用户-信息关系)引入系统开展服务的相关研究。

  用户在社会中所形成的关系结构影响着社会行为(如经济决策行为、信息行为),研究者根据影响程度的不同形成了"低度社会化""过度社会化"③和"关系镶嵌"④理论,而关系镶嵌理论得到了广泛认同和应用。"关系镶嵌"理论认为个人在社会环境下,将会与周围的环境和他人不断地进行信息交换,不断地改变自己的偏好和决策;所以,个人的行为既是"自主"的,也是镶嵌在人际互动网络中,受到

---

  ① 张耀坤.信息服务的跨系统协同组织研究[D].武汉:武汉大学博士学位论文,2011.

  ② 邓胜利.基于用户体验的交互式信息服务[M].武汉:武汉大学出版社,2008.

  ③ [英]霍布斯.利维坦[M].黎思复,黎廷弼,译.北京:商务印书馆,2009;Williamson O E. The Economics of Organization: The Transaction Cost Approach. Author(s)[J]. The American Journal of Sociology, 1981,87(3):548-577.

  ④ Granovetter M. Threshold Models of Collective Behavior[J]. American Journal of Sociology,1978,83:1420-1443.

其社会关系的影响的①。关系镶嵌理论在多个研究领域得到了广泛应用,如社会关系网络中的"结构洞"(Structure Holes)对信息传播的重要作用②,人际关系网络对信息产生、传播和增值的作用③,等等。

基于此,众多研究学者将社会学中的关系行为理论引入社会化网络服务研究中。在 SNS 中,用户通过各种社会化的交互行为,发现与之相投的其他用户,逐渐产生社区群组,从而加强了用户之间的关联程度,对信息的过滤和筛选具有重要作用。推荐服务作为 SNS 良好运行的基础性服务,有必要从一种新的视角探索其在社会网络环境下的组织问题,即本书的选题定位——社会化推荐服务。

社会化推荐服务是有别于其他环境下的推荐服务,是服务理念和实现技术上的革新;其推荐实现的主要依据是服务中的用户关系及社会化行为,通过构建用户与资源之间的关联关系网络,在用户社区群组中实现资源的推荐服务。针对传统服务将用户关系与服务相剥离的问题,社会化推荐服务将其与服务的关系定位为一种镶嵌关系,即关联关系是服务的一个重要部分,对服务的体验改进和质量提升具有重要的促进作用。

综上所述,网络的社会化变革推动了用户思维和生活方式的变革,在各个领域催生出了多种多样的社会化网络服务形态,最值得关注的则是社会化推荐服务。结合本人在有关项目中的研究基础,在此将展开基于用户关系的信息推荐服务研究,为推荐服务效果和效率的提升提供新的解决思路。本书选题具有理论意义和现实意义,理论上能够丰富基于用户关系的信息资源组织和推荐理论,拓展信息服务开展的视角;在实践上,有助于当前社会网络环境下推荐服务

---

① Granovetter M. Economic Action and Social Structure: The Problem of Embeddedness[J]. American Journal of Sociology, 1985,91(3):481-510.

② Burt R.Structural Holes: The Social Structure of Competition[M]. Cambridge: Harvard University Press,1992;Geertz C. The Bazaar Economy: Information and Search in Peasant Marketing[M]// Mark Granovetter and Richard Swedberg (Eds). The Sociology of Economic Life, Boulder: Westview Press Inc,1992, 225-231.

③ [美]桑吉夫·戈伊尔.社会关系:网络经济学导论[M].吴谦立,译.北京:北京大学出版社,2010.

质量的提升,满足用户的多样化和个性化需求。

1.1.2 研究意义

在社会网络环境下,研究用户关系的形成、结构与演化规律,挖掘网络服务与用户关系的作用机制,并将其应用于资源的深度开发与面向用户社区群组的推荐服务中,具有理论意义和现实意义。

(1) 理论意义

在社会化网络服务时代,信息服务开展的方式和手段对满足用户需求、提升信息价值、推进知识创新至关重要,需要相应的理论支撑。信息服务作为信息管理和组织的重要环节,其理论研究一直是情报学等领域研究的重点;长期以来,学术界从多个视角对面向用户的信息服务研究进行了大量探索。但从总体而言,其研究视角大多集中在对基本信息的处理上,而用户-资源关联关系角度的研究则较少。本书将用户与资源之间的关联关系纳入信息服务实现中具有理论意义。

①深化基于用户关系的信息资源组织理论。在信息服务的社会化推进中,用户与资源交互方面的研究已经受到研究者越来越多的重视[①]。社会化网络服务中,用户不仅仅是信息的接收者和使用者,更是信息和知识的创造者、共享者和传播者;而且在信息创造、共享和传播过程中,用户之间的关系得到加强,所产生的信任和社会化群体作用将有利于信息的组织和传播,改变传统的信息组织和传播模式。因此,本书的研究不仅能够把握用户关系对信息流机制的作用,挖掘用户与资源之间的关联关系,进行信息资源的深度开发和利用;而且针对用户的专业需求提供多样性和个性化的资源推荐服务,有利于促进知识的创造、利用和创新。本书有关工作的开展有助于提炼形成有别于传统的新的信息资源处理理论和方法。

②拓展以用户为中心的信息服务的理论视角。社会网络环境下的用户需求变革,必将推动服务模式的发展。SNS 环境下,传统意义

---

① 邓胜利.基于用户体验的交互式信息服务[M].武汉:武汉大学出版社,2008:1-4.

上的个性化服务已经不再满足用户的需求,用户要求网络服务更具开放性、共享性和体验性以及社交化。"面向用户"和"以用户为中心"的信息服务早已成为提升信息服务质量的核心理念,而传统的服务模式将重点放在信息的处理上,而忽视了服务中的用户及其关系。根据马斯洛的五层次需求理论,社交需求为用户的高级需求,依次产生尊敬需求和自我实现需求①;社会化网络服务中的用户需求恰恰按照这种需求上升轨迹变革,要求网络服务不断创新服务模式和提升服务水平,以满足用户的社会化需求。因此,需要创新传统的信息服务理论,针对用户的社会化需求,向用户提供既能满足"个性化"又能满足"社会化"的信息需求、情感需求、认知需求等的服务。本书结合社会心理学、群体动力学、物理动力学、计算机科学等学科的理论和方法,挖掘用户的社会化需求及其关系,构建用户-资源关联网络,实现语义层次上的资源挖掘与推荐服务,创新信息推荐方式和手段,改善网络服务中的用户体验,提高个性化推荐的效果。

(2)现实意义

当前环境下,信息组织能力提升的速度远远赶不上信息爆炸的速度,信息越来越多且越来越"碎片化"②,将信息资源割裂开来的资源组织与服务方式逐渐被信息聚合服务③及社会化网络服务所取代,旨在将信息内容和用户关联聚合起来(如帮助发现好友的Friendfeed④和实现内容订阅的RSS⑤),通过数据挖掘统计用户的信息行为数据,向用户推荐类似的、喜爱的内容,改善用户体验。本书将探讨用户-资源之间的关联关系与信息服务之间的作用机制,基于

---

① [美]马斯洛.马斯洛人本哲学[M].成明,编译.北京:九州出版社,2003:52-58.

② 信息琐碎时代聚合谁的生活[EB/OL].[2009-10-14].http://forum.techweb.com.cn/viewthread.php?tid=295752&page=1&authorid=158645.

③ 姜恩波.基于信息聚合的服务与技术[J].现代图书情报技术,2007(4):32-34.

④ Friendfeed[EB/OL].[2011-6-27].http://zh.wikipedia.org/zh/FriendFeed.

⑤ RSS[EB/OL].[2011-7-1].http://zh.wikipedia.org/zh-cn/RSS.

用户的需求偏好帮助用户找到所认同的社区群组，进行语义层次上的信息资源挖掘和关联，根据用户的个性需求向其推荐多样化的资源和服务，具有现实意义。

①深度开发资源价值。根据用户的专业需求偏好构建社区群组，将用户参与纳入服务中，通过用户的各种社会化行为，实现基于社交网络的信息交流、科研交流和协同协作，通过交流、互动、参与等社会化行为深度挖掘信息资源，使其升华为知识资源，满足用户科研专业需求。

②提高推荐服务质量。推荐效果不仅仅体现在准确度上，也体现在推荐列表的多样性和个性化上，特别是在社会网络环境下用户需求和行为呈长尾小众特征。基于用户-资源关联关系的推荐服务能够在保证推荐准确度的前提下，根据用户的社区群组实现资源推荐的多样性和个性化，满足用户的专业个性需求，提高服务质量。

③促进社群认同感。泛滥的网络信息加大了用户决策的难度，而其他用户特别是某个领域的"专家"对用户决策的影响越来越大；特别是在信任关系建立后，由此形成了基于专业领域的社区群组。在社区群组中，经验分享、观点表达与自我价值实现等更高层次需求越来越强烈，领域社区中用户与用户之间以及用户对领域社区的认同感也越来越被重视，这将成为群组延续发展和用户持续有效交流的重要基础和动力。在"依赖"与"交互"中，用户社区群组内建立起了稳定的信任机制。

④加速知识共享和创新。用户沟通交流、知识信息的转化乃至创新离不开稳定的稳定信任机制。用户的社区群组关系是一种有机演化关系，能够产生巨大的促进作用，不仅能够使信息通过群体关系呈几何级数传播，而且群组内的互动交流和智慧碰撞将加速知识分享和创新的速度。群组成员在知识交流和共享中，由某种动议或创意引导，运用"群体智慧"不断激发隐性知识的表达，并通过评价和修正，结合显性知识逐渐形成新知识，推动知识创新的螺旋上升。

1.2 研究内容与结构

针对上述研究背景和当前存在的问题,本书确立了研究结构、内容和研究方法。

本研究在结构上将结合逻辑分析方法、辩证分析方法和系统分析方法,从整体、局部以及统一的角度分析社会化推荐服务的实现问题。首先,按照提出问题—分析问题—解决问题的逻辑思路,针对当前社会网络环境下用户需求的变革和关系演化结构,将社会学、心理学、信息科学等理论与当前的研究发展相结合,提出新一代网络环境下推荐服务的社会化发展问题。其次,运用辩证分析方法分析网络服务中用户社会化需求形态、用户-资源关联机制及其动态结构,探索与服务开展的作用机制,挖掘用户关系特别是用户社区群组关系与信息流过程(信息产生、传播、分享、过滤、推荐乃至创新)的相互作用,并将其运用到资源语义挖掘与推荐服务实现中。最后,在传统信息推荐服务理论与实践的基础上,结合群体动力学理论、社会网络理论、协同推荐理论、主题模型理论、物理动力学理论、多部关联图理论等,充分考虑社会化网络服务中的各种影响因素,构建基于用户-资源关联关系的信息资源推荐服务框架,进行方案设计和实现。本书的研究框架如图1-1所示。

根据研究框架,本研究主体内容共分9个部分,主要内容如下:

(1)绪论

此部分从现实问题和理论发展两个层面详细阐述了本研究的背景,提炼社会网络环境下资源语义挖掘与推荐服务实现的理论意义和现实意义,根据研究目标和所要解决的关键问题,即着重开展用户-资源关联关系挖掘、信息内容语义挖掘与社会化推荐实现等方面的研究;进而设计了本研究的技术路线和研究方法,主要从信息科学、复杂网络科学和物理动力学等学科的角度进行研究方案的具体实施。最后,从研究思路和实施策略两个方面阐述了本研究的创新和特色。

第1章 绪论

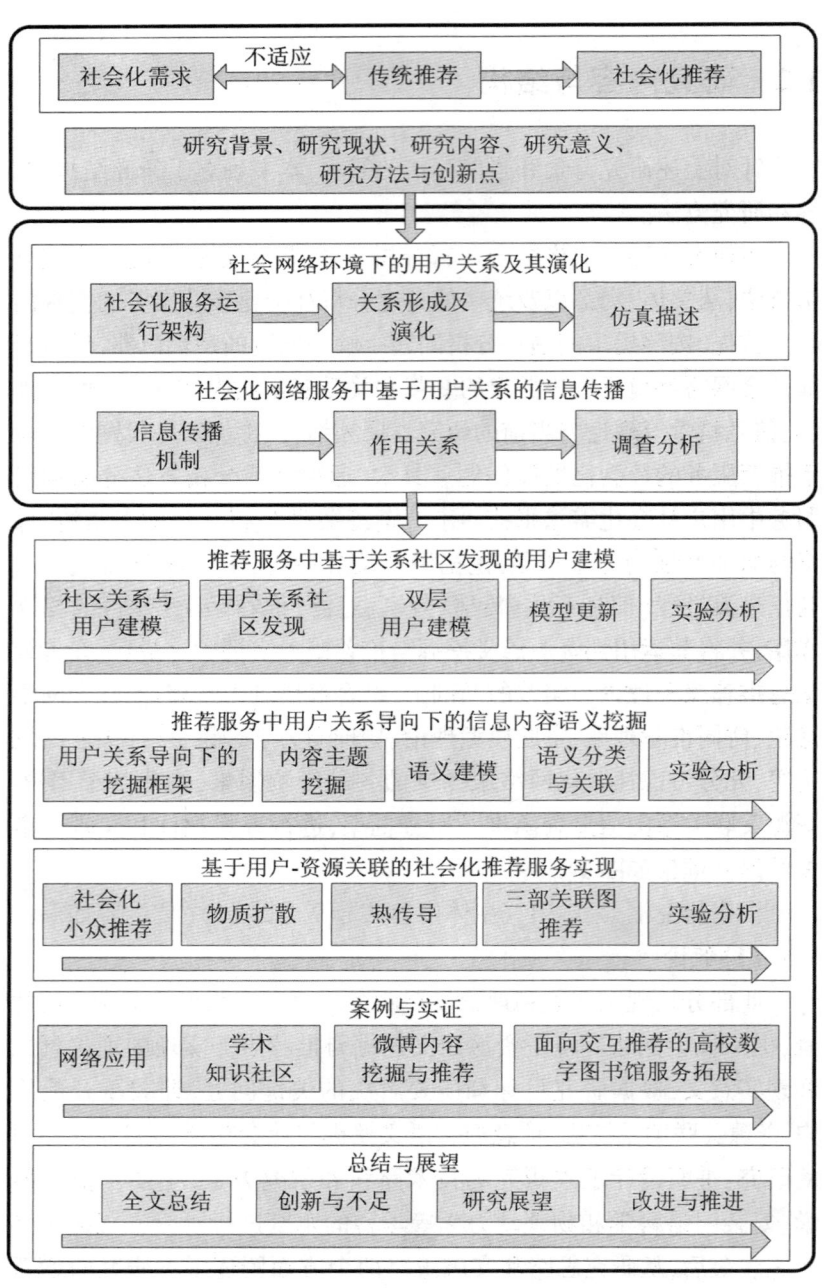

图 1-1 本书研究框架

(2) 社会网络环境下信息推荐研究进展

此部分从把握信息推荐研究发展的脉络入手,在阐述信息推荐研究的基本理论的基础上,得出社会化推荐研究是未来信息推荐研究的趋势和方向。分别从国内和国外两个层面,综述近期信息推荐研究的最新情况,包括关系网络、信息关系、标签标注、关系情景、社会化推荐模式等方面的研究,结合未来的发展趋势,指出基于用户和资源关联关系的推荐理论与方式将是未来的一个研究重点。

(3) 社会化网络服务中的用户关系特征及其演化

研究社会化网络服务的运行架构及其环境下的用户需求与表现,以及所形成的用户关系结构,对开展以用户为中心的信息服务具有重要意义。此部分从分析社会网络环境下网络服务的社会化发展入手,阐述基于用户关系的社会化网络服务构架和服务形态,及其服务拓展情况和未来发展趋势;从而明确了用户关系形成及演化的动因——需求演进和技术推动;结合大量的文献和数据调研,归纳了其结构特征和演化趋势——强弱关系并存、幂律等级分布、有序化、再中心化和实名制等;并且通过对用户关系拓扑结构和指数扩散的仿真实验发现,用户关系的增长不但具有以上特征,而且表现出明显的小世界现象。

(4) 基于用户关系的信息传播机制与影响作用

社会化的推荐服务开展必须把握其信息流运作机制,特别是社会网络环境下的信息传播机制。此部分从分析社会网络环境下的信息传播机制入手,探讨了其变革及基于用户关系的传播形态,提出了基于用户关系和社会化媒体的信息传播模型;以典型的社会化网络服务——微博为例,在分析其用户类型和关系结构特征的基础上,通过数据调研发现其与信息传播的作用关系,用户关系的建立和维护对信息的传播、分享、筛选和过滤具有积极的促进作用。进而基于结构方程模型和LISREL影响因素分析工具,对问卷数据进行分析,得出群组关系、互动交流、信息传播价值及关注传播四个方面对微博传播具有直接影响,为后续基于关联关系的信息资源语义挖掘与推荐服务研究展开打下了理论基础。

(5) 推荐框架中基于关系社区发现的用户建模与更新

在上述研究中已明确指出用户关系特别是社区群组关系能够影

响用户的需求偏好和行为选择,基于此,这一部分进行了用户社区模型和个体模型的双重建模。首先,分析了推荐服务中的用户社区关系,在梳理用户建模方法的基础上,本书另辟蹊径,提出了基于用户关系进行面向推荐服务的建模机理。其次,根据复杂网络中的社区发现方法,本书提出了基于模块度改进的关系社区发现策略,保证了社区划分的准确度。在宏观上,本书提出了基于社区模型和个体模型加权融合的建模方法;而在微观上,则运用主题层次树进行粗细粒度两个层次的用户建模,而最终得到基于语义向量空间模型的四元组用户模型。最后,基于时间窗和遗忘函数进行了用户模型更新。在 MovieLens 上的实验表明,本书所用方法可行且效果较好。

(6) 推荐框架中用户关系导向下的内容语义挖掘与关联

信息资源的语义挖掘是整个推荐实现过程中的重要一环,其过程主要包括资源文本内容主题提取、建模和分类关联。此部分首先分析了用户关系导向下的内容主题挖掘与语义关联机理,确立了信息资源的语义挖掘方式;在梳理概率主题模型原理的基础上,基于 LDA 主题模型进行了文本内容主题的挖掘和演化分析,主要包括 LDA 主题模型的动态化改进、基于增量吉布斯抽样(Gibbs Sampling)推导文本-主题概率分布和主题-词汇概率分布,以及基于主题相似度和强度的主题演化。在此基础上,建立文本词汇与领域本体中概念的映射关系,基于语义向量空间模型对文本进行表示;构建 HS-SVM 文本分类模型,实现基于增量学习和密度决策函数的分类算法改进,通过文本相似度计算实现文本资源关联。实验分析得出,本书对算法的改进和组合优于其他方法,且计算复杂度小。

(7) 基于用户-资源关联和物理动力学的社会化推荐

如何将用户与资源之间的关联关系在推荐系统中的作用挖掘出来,是此部分的研究重点。推荐服务是整个信息服务开展的基础,本书针对社会网络环境下用户需求偏好的长尾小众特点,提出了基于用户-资源关联的社会化小众推荐策略。首先,阐述了基于关联关系开展社会化推荐服务的可行性,提出从小众推荐的角度对传统的协同过滤推荐进行改进的思想。本书在阐述基于物质能量扩散的推荐方法的基础上,将热传导理论引入推荐算法中,加权混合两种物理动力学能量分配方法,在用户、资源、特征词组成的三部关联图中,分别实现两两二部关联图的能量分配推荐,再次加权混合得到最终的资源项目能量值,生成推荐列表。在数据集 Del.icio.us 和 MovieLense 上的实验结果表明,本书提出的推荐策略在总体上优于其他方法,特别是在多样性和个性化方面优势明显,较好地解决了社会化网络服务中的小众推荐问题。

(8) 案例与实证

本书从网络服务应用和学术知识社区两个角度进行了案例与实证分析。在网络服务应用视角下,本书以新浪微博为例,进行数据抽取、内容挖掘和推荐实现,直观地展示了社会化网络信息的推荐实现过程。而案例与实证分析的重点是学术知识社区视角下的社会化交互推荐服务组织。本书选取高校数字图书馆知识社区服务,阐述了高校数字图书馆服务社会化推进中开展知识社区服务的必要性,以武汉大学数字图书馆建设为具体案例,基于 SNS,从交互和推荐两个维度对其知识社区服务拓展进行了详细研究,指出在实现用户个性化空间和社区群组服务的基础上,在语义层次上挖掘知识信息资源,基于用户-资源关联关系开展面向小众用户科研群组的社会化资源推荐服务。知识社区中的资源语义挖掘与社会化推荐服务研究对本书研究工作的推广和深化具有重要意义,同时也将作为本书后续工作的一个重点。

(9) 总结与展望

最后对全书内容进行总结,阐述本书所做的工作,从研究框架和实验等方面指出了其中的不足,并提出了研究展望,即在完善本书内容的基础上,进行研究的推广应用,重点展开数字图书馆知识社区的资源语义挖掘与推荐服务研究,推动高校科研创新发展。

1.3 研究目标与关键问题

本书的研究目标如下:

目标一:立足于社会网络环境下用户与资源交互而形成的关联结构特征和演化规律,及其对用户小众偏好挖掘的作用,在用户社区群组中进行偏好社区发现和用户需求偏好建模;从资源内容的主题挖掘入手,在概念语义向量空间中进行语义层次上的资源内容特征描述,同时实现用户需求偏好程度的准确描述和语义向量表示。

目标二:针对用户对资源偏好的小众化和社群化特征,在用户建模和资源建模基础上,构建用户-资源二部关联图,通过用户-主题偏好程度和资源内容-概率分布将其转化为概率偏好二部图;依据物理动力学中物质扩散和热传导能量分配原理在资源推荐上的不同优势,指数加权调节资源度值对推荐能力的影响,提高资源推荐效果的多样性和新颖性;与此同时,进行实验验证和案例分析,完善研究成果和推进其应用。

社会网络环境下的信息推荐研究以用户-资源关联结构为核心,用户对资源偏好的小众化和社群化特征决定了信息推荐实现的整个过程,要求重新设计推荐策略和构建社会化推荐模型。因此,"基于用户-资源关联的社会化推荐研究"所要解决的关键问题是:

①用户-资源关联结构特征挖掘及建模。首先,用户-资源关联结构特征的研究需要在大量数据调研及仿真实验的基础上完成,揭示其拓扑结构特征和在偏好社区中的演化规律;其次,在社区群组中,挖掘对用户需求偏好具有真正影响的关系社区,以此完成用户建模,并在资源内容主题挖掘的基础上,基于改进的语义向量空间模型实现资源内容的语义描述;最后,将两者结合得出用户与资源之间的概率偏好关系,作为构建用户-资源二部关联图的依据。

②面向用户小众需求的社会化推荐模型构建及技术实现。用户对资源偏好的小众化和社群化要求重新设计信息推荐实现策略和创新运用新的原理与技术;物理动力学中的能量分配原理能够将推荐过程看做是二部图中资源能量的分配过程,通过算法调整提高小众长尾资源的推荐概率。因此,本研究探索在用户-资源二部图中,基于两者之间的概率偏好关系,设计能量分配算法和构建社会化推荐引擎,并依托典型的网络数据集和服务案例完成实验验证和完善研究成果。

1.4 技术路线与研究方法

本研究拟采取的研究思路强调理论问题与现实问题的解决,按文献调研—形成框架—构建模型—实证与案例—成果完善与推进应用的技术路线展开。具体而言,本研究在社会网络环境下用户-资源

1.4 技术路线与研究方法

关联结构特征分析及仿真的基础上,揭示用户对资源需求偏好的小众化和社群化特征;在社区群组中,基于改进的复杂网络社区发现算法挖掘用户需求偏好社区,基于偏好主题层次树加权实现用户偏好建模;基于改进的潜在语义分析技术进行资源内容主题挖掘,基于概念层次树实现资源内容语义建模;以此构建基于概率偏好关系的用户-资源二部关联图,加权运用能量分配理论构建面向用户小众需求的社会化推荐模型,通过典型数据集上的实验和社会化网络服务的案例分析,完善研究结果(见图1-2)。

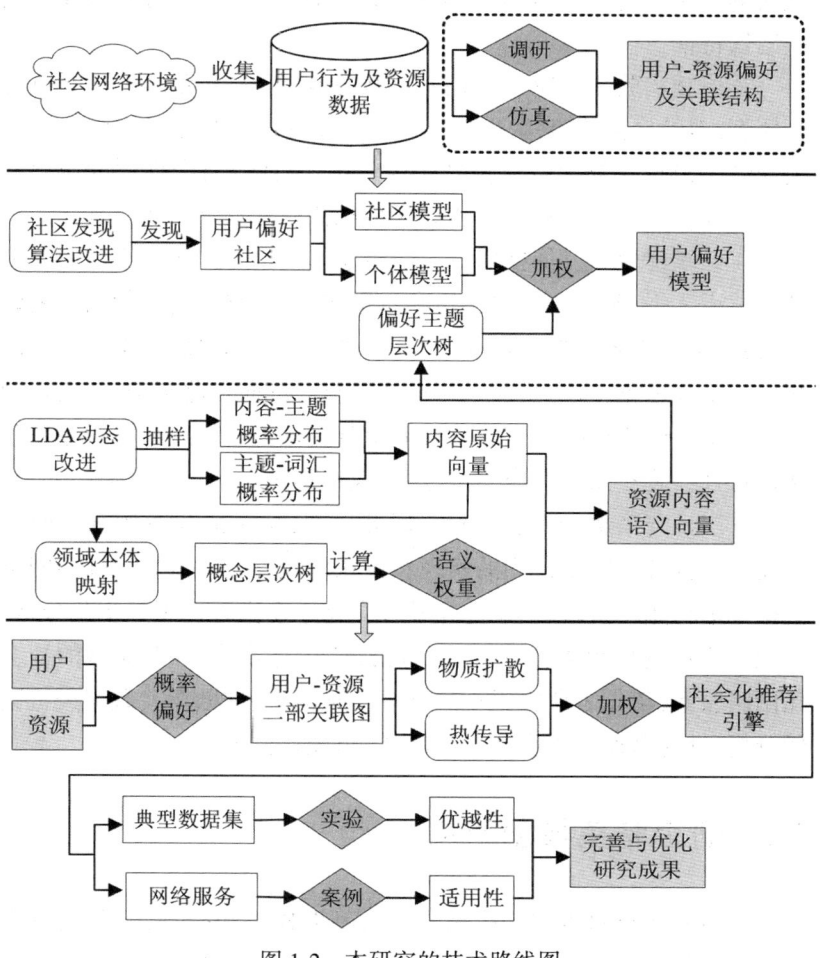

图1-2 本研究的技术路线图

本书采取的研究方法主要有：

①文献述评法。在收集国内外相关研究文献的基础上，对研究资料进行分析、归纳，辨析研究方向和研究视角，跟踪该领域的最新研究进展，把握研究的发展动态和前沿。从研究的趋势和不足入手，展开本书的研究规划。

②数据调研法。通过对社会网络环境中的用户行为进行数据抽取和调研，在分析中建立用户需求和行为的统计分布模型，根据统计分析数据进行社会网络环境下用户需求与行为的结构和分布研究，从而揭示用户对资源内容的偏好关系，明确因交互行为而形成的关联结构特征。

③仿真实验法。应用复杂网络理论构建用户-资源关联网络仿真模型，对社会网络环境下大规模用户及资源数量增长、用户-资源关联结构形成和演化进行仿真实验分析，验证调研中得到的用户对资源的偏好结构分布和两者的关联结构特征并推导其演化规律。

④系统建模法。依据用户-资源偏好关系结构特征，从偏好关系社区发现入手，基于主题层次树和语义向量空间模型，进行用户偏好建模；从资源内容主题挖掘入手，基于语义增量和概念层次树改进语义向量空间模型，进行资源内容语义建模。进而在此基础上，引入物理动力学中的物质扩散和热传导能量分配理论，基于用户-资源关联图进行社会化小众推荐模型构建，完成推荐实现的整个框架。

⑤实证与案例分析法。根据研究框架，从实证和案例分析两个角度进行推荐策略及模型的实现和优化研究。选取典型的社会网络数据集进行用户建模、资源建模及社会化小众推荐实现的实验分析，以验证本研究所提策略和方法的可行性和有效性；选取典型的社会化网络服务，依据本研究设计的推荐实现框架，抽取相关数据进行案例分析，针对其服务中存在的问题，提出优化方案。

1.5　研究特色与创新点

本研究通过对国内外相关研究文献的梳理和提炼，发现其中大多数研究忽视了用户与资源之间因交互而形成的关联结构对个性化推荐效果的影响,因此本研究从用户对资源的小众偏好和用户-资源关联结构分析入手,将其作为整个推荐框架研究和实施的出发点,进行用户及资源建模,以及基于能量分配的社会化小众推荐实现研究,是对以往研究成果的拓展与提升,研究内容具有前沿性和创新性。依据研究框架,本研究从关系社区发现的角度进行用户建模,从主题挖掘入手进行资源语义建模,在用户-资源关联图中进行推荐实现研究,通过实证和案例进行研究成果的完善和优化。因此,本研究方案设计层层推进、环环相扣,将理论研究与实证研究相结合,着重于方案实施中具体问题的解决,所提出的改进思路和方法具有针对性,能够有效解决研究中的关键问题。总体而言,研究方案具有可行性和创新性。

1.5.1 研究特色

(1) 研究的多层面性

本研究不仅从用户需求和行为层面出发揭示了社会网络环境下信息推荐机理、策略及技术实现的变革趋势,适应了社会网络环境下用户与资源之间的交互作用和关联结构形态,而且从用户偏好社区层面进行基于关系社区发现的用户建模和资源语义建模研究,在小众偏好层面探索个性化推荐策略的创新实现问题。这一研究从机理、策略和技术层面展开,由此决定了本研究的多层面研究特色。

(2) 研究实施的创新性

在信息推荐机理、策略及技术实现研究中,虽然强调了社会网络环境下的变革,然而对于用户-资源偏好结构及关联关系视角的研究未能取得突破。本研究基于用户-资源之间的偏好关系结构,主要从图书情报学科的视角展开,并借助群体动力学、计算机科学、复杂网络科学、物理动力学等学科理论和技术的支撑,将"原理"与"技术"结合,以用户-资源偏好关系和交互关联结构为导向,基于用户社区偏好模型和资源内容语义模型进行社会化小众推荐策略、模型和技术实现的创新探索,适应了信息推荐实现的转型和服务发展,研究成果具有较强的适用性和推广价值。

1.5.2 研究创新点

(1) 研究思路创新

在社会网络环境下用户需求和行为模式变革分析的基础上,研究用户对资源偏好关系及其交互关联结构,从两者之间的关联结构特征出发,提出面向用户小众化和社群化需求偏好的用户偏好建模、资源内容语义建模、社会化小众推荐原理及实现策略,体现了新的技术条件和网络信息服务环境下,信息推荐实施理论和框架设计与实现的发展,创新了研究思路。

(2) 研究实施策略创新

在信息推荐实施方案设计和技术实现策略研究中,本研究按用户-资源关联关系,进行偏好社区视角下的用户建模、资源语义建模及社会化小众推荐的技术实现研究的策略与技术创新,包括关系社区发现改进及用户偏好双层建模,资源内容主题挖掘和基于概念层次树的资源语义向量转化,基于用户主题偏好和内容-主题概率分布的用户-资源关联图构建,基于物理动力学能量分配的社会化小众推荐实现等,不仅保证了用户偏好和资源内容语义描述的准确性,而且提升了信息推荐的个性化和多样性效果。

第 2 章 社会网络环境下信息推荐研究进展

围绕社会化网络服务中的推荐实现问题,国内外研究机构和学者展开了一系列研究,取得了重要的理论和应用成果,推进了"以用户为中心"的信息获取、处理、传播乃至知识创新等服务理论和实践。本章主要从国内外社会化推荐服务研究的相关论文、专著、报告等出版物入手,系统总结了当前社会化推荐服务的研究现状,结合信息计量方法,探究其发展脉络。

2.1 信息推荐研究发展的总体脉络

信息推荐是根据用户的兴趣特点和购买行为,向用户推荐用户感兴趣的信息和商品。随着网络规模的不断扩大,资源个数和种类快速增长,用户需要花费大量的时间寻找自己所需求的信息资源。这种浏览大量无关信息和产品的过程无疑会使淹没在信息过载问题中的消费者不断流失。为了解决这些问题,信息推荐系统应运而生。信息推荐系统则是建立在海量数据挖掘基础上的一种高级智能信息处理平台,以为用户提供完全个性化的决策支持和信息服务。

2.1.1 信息推荐研究的基本理论

互联网的出现和普及给用户带来了大量的信息,满足了用户的信息需求。但随着网络的迅速发展而带来的网上信息量激增,使得用户难以获得对自己真正有用的信息,导致信息使用效率降低,形成了所谓的信息过载(Information Overload)问题。

而信息推荐则是解决信息过载问题的一个重要方法。信息推荐系统根据用户的信息需求、兴趣等,发现用户的偏好特征和变化趋向,将用户感兴趣的信息、产品等推荐给用户。一个好的推荐系统不仅能为用户提供个性化的服务,还表现在与用户之间建立密切关系,让用户对推荐产生依赖[1]。

信息推荐系统现已广泛应用于很多领域,学术界对推荐系统的研究热度一直很高,逐步形成了一门独立的学科[2]。

推荐系统主要由三个模块组成:用户建模模块、推荐对象建模模块、推荐算法模块。其理论过程为:推荐系统把用户模型中的兴趣需求信息和推荐对象模型中的资源特征信息匹配,同时使用相应的推荐算法进行计算和筛选,找到用户可能感兴趣的推荐对象,然后推荐给用户。

(1)用户建模

推荐系统要给用户提供个性化的、高效的、准确的资源推荐,应能够获取反映用户多方面的、动态变化的兴趣偏好。因此,推荐系统的第一步是用户建模,该模型能获取、表示、存储和修改用户兴趣偏好,根据兴趣偏好或信息需求对用户进行分类和识别,理解用户的需求和任务。推荐系统根据用户模型进行推荐,所以用户信息需求或兴趣偏好的描述文件对推荐系统的质量至关重要[3]。

用户信息获取是用户建模的关键,用户信息主要有以下三种:

①用户手工输入的信息。这部分信息是用户主动提供给系统的

---

[1] Hussein W, et al. A Personalized Recommender System Based on a Hybrid Model[J]. Journal of Universal Computer Science, 2013, 19(15): 2224-2240.

[2] 百度百科. 推荐系统[EB/OL]. [2015-01-25]. http://baike.baidu.com/link?url=WYOnc8AN3MNrnHI8fYzXL3_ikIAzusSVK3CDtmTn9PdfUuieY3Ig7XuAMDCjS9rfW0gzD-YQhHInl6eNRdm68K.

[3] Ladyzynski P P, Grzegorzewski P. A Recommender System Based on Customer Reviews Mining[C]// Artificial Intelligence and Soft Computing, Icaisc 2014, Pt Ii, 2014, 8468: 512-523.

信息,首先是用户最基本的信息,包括社会属性和自然属性,比如用户的姓名、年龄、职业、收入、学历等。其次是用户在搜索引擎中输入的关键词,反映了用户感兴趣的主题。除此之外,用户的反馈信息,也反映了用户自己对推荐对象的喜好程度,如用户标注的对浏览页面的感兴趣、不感兴趣或感兴趣的程度等。

②用户的浏览行为和浏览内容。用户浏览的行为和内容体现了用户的兴趣和需求,包括浏览次数、频率、停留时间等,浏览页面时的操作(收藏、保存、复制等)、浏览时用户表情的变化等。服务器端保存的日志也能较好地记录用户的浏览行为和内容。

③推荐对象的属性特征。针对不同的推荐对象,用户建模的输入数据也不同。网页等推荐对象通常考虑对象的内容和用户之间的相似性,而产品等推荐对象通常考虑用户对产品的评价。为提高推荐质量,推荐对象的相关属性也应考虑,比如除网页内容以外,还要考虑网页的发布人、时间等。产品类的对象还要考虑产品的品牌、价格、出售时间等。

获取用户数据的方式有显式获取、隐式获取和启发式获取三种方式。

显式的获取方式由用户主动提供。有一类显式的获取方式要求用户提供与其兴趣相关的示例及类别属性来建立用户模型。

显式获取兴趣偏好的方式简单而直接,能相对准确地反映用户的需求,同时所得的信息比较具体、全面、客观,结果往往比较可靠。缺点就是很难收到实效,主要原因是很少的用户愿意花时间向系统表达自己的喜好。而且这一方法灵活性差,存在用户兴趣主题改变时要手动更改系统中用户兴趣等诸多问题,难以保证该方法的实时性和可操作性。同时该方法的用户友好性较差,具有很大的侵袭性[1]。

隐式获取方式是指系统通过跟踪用户行为,推理获取用户的兴趣偏好。因为用户的很多动作都能暗示用户的喜好,比如查询、浏览

---

[1] 王国霞,刘贺平. 个性化推荐系统综述[J]. 计算机工程与应用, 2012, 48(7):66-76.

页面和文章、标记书签、反馈信息、点击鼠标、拖动滚动条、Web 日志等。隐式的跟踪可以减少用户很多不必要的负担,不会打扰用户的正常生活。这种方法的缺点就是跟踪的结果未必能正确反映用户的兴趣偏好。同时系统若过度跟踪用户的历史记录,有时会引起用户反感,而放弃对当前推荐系统的使用。

上述获取兴趣偏好的方法有时受用户知识背景、资源和经验等方面因素的限制,用户有时无法意识到自己的兴趣主题。因此,为用户提供启发式信息的指导和帮助,如专家意见、领域术语抽取,可以实现领域知识的复用,为用户间的协同提供支持,提高用户兴趣获取质量[1]。

用户的兴趣和需求会随着时间和情景的变化而发生变化,用户建模时要考虑到用户的长期兴趣偏好和短期兴趣偏好,以及兴趣的变化。

用户建模的输出即用户模型的表示方法有很多种。使用用户感兴趣的信息主题表示用户模型的主题表示法,比如 Google、Microsoft、AOL;多用于协同推荐的用户-项目评价矩阵表示法;利用用户检索过的案例或者与案例相关的一组属性值来表示用户兴趣偏好的案例表示法,比如 Web Watcher、TAGUS 系统等;基于本体论的表示法用一个本体来表示用户感兴趣的领域,例如 Quickstep 系统和 aceMcdia 系统。

用户模型的建模方法主要有遗传算法和基于机器学习的方法(TF-IDF、自动聚类、贝叶斯分类器、决策树归纳和神经网络方法等)。

遗传算法是一种模拟自然选择的自适应算法,采用遗传结合、遗传交叉变异以及自然选择等操作实现建模,通过遗传进化满足用户兴趣变化时完成模型的更新。遗传算法的动态演化特性与用户的兴趣变化比较相似,在用户兴趣的获取方面有着较大的优势。

---

[1] Movahedian H, Khayyambashi M R. A Semantic Recommender System Based on Frequent Tag Pattern[J]. Intelligent Data Analysis, 2015, 19(1): 109-126.

TF-IDF将用户感兴趣的文档表示成关键词向量,并计算出每个关键词的权重来建立用户模型;推荐系统使用贝叶斯分类器计算用户浏览或访问过的推荐对象属于某个给定类的概率,然后依据概率将资源项目分类来建立用户对这些资源项目的偏好模型。推荐系统使用决策树归纳作为用户模型学习技术,将用户偏好的获取过程表达成一棵决策树,用户从根节点开始,被引导来回答一系列问题;树的每个节点表示了决策点,所采取的方向取决于对问题的回答或者对可用数据的计算;一旦叶节点被达到,则可得到对用户偏好的完整描述。运用神经网络建模算法,推荐系统对用户偏好的输入假设进行学习并调整网络连接权重,直到网络中的所有节点达到稳定激活状态;此时输出层中被激活的节点所对应的模式类,如感兴趣、不感兴趣类,即表示了系统识别的用户偏好。聚类将具有相似特征的项目或用户分组,使用这类技术的系统一般建立用户群组的综合模型①。

(2) 推荐对象建模

推荐系统应用于不同的领域,推荐对象也各不相同,如何对推荐对象进行描述对推荐系统具有重要影响。将推荐对象描述文件中的对象特征和用户描述文件中的兴趣偏好特征进行相似度计算,得到推荐对象的推荐度,以此推荐给用户。所以推荐对象的描述文件与用户的描述文件密切相关,通常的做法是用同样的方法来表达用户的兴趣偏好和推荐对象。

推荐系统推荐的对象包括众多的领域,比如报纸、新闻、科技文档、E-mail,还有诸如音乐、电影等多媒体资源等。不同的对象,特征也不相同,目前并没有一个统一的标准来进行统一描述,主要有基于内容的方法和基于分类的方法两大类方法。

基于内容的方法是从对象本身抽取信息来表示对象,使用最广泛的方法是用加权关键词矢量,该方法通过对一组文档的统计分析得出文档的特征向量。比较简单的做法就是计算每个特征的熵,选

---

① Sun Z B, et al. Recommender Systems Based on Social Networks[J]. Journal of Systems and Software, 2015, 99: 109-119.

取具有最大熵值的若干个特征；也可以计算每个特征的信息增量（计算每个特征在文档中出现前后的信息熵之差）；或者计算每个特征的互信息，即计算每个特征和文档的相关性。在完成文档特征的选取后计算每个特征的权值，权值大的对推荐结果的影响就大。目前使用最广泛的是TF-IDF方法。

基于分类的方法是把推荐对象放入不同类别中，以便把同类文档推荐给对该类文档感兴趣的用户；分类方法主要有朴素贝叶斯（Naive Bayes）、最近邻方法（KNN）和支持向量机（SVM）等。

对象的类别可以预先定义，也可以利用聚类技术自动产生。许多研究表明：聚类的精度依赖于文档的数量，而且由自动聚类产生的类型可能对用户来说是毫无意义的，因此可以先使用手工选定的类型来分类文档；在没有对应的候选类型或需要进一步划分某类型时，才使用聚类产生的类型。

文本等对象特征提取技术相对比较成熟，但推荐系统的对象不一定具有文本特征或其文本不足以作为描述例，尤其是网络上广泛存在的多媒体数据，自动化的特征提取方法需要结合多媒体内容分析领域的相关技术。

推荐系统推荐给用户的对象首先不能与用户看过的对象重复，其次也不能与用户刚刚看过的对象不太相似或者相关，这就是所谓的模型过拟合问题（可扩展性问题）。出现这一问题，本质上源于数据的不完备性，主要的解决方法是引入随机性，使算法收敛到全局最优或者逼近全局最优，比如遗传算法等。

推荐系统中出现新的对象时，尤其是在协同过滤系统中，新对象出现后必须等待一段时间才会有用户查看并进行评价，在此之前推荐系统无法对此对象进行分析和推荐，这就是推荐系统研究的另一个难点和重点——冷启动问题。目前，解决这一问题的方法就是从推荐方法上考虑，比如使用组合推荐方法来解决[1]。

---

[1] Zou H T, et al. TrustRank: A Cold-Start Tolerant Recommender System [J]. Enterprise Information Systems, 2015, 9(2): 117-138.

(3) 推荐方法

很明显,推荐方法是整个推荐系统中最核心、最关键的部分,很大程度上决定了推荐系统性能的优劣。目前,主要的推荐方法包括:基于内容推荐、协同过滤推荐、基于关联规则推荐、基于效用推荐、基于知识推荐和组合推荐①。

①基于内容推荐。基于内容的推荐(Content-based Recommendation)是信息过滤技术的延续与发展,它是建立在项目的内容信息上做出推荐的,而不需要依据用户对项目的评价意见,更多地需要用机器学习的方法从关于内容的特征描述的事例中得到用户的兴趣资料。在基于内容的推荐系统中,项目或对象是通过相关的特征的属性来定义的,系统基于用户评价对象的特征学习用户兴趣,考察用户资料与待预测项目的相匹配程度。用户的资料模型取决于所用学习方法,常用的有决策树、神经网络和基于向量的表示方法等。基于内容的用户资料需要有用户的历史数据,用户资料模型可能随着用户的偏好改变而发生变化②。

基于内容的推荐方法的优点是:不需要其他用户的数据,没有冷启动问题和稀疏性问题;能为具有特殊兴趣爱好的用户进行推荐;能推荐新的或不是很流行的项目,没有新项目问题;通过列出推荐项目的内容特征,可以解释为什么推荐那些项目;已有比较好的技术,如关于分类学习方面的技术已相当成熟。

其缺点是要求内容能容易抽取成有意义的特征,要求特征内容有良好的结构性,并且用户的兴趣偏好必须能够用内容特征形式来表达,不能显性地得到其他用户的判断情况。

②协同过滤推荐。协同过滤推荐(Collaborative Filtering Recommendation)技术是推荐系统中应用最早和最为成功的技术之一。

---

① 杨博,赵鹏飞. 推荐算法综述[J]. 山西大学学报(自然科学版),2011,34(3):337-350.

② Yoshida T, Inoue U. A Bookmark Recommender System Based on Social Bookmarking Services and Wikipedia Categories[C]//14th Acis International Conference on Software Engineering, Artificial Intelligence, Networking and Parallel/Distributed Computing (Snpd 2013), 2013:409-413.

它一般采用最近邻技术,利用用户的历史喜好信息计算用户之间的距离,然后利用目标用户的最近邻居用户集对项目评价的加权评价值来预测目标用户对特定项目的喜好程度,系统从而根据这一喜好程度来对目标用户进行推荐。协同过滤的最大优点是对推荐对象没有特殊的要求,能处理非结构化的复杂对象(如音乐、电影等)。

协同过滤假设:为一个用户找到他真正感兴趣的内容的好方法是首先找到与此用户有相似兴趣的其他用户,然后将他们感兴趣的内容推荐给此用户。其基本思想非常易于理解,在日常生活中,我们往往会利用好朋友的推荐来进行一些选择。协同过滤正是把这一思想运用到推荐系统中来,基于其他用户对某一内容的评价来向目标用户进行推荐。

基于协同过滤的推荐系统可以说是从用户的角度来进行相应推荐的,而且是自动的,即用户获得的推荐是系统从购买模式或浏览行为等隐式获得的,不需要用户努力地找到适合自己兴趣的推荐信息,如填写一些调查表格等。

和基于内容的过滤方法相比,协同过滤具有如下优点:能够过滤难以进行机器自动内容分析的信息,如艺术品、音乐等;共享其他人的经验,避免了内容分析的不完全和不精确,并且能够基于一些复杂的、难以表述的概念(如信息质量、个人品位)进行过滤;有推荐新信息的能力,可以发现内容上完全不相似的信息,用户对推荐信息的内容事先是预料不到的——这也是协同过滤和基于内容的过滤一个较大的差别。基于内容的过滤推荐很多都是用户本来就熟悉的内容,而协同过滤可以发现用户潜在的但其自己尚未发现的兴趣偏好,能够有效地使用其他相似用户的反馈信息,减少用户的反馈量,加快个性化学习的速度①。

虽然协同过滤作为一种典型的推荐技术有其相当广泛的应用,

---

① Movahedian H, Khayyambashi M R. A Semantic Recommender System Based on Frequent Tag Pattern[J]. Intelligent Data Analysis, 2015, 19(1): 109-126.

2.1 信息推荐研究发展的总体脉络

但协同过滤仍有许多的问题需要解决。最典型的问题有稀疏性问题(Sparsity)和可扩展问题(Scalability)。

③基于关联规则推荐。基于关联规则的推荐(Association Rule-based Recommendation)是以关联规则为基础,把已购商品或已选项目作为规则头,把推荐对象作为规则体。关联规则挖掘可以发现不同商品在销售过程中的相关性,在零售业中已经得到了成功的应用。管理规则就是在一个交易数据库中统计购买了商品集 X 的交易中有多大比例的交易同时购买了商品集 Y,其直观的意义就是用户在购买某些商品的时候有多大倾向去购买另外一些商品,比如购买牛奶时很多人会同时购买面包。

算法的第一步关联规则的发现最为关键且最耗时,是算法的瓶颈,但可以离线进行。另外,商品名称的同义性问题也是关联规则的一个难点。

④基于效用推荐。基于效用的推荐(Utility-based Recommendation)是建立在对用户使用项目的效用情况上计算的,其核心问题是怎么样为每一个用户去创建一个效用函数。因此,用户兴趣模型很大程度上是由系统所采用的效用函数决定的。基于效用推荐的好处是它能把非产品的属性,如提供商的可靠性(Vendor Reliability)和产品的可得性(Product Availability)等考虑到效用计算中。

⑤基于知识推荐。基于知识的推荐(Knowledge-based Recommendation)在某种程度上可以看成是一种推理(Inference)技术,它不是建立在用户需要和偏好基础上推荐的。基于知识的方法因它们所用的功能知识不同而有明显区别。效用知识(Functional Knowledge)是一种关于一个项目如何满足某一特定用户的知识,因此能解释需要和推荐的关系,所以用户兴趣可以是任何能支持推理的知识结构,它可以是用户已经规范化的查询,也可以是一个更详细的用户需要的表示①。

⑥组合推荐。由于各种推荐方法都有优缺点,所以在实际中,组

---

① Hu Y C. Recommendation Using Neighborhood Methods with Preference-Relation-based Similarity[J]. Information Sciences,2014,284:18-30.

合推荐(Hybrid Recommendation)经常被采用。研究和应用最多的是内容推荐和协同过滤推荐的组合。最简单的做法就是分别用基于内容的过滤方法和协同过滤推荐方法去产生一个推荐预测结果,然后用某方法组合其结果。尽管从理论上有很多种推荐组合方法,但在某一具体问题中并不见得都有效,组合推荐的一个最重要的原则就是通过组合后要能避免或弥补各自推荐技术的弱点。

在组合方式上,有研究人员提出了七种组合思路:加权(Weight),加权多种推荐技术结果;变换(Switch),根据问题背景和实际情况或要求决定变换采用不同的推荐技术;混合(Mixed),同时采用多种推荐技术给出多种推荐结果为用户提供参考;特征组合(Feature Combination),组合来自不同推荐数据源的特征被另一种推荐算法所采用;层叠(Cascade),先用一种推荐技术产生一种粗糙的推荐结果,第二种推荐技术在此推荐结果的基础上进一步作出更精确的推荐;特征扩充(Feature Augmentation),一种技术产生的附加的特征信息嵌入另一种推荐技术的特征输入中;元级别(Meta-level),用一种推荐方法产生的模型作为另一种推荐方法的输入。

⑦主要推荐方法的对比。各种推荐方法都有其各自的优点和缺点,如表 2-1 所示。

表 2-1 推荐方法比较

推荐方法	优点	缺点
基于内容推荐	推荐结果直观,容易解释; 不需要领域知识	稀疏问题;新用户问题; 复杂属性不好处理; 要有足够的数据构造分类器
协同过滤推荐	新异兴趣发现、不需要领域知识; 随着时间推移,性能提高; 推荐个性化、自动化程度高; 能处理复杂的非结构化对象	稀疏问题; 可扩展性问题; 新用户问题; 质量取决于历史数据集; 系统开始时推荐质量差

2.1 信息推荐研究发展的总体脉络

续表

推荐方法	优点	缺点
基于规则推荐	能发现新兴趣点； 不需要领域知识	规则抽取难、耗时； 产品名同义性问题； 个性化程度低
基于效用推荐	无冷开始和稀疏问题； 对用户偏好变化敏感； 能考虑非产品特性	用户必须输入效用函数； 推荐是静态的，灵活性差； 属性重叠问题
基于知识推荐	能把用户需求映射到产品上； 能考虑非产品属性	知识难获得； 推荐是静态的

2.1.2 社会化推荐研究的提出

"社会化推荐"作为"信息推荐"研究和发展的新模式，继承了传统推荐的理念和方法，并将关联关系引入信息推荐中，因此有必要梳理从"信息推荐"到"社会化推荐"研究的演进脉络，探索其研究起源及发展动因①。

纵观国外的研究成果，信息推荐研究由来已久，但从2000年才开始成为多个领域的研究热点，发文量增长至2007年，在2008年明显回落后又呈上升趋势。从研究内容上讲，2007年之前主要是用户需求分析和信息内容组织基础上的推荐实现，而真正地将关联关系引入信息推荐服务则是从2008年开始的，旨在探索如何根据用户、信息之间的关联关系进一步提高推荐的效率和效果。国内的有关研究较为滞后②，2004年才开始受到重视，发文量在2009年回落后又

---

① 胡吉明.社会化推荐服务研究述评[J].情报科学,2011(2):308-310,315.
② CNKI.信息推荐研究趋势[EB/OL].[2014-07-31]. http://trend.cnki.net/trendshow.php?searchword=%E4%BF%A1%E6%81%AF%E6%8E%A8%E9%80%81%E6%9C%8D%E5%8A%A1;万方.信息推荐研究知识脉络[EB/OL].[2014-07-31].http://trend.g.wanfangdata.com.cn/Compare.aspx?wd=%e4%bf%a1%e6%81%af%e6%8e%a8%e8%8d%90.

31

开始上升;2010年开始社会化推荐服务的研究①。

根据大量研究内容的分析,信息推荐在研究中遵循了从内容信息推荐、协同信息推荐到混合式推荐②的技术路线,从用户模式、信息组织和关联关系三种视角展开(如图2-1所示)。本书将研究技术穿插于研究视角中,阐述信息推荐研究的演化过程。

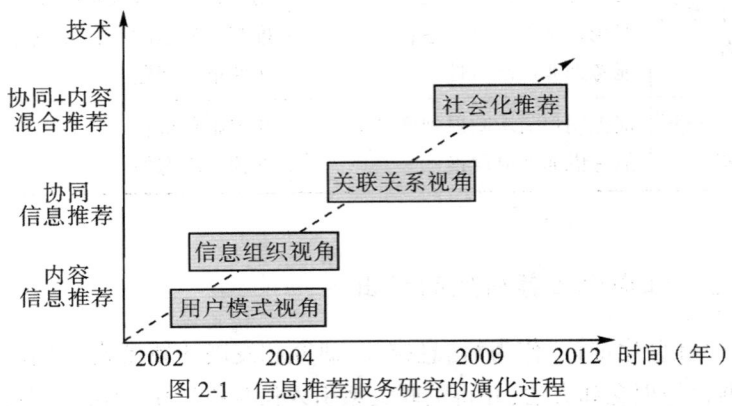

图2-1 信息推荐服务研究的演化过程

①用户模式视角。用户需求偏好和信息行为数据是推荐策略实施的主要依据,不同的用户模型具有不同的推荐策略。如将用户的阅读行为数据③、Proxy日志④及聚类生成的浏览路径⑤表示为用户

---

① SCI.信息推荐研究引文报告[EB/OL].[2014-07-31]. http://apps.isiknowledge.com/CitationReport.do? product = WOS&search _ mode = CitationReport&SID = 3FDP8mCImdIAiIHC8mg&page = 1&cr_pqid = 12.

② Kim B D, Kim S O. A New Recommender System to Combine Contentbased and Collaborative Filtering Systems [J]. The Journal of Database Marketing, 2001,8(3):244-252.

③ Zhou W, Xiao B, Lin Z, et al.A Mobile Reading Service System Based on Personalized Recommendation[C]//2010 2nd Symposium on Web Society,2010:693-697.

④ 曾丽芳.基于Web日志和网页特征内容的个性化信息推荐[D].重庆:重庆大学硕士学位论文,2010.

⑤ Yu Y J, et al. Personalized Web Recommendation Based on Path Clustering[C]// Flexible Query Answering Systems, Proceedings. Heidelberg:Springer Berlin,2006,4027:368-377.

的需求偏好,挖掘和预测其需求趋向特征;时时动态跟踪用户行为和需求偏好,调整用户模型①,且引入智能代理得到更加真实的用户需求趋向②;根据模糊关联规则,挖掘用户的偏好群组,通过群组内其他用户的需求偏好预测用户的需求趋向③,进而实现推荐的个性化和准确性。

②信息组织视角。推荐系统从服务实现的另一端——信息入手,将其按照用户的需求重新整理和组织,如聚合与相关度排序等,挖掘信息之间的关联性,将满足用户需求的相关信息推荐给用户。如根据信息项的特征抽取④将信息重新排序、组织和集成⑤,对信息的权重和价值重新调整和评估,实现与用户需求匹配的最优化。在应用上,如数字图书馆根据用户使用过的论文内容重新整理和组织相似论文,生成推荐列表⑥;Google 快讯⑦和百度新闻订阅⑧等根据

---

① 武慧娟.社会化标注系统中个性化信息推荐模型研究[D].长春:吉林大学博士学位论文,2014.

② 王晓堤,文军舰,张悦,叶娟娟.基于模糊兴趣模型与多 Agent 的个性化推荐系统[J].计算机系统应用,2010(9):183-186.

③ Bouza A, BernsteinA. User Preference Similarity as Classification-based Model Similarity[J]. Semantic Web, 2014,5(1):47-64;肖东辉.基于主题与情感倾向的信息推荐算法研究[D].北京:北京邮电大学硕士学位论文,2008;王伟,王洪伟,孟园.协同过滤推荐算法研究:考虑在线评论情感倾向[J].系统工程理论与实践,2014(12):3238-3249.

④ Gedikli F, Jannach D. Neighborhood-restricted Mining and Weighted Application of Association Rules for Recommenders[C]//11th International Conference on Web Information Systems Engineering, 2011, 6488:157-165; Amini B, et al. A Reference Ontology for Profiling Scholar's Background Knowledge in Recommender Systems[J]. Expert Systems with Applications, 2015,42(2): 913-928.

⑤ Su J H, et al. Personalized Rough-set-based Recommendation by Integrating Multiple Contents and Collaborative Information[J]. Information Sciences,2010, 180(1):113-131.

⑥ Hoyeon C, et al. PARuS: Personalized Academic Paper Recommender Using Semantic Relation in Digital Library Domain[J]. Journal of KIISE: Software and Applications, 2013,40(3):164-175.

⑦ Google 快讯[EB/OL].[2014-08-04].http://www.google.com.hk/alerts.

⑧ 百度新闻订阅[EB/OL].[2014-08-04]. http://newsalert.baidu.com/.

用户的订阅情况(指定主题)将在线新闻通过电子邮件发送给用户。

在技术实现上,上述两种视角下的信息推荐模式为传统的内容推荐服务模式①,其原理与经典的信息检索相似,主要是用户需求偏好与信息内容匹配的推荐。

③关联关系视角。基于关联关系的推荐系统,首先挖掘用户和信息资源之间的行为关系,依据需求和行为偏好聚合相似用户,依据用户的信息行为和资源属性聚合信息资源,在用户群组内基于相似偏好预测目标用户的需求趋向,基于相似资源预测满足用户需求偏好的资源,进而通过协同过滤机理实现信息资源的筛选和推荐。

根据关联关系的组成不同,分为信息关联、信息-用户关联和用户关联三种。信息的关联能够提升其价值②,信息-用户关联能够发现用户需求趋向,用户关联则能够帮助用户建立群组。目前的研究主要包括:挖掘用户数据和领域知识等情境信息③,依据邻居用户的资源项目使用情况(如用户-项目矩阵)产生推荐给目标用户的信息④;以作者合著作为研究方向相似的计算依据,构建合著者关系网络进行文献推荐⑤。社会网的理论与方法也被引入信息推荐中⑥,如在社会化标注系统中研究用户与资源所形成的关联网络,探讨利用

---

① Resnick P, Varian H R. Recommender Systems [J]. Communications of the ACM, 1997, 40(3): 56-58.

② Movahedian H, Khayyambashi M R. A Semantic Recommender System Based on Frequent Tag Pattern [J]. Intelligent Data Analysis, 2015, 19(1): 109-126.

③ 蒋胜, 王忠群, 等. 集成社会化标签和用户背景信息的协同过滤推荐方法[J]. 计算机应用, 2014(8): 2328-2331.

④ 潘红艳, 陶剑文, 等. 基于信息项和用户群的信息推荐机制[J]. 情报学报, 2006(5): 601-605.

⑤ Hwang S Y, et al. Coauthorship Networks and Academic Literature Recommendation [J]. Electronic Commerce Research and Applications, 2010, 9(4): 323-334.

⑥ 陈定权, 武立斌. 社会网络视角下的信息推荐[J]. 情报杂志, 2007(11): 37-39, 42.

关联网络进行信息检索和推荐的新思路及应用①。

社会化推荐服务即为关联关系视角下的一种典型服务模式,将用户参与纳入推荐系统中,发挥用户关系对信息筛选和过滤的作用,达到更加高效和更具人性化的服务水平。

2.2 国外信息推荐研究进展

早在1998年,Basu等人指出社会化推荐服务主要是利用用户的社会化行为和用户最近邻居关系进行信息推荐的一种方式②。近10年来,国外学者大多从社会网络(网络结构、关系网络、信任关系等)、社会标签(标注、书签等)、社会化行为(分享、评论等)等角度出发,展开社会网络环境下的信息推荐服务研究。

"用户关系与社会化推荐服务"研究为交叉性研究,涉及社会学、心理学、计算机科学、情报学等学科;在综合考虑权威性、全面性的基础上,本书主要选取Web of Knowledge等数据库进行"社会化推荐"有关文献的检索。

在统计发表的"社会化推荐"研究成果时,将检索式设置为"标题=(social recommendation) OR 标题=(socialization recommendation) OR 标题=(social recommend) OR 标题=(social recommending) OR 标题=(socialization recommend) OR 标题=(socialization recommending)",共检索到相关文献270篇,内容涉及社会科学(Social Science)、计算机科学(Computer Science)、信息科学(Information Science)、心理学(Psychology)、行为科学(Behavioral Science)、交流(Communication)等学科。文献发表情况和引用情况如图2-2和图2-3所示。

---

① 魏建良,朱庆华. 社会化标注理论研究综述[J]. 中国图书馆学报,2009(6):88-96.

② Basu C, Hirsh H, Cohen W. Recommendation as Classification: Using Social and Content-based Information in Recommendation[C]// Proceedings of the Fifteenth National Conference on Artificial Intelligence, 1998:714-720.

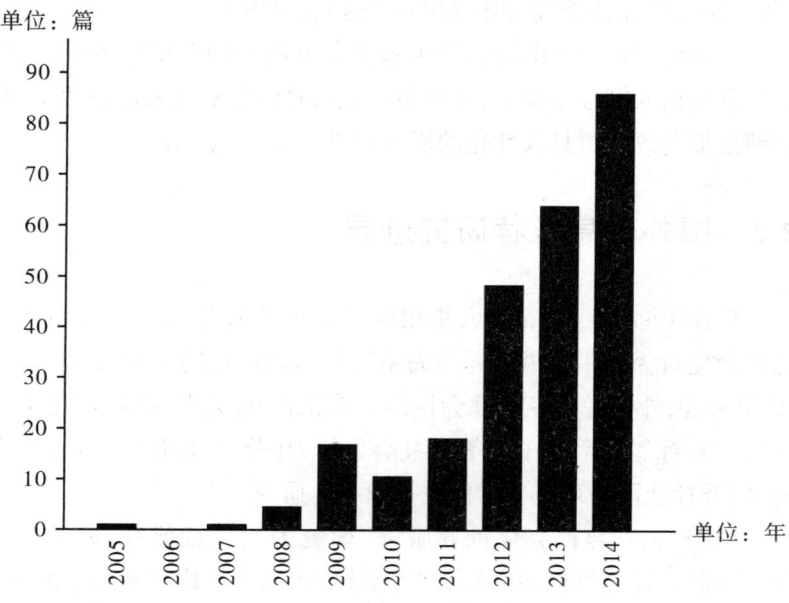

图 2-2　近 10 年每年发表的"社会化推荐"相关文献数量

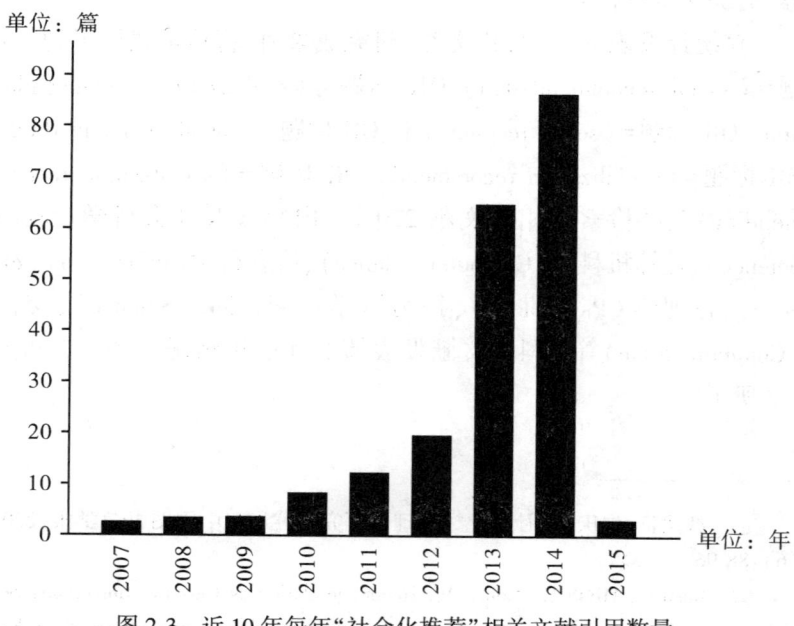

图 2-3　近 10 年每年"社会化推荐"相关文献引用数量

对研究论文的内容分析得出,当前社会化推荐研究主要集中于以下 5 个方面(见表 2-2)。

表 2-2　　　　国外社会化推荐研究内容比例

研究主题	比例
传统推荐与用户关系	11.91%
关系网络	30.95%
关系情境	9.52%
信任关系	21.43%
社会化标注	26.19%

2.2.1　传统推荐瓶颈与用户关系的作用机制分析

传统的协同过滤推荐能够有效地挖掘用户的需求趋向,因此基于用户需求偏好的个性化推荐一时成为推荐服务的主流。而在当前网络服务中,用户的社会化需求成为其主要需求,具有信息发布者和使用者的双重角色,且呈现多重需求特征,所形成的用户关系网络始终不断变化。因此,传统的过滤推荐方法在社会网络环境下已不再适应。传统过滤推荐中的稀疏性问题使得无法准确计算用户之间的相似度且无法适应用户需求的多重变化,推荐效果较差;仅仅根据用户属性将用户聚合为相似需求群组进行推荐的方法,也无法有效提高推荐准确性和效率;传统的推荐系统过多地集中于其功能设计,忽略了社会关系在信息推荐中的作用①,等等。

基于社会关系网络的推荐仍是一个新的研究领域,每个用户都

---

①　Ma H, King I, Lyu M R. Learning to Recommend with Explicit and Implicit Social Relations[J]. ACM Transactions on Intelligent Systems And Technology, 2011, 2(3):29.

是其邻居用户的推荐者①,衍生出多种用户关系,如用户相同需求关系、社交关系、信任关系等。在传统的协同过滤基础上,结合用户之间的信任关系,能够提高推荐效果②。

众多学者试图将"关系"引入信息推荐中,从各个角度分析了用户关系对信息流机制的作用,特别是对用户偏好和决策的变化、信息传播和推荐的作用机制。

Saaya等(2011)探讨了社会关系网络与协同推荐之间的作用机制,提出将用户社会化标注行为所产生的好友关系嵌入协同推荐系统中,以适应用户动态变化的个性化需求;在last.fm中的实验表明,其效果优于传统的协同过滤方法③。Li等(2013)通过调查分析了用户关系对长期和近期消费决定的影响,指出用户的推荐能够导致较大的偏好变化,特别是对用户做远期消费决策影响更大,关系近的人所产生的推荐影响力并不总是比关系远的人大,而是关系近的人对近期决策影响大,关系远的人对远期决策影响大④。

2.2.2 基于关系网络的社会化推荐

传统网络环境下,使用用户相似度或信息相似度的推荐算法通常可以达到较好的效果;但当用户需求动态变化和其数据过于稀疏时,仅基于历史数据难以发现用户或信息间的相似性⑤。在信息推荐中,信息、用户以及它们之间的关系是社会化推荐的重要因素,而

---

① Heras S, et al. Applying Dialogue Games to Manage Recommendation in Social Networks[C]// Argumentation In Multi-Agent Systems, 2010, 6057: 256-272.

② Pham M C. A Clustering Approach for Collaborative Filtering Recommendation Using Social Network Analysis [J]. Journal of Universal Computer Science, 2011, 17(4): 583-604.

③ Saaya Z, et al. Recommending Case Bases: Applications in Social Web Search[C]// 19th International Conference on Case-based Reasoning, 2011, 6880: 274-288.

④ Li Y, Hsiao H, Lee Y. Recommending Social Network Applications via Social Filtering Mechanisms[J].Information Sciences, 2013,239:18-30.

⑤ Qia X, Su J, Zhang J. Recommending Friends Instantly in Location-based Mobile Social Networks[J].China Communications,2014,11(2):109-127.

传统的推荐方法没能将其统一使用;从社会化网络服务(如 Facebook、OpenSocial)中提取用户需求趋向的相似性、用户的交互行为①等社会网络数据,能够反映用户的社会状况,发现以用户为中心的关系网络和具有相同认同感的社区群组,对于修正推荐结果②、提高信息推荐的准确度具有重要作用。国外学者进行了相应的研究工作,将社会网络作为推荐系统的数据源③,结合内容过滤和协同过滤,实现推荐服务。

Xu(2006)指出,个性化推荐服务应挖掘不同用户需求偏好之间的内在联系④。Tokarchuk(2009)提出通过用户关系(特别是同属关系)标记每个用户,然后将用户关系聚合为社会关系网,以此提供个性化服务,目前已应用于韩国的免费通信项目中⑤。Wei 等(2011)、Cai(2010)提出了一种关系本体和基于信息项协同过滤结合的社会化推荐算法,指出应激励用户主动参与推荐,构建相似用户之间的关联关系,有效提高推荐效果和准确性;并将信息、用户及其关系纳入社会化推荐框架中,构建用户和信息的主题模型,通过实验发现,这么做能够提高社会化推荐的效果⑥;进而通过实证发现,在社会化新

---

① Ozcan A, Oguducu S G. A Recommendation Framework for Mobile Phones Based on Social Network Data [J]. Software Engineering, Artificial Intelligence, Networking and Parallel-distributed Computing,2010,295:139-149.

② Eterovic T, Kapetanovic B, Donko D. Using Social Network Services as an Input for a Trust Clustered-collaborative Filtering Recommendation System [C]// Advances in Data Networks, Communications, Computers, 2010:101-104.

③ Bank M, Franke J. Social Networks as Data Source for Recommendation Systems[J]. E-commerce and Web Technologies,2010,61:49-60.

④ Xu Y F, Zhang L, Liu W. Cubic Analysis of Social Bookmarking for Personalized Recommendation[C]// Proceedings of Frontiers of www Research and Development-Apweb,2006,3841:733-738.

⑤ Tokarchuk L, Shoop K, Ma A. Using Co-presence Communities to Enhance Social Recommendation[C]// Wons 2009:Sixth International Conference on Wireless On-demand Network Systems and Services,2009:157-160.

⑥ Wei D, et al. Effective Mechanism for Social Recommendation of News [J]. Physica A: Statistical Mechanics and Its Applications,2011,390(11):2117-2126.

闻推荐中,在用户没有明确的需求偏好情况下,通过其关系网络能够持续修正和调整推荐结果①。Qiao(2014)提出了一种基于社会化网站的推荐框架,通过分析用户行为和用户关系达到准确推荐的目的②。

用户的社区群组关系也在信息推荐中被广泛利用,Quijano-Sanchez(2010)在异质性群体中的电影推荐研究中,分析了用户社区群组的组成及其网络拓扑结构对推荐的影响,提出了将用户特性和用户群体关系相结合的推荐思路③。更进一步,Hu 等(2012)从网络拓扑的角度分析用户(节点)在网络中的社会影响力,从而找出对目标用户推荐具有真正影响的其他用户;实验得出,此方法在性能上明显优于其他方法,且能够有效解决标签推荐中的冷启动问题④。

2.2.3 基于标签标注的社会化推荐

社会化标签是 Web 2.0 环境下用户信息发布和分享的新兴工具,其标注行为是用户通过关键词等来标注文本信息、多媒体信息等的一种社会化行为,对信息的组织、导航、分享以及搜索具有重要作用。社会化标签不仅能够提供内容的摘要信息,而且也代表了用户的需求趋向,因此能够带来更好的个性化推荐⑤。目前,社会化标签

---

① Chen L, Zeng W, Yuan Q. A Unified Framework for Recommending Items, Groups and Friends in Social Media Environment via Mutual Resource Fusion[J]. Expert Systems with Applications, 2013, 40(8):2889-2903.

② Qiao X, et al. Recommending Friends Instantly in Location-Based Mobile Social Networks[J]. China Communications, 2014, 11(2):109-127.

③ Quijano-Sanchez L, et al. Personality and Social Trust in Group Recommendations[C]// 22nd International Conference on Tools with Artificial Intelligence (Ictai 2010), 2010, 2:121-126.

④ Hu J, et al. Personalized Tag Recommendation Using Social Influence[J]. Journal of Computer Science and Technology, 2012, 27(3):527-540.

⑤ Wu P, Zhang Z K. Enhancing Personalized Recommendations on Weighted Social Tagging Networks[C]//International Conference On Complexity And Interdisciplinary Sciences: 3rd China-Europe Summer School On Complexity Sciences, 2010, 3(5):1877-1885.

网站中的标签逐渐出现冗余之势,且用户标注的随意性导致了推荐准确性不高。因此,向用户推荐恰当的标签以及从标签出发进行推荐模型和系统设计,成为目前研究的一个新热点。

用户所标注的标签大多为非可控词汇,产生了标签冗余及模糊性,导致推荐不准确;标签聚类[1]或分类能够有效地解决标签标注混乱问题,而且能够识别用户的真实意图,基于标签层次聚类能够提升推荐的准确性[2]。Sasaki 等(2009)分析了社会化书签推荐中标签大众分类方法(folksonomy)的不足(如标签无法表示信息项的全部基本信息),可以依据标签对信息项进行分类,在分类的基础上计算其信息项类的相似度,实验证明能够提高推荐的准确度[3]。Dattolo 等(2009)将用户、标签和信息资源划分到不同的领域,然后针对特定的用户需求领域准确过滤和筛选信息[4]。Carmel 等(2010)提出了标签权重计算框架,进行推荐的准确排序[5]。Ju 等(2010)借助机器学习方法,从资源的描述信息、相同资源的不同标签以及使用相同标签的不同用户中提取候选标签,并根据标签的使用情况,计算其权重生成推荐列表[6]。

---

① Shepitsen A, et al. Personalized Recommendation in Social Tagging Systems Using Hierarchical Clustering [C]// Recsys'08: Proceedings of The 2008 Acm Conference on Recommender Systems, 2008: 259-266.

② Cantador I. Categorizing Social Tags to Improve Folksonomy-based Recommendations [J]. Journal of Web Semantics, 2011, 9(1):1-15.

③ Sasaki A, et al. Anti-folksonomical Item Recommendation System Based on Similarities Between Item Clusters in Social Bookmarking [C]// Webist 2009: Proceedings of the Fifth International Conference on Web Information Systems and Technologies, 2009:610-617.

④ Dattolo A, et al. Neighbor Selection and Recommendations in Social Bookmarking Tools [C]// 2009 9th International Conference on Intelligent Systems Design and Applications, 2009: 267-272.

⑤ Carmel D, et al. Social Bookmark Weighting for Search and Recommendation[J]. VLDB Journal, 2010, 19(6): 761-775.

⑥ Ju S, et al. Applying Machine Learning Techniques to Tag Recommendation in Social Bookmarking Systems[J].Information-An International Interdisciplinary Journal, 2010, 13(5): 1613-1624.

此外,国外学者将社会化推荐的理念和探索,应用到不同的应用领域中,如资讯评论推荐系统①、企业组织中的专业知识推荐②、学术社会网络中潜在合作者的发现推荐③、多媒体分享推荐④等。

2.2.4 基于信任关系的社会化推荐

社会化网络服务不仅为用户提供了自我组织信息的功能,而且帮助用户建立起互联网中的社会关系,并将其聚集在一起;其中信任关系尤为重要,构成了信任关系网络,计算用户或社会关系的真实程度⑤对信息过滤和个性化准确推荐具有重要作用⑥。

Golbeck(2006)构建了以用户信任关系为推荐基础的 FilmTrust 系统,帮助用户预测和推荐符合其需求偏好的电影,实验证明推荐结果更加准确⑦。Dell'Amico 和 Capra(2008)将受信任用户以及其观点作为推荐依据,通过需求偏好相似度和社会关系衡量受信任程度,提出了社会化过滤推荐实现的新思路⑧。Walter(2008)构建了社会

---

① Li Q, et al. User Comments for News Recommendation in Forum-based Social Media [J]. Information Sciences, 2010, 180(24):4929-4939.

② Kukla G, et al. Recommendation Boosted Query Propagation in the Social Network [J]. Social Informatics, 2010, 6430:113-124.

③ Lopes G R, et al. Collaboration Recommendation on Academic Social Networks [J]. Advances in Conceptual Modeling: Applications and Challenges, 2010, 6413:190-199.

④ Musial K, Kazienko P, Kajdanowicz T. Social Recommendations Within the Multimedia Sharing Systems [C]// Lecture Notes in Artificial Intelligence, 2008, 5288:364-372.

⑤ De Meo P, et al. Recommendation of Reliable Users, Social Networks and High-quality Resources in a Social Internetworking System [J]. AI Communications, 2011, 24(1):31-50.

⑥ Walter F E, et al. A Model of a Trust-based Recommendation System on a Social Network [J]. Autonomous Agents and Multi-agent Systems, 2008, 16(1):57-74.

⑦ Golbeck J. Generating Predictive Movie Recommendations from Trust in Social Networks[C]// Trust Management, Proceeding, 2006, 3986:93-104.

⑧ Dell'Amico M, Capra L. SOFIA: Social Filtering for Robust Recommendations[C]// Trust Management II, 2008, 263:135-150.

网络环境下基于信任关系的推荐模型,利用用户之间的信任关系过滤信息,改善推荐效果①。Li(2009)提出了融合信任模型、社会关系和语义分析的博客推荐方法,在博客系统 Wretch 系统中得到了应用②。De Meo 等(2009)开发了一个多代理系统——DESIRE,能够根据用户的声望和可信任度以及他们对信息资源的评论进行推荐(2009)③。Zarghami 等(2009)针对协同过滤算法中相似度计算所出现的稀疏性和可扩展性问题,构建了用户信任本体模型,通过 T-index 评估用户的可信度,并将对信息项进行评分的用户存储于 Top-Truster 列表中,以此作为推荐的基础;实验证明,此方法能够提高推荐的准确度和扩展推荐的范围④。Qiu(2009)指出用户之间的交流能够加强其信任和认同感,可以用来进行用户购物导航,提升在线商店的业绩⑤。Oliveira 等(2012)主要是通过实验方法验证了基于用户信任关系的推荐方法与其他推荐方法的不同,得出基于信任关系的推荐在社会网络环境下具有优越性⑥。

---

① Walter F E, Battiston S, Schweitzer F. A Model of a Trust-based Recommendation System on a Social Network[J]. Autonomous Agents and Multi-agent Systems,2008,16(1):57-74.

② Li Y M, Chen C W. A Synthetical Approach for Blog Recommendation: Combining Trust, Social Relation, and Semantic Analysis [J]. Expert Systems with Applications,2009,36(3):6536-6547.

③ De Meo P, et al. Dependable Recommendations in Social Internetworking [C]// 2009 IEEE/WIC/ACM International Joint Conferences on Web Intelligence (WI) and Intelligent Agent Technologies (IAT), 2009,2:519-522.

④ Zarghami A, Fazeli S, Dokoohaki N. Social Trust-Aware Recommendation System: A T-Index Approach [C]// 2009 IEEE/WIC/ACM International Joint Conferences on Web Intelligence (WI) and Intelligent Agent Technologies (IAT), 2009,3:85-90.

⑤ Qiu L Y, Benbasat I. Evaluating Anthropomorphic Product Recommendation Agents:A Social Relationship Perspective to Designing Information Systems [J]. Journal of Management Information Systems,2009,25(4):145-181.

⑥ Oliveira A D R, et al. Trust-based Recommendation for the Social Web[J]. IEEE Latin America Transactions,2012,10(2):1661-1666.

2.2.5 基于关系情境的社会化推荐

传统的推荐系统主要依赖于协同过滤算法,将用户需求偏好、信息行为(如对产品的评分)作为推荐依据,而没有考虑用户情境;当用户情境发生变化时,推荐的准确性将会降低。社会网络环境下,用户情境已成为其重要的行为属性,充分考虑用户的情境信息,如需求偏好、好友关系等,能够突破传统过滤推荐的瓶颈,提升推荐效果。

Jung(2009)指出关系网络是信息交流和传播的重要渠道,能够反映用户的真实社会情境,并对移动推荐服务具有重要作用;但是,由于用户行为和偏好的模糊性及多方面因素的影响,服务提供商很难发现用户的社会情境①;进而分析得出用户的家庭关系、好友关系、同学关系以及线上关系和线下关系能够帮助发现用户及其邻居、好友的社会情境,构建了基于社会关系情境的交互推荐模型,改善了移动推荐服务。Min 和 Cho 利用 Smart Phonebook 挖掘和管理用户的移动社会关系,通过用户的关系结构和联系模式进行用户情境建模,以此向用户推荐最佳的联系人和信息②。Ziegler 等(2013)将旅行用户的实时情境纳入混合过滤推荐模型中,实现旅行信息的实时推荐③。Amato 等(2014)指出,当前的推荐系统大多集中于用户已有行为数据的分析,而没有考虑用户的情境信息(位置、时间等)或社会关系;在基于用户兴需求偏好的推荐基础上,结合社会关系和情境信息的影响,可改善推荐结果④。

---

① Jung J J. Ubiquitous Conference Management System for Mobile Recommendation Services Based on Mobilizing Social Networks: A Case Study of U-conference [J]. Expert Systems with Applications, 2011, 38(10): 12786-12790.

② Min J K, Cho S B. Mobile Human Network Management and Recommendation by Probabilistic Social Mining[J]. IEEE Transactions on Systems Man and Cybernetics Part B—Cybernetics, 2011, 41(3): 761-771.

③ Ziegler C N, et al. Recommending Software Apps in a B2B Context[C]// 2013 IEEE/WIC/ACM International Joint Conference on Web Intelligence and Intelligent Agent Technology-Workshops (WI-IAT), 2013, 3: 270-273.

④ Amato F, et al. Cloud Technologies and Context Information for Recommending Touristic Paths[C]// 7th International Symposium on Intelligent Distributed Computing (IDC), 2014, 511: 281-287.

2.3 国内信息推荐研究进展

国内有关信息推荐的研究较国外晚,而且近年来相关研究多集中于传统推荐策略或方法的改进,如用户模型的表达[1]、协作过滤推荐[2]等。对于社会化推荐理论和应用的研究较少且不够深入。

在国内研究成果的统计上,本书主要选择"中国知网"(China National Knowledge Infrastructure,CNKI)的"中国期刊全文数据库"和"中国博硕士学位论文全文数据库"作为数据源。国内社会化推荐服务的相关研究较少,多以个性化推荐或信息推荐为题进行探讨;另外,有较多的研究成果从社会化行为(主要是社会化标注行为)的角度研究推荐的实现。因此,综合考虑上述两种因素进行相关检索,将检索结果进行人工选择和排除后,共得到相关文献56篇。从研究内容上分析,国内有关社会化推荐的研究主要集中于四个方面:社会化推荐模式分析、传统推荐的"社会化"改进、基于关系网络的社会化推荐和基于社会化标注行为的推荐(见图2-4)。

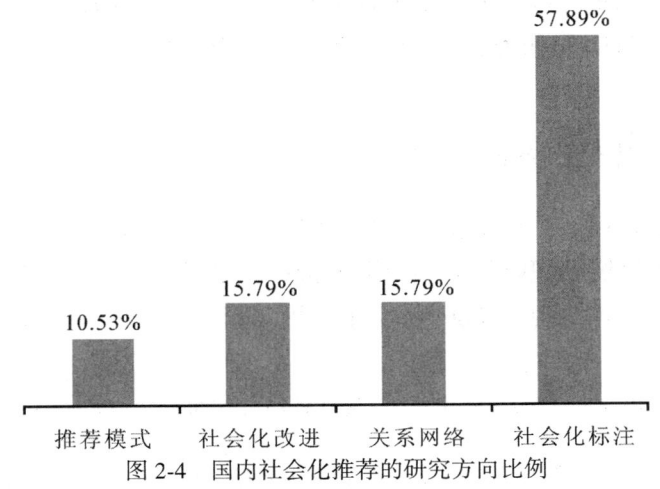

图2-4 国内社会化推荐的研究方向比例

---

[1] 严隽薇,黄勋,等. 基于本体用户兴趣模型的个性化推荐算法[J]. 计算机集成制造系统,2010(12):2757-2762.

[2] 刁祖龙,张兴忠. 基于本体用户兴趣模型的个性化推荐系统[J]. 计算机应用与软件,2013(10):155-158.

2.3.1 社会化推荐模式分析

胡吉明(2011)分析了信息推荐模式的发展和趋势,差异化模式的信息推荐成为推荐的主流,而社会化推荐则是差异模式推荐的主要发展方向,与纯粹的个性化推荐有所不同①。社会化推荐模式为群体或分类推荐模式,是一种基于群体认知和用户划分的定向推荐模式。何铁科等(2012)认为,社会化推荐系统首先是一种信息交互系统,更强调信息交流和反馈及在此基础上产生的信任与协作②,在建立和维护用户模型、适应特定应用要求和提高推荐服务质量等方面具有其他推荐方式不可比拟的优势。应在协同推荐的基础上,将用户特性、用户关系以及环境特性纳入统一的推荐框中,为用户提供更为准确和个性化的推荐服务③。刘合翔(2010)阐述了网络环境下的社会化推荐模式,如社会化标引模式、社会化评价模式、社会关系网络模式以及综合模式,并分析了其运作机理;着重研究了社会化推荐环境下用户信息行为的变化,认为其受到社会认知特别是群体认知的影响,依据最小努力原则且主要服务于休闲目的,分为"采莓"式的非线性、非任务性的"信息邂逅"行为和群体性的"招引"行为④。

2.3.2 传统推荐的"社会化"改进

传统推荐的"社会化"改进是国内探索社会化推荐运行机理和发展模式的研究基础,众多学者自2006年就展开了相关的研究。

李志云和杨帆(2006)提出了一种基于组代理的互惠社区构建

---

① 胡吉明.社会化推荐服务研究述评[J].情报科学,2011(2):308-311,315.

② 何铁科,陈振宇,刘嘉,骆斌.社会化推荐研究进展[J].计算机与数字工程,2012(11):1-5.

③ 蔡冯敏,姚伟,刘静.情报学中信息社会化推荐的理论研究[J].情报理论与实践,2011(8):26-30,25.

④ 刘合翔.基于社会化推荐的网络浏览行为分析[J].图书情报工作,2010(16):50-53.

的个性化推荐算法,综合不同资源的特征频度向量和用户对该资源的评估值构成用户需求偏好特征向量,以此衡量用户需求的一致性和相似用户匹配,实现用户需求偏好和相似用户社区结构的动态调整,以此实施个性化推荐服务;仿真实验证明该算法具有较高的推荐准确度和良好的可扩展性[①]。张富国(2009)指出,在传统协同过滤推荐技术的基础上引入信任机制,将有效地克服传统推荐技术存在的问题,如稀疏性、冷启动以及"托"攻击等[②];其论文分析了信任与需求偏好相似之间的关系,提出了基于主题级信任模型的个性化推荐框架,实验证明能够有效地提高推荐准确性和改善推荐结果的多样性。严隽薇等(2010)针对目前个性化服务中用户模型稳定性低、推荐结果不尽如人意的现状,在建立基于本体的用户需求偏好模型的基础上,引入偏好方差的概念计算用户最近邻,利用矩阵聚类降维分解技术产生推荐;此方法避免了传统协同过滤算法的数据稀疏性缺陷,提高了推荐质量[③]。

2.3.3 基于关系网络的社会化推荐

张华青等(2011)根据用户之间的关系强度构建了用户多维加权网络,利用复杂网络聚类算法 CPM 寻找用户最近邻居集,以此进行个性化推荐的实现;实验表明,基于多维加权关系网络的推荐效果优于传统的内容推荐和协同推荐,具有较高的查全率和查准率[④]。陈清华等(2011)针对目前网络社交网站存在的交友形式单薄、好友关系淡化、用户流失等问题,设计了基于"寝室"组织形式的社交网站系统,通过权值更新和潜在关系更新算法帮助用户寻找潜在好友,

---

① 李志云,杨帆.互惠社区构建及个性化推荐算法仿真研究[J].计算机仿真,2006(6):263-266,318.

② 张富国.基于信任的电子商务个性化推荐关键问题研究[D].南昌:江西财经大学博士学位论文,2009.

③ 严隽薇,黄勋,等.基于本体用户兴趣模型的个性化推荐算法[J].计算机集成制造系统,2010(12):2757-2762.

④ 张华青,王红,等.多维加权社会网络中的个性化推荐算法[J].计算机应用,2011(9):2408-2411,2428.

以达到拓展社交圈的目的;实验结果表明,该系统的好友推荐准确度较高①。冯敏等(2011)在文中指出,信息的社会化推荐将成为信息推荐发展的一个重要方向,是指利用用户的社会关系网络,通过用户社会资本的挖掘、分析和解释理解用户的社会化行为模式,对信息共享背后的用户关联进行深层次挖掘,形成社区群组分享用户体验和经验,在建立多维用户模型的基础上进行推荐的一种新型方式②。黄立威和李德毅(2012)则从社会化标注、群组和信任等角度阐述了社交媒体的信息推荐问题,指出社会推荐系统是当前社交媒体中解决信息过载问题的重要手段③。黄武汉(2012)提出了一种基于移动用户社会化关系挖掘和评分预处理的推荐算法,利用移动通信网络中的用户关系紧密程度为目标用户寻找兴趣相似的用户,以此预测移动用户偏好④。余善红(2011)将社会网络理论和人工鱼群算法引入个性化推荐中,加权混合用户标签网络和社会关系网络,提出了TF推荐算法,新浪微博平台上的实验证明此算法在查准率和查全率方面较其他算法得到明显提升⑤。

2.3.4 基于社会化标注的推荐

对于社会化标注的研究以及基于社会化标注的信息推荐的研究在国内社会化推荐研究中占了很大比例。社会化标注将用户、资源和标签关联起来;用户是资源的创建者、标注者或使用者,标签是用户用来标注资源的工具。用户标注过程中,分享与传递使其行为具有社会化;社会化标注反映了用户对资源的需求偏好,充分体现了用

---

① 陈清华,李林锦,翁正秋.SNS网站用户关系挖掘的设计与实现[J].计算机工程,2011(3):61-63.

② 冯敏,姚伟,刘静.情报学中信息社会化推荐的理论研究[J].情报理论与实践,2011(8):25-30.

③ 黄立威,李德毅.社交媒体中的信息推荐[J].智能系统学报,2012(1):1-8.

④ 黄武汉.基于用户关系挖掘和评分预处理的推荐系统设计与实现[D].北京:北京邮电大学硕士学位论文,2012.

⑤ 余善红.基于社会网络的个性化推荐系统关键技术研究[D].长沙:国防科学技术大学硕士学位论文,2011.

户的主动性和个性化,对网络服务中的信息共享、用户体验提升和信息空间构建具有重要的促进作用①。然而,由于用户知识水平的参差不齐和标注系统本身的缺陷,使得用户大量的标注行为缺乏规范,造成了混乱和不可靠性,使得基于标签的推荐陷入困境。如何消除标签混乱所造成的推荐障碍,已成为国内学者的研究重点。

黄晓斌(2006)分析得出,社会化书签能够帮助用户收集、分类和聚合其需求偏好的信息,同时与其他用户分享和交流,能够帮助个性化推荐服务挖掘用户使用倾向、构建虚拟社区进行合作推荐以及促进网络信息增值②。魏建良和朱庆华(2009,2010)认为,社会化标注关联了用户与信息资源,形成了用户与资源的关系网络,为信息的组织、共享、传播以及推荐提供了新的思路③;并且指出标签对用户模型构建和信息推荐具有重要意义,从内容、协同和语义三个层面分析了标签推荐系统的构建,提出了基于矩阵、聚类和网络的社会化推荐的三种思路④。田莹颖(2010)认为用户对信息的自我标注,反映了用户的需求和认知偏好;并对分散、模糊的标注进行处理,构建相似用户集和资源集,进行个性化推荐⑤。

万朔(2010)将社会化标签与传统协同过滤方法相结合,解决了传统推荐方法中用户需求偏好单一的问题,缩小了评分矩阵的规模,提高了运算的效率;基于 MovieLens 数据集的实验表明,此方法的推荐效果要明显优于传统协同过滤方法⑥。易明和邓卫华(2010)利用

---

① 潘梅.用户信息空间自构建——网络书签[J].图书馆学刊,2006(6):123-125.

② 黄晓斌.社会书签与网络信息推荐服务[J].情报理论与实践,2006(1):122-124.

③ 魏建良,朱庆华.社会化标注理论研究综述[J].中国图书馆学报,2009(6):88-96.

④ 魏建良,朱庆华.基于社会化标注的个性化推荐研究进展[J].情报学报,2010(4):625-633.

⑤ 田莹颖.基于社会化标签系统的个性化信息推荐探讨[J].图书情报工作,2010(1):50-53,120.

⑥ 万朔.基于社会化标签的协同过滤推荐策略研究[D].成都:电子科技大学硕士学位论文,2010.

CPM算法将用户关系网络划分为社团结构,实现了社团内基于协作过滤的个性化推荐和社团间基于"信息桥"的个性化推荐,实验证明推荐效果较好[①]。张玉(2011)针对社会化标签系统中所存在的标签语义模糊问题,在构建基于语义主题的用户需求偏好模型的基础上,提出了基于用户需求偏好模型和评分的协同过滤推荐算法,实验证明此方法在较大程度上消除了标签语义模糊问题,提高了标签推荐系统的准确度、效率和质量[②]。

易明等(2010,2011)分析得出社会化标签序化能够弥补标签云、标签聚类等方法的不足,而且有助于构建用户需求偏好模型,为个性化推荐提供关键支持[③];"用户、资源、社会化标签"之间的关系网络能够为个性化推荐提供有价值的基础数据,提出了协同运用基于社会化标签网络的内容推荐和基于知识互动型社会网络的协同过滤推荐的个性化推荐组合策略[④]。郭伟光等(2011)分析了用户长短期需求和多义标签对推荐的影响,提出了通过用户的标签偏好权重和资源偏好权重区分用户长短期需求偏好的新思路,结合基于内容和基于协同过滤的混合推荐方法,实现了社会化标注系统中资源的个性化准确推荐[⑤]。

2.4 研究现状评析

上述有关国内外研究现状的分析表明,基于社会化行为以及由此产生的关系网络的信息推荐研究已成为当前研究的热点。现有的

---

① 易明,邓卫华.网络书签系统中基于社团结构的个性化推荐方法[J].情报学报,2010(6):1000-1008.
② 张玉.基于社会化标签的个性化推荐系统研究[D].合肥:合肥工业大学硕士学位论文,2011.
③ 易明,王学东,邓卫华.基于社会网络分析的社会化标签网络分析与个性化信息服务研究[J].中国图书馆学报,2010(2):107-114.
④ 易明,邓卫华,徐佳.社会化标签系统中基于组合策略的个性化知识推荐研究[J].情报科学,2011(7):1093-1097.
⑤ 郭伟光,李道芳,章蕾.一种社会化标注系统资源个性化推荐方法[J].计算机工程与应用,2011(10):240-243.

研究成果在传统推荐的基础上,无论是从思路上还是技术上,都推进了社会网络环境下的推荐服务理论与实践研究。一是辨析了社会化推荐与传统推荐甚至个性化推荐在理论与思路上的区别,指出社会化推荐是一种新的思路、视角和方法,为社会化推荐提供了理论支撑;二是主要围绕社会化标注、关系网络(包括信任关系)、用户情境等展开了研究,为社会化推荐研究的实证和应用奠定了基础。但对整体机制和方法提升的研究仍存在欠缺,存在着许多亟须解决的关键问题。

①传统推荐"社会化"改造中的瓶颈。传统推荐的技术改进始终无法突破其固有缺陷,如协同过滤推荐中所存在的稀疏性(Sparsity)、冷启动(Cold-start)和可扩展性问题,内容推荐中的特征抽取、新用户问题等。虽然众多研究者也提出了一些解决方法,如奇异值分解(Singular Value Decomposition,SVD)①、用户或资源聚类②等,但始终无法充分理解用户需求偏好和及时适应其变化,没有从语义上实现资源挖掘和关联,无法挖掘用户的"小众化"需求,因此推荐的可靠性和准确度无法实现有效突破。

②用户需求理解与挖掘的局限。现有的推荐方法旨在为每一个用户寻找相似用户,然后进行推荐项目的预测。而实际上,在当前信息爆炸的环境下,存在着大量的用户和资源,而用户只是作为"小众"群组的成员,往往只偏好较少的项目,如同样的用户偏好程度下,推荐冷门的产品要比推荐热门的产品意义更大。因此,传统推荐系统对用户需求偏好的理解和挖掘不够深入,仅仅满足了用户的"大众化"需求,而没有满足用户的"小众化"需求。需要充分考虑服务中用户和资源的属性及关系,重新设计用户需求偏好模型和资源属性模型,达到深入挖掘用户需求趋向和提升推荐效果的目的。

③推荐中的资源语义挖掘研究不足。目前的推荐系统在资源处

---

① Landauer T K, Foltz P W, Laham D. Introduction to Latent Semantic Analysis [J]. Discourse Processes, 1998(25):259-284.

② George T, Merugu S. A Scalable Collaborative Filtering Framework Based on Co-clustering [C]// Proceedings of the Fifth IEEE International Conference on Data Mining, 2005:625-628.

理上主要依靠传统的向量空间模型,从而使得资源与资源之间相互独立;实际上,资源之间存在着丰富的语义关系,但传统的文本分类与关联方法无法较好地实现语义层面上的资源挖掘,因而也就影响了后续推荐服务的质量。

④社会化推荐服务机制整体研究的缺乏。目前的研究大多仅仅停留在"推荐"的表层研究上,即"为了推荐而推荐",没有从整体上去考察推荐服务的运作机制,如当前服务中用户需求的变化、用户行为的作用以及交互过程的衍生影响,特别是用户与资源之间的关联关系结构与对服务的作用机制等,如关联关系对信息产生、传播、共享以及推荐的促进作用,应将这些因素纳入整个社会化推荐服务中,探讨其整体层面上的运作机理。

第3章　社会化网络服务中的用户关系特征及其演化

互联网对人类的生存模式(包括生活、工作和学习)和思维模式产生了革命性的影响,开创了新一轮的社会变革:网络的社会化或社会的网络化①。互联网不仅促成了新的社会关系,而且推动着网络服务模式向前发展。尤其是基于交互式理念和技术的社会化网络服务的广泛应用,以用户参与和互动为主体,强调开放、共享的社会化,改变了用户在信息流机制中的角色,使用户从信息的被动接受者转变为信息生产者和传播者,从个人网络行为向社群网络行为转变,依据用户关系的不同特性(如强连带、弱连带)将用户自发或引导性的聚合为社区群组,并不断辐射为一张可伸缩的有机网络。

Web 2.0 和 SNS 交互理念和技术的发展以及用户需求的变革,使得网络服务的社会化成为其发展趋势。研究当前社会网络环境下基于用户关系的服务构架,以及由此形成的用户交互关系结构,对以用户为中心的网络服务的开展具有现实意义。

---

① Kumar R, et al. Structure and Evolution of Online Social Networks[C]// Proceedings of 12th International Conference on Knowledge Discovery in Data Minining. New York: ACM Press,2006:611-617.

第3章　社会化网络服务中的用户关系特征及其演化

3.1　基于用户关系的社会化网络服务发展与构架

社会网络环境是互联网的社会化进程中的必然产物,由此推动了新一轮的网络服务变革:网络服务的社会化产生了社会化网络服务(Social Networking Service,SNS)。社会化网络服务通过各种社会化行为将用户的生活、需求偏好和职业等结合在一起,突破了之前网络服务的单一化,走向多元化,形成了各种各样的社会化网络服务模式,通过社交网络服务平台将服务延伸到社会生活的各个领域,并逐步形成一个集成融合的服务体系。

3.1.1　社会网络环境下网络服务的社会化发展

21世纪,社会经济形态已经从产品经济时代、服务经济时代逐步演变为以体验为重要指标的感官时代①,由此引发传统网络服务进入了以博客、即时通信、虚拟社区、RSS、社交网等为主的社会化网络服务时代②,推动着服务的社会化发展,并带来了用户网络社会关系的形成。自2003年3月在美国兴起之后,社会化网络服务便在全世界范围内流行开来,从海外的Facebook、MySpace到内地的开心网、人人网、豆瓣网等,有70%以上的网络用户每天使用SNS拓展自己的交际圈,获取网络服务③。

SNS是一种基于六度分隔理论、构建用户社会关系网络和强调协作开发的Web 2.0应用,主要包括社会化服务、社会化软件和社会化网站三个层次,即以Blog、Tag、RSS、Wiki等社会化软件的应用为核心,通过各种社交网站,为用户提供创建人际关系网络的服务并帮助用户对关系网络进行维持和拓展④,进而通过关系网络推广网络

---

①　胡昌平.信息资源管理原理[M].武汉:武汉大学出版社,2008:89.

②　西门柳上.正在爆发的互联网革命[M].北京:机械工业出版社,2009:VIII.

③　Nielsen亚太SNS研究[EB/OL].[2014-12-26]. http://www.box.net/shared/ajz71uj681.

④　Garton L, Haythornthwaite C, et al. Studying Online Social Networks [J]. Journal of Computer-mediated Communication,1997,3(1):75-106.

应用和服务。

SNS 所倡导用户参与、开放互动的服务平台通过更方便的功能和更流畅的展示效果,为用户提供了更多的参与机会和更佳的用户体验[1];用户通过各种社会化行为加强彼此的联系和对服务的黏性,并依据相同或相似的需求偏好将线下生活搬到线上,形成了一种网络化的"类社会",使得虚拟关系变得真实化,构筑了一个多样化的人际关系体系。SNS 所衍生出的各种社会化服务,目前已成为网络服务的主流[2],促使以用户关系为核心的网络服务替代以数据为核心的服务。

SNS 运行成功的关键在于,基于开放平台和协作联盟,将服务平台、用户以及多种应用高度融合,通过服务拓展满足用户的多种需求,提升用户体验和服务质量。SNS 的开放运行平台如图 3-1 所示。

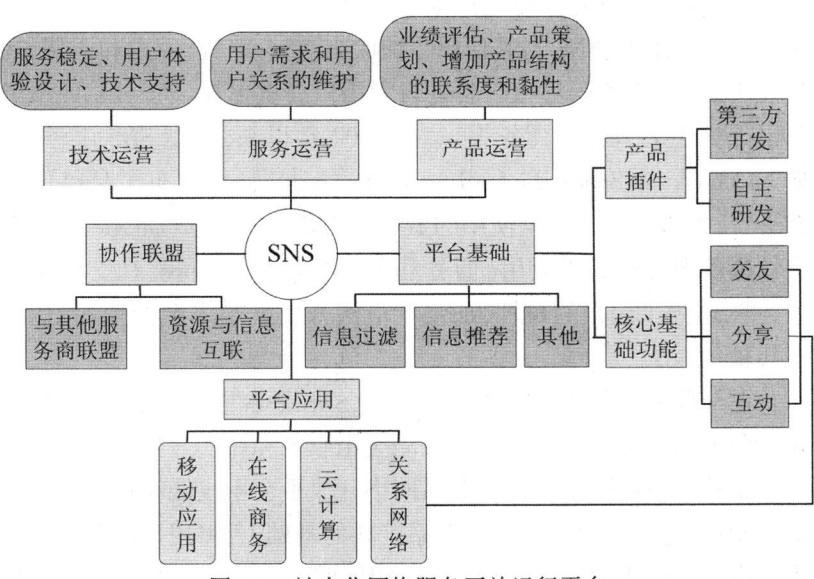

图 3-1 社会化网络服务开放运行平台

---

① Nabi R L, et al. Facebook Friends with (Health) Benefits? Exploring Social Network Site Use and Perceptions of Social Support, Stress, and Well-Being[J]. Cyberpsychology Behavior and Social Networking, 2013,16(10):721-727.

② Ray M. Social Networking-Making Connections on the Web: Year In Review 2007[EB/OL].[2011-04-15].http://www.britannica.com/EBchecked/topic/1574519/Social-Networking-Making-Connections-on-the-Web.

开放接口及其规范框架是 SNS 开放平台运行的重要支撑,而开发者也因此能够依据开放平台标准和规格展开应用功能的开发,以更好地利用 SNS 开放平台中的核心资源(包括用户资料、关系数据、用户生成内容等)。第三方应用只需通过审核和批准便可与 SNS 开放平台无缝对接和整合,在 SNS 平台界面上迅速集成服务模块和创新应用[1]。SNS 的开放平台将改变用户与用户、用户与群体以及群体与群体之间的交互方式,将用户、关系、资源和应用全面融合,提高服务的准确性、灵活性以及效率和响应速度,催生出更具开放性的分享和更具洞察性的决策。

目前采用的开放平台技术多为 fbopen(如 Facebook)和 OpenSocial(如 MySpace),它们将应用集成和功能请求相结合,在提供丰富的用户资料、社会关系和用户动态的基础上,调用和集成第三方应用。在此基础上,SNS 与其他服务商联盟,整合资源、用户和应用,通过技术运营、服务运营和产品运营为用户提供更加丰富可靠的服务(如信息、生活、娱乐、商务等)。自 2007 年以来,大型 SNS 服务商,如 Facebook、MySpace、LinkedIn、Google、人人网,均发布了自己的开放平台,提供第三方开发使用的数据和方法调用。如 Google 的整合协作服务平台集成了应用(商务和个人)、Google Apps、社交网络等服务[2],增强了用户的黏性,加强了应用开发者与平台的依赖,达到了共赢。

在开放平台和协作运营的基础上,SNS 平台衍生出了多种服务,如社会关系网络、云计算服务、移动应用服务和在线商务等。

①社会关系网络。社会关系网络开放平台不仅能够提供用户社交功能,还可在取得用户好友关系资料的基础上,将用户的关系网开放给第三方应用,激发用户的关系作用机制,利用平台提供的信息传播渠道直接面向用户进行传播和营销。如 Facebook、MySpace、人人

---

[1] 陈毓亮. 基于接口集成的云开放平台[D]. 武汉:华中科技大学硕士学位论文,2013;Zhou T, Li H, Liu Y. The Effect of Flow Experience on Mobile SNS Users' Loyalty[J]. Industrial Management & Data Systems, 2010, 110(5-6): 930-946.

[2] 苏嘉. SNS 开放平台架构简析[J]. 电信快报, 2009(10): 8-10.

网、51.com 等利用用户关系所产生的社会化群体作用①,迅速聚合了用户和各种应用,创新了盈利方式。

②云计算服务。网络服务从自行构建逐步发展到按照使用付费的云计算服务,既能够解决用户对大型计算服务的使用问题,也可为用户提供更多的服务应用②。云计算服务平台,如 Amazon 的 EC2/S3、Google 的 AppEngine 以及微软的 Azure 等,整合软件、计算、网络服务、服务商及用户,为用户和提供商提供互动平台,管理和协调用户所需要的各种服务。云计算服务启动成本低,运算和存储服务资源充沛,通过快速开发和部署能够应付复杂程度高的网络应用③。

③移动应用服务。开放 API 和基于用户关系的推荐能够极大地促进新应用的开发和推广④,促成 SNS、移动服务商和智能手机以及更多第三方应用开发的协作共赢。基于 SNS 和 WAP 无线互联网的移动应用服务将成为 SNS 拓展的新领域。移动应用服务将整合社交、搜索、广告、支付等服务,满足用户在移动中的多种需求。如淘宝网发布的移动淘宝客户端,整合了商品搜索、购买、查询、在线沟通等功能,将采购、展示、交易、物流等电子商务流程完全移植到了移动平台上。

④在线商务服务。开放平台提供了数据和用户群,使得第三方商务应用能够提供针对用户需求的服务方案,如订阅、交易和定制等,实现服务的增值。目前,在线商务平台主要通过 ERP、CRM 等服务,以及电子商务服务商通过 API,让第三方提供新服务功能,满足用户的商务需求。如 Salesforce 的 force.com、eBay 和淘宝提供的开放平台,供第三方应用开发如会计、物流、客服、交易、支付、评价等全系列的服务。

---

① 胡昌平,胡吉明,等.基于社会化群体作用的信息聚合服务[J].中国图书馆学报,2010(3):51-56.

② Sagawa C. Cloud Computing Based on Service-oriented Platform [J]. Fujitsu Scientific & Technical Journal, 2009,45(3):283-289.

③ Lin J. Introduction to "Cloud Computing" [EB/OL]. [2008-09-08]. http://www.umiacs.umd.edu/~jimmylin/cloud-2008-Fall/.

④ 闵栋.移动 SNS 业务跟踪研究[J].移动通信,2010(6):13-17.

第3章 社会化网络服务中的用户关系特征及其演化

SNS多元拓展延伸平台是网络服务和商务模式交融的结果,必将走向进一步融合。云计算降低了部署和服务拓展的成本,庞大的集群基础可以使开发者在高性价比之下,快速部署和拓展应用;开放服务提供了各种不同的数据和功能,提高了应用开发的起点;在线商务平台将现有的用户群和服务商连接起来,提供了新市场拓展的机会;而社会关系网络则更进一步地解决了用户增长和传播营销的问题,让服务应用通过平台快速吸引大量用户,拓展市场;移动服务平台则提供了多样化的服务方式,满足用户的移动服务需求。

网络服务的社会化进程将不断加快,从服务商产生内容到用户产生内容,再到以用户关系为核心的SNS(见图3-2),进而将沿着从社会化关系(人与人之间的交流与分享)到社会化的机能和集群(社会化网络犹如操作系统,越来越契合用户的体验,提供个性化和精准的内容),再到社会化的智能商务(社会化的产品与服务)的道路发展①。

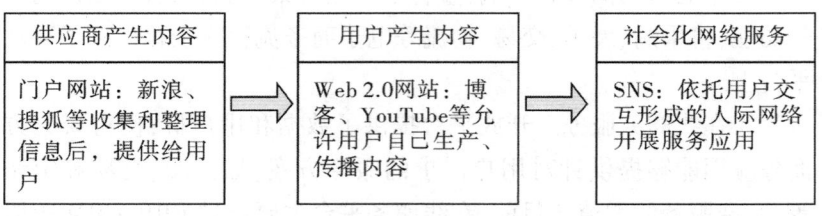

图3-2 网络服务模式变革历程

弗雷斯特(Forreser)公司发布的 *The Future of the Social Web* 报告将未来社会化网络服务的发展分成5个时代(见图3-3)②,即:社会化关系时代(人与人之间的交流和共享)、社会化机能时代(社会

---

① Owyang J. The Future of the Social Web: In Five Eras[EB/OL].[2009-04-27].http://www.web-strategist.com/blog/2009/04/27/future-of-the-social-web/.

② Social Beta.社会化网络的五个时代[EB/OL].[2009-05-01].http://www.socialbeta.cn/articles/%E7%A4%BE%E4%BC%9A%E5%8C%96%E7%BD%91%E7%BB%9C%E7%9A%84%E4%BA%94%E4%B8%AA%E6%97%B6%E4%BB%A3.html.

3.1 基于用户关系的社会化网络服务发展与构架

化网络越来越像一个操作系统)、社会化集群时代(每一种体验都是社会化的)、社会化语境时代(个性化和精确的内容)、社会化商业时代(社区定义未来的产品和服务)。

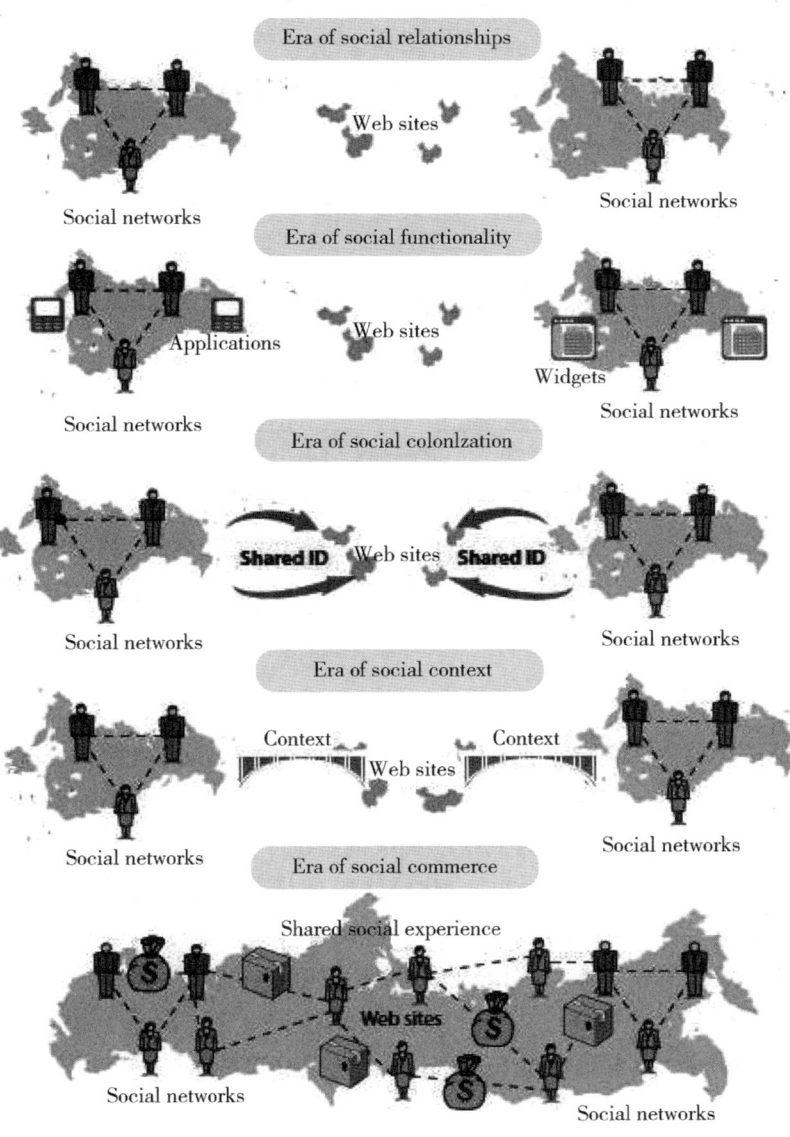

图 3-3 社会化网络服务发展的 5 个时代

综上所述,以用户及其关系为核心的单平台、全开放、平台与应用分离和智能化的新服务模式(包括服务的互相融合与集成),将成为未来社会化网络服务的发展方向。大的方面走向 SNS 门户,将 IM、交友、博客、播客、网络社区、推荐、共享、RSS 等有机融合为"在线服务社区",成为"一站式网络服务";小的方面则催生出垂直化 SNS,如豆瓣以阅读和电影方面的话题为核心的应用与 SNS 的融合(见图 3-4)。

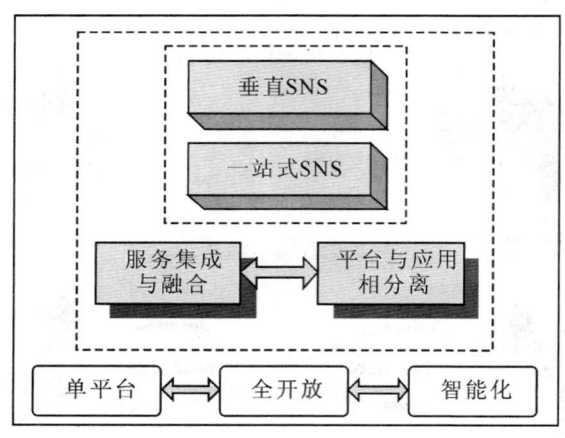

图 3-4　社会化网络服务的未来发展框架

社会化网络的发展不仅需要进一步开放平台,更为重要的是聚集和发挥用户的群体智慧,使其超越人工智能。在计算机的基本运作逻辑(还原论)没有得到根本解决的情况下,无法利用人工智能去解决更为复杂的问题;而社会化网络服务具有双向互联、网状传播、沟通及时等特点,在其开放运行中联结用户和服务的同时,也将用户的智慧聚集在一起,对其充分挖掘和利用将是实现甚至超越人工智能的有效方式。因此,社会化网络服务的下一步发展重点应放在充分发挥用户的集体智慧,探索和构建基于社交网络的网络服务智能推荐上。

3.1.2 基于用户关系的社会化网络服务构架

SNS以用户交流和信息分享为核心,旨在帮助用户建立互联网上的人际关系网络,并因此映射真实的人际关系,为用户提供各种社会化软件、应用等服务。SNS给用户和网络服务带来了诸多变革:互联网由虚拟到真实,网络中的真实关系使得用户的信息传播更加主动,也更加可信;改变了用户信息获取的方式,用户的互动与交流将给用户带来更加符合个性化和更加及时的内容;实现了娱乐与社交的结合,产生了"社区娱乐"的趋势;个人集成门户的出现,将以用户为中心集成用户的人际关系、沟通交流、娱乐休闲以及工作业务;加速移动互联网的应用[①]。

SNS究其本质是服务与关系相结合的产物,即在原有的网络服务中引入关系,通过关系维护推进服务的开展。由于服务平台开放运营和内容提供的分工具有精细化和协同化特征,使得整个服务体系变得更加具有秩序和效率。因此,不同领域的网络服务与关系的结合,便催生出了更多的社会化网络服务形式,使得"线下真实社会"与"网络虚拟社会"融合,构建着互相融合和集成的社会化网络服务体系(如图3-5所示)。

SNS将人与关系重新集合到网上,用户的所有需求(信息、社交、娱乐、商务等)体验乃至创新都将在服务网络中实现。在SNS平台上,社会化行为成为连接用户的重要手段,包括分享、娱乐、活动、评论、订阅、标签、群组、协作等,从而使得服务商在挖掘和统计用户数据的基础上,聚合用户和用户关系,加强用户对群组和服务的归属感;并且随着网络社会化应用的发展和用户需求层次的提升,服务应用将从信息获取、搜索、推荐、娱乐延伸到对工作、个人发展的支撑;SNS必将形成集社会化生活、社会化政治、社会化娱乐、社会化媒体、社会化协作办公、社会化推荐、同城生活、社会化搜索、社会化商务和社会化学习等多维于一体的社会化网络服务体系,从而实现基于SNS

---

① 西门柳上.正在爆发的互联网革命[M].北京:机械工业出版社,2009:59.

第 3 章　社会化网络服务中的用户关系特征及其演化

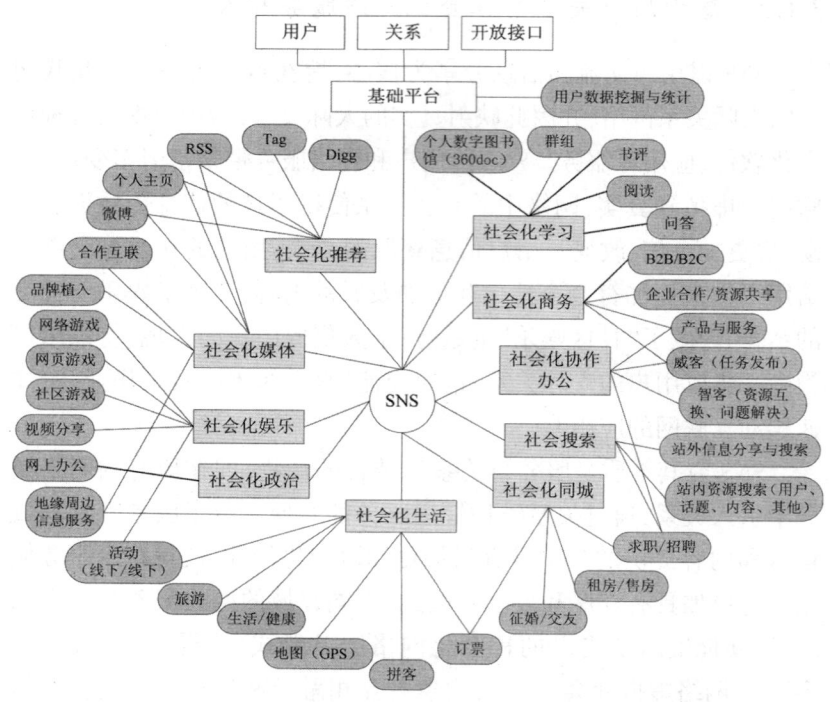

图 3-5　基于开放平台的社会化网络服务构架

平台的资源整合和服务集成,为用户提供更加丰富、可靠的服务。

(1) 社会化信息服务

社会化信息服务是一切社会化服务开展的基础,主要包括社会化媒体服务、社会化搜索/推荐服务和社会化学习服务等。社会化媒体是一种用户可以普遍参与的新型在线媒体(如博客、播客、论坛、维基、社交网络和内容社区等),具有参与性、公开性、交流性、对话性、连通性、社区化等特点[1]。在社会化媒体中形成的复杂有序的关系链,以及由此产生的彼此信任,更能有效地帮助系统筛选出准确、

---

[1] Tsai J. Social Media: The Five-year Forecast [EB/OL]. [2009-04-27]. http://www.destinationcrm.com/Articles/CRM-News/Daily-News/Social-Media-The-Five-Year-Forecast-53635.aspx.

有价值的信息。社会化搜索和社会化推荐将用户的社会化行为和好友关系作为搜索和推荐的依据,如群体发掘(Digging)、社会化书签(Social Bookmarking)、社会化标签(Social Tagging)、社区群组等;用户社会化媒体中的朋友关系和朋友圈的行为与活动决定了搜索和推荐的结果和效果,社会化行为越多越频繁,搜索和推荐的准确度就越高。如 Facebook 的 Like 功能,根据朋友圈中其他人的信息发布和推荐,为用户筛选和推荐信息。用户从这种社会化互动中既体验到了互动交流的乐趣,同时也为自己的信息查询提供了一种全新的渠道。

与此同时,SNS 为用户提供了一种全新的知识共享与创新服务平台,用户通过互动、协作和相互启发,将其中的信息、知识进行聚合、分享、关联、传播和转化,实现知识信息的内化和创新;在群体成员间的反馈激励下,知识创新呈螺旋式上升①,并促使个体知识创造上升到群体知识创新的水平。

(2)社会化生活服务

社会网络环境下的用户信息需求满足之后,则要求将线下生活最大限度地移植到线上,产生出了社会化的同城服务、娱乐服务甚至政治服务。同城服务是在同一城市区域内,借助 SNS 应用(如微博等)进行交流、讨论和分享,拉近用户之间的情感,提供求职/招聘、租赁、旅游、团购等多种生活服务(如 58 同城网),具有本土化、互动化、自主化且真实高效的特点。社会化娱乐则依托于社交网络平台,通过互动、协作的娱乐方式增强人与人之间的交流,将逐渐取代传统的、单纯机械式的娱乐方式,以满足人们在娱乐中的社交和自我实现需求②,如 MySpace 为用户提供了丰富多彩、高度个性化的娱乐体验,包括音乐、影视、游戏等。社会化媒体也愈来愈成为政治服务的重要承担者之一,其公开性、参与性和互动性,使公民可以便利地获得公共政策信息,极大地丰富其政治认知,为政治学习提供了便利;

---

① 胡昌平,胡吉明. 基于群体交互学习的知识创新服务组织分析[J]. 图书馆论坛,2009(6):54-57.

② Pyo C. Everything about Social Games [EB/OL]. [2010-06-03]. http://www.slideshare.net/charlespyo/everything-about-social-games.

同时,促进了公民对基本政治知识和时局的了解,提高了其基本政治技能,有助于培养公民的参政兴趣和积极性;另外,基于社会化媒体的政治服务具有很强的社会适应性和公信力,且形式丰富多样①,对宣扬我国基本价值观念、传承政治文化和维护社会稳定具有重要作用;而且能够实现不同政府机构间的无缝联结,如通过威客进行社会化的协作办公,实现电子政务的高效化运作。

(3)社会化商务服务

社会化商务服务更多的是指社会化电子商务,即电子商务结合社会化媒体的社会化特性和社交图谱(用户的社会化关系)而形成的一种新型电子商务服务②,即基于用户社会化关系,为用户提供分享、点评、对话等一系列社会化体验,产生用户与用户之间、用户与产品服务之间的信任感和归属感,增强产品和服务黏性,帮助用户做出明智决策,发现、分享和推荐产品与服务。据弗雷斯特(Forrester)公司和尼尔森(Nielsen)公司调查统计,有1/3的用户会购买推荐的商品,且高达91%的中国在线消费者不同程度地信任系统根据他人(尤其是熟人)的购买信息所推荐的商品③。

2010年以来,社会化电子商务呈爆炸式增长,涌现了数十种社会化电子商务服务,成为网络服务发展的下一个爆发点④。目前存在三种形态的社会化电子商务:①电子商务原有基础上的社会化。基于现有的电子商务服务构建社区,通过社区中形成的用户关系促进电子商务。如淘宝推出的社会化电子商务平台"淘江湖",基于已有的电子商务和用户基础,构建自己的社会化关系网络,以促进用户

---

① 刘中伟. 美国大众传媒的政治社会化及对我国构建社会主义和谐文化的启示[J].兰州学刊,2007(2):11-14.

② Marsden P. How Social Commerce Works: The Social Psychology of Social Shopping [EB/OL]. [2010-09-06]. http://socialcommercetoday.com/how-social-commerce-works-the-social-psychology-of-social-shopping/.

③ 尼尔森.全球消费者在线调查[EB/OL].[2010-07-20]. http://cn.nielsen-en.com/site/0720cn.shtml.

④ A Year in Social Commerce [EB/OL].[2011-04-20]. http://socialcommercetoday.com/a-year-in-social-commerce-infographic/.

3.2 社会化网络服务中的用户关系特征与演化

的购物行为。②社会化网络服务中的电子商务。在现有社会化用户关系体系的基础上,构建相对独立于电子商务的社会化平台,提供新鲜资讯,以爱好聚合用户,分享心得与乐趣。如"翻东西"可以根据用户的喜好和朋友关系,主动推荐商品,并提供可靠的购物建议,帮助用户筛选商家和产品①。③第三方社会化电子商务,将电子商务与社会化关系网络对接,利用用户社交平台进行网络营销,具有强大的生命力。如 Livescribe 利用 Facebook 平台所进行的社会化营销,Facebook 的用户可以与产品进行互动,分享和传播(Twitter)给更多的用户;"微跳蚤"(一款基于新浪微博的第三方应用)是依托于微博的二手交易应用,为微博用户提供产品发布、查询、评价等信息的服务。

未来的社会化电子商务将充分融合社会化媒体、移动平台以及本土化的电子商务,实现实体端、Web 端和 Mobile 端的无缝互通互联,分享用户、产品、服务资源,实现产品、服务与应用的不断创新②。

3.2 社会化网络服务中的用户关系特征与演化

经过本书绪论与上述部分的分析,有理由认为社会网络环境如同现实生活环境一样,对用户产生着同等或类似的影响,尤其是其中的社会化网络服务。越来越多的用户将网络服务作为生活的重要部分,不断地将线下的真实关系复制到网上,并且基于网络服务中的社交功能,以社会化行为为手段,构建和发掘线上的社会关系;用户的线上和线下关系共同组成了其社会关系网络。

社会化网络服务作为网络服务发展的主流形式,以用户为主导和以用户关系为核心开展服务运营,加速了网络服务的社会化进程。

---

① 向密.翻东西:做社会化电商导购平台[J].[2014-10-24].http://www.donews.com/original/201410/691410.shtm.

② Marsden P. The Future of Social Commerce [EB/OL].[2011-01-28]. http://socialcommercetoday.com/the-future-of-social-commerce-learning-from-crunchies-finalists/.

而在服务中形成的用户网络关系发生了彻底的改变,重新把握网络环境下的用户关系对开展网络服务具有重要意义。

3.2.1 网络服务中的用户关系形成

目前,社会网络环境下"人-机交互"逐渐为"人-人交互"所代替[1],传统的网络服务也进入了以建立用户关系和以此作为服务开展基础的社会化网络服务时代;在用户需求变革和交互式服务理念与技术的推动下,新型的用户关系模式形成并构建了复杂的人际关系网络。

(1) 网络服务中的用户需求变革

用户的基本信息需求满足时,其更高层次的需求将被激发,人际交往成为其当前的重要诉求;网络传播学则将用户需求分为娱乐(或缓解压力)、认知和情感以及社会关系需求,以达到自我实现和社会认同的尊重需求。虚拟社区作为人们在网络上的一种聚集形式,同样具有真实社区的"社会性"和"功能性"。亚瑟·阿姆斯特朗(Arthur Armstrong)和约翰·哈格尔(John Hagel III)早在1996年从用户需求和信息内容的角度对虚拟社区服务进行了定义,认为用户在参与虚拟社区中,信息、讨论内容以及情感表达为其基本需求,并逐渐上升为关系和社会资本需求[2]。目前,以自我为中心的社交网络正逐渐取代传统的虚拟社区,从而使得社会交往需求将取代原始的社会归属需求,以此帮助寻求更多的社会资本来实现自我。依据传播学大师保罗·瓦兹拉威克(Paul Watzlawick)对信息交流的划分[3],本书结合现实情况将网络服务中的用户需求分为两个层次(如图3-6所示,用户需求从下往上依次递进。)

---

[1] 西门柳上.正在爆发的互联网革命[M].北京:机械工业出版社,2009:VIII.

[2] Armstrong A, Hagel J. The Real Value of Online Communities[J].Harvard Business Review, 1996,74(3):134-141.

[3] Watzlawick P,et al. Pragmatics of Human Communication: A Study of Interactional Patterns, Pathologies and Paradoxes[M].New York:Norton ,1967:48-50.

3.2 社会化网络服务中的用户关系特征与演化

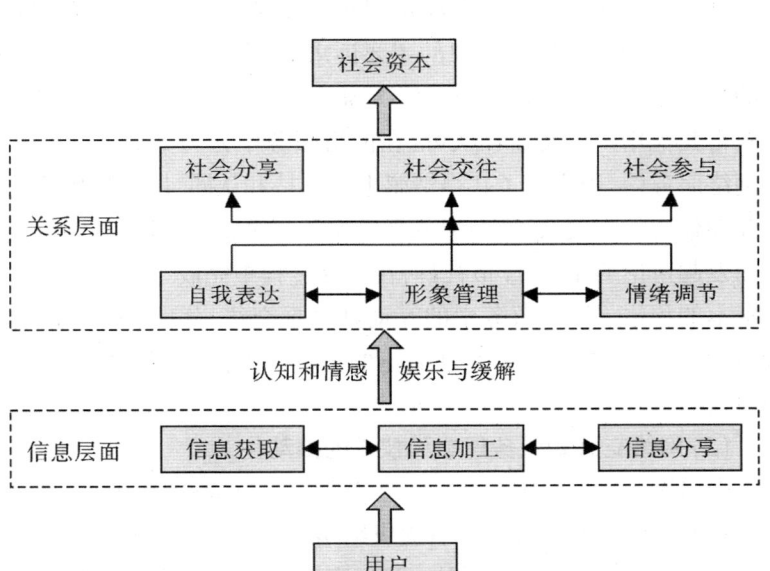

图 3-6 网络服务环境下的用户需求变革

①信息层面。网络已成为用户满足资讯、娱乐和信息交流等需求的主要工具,而这些需求满足必须通过相应的信息活动来完成[①]。首先,为了满足各种基本需求,如专业学习需求,用户必须借助各种信息获取工具,按照一定的信息获取方法获取各种信息。其次,为了最大化地利用信息,用户根据自己的知识水平,将信息进行加工,如分类整理、标注、编辑等,使之有序化和系统化,从而产生了新的信息。最后,为了充分挖掘信息的价值,用户将加工好的信息与其他用户分享和交流,在协同协作中将信息转化为知识,实现信息的增值[②]。社会化网络服务中的信息交流与分享尤为突出,进而产生了彼此之间的认同和情感,满足用户在虚拟社区中"自我形象"提升和获得尊重的需求。

---

① 胡昌平.现代信息管理机制[M].武汉:武汉大学出版社,2004:98-101.
② 欧阳剑.社会网络环境下个人信息组织的驱动力及模式特征[J].情报资料工作,2009(1):64-67.

②关系层面。渴望交际和希望相互支持是人类的固有本性[①],社会关系及社会资本是用户的主要诉求,社会资本的积累在关系网络的拓展中完成。马斯洛的五层次需求理论[②]指出用户的最终需求为获得其他用户的关注和认可,在网络服务中尤为如此。在交互式的网络服务中,用户为了获得情感上的支持和认同,以各种形式的服务互动建立人际关系,进而形成凝聚力和归属感,如基于共同需求偏好而发起讨论的 Wiki 虚拟社群,在交互过程中完成了自我实现和社会资本的积累。网络服务中的互动则包括交往、分享、参与等,也是获得社会资本的基础;而互动交流的直接心理需求需要自我形象管理、自我表达、自我情绪调节等的支持[③]。

(2) 网络交互式服务理念和技术的推动

网络服务的发展大致经历了 3 个阶段:供应商产生内容,如早期的门户网站收集和整理信息后提供给用户;用户产生内容,如博客和 YouTube 等各类 Web 2.0 网站;SNS,构建网络上的真实社会关系网络,基于用户关系推广网络应用和服务,加速了用户的网络社会化进程,且将网络服务引向成熟。

六度分隔、用户关系网络和协同协作是 SNS 运行的重要组成部分,帮助用户构建和维持网络上的人际关系,将用户关系作为其推广服务的手段,实现三个层次的服务应用:社会化服务、社会化软件及社会化网站。即以各种社会化软件(如博客、标签、维基、RSS 订阅、群组等),以各种社会化网站为依托,为用户提供满足其人际关系构建、信息检索、信息推荐等的服务。这种交互式的服务理念和技术激发了用户的参与意愿,加强了用户之间的联系,形成了一个多样化的人际关系体系,呈现出多种结构特征。

---

① [法]让·梅松纳夫.群体动力学[M].殷世才,孙兆通,译.北京:商务印书馆,1997:3.

② [美]马斯洛.马斯洛人本哲学[M].成明,编译.北京:九州出版社,2003:52-58.

③ 彭兰.从社区到社会网络——一种互联网研究视野与方法的拓展[J].国际新闻界,2009(5):87-92.

3.2.2 社会化网络服务中的用户关系结构

网络服务为用户提供了帮助其建立关系的各种功能(标签添加、关注、订阅、分享等),以关系链条的形成编织成了复杂的关系网络,催生出了如 Wiki、BBS 论坛、社交网等多种多样的虚拟社群。当前新兴的 SNS(如 Facebook、人人网、豆瓣网等)通过真实的社交化方式加强了关系的控制,聚集了相同属性的人,相对有效地维护了人脉关系链条(见图 3-7),构造着越来越真实的虚拟世界。

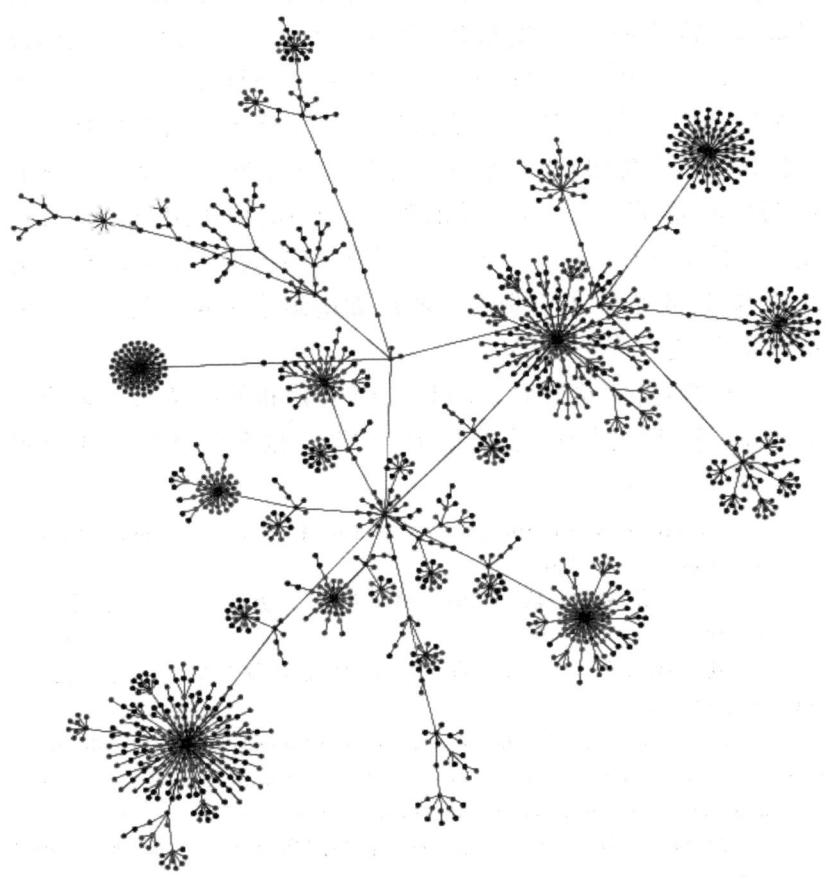

图 3-7 社会化网络服务中的用户关系网络结构模型图

(1) 强关系与弱关系并存

格兰诺维特在其强弱连带关系分析中指出,一个普通人周围的社会关系既有群体内的强关系,也有群体间起纽带作用的弱关系①。而在网络服务中,由于用户需求和网络服务运营策略的差异,有的网络服务趋向于用户间强关系的建立,有的则趋向于弱关系。前者的理论根据是强关系有利于社会资本的积累,后者则是弱关系更有利于异质性资本的流动。

一方面,在网络服务中,用户日渐因意识形态、价值、品位与生活风格的不同而分化为不同的群体②,共同的认知使得本来互不协调的群体开始以更快的速度和更有效的方式协作,形成了群体内的强关系,如人人网中用户的好友关系③、Facebook 对用户现有关系的维护和巩固④等。另一方面,具有崇尚自由、平等和个性化的理念加上网络技术的优势,用户依据文化品位和爱好进行以文化资本(书籍、电影、音乐等)为介质的跨阶层互动,由于用户较强的流动性导致了交往的持续性差,形成了弱关系(在线下可以实现文化资本、经济资本、社会资本转换),如南湖论坛成员关系⑤、豆瓣好友关系⑥等。

用户的关系网络从层次上可分为个体网和关系网,以个体为中心向外辐射,形成大规模的社会关系网络。以个人为起点,由里到

---

① Granovetter M. The Strength of Weak Ties[J]. American Journal of Sociology, 1973(78): 1360-1380.

② [美]尼葛洛庞帝.数字化生存[M].胡泳,范海燕,译.海口:海南出版社,1997:184.

③ 刘文娟,袁文芳. 校内网的 SNS 人际传播特征分析[J]. 东南传播,2009(5): 129-131.

④ Ellison N, et al. The benefits of Facebook "friends": Exploring the Relationship Between College Students' Use of Online Social Networks and Social Capital[J].Journal of Computer-mediated Communication,2007,12(4):1143-1168.

⑤ 彭小川,毛晓丹. BBS 群体特征的社会网络分析[J]. 青年研究,2004(4): 40-44.

⑥ 文旻.社会化网络服务的关系发展取向[EB/OL].[2009-06-29].http://www.sociology.cass.cn/shxw/shwl/P020090629369115462716.pdf.

外,其关系强度则由强变弱;每个个体所辐射形成的强弱关系网交织在一起,形成了整个网络社区中的社会关系网络。因此,强关系和弱关系将不同的用户联系起来,不断辐射形成一张可伸缩的有机网络,并保持一种动态的、稳定的平衡。

(2)呈幂律等级分布

在《黑天鹅的世界》一书中,作者指出我们身处一个幂律分布的世界,而非传统的正态分布①。大量的研究结果表明互联网已发展为符合幂律分布的特殊网络,包括用户的行为以及在此基础上建立的用户关系,即大部分用户拥有少量的关系,而某些极少数的用户拥有与其他用户大量的关系(如图3-8所示)。

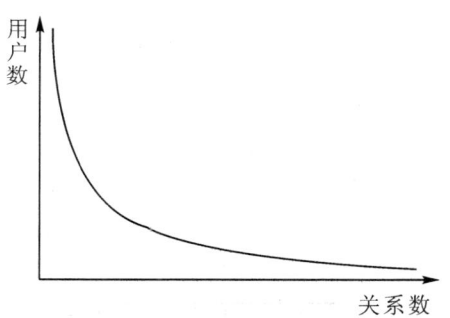

图3-8 网络服务环境下用户关系的幂律分布模型图

如和讯博客圈中的用户关系分布②、Twitter基于关注与被关注的用户关系分布③、Filckr和YouTube中基于用户行为的关系分布④、

---

① [美]纳西姆·尼古拉斯·塔勒布. 黑天鹅的世界:我们如何被随机性愚弄(第2版)[M].盛逢时,译.北京:中信出版社,2009:32.

② 王建冬,王继民,等. 博客圈的特征及其演化机制初探[J]. 现代图书情报技术,2008(4):56-60.

③ Bernardo A, et al. Social Networks that Matter: Twitter Under the Microscope[EB/OL]. [2009-01-05]. http://www.hpl.hp.com/research/scl/papers/twitter/twitter.pdf.

④ 马延妮. 在线社会网络团结构分析[D]. 北京:北京交通大学,2009:49.

Facebook 中基于应用的活跃用户分布①、新浪关注关系分布(2014年3月数据调研,如图3-9所示)、豆瓣留言关注关系分布(2014年5月数据调研,如图3-10所示)等,都表明互联网环境下的用户关系网络在很多方面遵循了幂律分布。

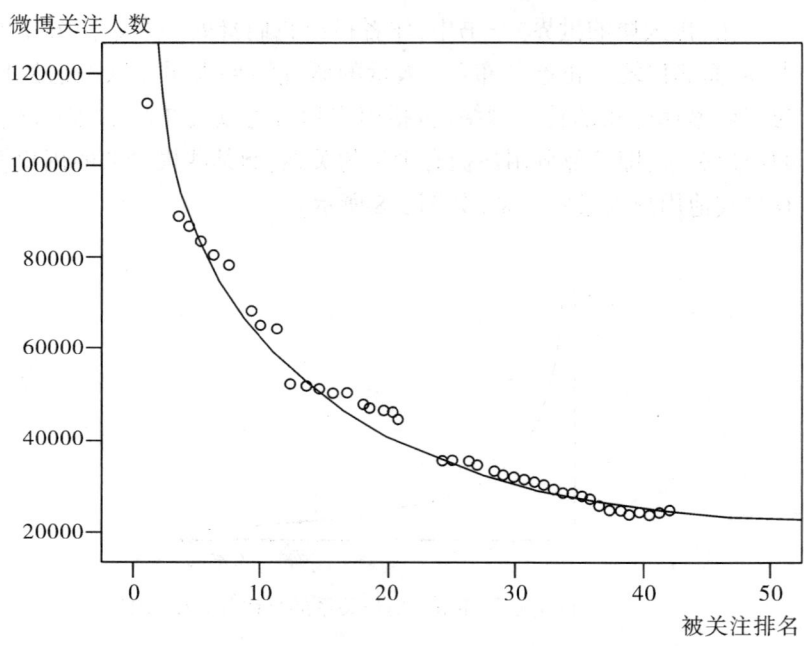

图 3-9　新浪微博关注人数的幂律分布(2014 年 3 月)

从网络演化的角度看,两种因素——用户关系网络的不断增长和用户倾向于与拥有较多资源和关系的用户建立关系(即增长和优先情结),导致了幂律特征和中心用户②的产生,并使得关系网络处于动态演化过程中。

---

①　译言. Facebook 应用程序的好消息和坏消息[EB/OL]. [2010-05-07]. http://article.yeeyan.org/view/13456/3404.

②　[美]艾伯特-拉斯洛·巴拉巴西. 链接网络新科学[M]. 徐彬,译. 长沙:湖南科学技术出版社,2007:102-109.

3.2 社会化网络服务中的用户关系特征与演化

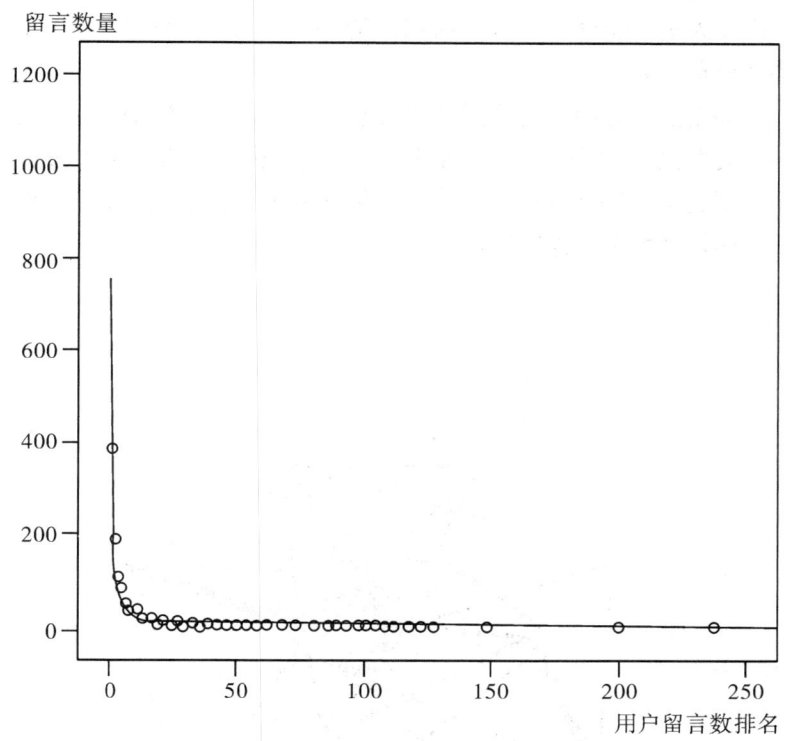

图 3-10 豆瓣网基于留言关注的关系幂律分布(2014 年 5 月)

用户关系网络的拓扑结构不像星状网络那样中央化程度相当高,而是具有无尺度特性且呈等级分布[1];从极少数拥有大量关系的中心用户到少量的拥有较少关系数的中心用户,其后又有更少的用户,直到最后相当分散的用户,每个等级的中心用户将社群中用户的关系网络连为一体;具有以个体为中心的小规模集中特性,也有整体上的分散特性,且没有处于中央位置、控制和监督一切的中央用户,也没有任何节点能够具有不可或缺的地位,拿掉任何一个都不会导致关系网络的坍塌,其结构具有动态性、稳健性、容错性以及承受攻

---

[1] Barabasi A, et al. Scale-free Network[J]. Scientific American, 2003, 288(5): 50-59.

击的能力。如博联社摄影社群用户的两级等级分布[①]、国内大型在线职业人士社交网——若邻网用户的等级分布[②]、百度空间好友的等级分布[③]等。

根据上述对用户关系网络的分析,本书将以个体为中心构造出用户关系强弱、等级和集中-离散分布的简易模型(如图3-11所示)。该模型表示,以个体用户为中心,由里向外关系强度逐渐减弱,形成了强连带区域和弱连带区域。

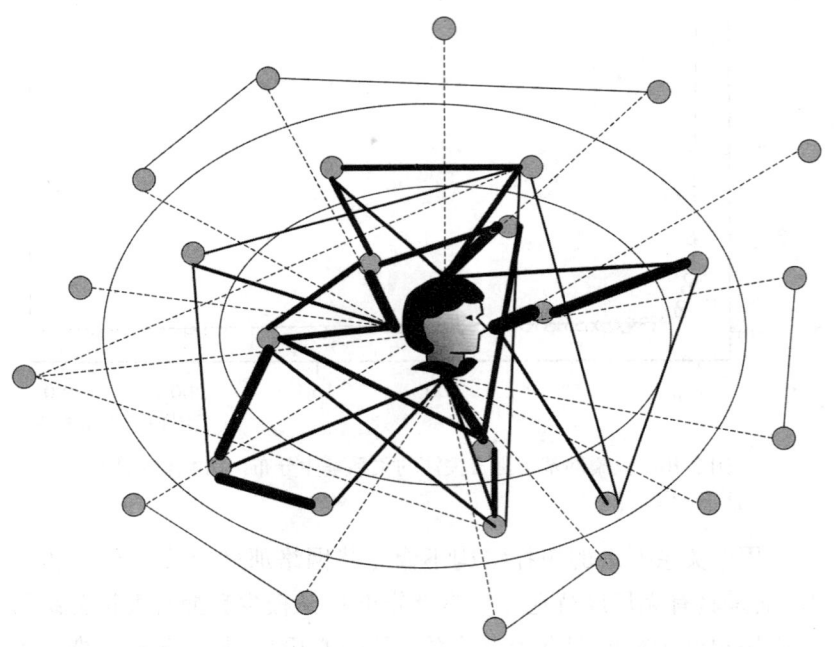

图3-11 用户关系网络等级分布模型

---

① 冯锐,谢英香. 博联社摄影社群的社会网络分析[J]. 中国电化教育,2009(9):100-103.

② 胡海波,徐玲,等. 大型在线社会网络结构分析[J]. 上海交通大学学报,2009(4):587-591.

③ 付丽丽,吕本富,等. 关系型虚拟社区的社会网络特征研究[J]. 数学的实践与认识,2009(2):119-129.

3.2 社会化网络服务中的用户关系特征与演化

在这种幂律等级分布的关系结构中,当用户增长速率大于网站、服务器等互联网其他节点的增长速率时,关系网络涌现出小世界效应①(在强关系网络中尤为明显),如 Web 2.0 应用服务中用户数量呈指数增长时的小世界效应②、大规模网络中用户关系的小世界效应③,这也表明了自组织和秩序的存在。

(3) 社会关系网络数据调研

为了更加真实地了解当前社会化网络服务中的用户关系特征,本书选取大型社交服务网站——人人网作为数据源,进行用户关系的数据调研和分析。人人网中用户多以真实姓名注册,用户交互活跃④,其虚拟社区的使用情况和结构特征具有代表性。人人网用户规模庞大,无法考察其整体网络结构,本书主要选取起点用户的所有好友组成的关系网络进行分析。

在关系网络分析中,将用户视为节点,并按照好友列表中的顺序依次编码;关系视为连线,好友关系为 1,非好友关系为 0,组成 0-1 二值矩阵,采用 Ucinet 计算其网络结构特性,包括:密度(Density),衡量用户之间互动的频繁程度;程度中心性(Degree Centrality),衡量用户在网络中的重要程度,如地位和权力;亲近中心性(Closeness Centrality),衡量某用户与其他用户之间的距离;中介中心性(Between's Centrality),衡量在用户在关系链条中作为媒介的能力⑤。

在关系网络样本中,起点用户的好友为 112 个,关系矩阵为 112×112,其基本特征如表 3-1 所示。此个体网密度较小,说明用户之间

---

① Watts D J,et al. Collective Dynamics of "Small-World" Networks[J]. Nature,1998,393(6684):440-442.
② 刘旸.用户需求驱动的网络演化模型[D].北京:清华大学硕士学位论文,2007:46.
③ 邸楠,等.基于中文 Web 社会网络的提取、测量与分析[J].广西师范大学学报(自然科学版),2007(2):169-172.
④ 人人网[EB/OL].[2011-10-08]. http://www.renren.com/.
⑤ 罗家德.社会网分析讲义(第 1 版)[M].北京:社会科学文献出版社,2005:150-184.

的紧密程度不大,较为松散。根据尤尔根·哈贝马斯(Jürgen Habermas)的交往行为理论①,交往以实现传播、维护和更新知识为目的,协调以满足个性成长和群体认同的需要。在 SNS 社区中,人们之间的交往也以取得共同认同为目的,而虚拟社区本身的约束性较低,用户个性表现较为明显,因此相互之间的联系则较为松散。

表 3-1　　　　　　　人人网关系网络的基本特征

节点数	关系数	网络密度
112	3441	0.1732

利用镶嵌在 Ucinet 中的 NetDraw 绘制包含起始节点和不包含起始节点的关系网络图,以清晰地揭示用户关联的小团体现象。

图 3-12 显示了人人网起点用户的所有好友所构成的关系网络,较为错综复杂,为了更进一步揭示用户关系链条中用户的地位和作用,生成了关系网络的鱼眼图(见图 3-13),将各节点按照出度或入度的大小,从左到右依次按照层次分散排列②;可以认为,在层次排列中,后一个层次节点的关系组合构成了前一个层次节点的关系。可以发现,起始节点在鱼眼图的最左边,关系最多,下一层次为 64、66、67 号节点,关系数次之,以此类推,直至关系分散的节点。

去掉起始节点后,关系网络图很明显地分成了以单个节点为核心的多个派系,如 64 号、67 号等节点周围聚集了较多的用户,构成了以同学关系为基础的小群体;经进一步调研发现,多为学习时期不同阶段的同学,互动较多且关系链条也较为复杂(如图 3-14 所示)。

关系网络的整体中心性分析如表 3-2 所示。整个关系网络不存

---

① 龚群.道德乌托邦的重构:哈贝马斯交往伦理思想研究[M].北京:商务印书馆,2003.

② 王运锋,夏德宏,颜尧妹.社会网络分析与可视化工具 NetDraw 的应用案例分析[J].现代教育技术,2008(4):85-89.

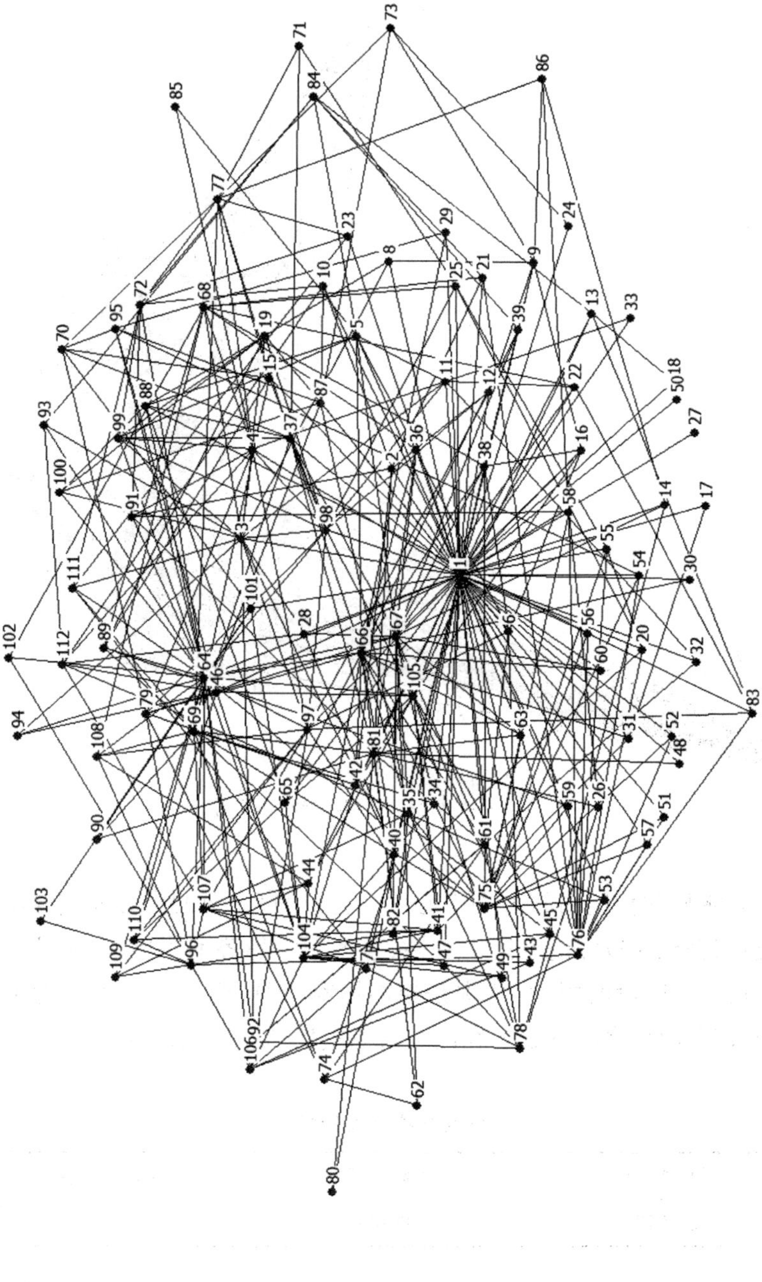

3.2 社会化网络服务中的用户关系特征与演化

图3-12 人人网好友关系网络图

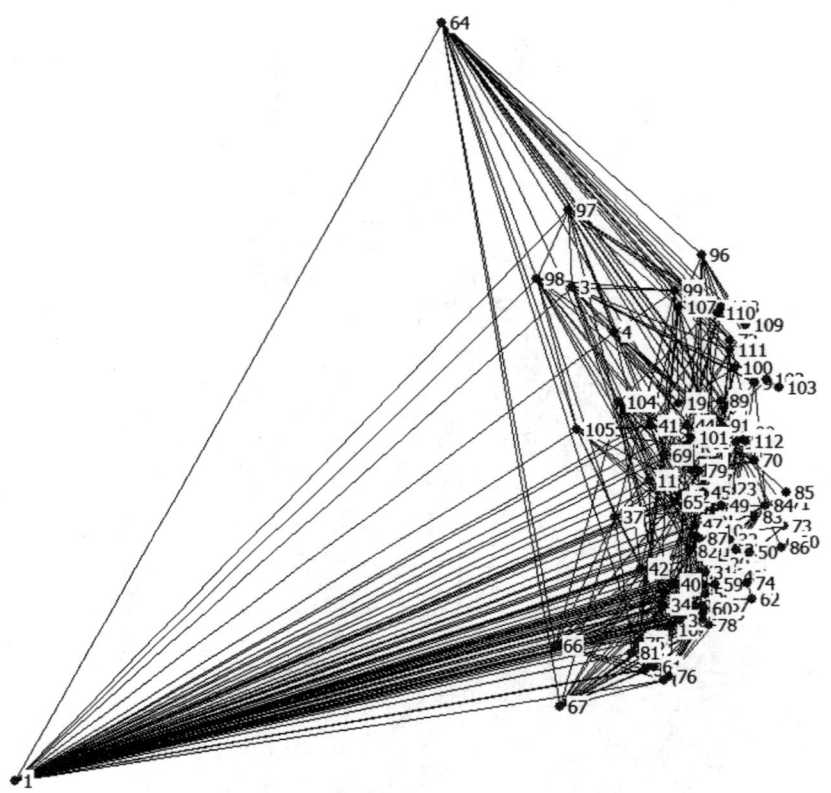

图 3-13　人人网好友关系网络鱼眼图

在较为明显和控制力较大的中心用户,且用户之间的中心度差异不大;没有表现出较强的亲近中心性,整体集中趋势不明显,即用户较少受到其他用户的影响,特别是控制影响;而中介中心性则较为明显,即较多用户之间的联系经过了其他用户,好友关系重叠较多。

表 3-2　　　　　　　　　关系网络中心性分析

程度中心性	亲近中心性	中介中心性
0.4573	0.3481	0.6467

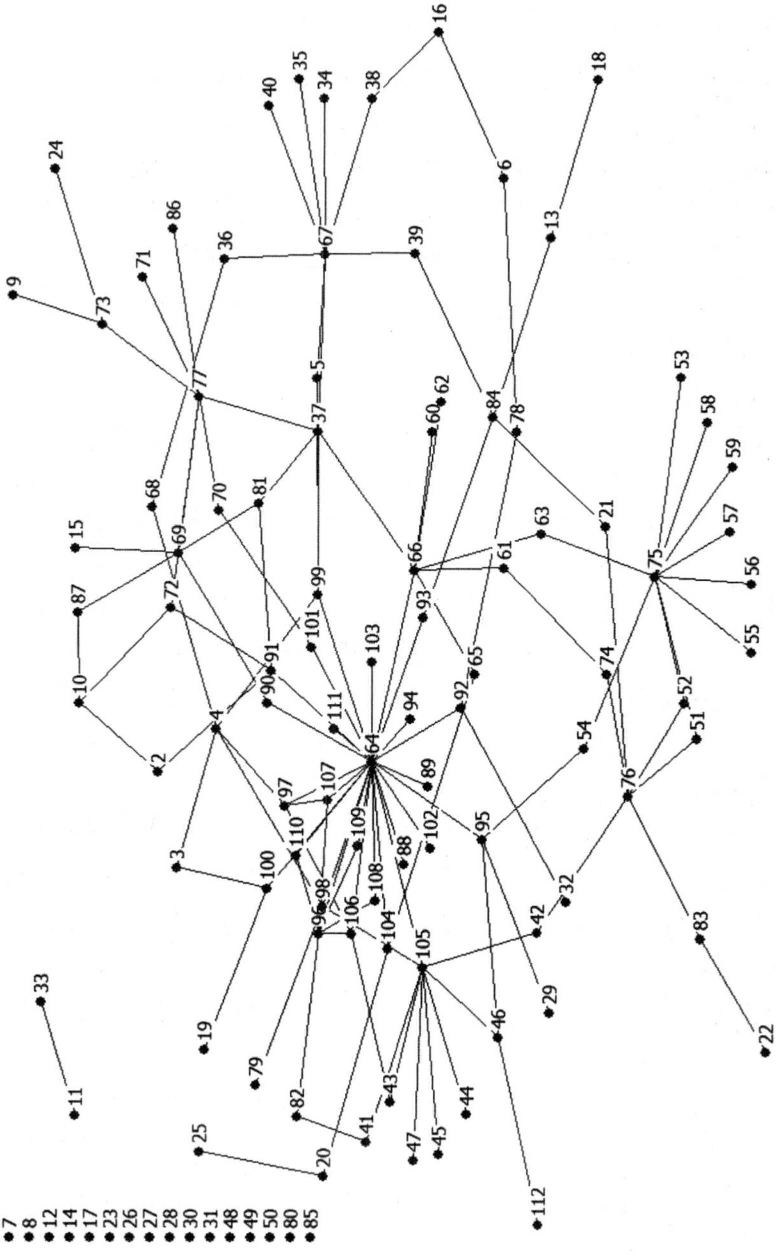

3.2 社会化网络服务中的用户关系特征与演化

图3-14 人人网去掉起点用户的好友关系网络图

3.2.3　社会化网络服务中的用户关系演化

虚拟社区中的人际关系网络于1993年由霍华德·莱茵戈尔德（Howard Rheingold）首次提出①，其特征随着互联网理念和技术的发展不断向前演化。从以话题为中心的BBS，到以个人为中心的博客，再到以维持和发展人际关系为主要目的的SNS，使得用户能够以一种低成本、高效率的方式构建人际关系，推动传统虚拟社区向新兴社区转移。用户关系在新兴社区中得到重新建构，且不断向前演化发展，形成了其独有的特征。

(1) 从无序到有序

社会化网络服务中的用户关系有别于现实生活的社会实体关系，是现实世界用户关系的虚拟建构和拓展。由于社会网络环境下信息的流动性、用户身份的多重性以及更加积极主动的交互性和选择的自主性，使得用户关系结构具备了耗散结构的一般条件——开放性、远离平衡、非线性作用机制、涨落等，且是一个更为开放的非平衡系统②，使得其中的任一由用户关系链接成的虚拟社群都不可能长久保持在某一稳定不变的平衡状态；因此，随时有可能消解一个现存的虚拟社群，建构出一个更能给他们归属感和认同感的新的虚拟社群。这个湮灭和再生的过程也就是用户关系在自组织的涨落放大机制的作用下，实现着从无序到有序、再到新的有序的演化过程；每个用户都可以通过竞争"有前途的涨落种子"③的位置而成为关系网络的核心，主宰信息的流向和关系的构造。

因此，用户关系内在的运行机制是一个从无到有、从低级有序到

---

① Rheingold H. The Virtual Community：Homesteading on the Electronic Frontier[M]. New York：Addison-Wesley，1993：334.

② 姜胜.虚拟社区自组织演进研究[D].北京：清华大学硕士学位论文，2007：41-43.

③ 曾国屏，李宏芳，等.网络空间中主客体关系的演化规律及其对思想政治教育的启示[J].思想理论教育导刊，2006(1)：37-41.

高级有序、螺旋式上升的自组织机制①。众多虚拟社群②都具有惊人的秩序生成机制和强大的自我管理机制,表现出自组织特征,由无序走向有序。而处于从无序到有序的相变过程的用户关系网络将会出现幂律分布特征和中心用户③,也恰恰证明了用户关系网络的结构特点。

(2) 从去中心化到再中心化

互联网与传统的现实世界相比,总体上结构趋向扁平化,所构建的社会关系网络中用户"位置"的自然等级关系变得相对平等;每个用户作为平等的主体而存在,获得资源的规则变得相对公平④。特别是 Web 2.0 出现以后,普通用户参与产生内容的门槛不断降低,尤其是以个人为中心的社会化网络服务平台的形成(Facebook、Twitter等),使得用户的行为更具积极性、互动性和选择性,都可以根据自己的需求,以自我为中心构建自己的关系圈子。在这种意义上,每个人都有机会成为网络的中心,"中心"在用户关系链条上扩散和蔓延,凸显出"去中心化"的趋势,如新浪 NBA 博客圈⑤。

当前的新兴社区将 E-mail、BBS、博客、论坛、即时通信等社交工具整合在一起,更加注重社交功能,同松散的、不稳定的传统虚拟社区(更多是人与内容的关系)不同,它是一个动态、可扩展、呈现出多变状态的非单一的社区,将一个个以个体为中心的关系网络编织成复杂的用户关系网络,并根据共同的意识、行为以及利益分化为具有共同规范、价值、导向和亚文化的群体。在群体中,由于种种原因

---

① 孙佳音,高献忠.虚拟社区的自组织特征及其规则生成问题[J].学术交流,2008(7):143-146.

② 李小宇. Web 2.0 网络社区自生秩序演化机制研究——以维基百科为例[D].武汉:武汉大学硕士学位论文, 2009:16-22;黄佳. 博客社区的结构与有序性研究[D].武汉:武汉大学硕士学位论文,2009:25-26.

③ [美]巴拉巴西.链接:网络新科学[M].徐彬,译.长沙:湖南科学技术出版社,2007:102-109.

④ 彭兰.从社区到社会网络——一种互联网研究视野与方法的拓展[J].国际新闻界,2009(5):87-92.

⑤ 邱航明. 博客圈的社会网络分析[D]. 哈尔滨:哈尔滨工业大学硕士学位论文,2008:36.

(如用户掌握知识、经验的多少和质量),一些成员处于强势地位或中心地位,成为"意见领袖";而另一些成员处于相对弱势的地位,其态度和行为受到这种关系的影响,簇拥在中心用户的周围。如新兴的社交网站"人人网"比传统的博客网站"百度空间"的中心化趋势高①,虚拟学习社区中少数用户处于核心地位②,Wiki 虚拟社群总有一个以上的中心人物③。显然,新兴社区中形成的用户关系在结构上为社会资本的获得提供了更多的可能性。

从社会学角度来看,人类具有先天的聚集成群的渴望,因为群体能够给我们带来熟识、安全、情感亲近和支持的感觉;而且个人天生有一种对权威的服从心理,有意识地接近社群的领域专家、关键人物④。事实上,社会中的人与人之间的关系就是以群体或圈子的方式存在的,"再中心化"是最终的演化趋势。

(3) 从匿名到实名

现在传统的互联网正迈向一个新的时代——SNS 时代,成为新一轮的互联网革命。SNS 作为 Web 2.0 时代标志性的网络服务新型模式,旨在基于互联网应用服务帮助人们建立社交关系,满足人们的情感和自我实现需求。社会化网络服务的出现使用户在互联网上重新找回了亲近感,显示了人们对于回归真实人际交流的内在需求和渴望。

传统网络空间的匿名性使得用户责任感缺失和人格分裂,带来了无责漫谈、群体极化以及缺乏人际互动导致交往效率低下等缺点。相反,SNS 很好地完成了网络身份由虚拟化向真实化的过渡。SNS 具有实名倾向和满足用户高层次需求的作用,更加强调私域的表现

---

① 付丽丽,吕本富,等. 关系型虚拟社区的社会网络特征研究[J]. 数学的实践与认识,2009(2):119-129.
② 陈向东,方群,等. Blog 虚拟学习社区的社会网络研究——以"东行记"为例[J]. 电化教育研究,2008(1):40-44,58.
③ 周涛. Wiki 社群的社会网络分析[D]. 上海:华东师范大学硕士学位论文,2005:53.
④ [英]布朗. 群体过程[M]. 胡鑫,庆小飞,译. 北京:中国轻工业出版社,2007:21.

和人际交往对少数意见的保护,具有各种各样的社会化交互行为,因此带来了稳定的责任感和高效率的交往,在某种程度上达到了网络世界里社会性和真实性的回归①。

SNS 强调基于真实身份的人际交往,真实的人际关系成为其核心价值。在其演化过程中,其模式主要为以 MySpace 为代表的兴趣交友社交模式和以 Facebook 为代表的以真实关系为核心的社交模式。Facebook 作为新一代的 SNS,致力于为主流用户群体存在的现实生活提供辅助的网络服务,为已存在的实体社交提供一种更为重要的信息交流服务②。"人际关系网络的真实性"作为 SNS 最为明显的新特征,使得基于用户关系的传播将更加主动,传播信息更具可信度。因此,SNS 通过结合用户的生活、兴趣、职业甚至收入,把具有一定相同属性的人聚集在一起,成为连接虚拟网络与真实人际关系的桥梁,将线下真实的人际关系网络不断地复制到线上,让越来越多的人通过 SNS 维护自己的人际关系网络和建立新的关系网,正在构建基于互联网的真实人际关系网络和一个真实的网上社会。

互联网的广泛应用改变了人们传统交往的方式,使得社会生活的很多活动和关系都建立在互联网上;而 SNS 无疑就是这些社会网的结构和功能在互联网和软件领域内的体现和反映。随着 SNS 的发展,虚拟社会将会与现实社会出现越来越多的交叉,当交叉越来越大时,人与人之间的交往、关系网络乃至现实生活都会复制到 SNS 中。SNS 使网络摆脱了虚拟形态的束缚,消除了现实生活中交往需求与网络世界的隔离和对立,网络和现实生活都紧密相连,通过线上线下的双重接触,相互之间传达的信息是真实而可靠的,能够更好地实现人际传播和网络服务的价值最大化。

---

① 曹阳,何旭.SNS:一种网络公共领域的新形式[J].新闻记者,2009(10):82-85.

② 陈永东.从 Facebook 看 SNS 网站的发展方向[J].传媒,2009(11):56-58.

3.3 用户关系网络结构与演化规律的仿真描述

社会网络环境下的用户关系网络是建立在用户信息处理过程基础上的,其复杂特征的研究对开发更加健壮和高效的搜索、推荐系统,构建复杂的信息服务系统和帮助用户更快捷地获取信息,具有重要价值①。根据大量的数据调研,作为复杂网络的一种特殊形式,用户关系呈一种指数扩散趋势,并表现出特有的演化规律。本节在阐述社会化网络服务中用户关系结构和指数扩散增长原理的前提下,构建仿真模型,探索其演化规律。

3.3.1 用户关系网络研究的理论基础

20世纪90年代以来,以互联网(Internet)为代表的信息技术的迅猛发展,使人类社会大步迈入了网络时代。从互联网到万维网,从大型电力网络到全球交通网络,从生物体中的大脑到各种新陈代谢网络,从科研合作网络到各种经济、政治、社会关系网络等,可以说,自然界中存在的大量的复杂系统都可以通过网络加以描述。这些看上去各不相同的网络之间有着许多惊人的相似之处,而复杂网络理论所要研究的则是各种看上去互不相同的复杂网络之间的共性和处理它们的普适方法。

最早,关于网络的研究属于离散数学的一个分支图论②。1763年,数学家欧拉(Euler)对著名的"Konigsberg 七桥问题"的研究开创了图论(Graph Theory)这门学科。在随后的相当长一段时间里,图论并未获得足够的发展,直到1936年才出版了图论的第一部专著,此后图论开始进入发展与突破的快车道。20世纪60年代,由两位匈牙利数学家 Erdös 和 Rényi 建立的随机图理论(Randomgraph Theo-

---

① 刘旸.用户需求驱动的网络演化模型[D].北京:清华大学硕士学位论文,2007:8.

② Chartrand G, Zhang P. Introduction to Graph Theory[M]. Beijing: Posts & Telecom Press, 2006.

ry),被公认为是在数学上开创了复杂网络理论的系统性研究①。在20世纪的后40年中,随机图理论一直是研究复杂网络的基本理论,但是绝大多数实际的复杂网络结构并不是完全随机的。在20世纪即将结束之际,对复杂网络的科学探索发生了重要的转变,两篇开创性的文章标志着复杂网络理论研究进入了一个新时代。一篇是美国康奈尔大学理论与应用力学系的博士生Watts及其导师、非线性动力学专家Strogatz教授于1998年6月在Nature杂志上发表的题为"Collective Dynamics of 'Small-World' Networks"的文章②;另一篇是美国Notre Dame大学物理系的Barab'asi教授及其博士生Albert于1999年10月在Science杂志上发表的题为"Emergence of Scaling in Random Networks"的文章③。这两篇文章分别揭示了复杂网络的小世界效应和无标度性质,并建立了相应的模型以阐述这些特性的产生机理。

任何一个网络都可以看做是一个包含了大量个体和个体之间相互作用的系统。在对网络的研究过程中,人们往往只关心节点之间是否存在边,而不关心节点的具体位置和边的具体形态。将网络不依赖于节点的具体位置和边的具体形态就能表现出来的性质称为网络的拓扑性质,相应的结构称为网络的拓扑结构。近年来,人们在刻画复杂网络拓扑结构的统计特性上提出了许多概念和方法,其中有三个基本概念④:平均路径长度(average path length)、聚类系数(clustering coefficient)和度分布(degree distribution)。

(1)平均路径长度

网络中两个节点i和j之间的距离d_{ij}定义为连接这两个节点的

---

① Bollobas B. Random Graphs[M]. Cambridge, UK:Cambridge University Press, 2nd edition,2001.

② Watts D J, Strogatz S H. Collective Dynamics of "Small-World" Networks[J]. Nature, 1998,393(6684):440-442.

③ Barab'asi A L, Albert R. Emergence of Scaling in Random Networks[J]. Science,1999,286(5439):509-512.

④ Boccalettia S, Latorab V, Morenod Y, et al. Complex Networks:Structure and Dynamics[J]. Physics Reports, 2006, 424(1):175-308.

最短路径上的边数。网络中任意两个节点之间的距离的最大值称为网络的直径。网络的平均路径长度 L 定义为任意两个节点之间的距离的平均值。

(2) 聚类系数

在朋友关系网络中,你的两个朋友很可能彼此也是朋友,这种属性称为网络的聚类特性。一般地,假设网络中的一个节点 i 有 k_i 条边将它与其他节点相连,这 k_i 个节点就称为节点 i 的邻居。显然,在这 k_i 个节点之间最多可能有 $k_i(k_i-1)/2$ 条边。而这 k_i 个节点之间实际存在的边数 E_i 和总的可能的边数 $k_i(k_i-1)/2$ 之比就定义为节点 i 的聚类系数 C_i,即:$C_i = \dfrac{2E_i}{k_i(k-1)}$。

整个网络的聚类系数 C 即为所有节点 i 的聚类系数 C_i 的平均值 $(0 \leqslant C \leqslant 1)$,可以用来衡量网络节点的局部聚集程度,即考察连接在一起的群体各自的近邻之中有多少是共同的近邻。

(3) 度与度分布

节点 i 的度 k_i 定义为该节点连接的其他节点的数目。在有向网络中一个节点的度分为出度(out-degree)和入度(in-degree)。网络中所有节点的度的平均值称为网络的平均度,记为 $<k>$。网络中节点的度的分布情况可用度分布函数 $P(k)$ 来描述。$P(k)$ 表示一个随机选定的节点的度恰好为 k 的概率,与网络节点的连接方式和网络规模有关。

另一种表示度数据的方法是绘制累积度分布函数(cumulative degree distribution function):$P_c(k) = \sum\limits_{k'=k}^{\infty} P(k')$。它表示度不小于 k 的节点的概率分布[①]。

复杂网络是大量真实复杂系统的拓扑抽象,小世界(Small-World)效应和无标度(scale-free)特性是其最重要的统计特性。

---

① Watts D J. The "New" Science of Networks[J]. Annual Review of Sociology, 2004, 30(1):243-270.

3.3 用户关系网络结构与演化规律的仿真描述

(1)小世界效应

"小世界"①是一个源于社会学的概念。社会网络的一个共性就是小集团结构:一些朋友或熟人往往会组成一个小集团,里面每一个人都互相认识,即局部范围内的节点构成一个连接紧密的小集团,而小集团间的连接相对松散。

实证研究发现,大量的实际网络同时具有大的聚类系数和小的平均路径长度。将大的聚类系数和小的平均路径长度两个统计特性合在一起称为小世界效应,并将具有小世界效应的网络称为小世界网络。聚类系数大反映了网络节点的局部聚集程度高,说明了小集团的存在;而平均路径长度小既是短程连接多、长程连接少,也是小集团内连接紧密、小集团间连接松散的直观体现。

(2)无标度特性

大量研究表明,现实中许多网络的度分布可以用幂律形式来描述,即:$P(k) \sim k^{-\gamma}$。其中,k 为节点的度,γ 为幂指数。幂函数曲线是一条下降相对缓慢的曲线,度很大的节点可能在网络中存在,由于缺少一个特征标度,故将节点的度服从幂律(power-law)分布称为网络的无标度特性②,并将节点的度服从幂律分布的网络称为无标度网络。在这种网络中,绝大部分的节点的度相对很低,但同时存在少量的度相对很高的节点。

上述数据调研和分析在一定程度上揭示了社会网络环境下的用户关系结构特征与演化趋势和规律。但从总体上看,即使是在单个的社会化网络服务中也存在着大规模的用户数量,用户关系数量则更为庞大,所形成的结构更为复杂。而限于调查范围和能力的局限,无法揭示大规模用户的关系结构和特征;为了进一步揭示用户关系的演化规律和结构特征,本书依据当前的调研情况,设计了用户关系演化仿真模型,通过实验进行验证和发现隐含规律。

---

① Watts D J. Small Worlds: The Dynamics of Networks Between Order and Randomness[M]. Princeton, NJ: Princeton University Press, 1999.

② Strogatz S H. Exploring Complex Networks[J]. Nature, 2001, 410(1):268-276.

3.3.2 用户关系网络的拓扑结构仿真

社会系统可以描述为不同个体或不同集团之间相互作用的网络,系统中的个体或集团被抽象为节点,而它们之间的相互作用则抽象为网络中的边。朋友关系网络和科学家合作网络等,都是按照上述原则生成的复杂网络。对于社会系统的传统研究大多依赖于科学家进行的局部实验或者小规模样本调查,而这些实验或调查很难提供足够多的数据用来得到可靠的结论。现在,人们可以利用信息技术提供的强大计算能力和存储能力来重新考察社会系统,以此来模拟社会系统中复杂的人际关系网络。

社会网络环境下用户关系网络的形成和发展受到需求、认同、情感以及社会资本等多方面因素的影响,演化出了复杂的拓扑结构,表现出无尺度特性以及小世界效应(用户关系数量呈指数增长时);同时具有复杂系统的独有特征,如开放性、非平衡性、自组织性、动态性等。众多学者将复杂网络理论及其模型引入关系网络的研究中,利用规则网络、随机网络、小世界网络、无尺度网络等研究关系网络的演化问题。在社会网络的研究中,影响较大的则为艾伯特·巴拉巴西(Albert Barabasi)和瑞卡·艾伯特(Reka Albert)基于优先选择的BA模型[1]、邓肯·华兹(Duncan J. Watts)和斯蒂文·斯特罗加茨(Steven Strogatz)基于较小平均距离和较大聚集系数的小世界模型(或WS模型)[2]。在此之后,研究者提出了较多的改进模型,以更好地模拟社会网络的演化,如基于距离优先连接的增长模型[3]、基于等级优先选取的增长模型[4],但都未能充分考虑到实际关系网络的特征。因此,本研究根据典型的社会化网络服务(如Facebook、MySpace、

---

[1] Barabas A, Albert R. Emergence of Scaling in Random Networks[J]. Science, 1999, 286(5439):509-512.

[2] Watts D J, Strogatz S H. Collective Dynamics of Small-World Networks[J]. Nature, 1998, 393(6684):440-442.

[3] Ozik J, Hunt B R, Ott E. Growing Networks with Geographical Attachment Preference: Emergence of Small Worlds[J]. Physical Review E, 2004, 69(2):026108.

[4] Fortunato S, Flammini A, Menczer F. Scale-free Network Growth by Ranking[J]. Physical Review Letters, 2006, 96(21):218701.

人人网)中用户关系的增长规律,构建仿真模型进行仿真。

前文指出目前社会化网络服务主要分为强连带模式和弱连带模式,但两种模式下用户关系建立和增长的方式是一致的,都随着时间的推移而改变;关系网络中不断有用户(节点)加入,用户关系随之建立,其拓扑结构也处于动态演化中①。

现实中,新用户进入社交网站时,如人人网,将会给新用户呈现潜在的好友列表,以及好友的好友列表;新用户则从中选择添加为自己的好友,建立好友关系。因此,本书基于上述思想提出了用户关系仿真网络的增长机理:

①用户 U_i 主要是通过其朋友的介绍和推荐加入网络。

②新用户 U_i 建立关系的主要方式是在朋友的好友中选择好友建立关系,加入朋友圈子。

用户关系网络的形成是建立在新用户节点的不断加入并相互关联的基础上的,通过信息机制实现关系的建立、增强或消亡。本研究将仿真演化原则定义为:

①增长特性。即随着用户数量的增多,用户关系成倍增长,其增长速度远远超过用户数量的增长,甚至出现指数增长趋势,导致小世界效应的出现。

②优先情结。新的用户更倾向于与影响力大、关系数多或权威级用户(本书使用度表示)相连,进而出现马太效应(Matthew Effect)或富者愈富(rich get richer)现象。

在此仿真实验中,将关系网络中用户加入和关系建立规则设定如下②:

①参数设定。关系网络的最终规模阈值设定为 n;m_1 为新用户进入时随机选取建立关系的旧用户数,在 t 时刻 m_1 个用户所组成的用户集记为 $N_1(t)$;$N_2(t)$ 为用户集 $N_1(t)$ 的邻居集,从 $N_2(t)$ 中的随

---

① 赵一甲.社会网络中社团发现算法研究[D].成都:电子科技大学硕士学位论文,2013.
② 钱大千,张晓东.基于SNS社交网络的增长模型[J].合肥工业大学学报(自然科学版),2010(8):1264-1267.

机选取 m_2 个用户建立关系。

②从 $T=0$ 开始,关系网络中的用户数为 $m=m_1+m_2+1$。

③$T=t$ 时刻,$1\leq t\leq n-m$,新用户 U_{m+1} 进入网络,随机选取 m_1 个用户与之建立关系。

④从 $N_2(t)$ 中随机选取 m_2 个用户与新用户 U_{m+1} 建立关系。

⑤重复执行③和④,直到网络中的用户数达到阈值 n。

在关系网络不断增长的过程中,每一次增长 1 个用户的同时,就会增加 m_1+m_2 条关系;经过 t 次增长,共增加 $t+m$ 个用户和 $\frac{(m-1)(m+2t)}{2}$ 条边。

网络的拓扑结构对网络中节点和关系的演化过程具有重要的影响,其表征参数主要为度分布(degree distribution)、平均路径长度(average path length)和聚集系数(clustering coefficient)。

(1)度分布仿真

复杂网络中,节点的度数分布(特别是度数概率密度函数)通常是揭示复杂网络拓扑结构特征的重要依据,能够揭示如幂律分布、小世界效应等特征。

在本研究的仿真实验中,网络中的用户定义为节点,将用户的关系数表示为度。度分布 $P(k)$ 则为度数为 k 的节点占总节点的比值,表示任何节点与其他 k 个节点相连的概率。在 t 时刻,第 i 个节点度数为 k 的概率记为 $P(k,i,t)$,则在整个网络中的度分布为:

$$P(k,t)=\frac{\sum_{i=1}^{m+i}P(k,i,t)}{m+1} \qquad (3-1)$$

但是,在实际关系网络中,用户的关系建立选择具有优先情结,因此在邻居集 $N_2(t)$ 中度数较大的用户被选中的概率较大,其度数分布为:

$$P'(k,t)=\frac{kP(k,t)}{\sum P(k,t)} \qquad (3-2)$$

据此可推导出主方程为:

$$P(k,i,t) = \left| \frac{m_1}{t+m} + \frac{m_2(k-1)}{(m-1)(m+2t)} \right| \times P(k-1,i,t-1)$$
$$+ \left| 1 - \frac{m_1}{t+m} - \frac{m_2}{(m-1)(m+2t)} \right| \quad (3\text{-}3)$$

对公式 3-3 两边 i 加和后求极限,可得：

$$P(k) = \frac{2m_1(m-1)+m_2(k-1)}{2m_1(m-1)+m_2(k-1)+2(m-1)+m_2} \times P(k-1), k>m-1$$
(3-4)

本研究记录了在 Matlab 7.0 平台上进行了最大用户数规模 n = 5000 时的仿真实验。当 m_1、m_2 取值不同时,度数分布概率 $P(k)$ 对应的幂指数不同(如表 3-3 所示),三者的拟合曲线如图 3-15 所示。

表 3-3　　　　　度分布仿真实验幂指数分布

取值	$m_1=3, m_2=3$	$m_1=2, m_2=4$	$m_1=4, m_2=2$
幂指数	3.47	2.16	5.32

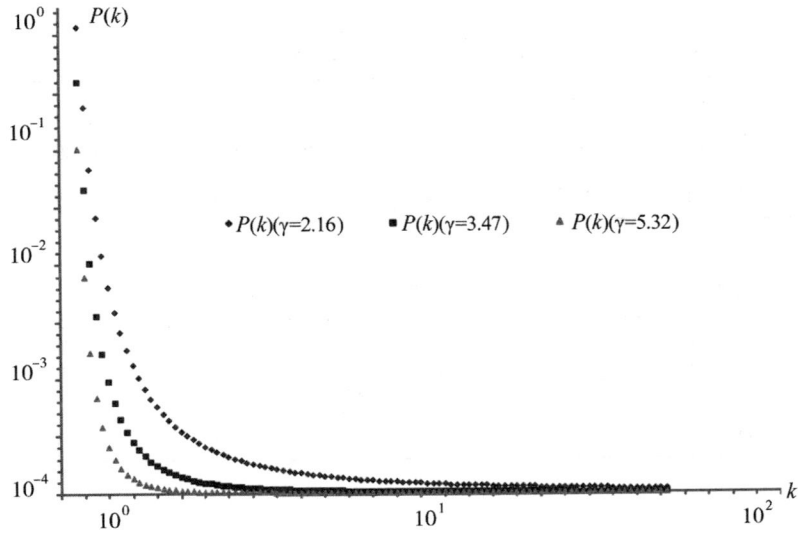

图 3-15　m_1、m_2 不同取值时的幂律拟合曲线

大部分社会网络度分布的幂指数范围约为(1,4)[①],此次度分布的仿真结果与其他互联网领域的仿真结果比较吻合,但显示出了其独有的分布特征。

(2) 用户聚集仿真

在好友网络中,好友的好友之间在很大概率上也是好友,即好友会聚集在一起,称为网络的聚集性,描述网络聚集程度的参数为聚集系数。两个用户之间的距离定义为连接这两个用户的最少关系数,称为路径长度;而任意两个用户之间的距离平均值则为此关系网络的平均路径长度。仿真网络在不同用户数 n、随机选择好友数 m_1 和邻居集好友数 m_2 情况下的平均路径长度和聚集系数如表 3-4、表 3-5、表 3-6 和图 3-16 所示。

表 3-4 $m_1=3, m_2=3$ 时的仿真结果

用户数	1000	2000	3000	4000	5000
聚集系数	0.1143	0.1106	0.1025	0.1007	0.0981
平均路径长度	2.9982	3.1763	3.3345	3.4951	3.5976

表 3-5 $m_1=2, m_2=4$ 时的仿真结果

用户数	1000	2000	3000	4000	5000
聚集系数	0.2328	0.2137	0.2006	0.1987	0.1892
平均路径长度	3.0271	3.3604	3.5135	3.7084	3.7993

表 3-6 $m_1=4, m_2=2$ 时的仿真结果

用户数	1000	2000	3000	4000	5000
聚集系数	0.0813	0.0614	0.0558	0.0494	0.0462
平均路径长度	3.1012	3.2378	3.5446	3.6017	3.6843

---

① Yook S, Jeong H, Barabási A. Modeling the Internet's Large-scale Topology[J]. The National Academy of Sciences, 2002, 99(21):13382-13386.

3.3 用户关系网络结构与演化规律的仿真描述

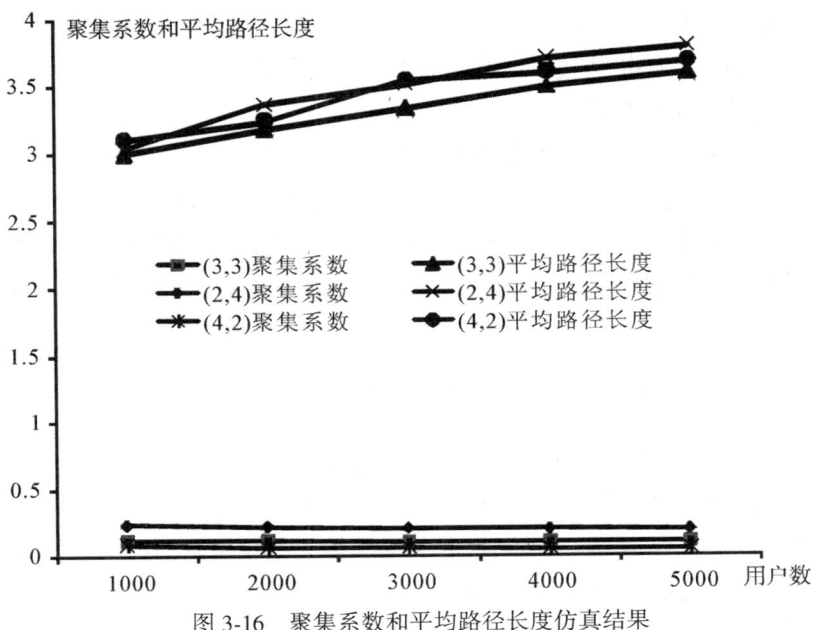

图3-16 聚集系数和平均路径长度仿真结果

综合考虑聚集系数和平均路径长度,在 m_1 和 m_2 不同取值的情况下,均有较大的聚集系数和较小的路径长度,此关系网络结构具有较为明显的小世界效应。应该特别指出的是,在 $m_1=3, m_2=3$ 时,关系网络具有较大的聚集系数和较小的平均路径长度;在网络节点的平均度固定时,如果平均路径长度随着网络节点总数的增加以对数或者慢于对数的速度增长,则网络具有较为明显的小世界效应[1],此仿真网络的平均路径长度大约以常数为2.3677的 $\ln n$ 缓慢增长,且较接近实际的关系网络构建情况[2]。

在 $m_1=2, m_2=4$ 时,其聚集系数和平均距离均较大,与邻居集的

---

[1] Cohen R, Havlin S. Scale-free Networks are Ultrasmall[J]. Physical Review Letters, 2003, 90(5):058701.

[2] 张瀚青.基于SNS社交网络的模型及其拓扑分析[D].上海:东华大学硕士学位论文,2011:24.

连接增加,加大了好友间的聚集程度,但随机连接的减少导致了网络连通性的降低。在 $m_1=4, m_2=2$ 时,则与上述相反,聚集系数和平均距离均较小,随机连接的增多导致其连通性较强,而好友关系建立减少,整体聚集系数也较小。

上述度分布仿真、聚集系数和平均路径长度的仿真,在不同的网络规模下均表现了幂律分布和较为明显的小世界效应。一般情况下,新用户进入关系网络时的选择数也在其左右(根据第 2 章调研所得),因此,随机连接为 3、随机连接邻居集为 3 时的仿真结果较为接近现实。

3.3.3 用户关系扩散的指数规律仿真

上述更多的是对关系网络结构的静态仿真,得到了其静态网络规模下的结构特性;而关系网络作为一个由大量用户相互关联构成的复杂网络,随着用户的增加,其关系数量或基于关系的社会化行为(如分享)数量呈指数增长态势,如 Facebook 基于用户关系的分享次数呈指数增长态势①(如图 3-17 所示)、国内社会化分享工具特别是微博类增长趋势迅猛②(如图 3-18 所示)等。指数增长在一定时间

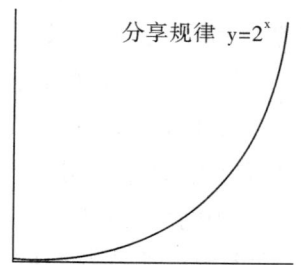

图 3-17　Facebook 基于用户关系的分享指数增长曲线

---

① 张涛. Facebook 每日分享次数达 40 亿且呈指数增长态势[EB/OL].[2014-07-01].http://www.leiphone.com/facebook-daily-shairing-4b.html.

② JiaThis. 2013 年 10 月国内社会化媒体分享数据排行[EB/OL].[2014-01-30].http://www.yixieshi.com/it/14901.html.

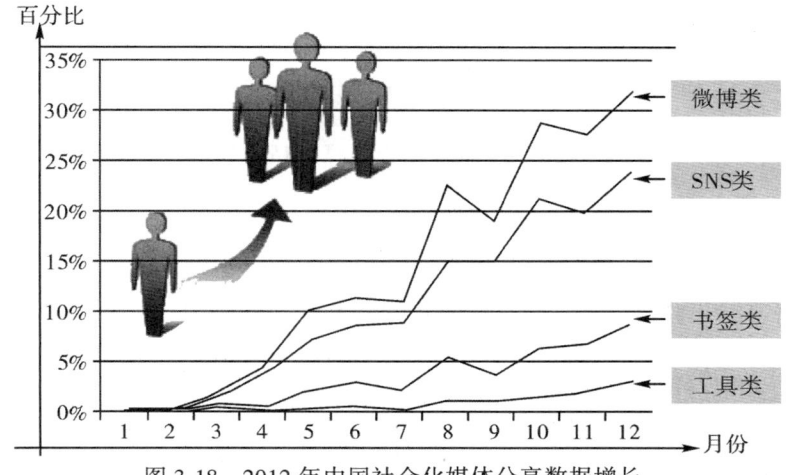

图 3-18　2012 年中国社会化媒体分享数据增长

范围内已经成为了社会化网络服务的主要特征之一,本节将从用户关系指数增长仿真的角度探索其演化规律,提出用户关系的指数增长模型(Exponential Growing Network for Users' Relations,EGNFUR)[①]。

指数增长模型 EGNFUR 用来描述用户社交需求的持续增长对用户关系演化行为的影响。

(1) 用户关系的指数增长模型

用户数量和关系数量增长的数学模型如下:$\dfrac{dN(t)}{dt}=\beta N(t)$,$\dfrac{dR(t)}{dt}=\alpha R(t)+\beta\omega_0 N(t)$。

$N(t)$、$R(t)$ 表示 t 时刻用户(网络节点)数和关系(边)数,ω_0 为网络中新用户所包涵的初始用户关系数,β 表示新用户加入网络的速率,α 表示新用户关系加入网络的速率。

当 $\alpha\neq\beta$ 时,由上述方程可得:$N(t)=N_0 e^{\beta t}$,$R(t)=Ae^{\alpha t}+Be^{\beta t}$。

其中,N_0 为关系网络中的初始用户数,A 和 B 为关系网络初始

---

① 刘旸.用户需求驱动的网络演化模型[D].北京:清华大学硕士学位论文,2007:29;王皓.Web 服务交互网络的演化模型研究[D].沈阳:东北大学硕士学位论文,2010.

状态 ω_0 和 N_0、参数 α 和 β 的简单函数。

对 $R(t)$ 求导可得：$\dfrac{\mathrm{d}R(t)}{\mathrm{d}t} = \alpha A \mathrm{e}^{\alpha t} + B \mathrm{e}^{\beta t}$。

将 $R(t)$、$\dfrac{\mathrm{d}R(t)}{\mathrm{d}t}$ 带入 $N(t)$ 可得：$\dfrac{\mathrm{d}R(t)}{\mathrm{d}t} = \alpha(A\mathrm{e}^{\alpha t} + B\mathrm{e}^{\beta t}) + \beta\omega_0 N_0 \mathrm{e}^{\beta t} = \alpha A \mathrm{e}^{\alpha t} + (\alpha B + \beta\omega_0 N_0)\mathrm{e}^{\beta t}$。

将上述 $\dfrac{\mathrm{d}R(t)}{\mathrm{d}t}$ 两个公式等价对比可得：$\beta B = \alpha B + \beta\omega_0 N_0$；则求出 $B = \dfrac{\beta\omega_0 N_0}{\beta - \alpha}$。

根据此关系网络演化的初始状态：$N(0) = A + B$ 和 $N(0) = n_0 R_0$，可得出：$A = \dfrac{\alpha\omega_0 N_0}{\alpha - \beta}$。

因此，可得出用户数量和关系数量的指数增长公式：$N(t) = N_0 \mathrm{e}^{\beta t}$，$R(t) = \dfrac{\alpha\omega_0 N_0}{\alpha - \beta}\mathrm{e}^{\alpha t} + \dfrac{\beta\omega_0 N_0}{\beta - \alpha}\mathrm{e}^{\beta t}$。

（2）用户关系指数增长仿真

用户关系的指数增长，使得 EGNFUR 模型的拓扑结构不断演化并呈现出复杂的结构特征。关系聚集的群体具有较高的知名度，新用户更倾向于加入高聚集的群体，即上述的优先选择规则。本书假定新用户与旧用户建立关系的概率（$\prod(\{\omega_s(t)\})$）正比于旧用户当前的关系数量（$\omega(t)$），或旧用户被新用户选中的概率正比于其关系数量，即 $\prod(\{\omega_s(t)\}) = \dfrac{\omega(t)}{R(t)}$（$R(t)$ 为 t 时刻的用户关系数，$R(t) = \sum_{s=1}^{N}\omega_s(t)$）。

将 EGNFUR 模型的初始参数设定为 $\omega_0 = 10$，$\alpha = 0.04$，$\beta = 0.03$，以此来接近用户的增长速率，在 $N = 10\,728$ 的情况下仿真发现，其度分布服从幂律分布（如图 3-19 所示），也验证了用户优先选择情结对其关系幂律分布起主要作用。

3.3 用户关系网络结构与演化规律的仿真描述

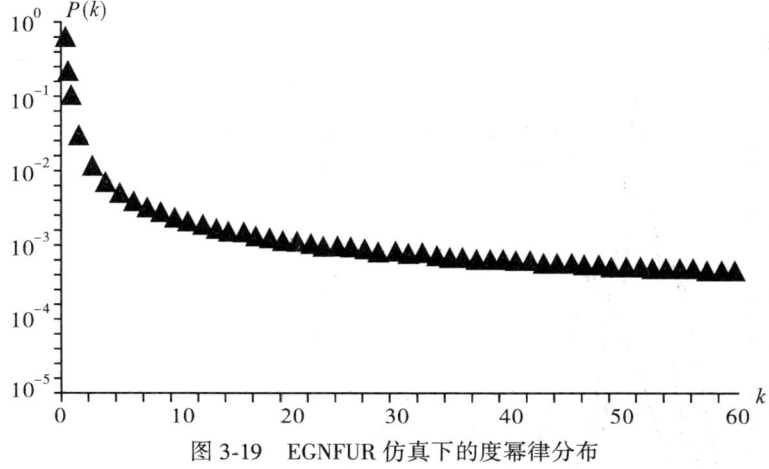

图 3-19　EGNFUR 仿真下的度幂律分布

如果一个网络在局部表现出较大的聚集系数,而在全局表现出比较小的平均路径长度,则此网络将具有小世界效应。在本书对 EGNFUR 关系网络的演化仿真中,当用户关系增长指数大于用户的增长指数时,EGNFUR 表现出了小世界效应(如图 3-20 和图 3-21 所示),聚集系数在 0.1~0.2 之间,平均路径长度在 1~6 之间。

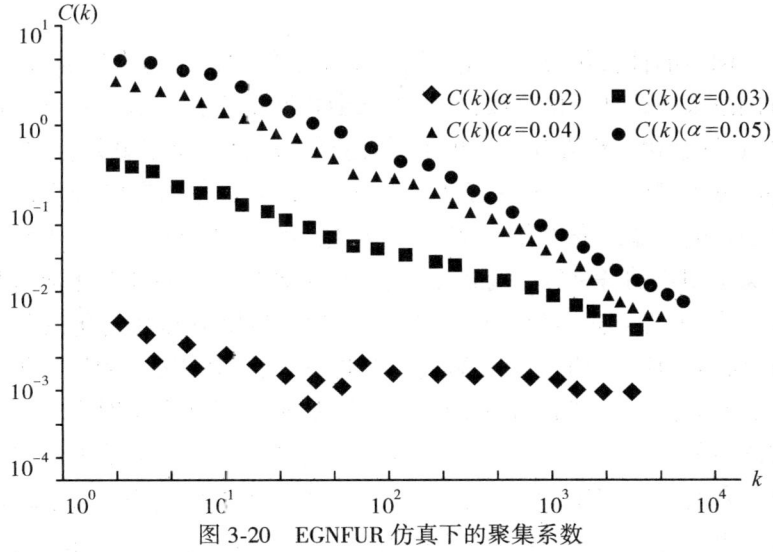

图 3-20　EGNFUR 仿真下的聚集系数

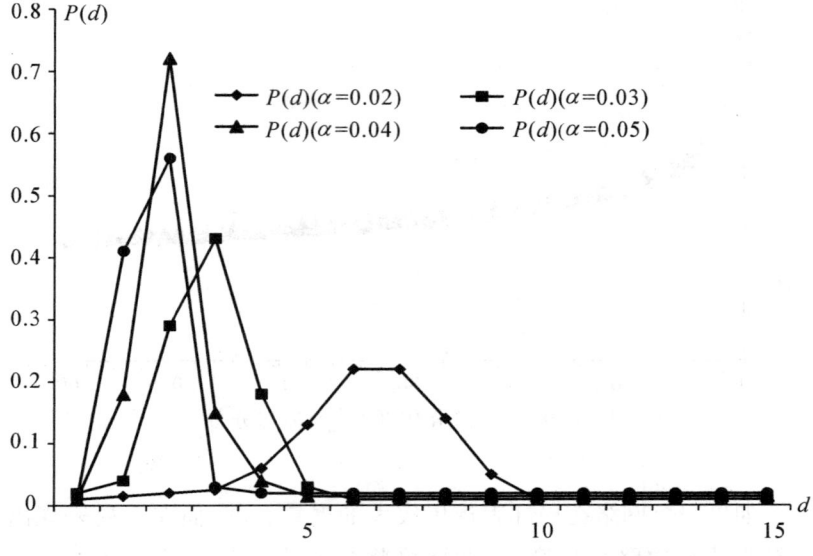

图 3-21　EGNFUR 仿真下平均路径长度的概率密度函数

3.4　总结

　　网络的社会化或社会化的网络催生了新的社会网络环境,推动着网络服务的社会化发展,产生了社会化网络服务。基于开放运行平台,社会化网络服务衍生出了云计算服务、移动应用服务、在线商务服务等,推动着 SNS 沿着从社会化关系、社会化的机能和集群到社会化的智能商务的方向发展。社会化网络服务的开放运行平台旨在满足用户的各种社会化需求,衍生出了各种各样的社会化网络服务形式,主要为社会化信息服务、社会化生活服务和社会化商务服务,对整个社会产生了重要影响。在此环境下,用户需求的社会化演进和交互式服务理念与技术的双重推动,形成了社会化网络服务中的用户关系。以用户关系为核心的社会化网络服务,帮助用户构建其关系网络,随着网络服务的发展和用户数量的增加,用户关系结构表现出一定的特性,如强弱关系、幂律分布、有序化、再中心化、实名制等。

本章分析了用户关系网络结构研究的理论基础,主要包括网络结构揭示的主要指标(平均路径长度、聚类系数、度分布等),描述了社会关系网络的典型特征:小世界效应和无标度特性。进而结合用户在社交网站上的实际需求和行为意图,从静态和动态两个角度对大规模条件下用户关系的拓扑结构和指数增长规律进行了仿真实验。仿真结果验证了上述所归纳的关系结构特征,并指出了在用户关系呈指数增长过程中所出现的演化规律:当用户关系数增长速度大于用户数量增长速度时,小世界现象将会出现。

社会化网络服务在帮助用户实现个人社会关系管理的同时,带动了其信息的交流和知识共享,以一种聚合效应,将人、社会、信息存在的无数和无序排列组合进行优化聚合[①],加快了信息的产生和流动,改变了信息传播的模式。本章对用户关系网络结构特征和演化规律的揭示,将有助于发现社会化网络服务中基于用户关系的信息机制,如产生机制、传播机制、创新机制等,在改善用户体验、提升信息服务质量(如推荐的效率和准确度)等方面具有重要意义。

---

① 杜江.社会性网络服务的形态演变、学理特征与功能批判[J].科技传播,2010(12):204-205,210;李晓堂,詹峰,龙能,等.基于SNS的社区网络服务架构与设计[J].软件,2014(2):23-24.

第4章 基于用户关系的信息传播机制与影响作用

推荐服务作为社会化网络服务开展的基础性服务,对信息共享和传播乃至效用的发挥具有重要作用,而推荐仅仅是信息流过程中的一个后期环节,受到其他环节的影响甚至制约。因此,有必要分析社会化网络服务中的信息流机制,特别是信息传播机制。

社交网络作为一种古老而又普通的人际交流方法,在 SNS 时代变得更加流行。当社会化网络服务给人们提供了与家人、朋友、熟人甚至陌生人建立在线关系的方法后,使用网络服务的用户呈指数级增长。与此同时,社交网络为用户的信息交流提供了新的途径,社会化网络服务则逐渐成为信息共享和传播的重要平台。

社会化网络服务有别于传统的信息服务,在帮助用户建立关系网络的基础上,为信息的交流、传播和分享提供无障碍平台,实现服务质量的提升。社会化网络服务中的信息活动皆在用户交互所形成的关系网络中进行,而用户关系的独有特征势必直接影响信息活动的开展,包括信息产生、传播、共享、过滤推荐以及创新等整个信息流过程。本章从分析社会化网络服务中的信息传播机制入手,选取典型的社会化网络服务——微博为研究对象,揭示基于用户关系的信息传播和分享的特征及其影响因素,为提升信息服务质量提供指导和依据。

4.1 社会网络环境下的信息传播机制

社会化网络服务中用户关系网络的建立,对信息流过程产生了革命性影响。社会化网络服务将信息流嵌入用户自主选择所衍生出的关系网络中,成为一种关系化的信息流,它将根据每个用户的需求偏好聚合"碎片化"信息以及相投的用户。以用户为中心的关系网络,在群体作用下,能够有效地过滤和推荐信息;随着关系网络的拓展和扩大,加快了信息传播的速率以及提高了信息过滤和推荐的准确性。

4.1.1 社会网络环境下的信息传播变革

社会化网络服务的出现丰富了服务应用以及改变了网络媒体的传播模式,用户的社会化行为及其关系网络成为信息共享和传递的重要媒介,推动着信息流动甚至传播模式的变革。

(1) 社会网络环境下的信息传播特征

社会网络环境强调用户参与和关系网络构建,使得网络服务中的信息传播表现出独有的内容和扩散特征。

社会化网络服务中信息传播的内容以微内容(Microcontent)为主,且大多为用户自我生产即用户产生内容(User Generated Content,UGC),如用户在社交网站中的日志、留言、评分、图片、收藏、转发、链接等都属于微内容。根据上述有关用户关系的研究得知,用户关系网络在小范围内呈聚集状态,在大范围内呈发散状态;这也就决定了社会化网络服务中信息的传播方向,在小范围内方向明确,而在大范围内呈网状发散。信息传播的方向主要表现为:小范围有明确指向,大范围呈网状发散。因此,关系的强弱决定了信息传播的方向和范围,社会化网络服务中的用户关系多为虚拟关系,弱连带关系较多,形成了信息传播中的弱连带优势(Strength of Weak Tie)[1],能够将信

---

[1] Granovetter M S. The Strength of Weak Ties[J]. American Journal of Sociology, 1973,78(6):1360-1380.

第4章 基于用户关系的信息传播机制与影响作用

息在不同群体中进行非重复性的传播,扩展信息传播的范围,达到较好的传播效果。

在社会化网络服务中,信息传播内容较为短小,且比较零碎,如Myspace中接近95%的评论长度少于57个单词①,而且在复杂多样的网络传播方式下,信息传播的可靠性和质量受到极大干扰,增加了用户获取有用信息的成本。信息内容爆炸式的增长,加上因用户自身素质的差异和缺乏严格的审核机制而造成的信息质量的良莠不齐,加重了用户筛选信息的负担。

但是,用户群体的互动和交流在一定程度上保证了信息的可信度和质量,特别是在强关系模式的社会化网络服务中,信息传播是以一个个节点为枢纽沿着关系网络的路径来扩散的,每一个节点都在起着"把关"的作用,因此所传播内容的真实性较高;用户之间的关系强度决定了虚假信息的传播范围,在强关系群体中,虚假信息的传播将在很小的范围内终止。另外,用户在社会化网络服务中构建了以自我为中心的关系网络的同时,通过自我定制信息源,实现对信息传播途径的自我设置,进而在转发和创新知识中自行过滤信息,并通过关系链条向其他用户传播;因此,关系化的信息流②围绕用户关系链条上的信息发布者、传递者、创新者和接受者形成汇聚效应,从一个群体传播到另一群体时,对信息进行层层加工,加深用户对信息的理解,实现了信息的重组,延长了信息生命周期,扩大了信息传播维度,产生了"马太效应"式的信息增值。

社会网络环境下信息传播理念和技术的突破,推动了传统的大众传播向分众化、个人化方向发展③,引领了关系化信息流的传播模式。信息传播与关系的结合,通过用户自行建构的关系网络,在一定程度上实现了对信息流向的引导以及海量信息的筛选和过滤,减轻

---

① Thelwall M. MySpace comments[J]. Online Information Review, 2009, 33(1):58-76.

② 汤向男. 关系化信息流:微博环境下的"把关人"[J]. 东南传播,2011(4):38-40.

③ 易成岐. 社会网络的信息传播规律研究[D].哈尔滨:哈尔滨理工大学硕士学位论文,2013.

了系统信息处理的负担,促进了碎片化的信息内容发掘、优化重组、整合和利用①;而且通过信息交互,加强了用户之间的关系,产生了群体认同感,由信息关系上升至信任甚至情感关系,通过提升用户体验增强了用户的服务黏性,促进了服务质量的提升。因此,社会网络环境下的信息传播具有及时性、交互性、多元化以及虚拟性等特征。

(2)社会网络环境下的信息传播模式变革

社会化网络服务以近似真实的社会关系为基础,将分散的个体社会关系聚合为大型、复杂的社会关系网络,从而构建了新型的信息共享和传播平台,使得在社会网络环境下产生了新的信息传播模式。

信息传播模式是对信息传播过程的内在运作机制及外部联系的直观简洁的描述。众多研究学者对传统模式下的信息传播展开了大量研究,并取得了较多的研究成果。传统的信息传播模式可分为:线性模式、控制模式和社会模式②。拉斯韦尔的5W模型和香农-韦弗模式则为典型的线性传播模式,认为信息传播过程为直线单向的传播过程,忽视了信息主体——用户的反馈以及社会关系和活动对信息传播的影响和制约。20世纪50年代初,奥斯古德和施拉姆将控制论思想引入信息传播领域,提出了双行为传播模式和大众传播模式,引入了"反馈"机制,视"反馈"为信息传播过程的重要组成部分,其双向循环的传播思想能够更加客观和真实地反映传播过程,但始终没有解决用户的社会关系和活动对传播的影响问题。赖利夫妇和马莱茨克在前者的基础上,将信息传播纳入社会系统中考虑,认为信息传播为社会系统运作的重要组成部分,从而使信息传播研究得以深化。

社会网络环境下的信息传播模式发生了变革,本研究依据其传播特征将其归纳为三种:基于用户关系的非线性传播、低门槛平等化传播和信息级联增值传播。

①基于用户关系的非线性传播。Web 2.0和SNS促使网络服务

---

① 喻国明.微博价值:核心功能、延伸功能与附加功能[J].新闻与写作,2010(3):61-63.

② 邵培仁.传播学[M].北京:高等教育出版社,2000:128.

从以信息为核心向以用户为核心转变,将网络信息传播转变成一种全新的信息传导机制。而在这种传导机制中,每个用户都可以成为一个消息源,将信息快速地传递给其各自的关注者,而这些关注者亦可以按照用户关系链将信息以非线性方式继续传递下去。因此,用户在信息传播过程中的角色发生了变化,不仅是信息的接受和利用者,更是信息的产生和传播者,承担着信息传播的媒介角色和成为信息传播的重要枢纽。社交网络中,用户多以真实身份建立起人际关系,形成需求导向的"圈子"或社区群组,表现为一种群体传播形式,通过关注和转载等形式及时、迅速地分享和传播信息,实现信息在用户关系链条上的级联传播,加快了信息传播的速度和拓宽了信息传播的范围,实现了信息增值①。

②低门槛平等化传播。在技术上,"开放共享"为社会化网络服务的重要特征和运作理念,任何用户都可以在社会化网络服务平台上开展相应的信息行为,如信息发布、获取、分享、传递等,实现了用户服务应用的零门槛。在社会关系上,将用户身份进行虚拟化,从而大大消除了用户在现实生活中的不平等,赋予了用户平等的信息获取和发布权力,使用户以平等自由的身份互动交流,没有明显的主次之分,也没有中心和边缘之分②。在一定程度上,社交网络将权威中心化的主体意识淡化,更加注重异质性资本的流动和分享,颠覆了传统传播方式以信息源为中心的线性模式,演变为以用户为中心的互动传播模式。

在这种"大众创造内容"的环境下,特别是微博这种"自媒体"形式的发展,用户个人都在"自媒体"的放大下成为信息的即时生产者、接收者和分享者;低门槛和"去中心化"产生了大量的信息碎片,分散了用户的注意力。因此,旨在聚合碎片化的信息和用户的信息聚合推荐应运而生,利用聚合的用户关系分享知识,实现信息的准确

---

① 熊会会. 基于复杂网络的微博客信息传播机制研究[D]. 广州:华南理工大学硕士学位论文,2012.
② 吴凯. 基于微博的信息传播建模与节点影响力研究[D]. 郑州:解放军信息工程大学硕士学位论文,2013.

推荐①,也成为社会化推荐的一个重要环节。

③信息级联增值传播。在社交网络中,信息传播表现为两种极端的传播模式:一是一次性消亡模式,如果信息发布后没有被分享和传播,其信息传播过程已经结束,消失在信息海洋中;二是裂变中的级联传播,信息因其重要价值性,一经发布则在不同用户之间和用户群体之间呈级数般多次传播,通过用户关系链条对信息进行过滤和加工,特别是在用户彼此成为好友并聚集为有机的好友群体时,能够使信息通过"群体关系"以几何级数传播,形成信息流动的新秩序,实现信息的重组和增值②,信息价值在用户交互和传播中不断提升。如微博发布之后,通过"粉丝"的层层转发而传播扩散,形成了一个典型的级联传播网络③。约翰·佩里·巴洛(John Perry Barlow)认为信息只有在增值的情况下才能称为信息,否则信息就不存在④;而信息传播作为信息增值的重要手段,对于信息的共享和利用具有重要作用。与此同时,社会化的群体作用不仅能够帮助有效地过滤信息,而且激励用户分享和贡献经验,提升和改善用户的服务体验,增强用户对服务网络的信任和忠诚度,提升服务质量。

4.1.2 网络信息传播要素

在传播学研究中,关于信息传播过程构成要素的说法主要有三要素论、五要素论。本研究采用的是郭庆光的五要素论⑤,即把社会化网络中的信息传播过程看作由五个要素组成:信息传播者、信息受

---

① 胡昌平,胡吉明,邓胜利.基于社会化群体作用的信息聚合服务[J].中国图书馆学报,2010(3):51-56.

② 陈燕慧.论微博对用户交往行为的影响[J].东南传播,2011(8):72-75;吴联仁.基于人类动力学的社交网络信息传播实证分析与建模研究[D].北京:北京邮电大学硕士学位论文,2013.

③ 袁毅.微博客信息传播结构、路径及其影响因素分析[J].图书情报工作,2011(12):26-30.

④ 互动百科.约翰·佩里·巴洛[EB/OL].[2014-11-03]. http://www.hudong.com/wiki/%E7%BA%A6%E7%BF%B0%C2%B7%E4%BD%A9%E9%87%8C%C2%B7%E5%B7%B4%E6%B4%9B.

⑤ 郭庆光.传播学教程[M].北京:中国人民大学出版社,1999:237.

众、信息传播内容、信息传播媒介和反馈机制。这五个要素相互作用，共同构成了一次完整的信息传播过程。

(1) 信息传播者

传播者，是指信息传播内容的发布者或发送者。信息传播者通过向他人发出信息而主动作用于他人。作为新兴的网络社区，社交网络中的传播者也表现出不同于一般网络的传播特征，最显著的特征就是个性化、均衡性、平民性和追求自我认同。首先，社交网站中，传播者越来越具有平民性。从人人网中可以看出，与传统媒体千篇一律、集中式的信息发布和传播方式不同，社交网络改变了传播方式，每个人都是信息的发布者，信息传播者的草根性特征越来越明显，同时这种变化也不可避免地会导致信息内容的良莠不齐。其次，社交网站中传播者具有均衡性和个性化的特点。每个人都可以拥有一块自己的"地盘"，发布自己想要发布的信息，在自己的"地盘"上做自己喜欢做的事情。最后，传播者在社交网站中能够更好地追求自我认同。据调查，社交网络的用户最常使用的功能有：日志功能、相册功能以及群组功能。用户可以通过日志功能和相册功能书写心情故事和感想或秀自己的照片，用户又可以通过这些功能和好友进行充分互动，这有利于产生自我对群体身份的归属感和认同感。

(2) 信息受众

信息受众即信息的接收者，是信息传播者的作用对象。信息受众可以通过反馈活动来影响信息传播者，两者之间形成双向的互动关系。网络社区的传播过程中信息也呈现出一些新的特征。首先，信息传播者与信息受众之间具有同质性。一个人在发出信息时是信息传播者，而在接收信息时则又成为信息受众，传播者和受众可以相互转化，两者之间没有明确的界限。在传播过程中，信息既可能被该传播者的好友所直接接收，也可能通过多次分享被偶尔看到这些信息的陌生人所接收，接收者可以对陌生人的留言进行回复，此时，接收者同时扮演着传播者的角色。由此可见对于一个共同关注的话题或者事件，传播者与受众之间具有同质性。其次，信息的传播具有很强的针对性。如人人网提倡实名制保证了真实性和安全性。在大学生群体中，用户一般具有共同的爱好、朋友和生活圈子，由此可见社交网络中的传播者与受众有针对性。一方面,一旦用户在人人网注册成功,人人网就会根据用户填写的信息立刻进行筛选,并将推荐与其就读同一所学校并同时注册了人人网的用户,使得用户可以方便地找到同窗好友。另一方面,人人网还为用户提供了主动寻找昔日好友或新朋友的搜索功能,用户通过专门的搜索功能进行精确的筛选,直到找到目标用户。经过传播者的挑选、搜索,其好友才能成为信息接收者,因此信息的传播有更强的针对性。

(3) 信息传播内容

在信息传播过程中,信息传播内容是最本质、最重要的因素,信息传播内容在很大程度上会影响到信息传播过程。在传播研究的过程中,通常用信息的概念来强调社交传播的互动是有意义的互动。信息传播内容在传播过程中的影响力主要由两个方面决定:传播内容和传播内容的表现形式。信息传播内容在很大程度上要求是有趣的或真实的。如果信息传播内容是无趣的,则不会吸引受众的注意,更不会得到传播;如果其信息传播内容与受众之间不具有相关性,那么受众也不会对传播内容在意。而传播虚假的内容往往会影响传播者的自身形象,因此,失真的传播内容也不会受到受众的关注,从而导致信息传播失败。从传播内容的表现形式来讲,传播内容表现形式一般有文字、图片和视频等形式。多媒体具有多样性的特点,容易让受众所接受,因此,在网络传播过程中,传播内容如果含有图片等多媒体形式,其传播效果会更好,所以传播内容的表现形式也是影响社交网络传播的重要因素。

在网络传播过程当中,传播的交互性特征更加明显。在网络社区中,用户修改状态、上传照片、分享视频、发表日志等网络行为都可以以新鲜事的形式让好友所得知,并通过评论、分享等形式参与进来,使得整个信息传播过程有效。同时,在网络传播当中,传播内容也呈现出共享性、分散性和多元化的特征。在网络传播过程中,"分享"是一个重要的功能,当用户看到网络社区或网站上有趣或有意义的文字、图片或视频等信息时,就会使用"分享"这一功能分享该信息,让和自己有联系的用户看到,这样其他用户又会根据传播内容进一步在自己的社交圈中传播,表现出更强的传播内容的共享性。

如人人网用户可以直接上传自己认为有用的东西,并可以将其分享给自己的好友,同时网络社区还可以提供更加快捷方便的分享途径,当用户在人人网浏览一些页面的时候,会发现有"分享"图标,可以将自己感兴趣的信息通过点击"分享"图标分享给自己的好友,并且还可以附上自己的评论,通过隐私设置将分享的内容传播给指定的好友,用户所分享的信息将会及时地出现在好友的新鲜事中,这样更多的人将会浏览到该信息,使得传播内容具有更强的共享性。

在网络传播过程中,由于传播内容的载体包括状态、留言、日志或图片等形式,而每个用户都是信息传播的中心,那么信息就可能来自不同的用户,这将导致传播内容的分散性。每个用户具有各自的特征,同时还要受到社会地位、学历、工作环境等因素的影响。因此,传播内容呈现出多元化的特征。

(4) 信息传播媒介

传播媒介是信息的传播渠道或工具。传播媒介作为枢纽,将传播过程中的各个因素相互连接起来。在网络信息传播过程中,传播媒介是各种各样的社会化网络服务,以其特有的信息传播特点和先进的技术手段彻底颠覆了传统网络媒体,如今的社交网络满足了真实、互动、主动、实时和多元化的功能需求,并创新出许多传统网络传播媒介所不具备的功能。在社交网络的信息传播过程当中,信息主要依靠好友关系进行流动,也就是说信息是以用户为中心进行传播的,因此不受时间和空间的影响。用户可以在能上网登录的条件下随时随地对其他用户的状态进行评论和回复,评论或回复的内容就会出现在其他用户的页面中,用户之间就可以通过这样的方式进行信息传播,更多的用户参与其中进行状态互动和信息交流,形成更大的网络传播。同时,社交网络具有较强的真实性。社交网络传播中的人际传播范围是根据现实中的人际圈建立起来的,比如现实中的同学关系、同事关系或亲属关系可以通过文字、图片等表现形式拷贝到 SNS 当中。因此,这种基于现实人际传播范围建立起来的网络人际传播范围比较真实。在 Web 2.0 网络时代中,网络传播彰显了"以人为本"的概念,主要体现了受众地位的提高和满足用户个性化的需求。在社交网络的信息传播过程中,由于信息传播门槛的降低,用户可以方便地向社会提供信息。用户成为信息传播的中心,用户既是信息的传播者又是信息的受众,打破了规模巨大、资金雄厚的公司或机构等传统信息源集中式的信息发布和信息传播方式。并且用户受到身份、地位、工作环境、文化背景等因素的影响,对信息在认知程度上必然存在着差异,由此可见,传播的信息没有完全相同的,有着各自突出的个性化特性。

社交网络传播具有很强的实时性。一方面是由于传播终端的可移动性。如今,除了计算机终端外,用户还可以通过手机短信、手机网络客户端等终端随时随地发布信息,这些可移动性的传播终端推动了传播过程。另一方面,社交网络信息传播过程中,信息一旦通过传播者发布之后,将会通过用户分享的方式被广泛地传播,由于信息流通是以用户为中心的,沿着好友关系流动,用户与用户的好友形成一个网状结构,因此,信息从传播者发布到受众接受将会呈现一种树状网络形式的传播,传播的实时性很强。社交网络信息传播在一定程度上集合了各种形式,像 BBS、RSS、Blog 等形式都可以应用到 SNS 当中,既保留了传统网络传播的优势,又形成了一种具有自身特征的网络系统,成为一个满足用户需求的服务性网络平台。

(5) 反馈机制

反馈是指信息传播到受众之后,受众对信息所采取的反应。随着网络媒体技术的不断发展,在社交网络的传播过程当中,传播手段和方式不断地融合在一起,再添加一些附加的应用程序,使得传播信息的反馈变得更加及时和方便。当某一用户看到其他用户的留言或评论信息后,会及时地对信息进行反馈,反馈的信息就会相应地出现在对方的页面上,这样便形成了一个互动的交流或反馈的方式。同时,通过各种应用程序,用户之间还可以即时地聊天,进行信息交流和传播,加上网络社区中用户身份的确定性,其传播内容的可信赖性也大大增强。如果用户不在线,其好友也可以对其日志、照片、分享的东西进行评论和留言,评论和留言的信息将会通过站内信的形式发送给用户,当用户再次上线的时候,系统就会对好友的留言和评论给用户提示,用户就可以通过这样的方式来接受信息,并对信息进行反馈。由于用户常常会受其好友用户的影响,浏览好友的页面或自己感兴趣的内容网页,具有一定的针对性和目的性,用户也会及时地反馈信息①。

4.1.3 基于用户关系的信息传播及其演化

针对网络环境特别是社会网络环境下的信息传播问题,国内外很多学者纷纷从构建网络信息传播概念模型的角度研究其演化过程,把握其在社会网络环境下的运行形态。北京大学谢新洲教授将网络信息传播的基本要素概括为传播者、接受者、信息、媒介、噪音等,建立了基于上述因素的网络信息传播模型(如图4-1所示)②。

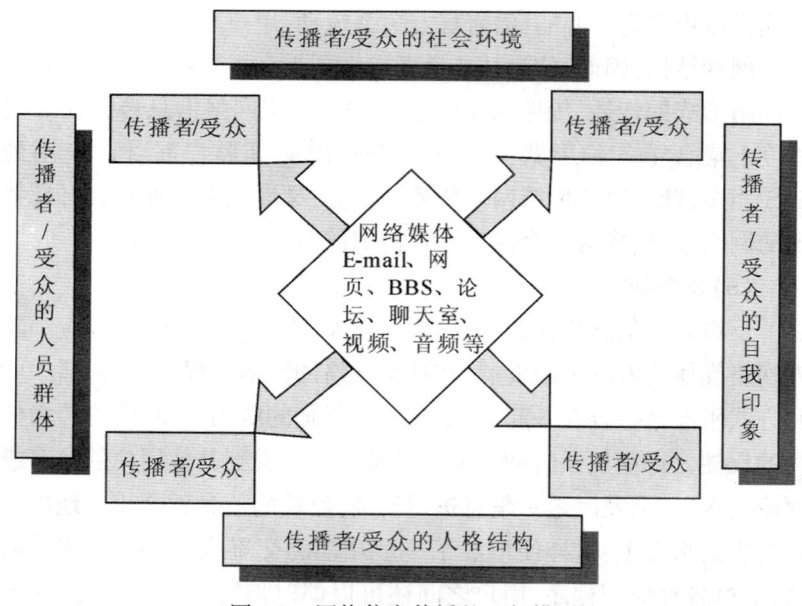

图4-1 网络信息传播的一般模型

---

① 李合莉.多层在线社交网络信息传播模型研究[D].济南:山东财经大学硕士学位论文,2013.

② 谢新洲.网络传播理论与实践[M].北京:北京大学出版社,2004:100.

4.1 社会网络环境下的信息传播机制

本研究在网络信息传播一般模型的基础上，结合上述有关社会化网络服务中信息传播的特点，根据传播者/受众（用户及群体）、传播媒介和途径（社会化媒体）、传播内容、传播方向、传播效果等自身特性，构建了社会网络环境下基于用户关系的信息传播模型（如图4-2所示）。基于用户关系的信息传播模型侧重于两个层面的信息传播：在用户关系层面，强调社会化网络服务中用户关系网络对信息传播的作用；在传播工具方面，即信息通过 SNS 中的各种社会化媒体进行融合、扩散、共享、协作等，最终达到信息的创新传播。

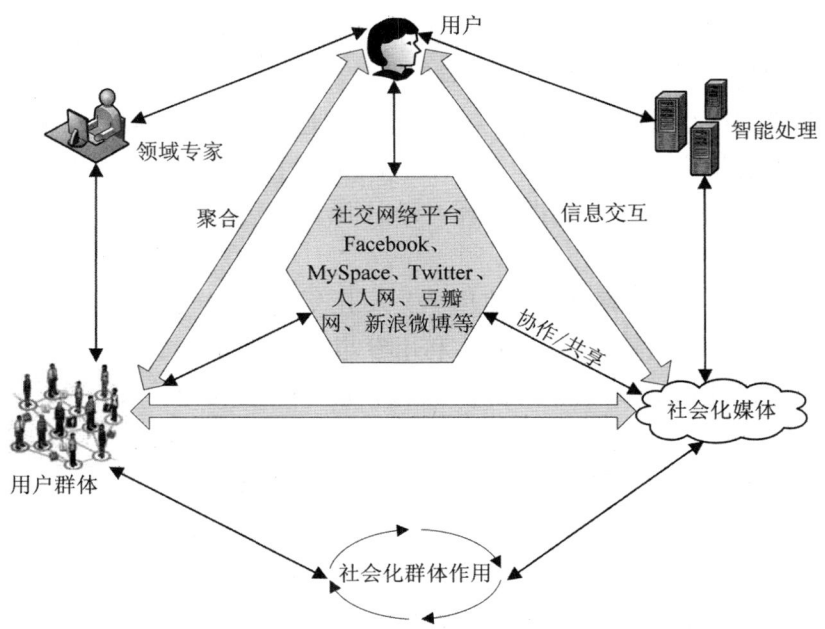

图 4-2 基于用户关系的信息传播模型

（1）基于用户关系的传播

社会关系和信息内容为社会化网络服务中用户的两大本质需求，用户构建社会关系的目的则是分享和传递有价值的信息；而信息的分享和传播则加强了用户之间的关系，同时又作用于信息传播。

用户在信息分享和传播中构建了关系网络以及形成了社区群组,产生了巨大的社会化群体作用,能够有效地筛选和聚合信息。

伴随着群组内用户的互动交流,"专家"的影响力在社区群组内扩散,社会化的群体作用逐渐凝聚放大并开始影响服务的质量。首先,社区群组中"专家"推荐所产生的影响和用户之间的交流,将拓展用户信息来源的渠道,让用户得知更多有益的信息源。其次,通过社会化的群体作用,按照用户的认同与否来进行信息的聚合推荐;而且聚合的信息在群组中被反复的接触、吸收、理解和整合后转化为知识,将信息的简单收集和拼贴上升到知识的挖掘与分享。最后,在信息转化为知识的过程中,需求偏好相投的用户建立联系、彼此关注,增强了用户的群体认同感和凝聚力,激励用户持续分享知识和经验,获得情感上的满足,提升用户对服务的黏度。用户只有在认同的社区群组中,通过积极的用户关系才能充分地分享信息和体验,运用群体智慧将信息转化为知识①。上述过程通过社会化的群体作用无缝地衔接在一起,相互促进,循环上升,不断对信息进行过滤和筛选,提升信息服务的质量。

众多社会化网络服务将用户关系引入信息的分享和传播中,如Digg引入了用户的参与因素,利用参与的用户民主选择和推荐新闻;社交网Facebook和迷你博客服务Twitter基于用户关系实现了信息的快速获取和传播。因此,用户在信息传播和获取活动中越来越承担起一个社会化的媒体角色,纯粹的机器语义信息传播已经逐渐走向没落,基于社会化的用户群体交往关系的信息聚合推荐将成为未来的方向②。

(2)基于社会化媒体的传播

社会网络环境下,新型的信息传播媒介和工具——社会化媒体(Social Media)迅速地发展起来,成为当前网络信息传播的主要媒介

---

① 甘永成. 虚拟学习社区中的知识建构和集体智慧研究[D]. 上海:华东师范大学博士学位论文,2004:136.
② 机器聚合之殇[EB/OL]. [2009-10-14]. http://www.caozenghui.cn/archives/569.html.

4.1 社会网络环境下的信息传播机制

和方式,以及现代生活的组成部分。社会化媒体作为一种给予用户极大参与空间的新型在线媒体,将博客(Blog)、维基(Wiki)、论坛(BBS)、社交网络(SNS)、播客(Podcast)、微博(Microblog)、内容社区(Content Community)、社会化书签(Social Bookmarking)融为一体(如图4-3所示),组成了新型的信息传播媒介①。

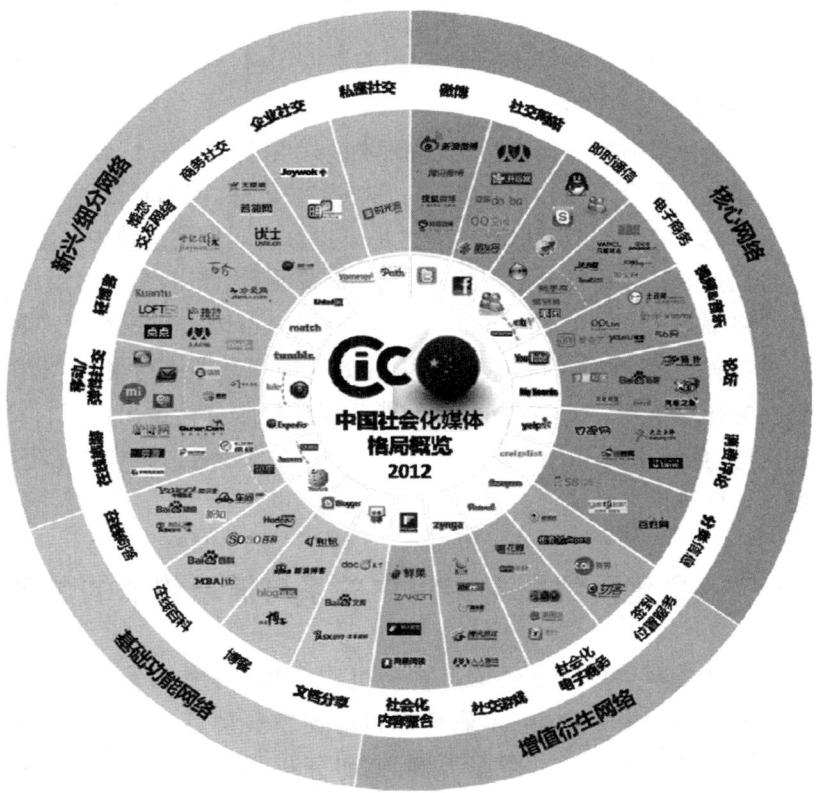

图4-3 社会化媒体服务构架图

---

① Mayfield A. What is Social Media[EB/OL].[2008-01-08].http://www.icrossing.co.uk/fileadmin/uploads/eBooks/What_is_Social_Media_iCrossing_ebook.pdf.

社会化媒体作为大众化的新型在线媒体,具有以下特征:平等参与,社会化媒体可以激发用户主动地贡献和反馈,模糊了媒体和受众之间的界限;公开共享,大部分的社会化媒体都可以免费参与其中,鼓励用户评论、反馈和分享信息;双向交流,社会化媒体将信息内容在媒体和用户间进行双向传播,将用户交互作为其服务质量提升的关键;虚拟社区化,用户通过社会化媒体以需求偏好、话题等形式迅速聚合为群体,发挥群体交互作用,实现信息的传播和创新;互联连通性,社会化媒体将各种社会化网络服务应用链接在一起,实现了跨系统、跨平台的互联互通。

社会化媒体作为当前信息传播的主要媒介,其显著特点为快速创新和技术聚合。社会化媒体将一种或多种软件、网站聚合到一起,进行资源、信息的共享和协作,有效地发挥其协同作用。较为典型的为 Google Earth,其所衍生出的聚合应用,满足了用户的多种需求,如将铁路服务聚合到 Google Earth 上,使得用户可以实时跟踪火车的行进位置。社会化媒体还可以将内容如视频和音乐进行聚合,发掘潜在的热门信息,如 YouTube 上的热门视频经常会衍生出数以百计的模仿、页面和滑稽的阐释,通过视频将用户的注意力聚合在一起,更好地促进信息的传播。

4.2 社会化网络服务中用户关系与信息传播的关系

在社会网络环境下的信息传播机制分析中,用户关系是影响传播的重要因素。因此,本研究以目前比较典型且广泛应用的社会化网络服务模式——微博为例,调研分析用户关系与信息传播之间的关系,并将以问卷调查分析的形式具体阐述信息传播的影响因素。

4.2.1 微博的信息传播模式

微博作为一种新型的社交网络平台,以其使用方式便捷、传播迅速、交互性强等特点,在信息分发和舆论传播方面发挥了非常重要的作用。

4.2 社会化网络服务中用户关系与信息传播的关系

微博(或称微博客,MicroBlog)有别于传统的博客形式,是一种基于用户关系的信息产生、分享和传播平台,允许用户使用公开发布并及时更新的简短文本博客形式发布信息,任何人都能够阅读或者在用户所选择的群组内分享①。由于其简单、快速和去中心化的信息传播方式赢得了用户的青睐,成为当前社会化网络服务的重要形式之一。微博作为一种开放互联的社会化网络服务模式,通过微博主和跟随者之间的"关注"行为建立关系,形成信息传播网络。微博不仅仅是一种单纯的信息传播和交流工具,其信息扩散能力具有惊人的效果②,表现出独有的信息扩散和传播模式。本研究以典型微博网站 Twitter 为对象分析其信息传播特征。

微博信息传播特征主要表现在以下几个方面:

①传播的间接性。在传播方式上,大部分微博的信息传播方式为两步传播,也就是信息并非直接传播给最终受众,而是通过多个博主的转发来传播。在对 Twitter 的研究中发现,大部分的信息接收者都不是博文原始作者的粉丝,是信息的间接转发使得信息的扩散范围变大③。Yang 等人④通过对 Twitter 网络中博文的分析得出,25.5% 的博文是从朋友的博文中转发来的。Yu 等人⑤对新浪微博的分析得出,超过一半的博文都是转发的博文。

②传播的路径短。在传播范围上,微博的转发机制使得信息呈

---

① 百度百科—微博[EB/OL].[2011-10-30]. http://baike.baidu.com/view/1567099.htm.

② 杨成明.微博客用户行为特征实证分析[J].图书情报工作,2011(12):21-25.

③ Kwak H. What is Twitter, a Social Network or a News Media? [C]// Proceedings of the 19th International Conference on World Wide Web. New York:ACM Press,2010:591-600.

④ Yang Z, et al. Understanding Retweeting Behaviors in Social Network[C]. Proc of the 19th ACM International Conference on Information and Knowledge Management. New York:ACM Press,2010:1633-1636.

⑤ Yu L, Asur S, Huberman B A. What Trends in Chinese Social Media[C]// Proceeding of the 5th SNA-KDD Workshop. New York:ACM Press,2011.

裂变式的方式传播,可以使信息短时间内被广泛的用户所接收。但是传播的路径却比较短,也就是从信息的原创博主到接收和转发该信息的用户之间的距离比较短。对 Twitter 博文的转发路径的分析中发现,97.6% 的博文转发路径都小于 6 步,且最长距离也不会超过 11 步。新浪微博中的转发路径平均是 3.09 步,且最多也只为 10 步。导致微博路径很短的原因主要是每一层转发的用户数会不断地递减,且一条微博通常会在对它感兴趣的社团中传播,而这些社团结构本身的平均路径比较短①。

③传播的时效性强。从时间角度分析,有一半的 Twitter 博文是在一个小时之内被转发的,75% 在一天之内被转发,只有 10% 在一个月之后才被转发。一些热门微博的转发过程一般有两个高峰期,通常在一段很短的时间内达到大量转发,之后就受到冷落,从而就此衰亡,或等待新一轮的转发高峰②。

在微博信息传播中,用户、微博信息和用户关系直接影响微博的传播力,形成以上微博信息传播的特点。

(1)微博用户

微博用户是微博信息的传播节点,进行信息的发布、接收和转发,用户的不同行为特征对信息的传播有一定的影响。有学者针对微博中的用户进行了分析和分类。如 Java 等人③研究了 Twitter,利用 HITS 算法计算 Twitter 上用户的中心度和权威度,将用户分成信息共享、信息搜集和朋友关系三类。Naaman 等人④根据 Twitter 用户发布的状态信息进行内容分析,将用户分成九大类,其中 IS(信息共

---

① 沈珂轶. 社会网络的社团结构发现与动态特性研究[D]. 上海:上海交通大学硕士学位论文,2011.

② 张赛,徐恪,李海涛. 微博类社交网络中信息传播的测量与分析[J]. 西安交通大学学报,2013(2):124-130.

③ Java et al. Why We Twitter: Understanding Microblogging Usage and Communities[C]// Proceedings of the 9th WebKDD and 1st SNA-KDD 2007 Workshop on Web Mining and Social Network Analysis, 2007:56-65.

④ Naaman M, Boase J, Lai C H. Is It Really About Me?: Message Content in Social Awareness Streams[C]// Proceedings of the 2010 ACM Conference on Computer Supported Cooperative Work, ACM, 2010:189-192.

享)、OC(意见/抱怨)、RT(随机想法)和 ME(关于我的一切)四大类占主体部分。

信息的发布者会直接影响该信息被关注的情况,如 Twitter 上用户拥有的粉丝数越多,其微博信息就更容易得到关注和转发;新浪微博中的微博热度与用户粉丝数呈正相关性,即微博作者的粉丝数越多,微博越易被转发,但这种相关性并不是很大。另外,资深用户(账号建立时间超过一年)和新用户(最近一个月才加入)的微博更容易被转发,得到认证的用户所发微博通常具有权威性,也会得到广泛的传播。信息的接收者和转发者也会影响信息被转发的次数。微博中,一些用户比较倾向于转发信息。对各种不同信息的兴趣会直接影响到转发微博的可能性;同时,不同时间段用户的活跃度也会对信息传播造成影响,21:00—24:00 通常是微博的最佳转发时间。

(2)微博用户之间的关系

用户关系是微博信息传播的主要途径,直接影响信息传播的范围。微博用户通过"关注"和"被关注"的形式与其他用户相连接,组成了结构紧密的复杂网络。研究表明,这种网络结构由互相关注的真实朋友网络组成①。国内外很多研究者都进行了微博网络用户关系的数据采集和分析,得出微博网络的平均路径长度和网络直径都较小,聚类系数高,说明节点之间的联系更为紧密,十分有利于信息的传播。微博中,某个用户与信息的作者、转发用户和提及用户之间是否互相关注、是否有共同的兴趣爱好、是否关注同样的用户、是否有同样的转发信息,都会影响用户转发该信息的可能性。在微博网络同一社团内的用户都有相同的兴趣爱好以及会互相分享他们的日常生活和心情②。

(3)信息内容

信息本身的吸引力和价值性也是影响信息传播的重要因素。

---

① Huberman B A, Romero D M, Wu F. Social Networks that Matter: Twitter Under the Microscope[J].First Monday,2009, 14(1):8.

② 陈慧娟,郑啸,陈欣. 微博网络信息传播研究综述[J]. 计算机应用研究,2014(2):333-338.

微博网络上有各种各样的信息,包括文本、图片、URL 以及链接到其他网站的视频和音频等。用户可以围绕某个热点话题发表和转发微博,如在新浪微博中可以使用"#"的符号标明讨论的话题。目前,微博信息内容研究主要有微博信息的分类、微博的话题提取、热点话题的排名以及微博的情感分析等方面。从内容类别的角度,一般新闻类的信息会引起快速的传播,而娱乐方面的信息会引起长时间的传播。如新浪上娱乐类微博通常被转发的次数最高。从内容的特征角度,带有标签和 URL 的微博比较容易受到用户的关注和转发。另外,较长的博文包含更多的信息,质量也会更高,已经被转发多次的博文也会更多地引起用户的关注。

4.2.2 信息传播中的用户关系分类结构

微博基于关注(即关注他人,followee)与被关注(被他人关注,follower)的关系构建特性,使得用户表现出不同类型。在 Twitter 微博社交网络中,用户可以和朋友、家人、同事甚至陌生人通过电脑、手机等其他终端保持联系;用户可以发布允许所有其他用户阅读的不超过 140 字的内容,也可以关注或跟随(follow)感兴趣的其他用户。但是,用户之间的关注不是双向的,用户被其他人关注了,并没必要关注回去,这就导致了 Twitter 社交网络的有向性。

根据惠普实验室社交计算技术实验室(Social Computing Lab)主任伯纳尔多·胡伯尔曼(Bernardo Huberman)等人所提供的 Twitter 微博传播的样本数据[1],本研究总结分析了 Twitter 中的用户关系结构特征与微博传播的关系。用户之间关注与被关注的关系(如图4-4所示)揭示了用户社交行为的不同类别和特征(如表4-1所示)。

---

[1] Huberman B A, Romero D M, Wu F. Social Networks that Matter: The Microscope [EB/OL]. [2010-04-28]. http://www.hpl.hp.com/research/scl/papers/twitter/twitter.pdf.

4.2 社会化网络服务中用户关系与信息传播的关系

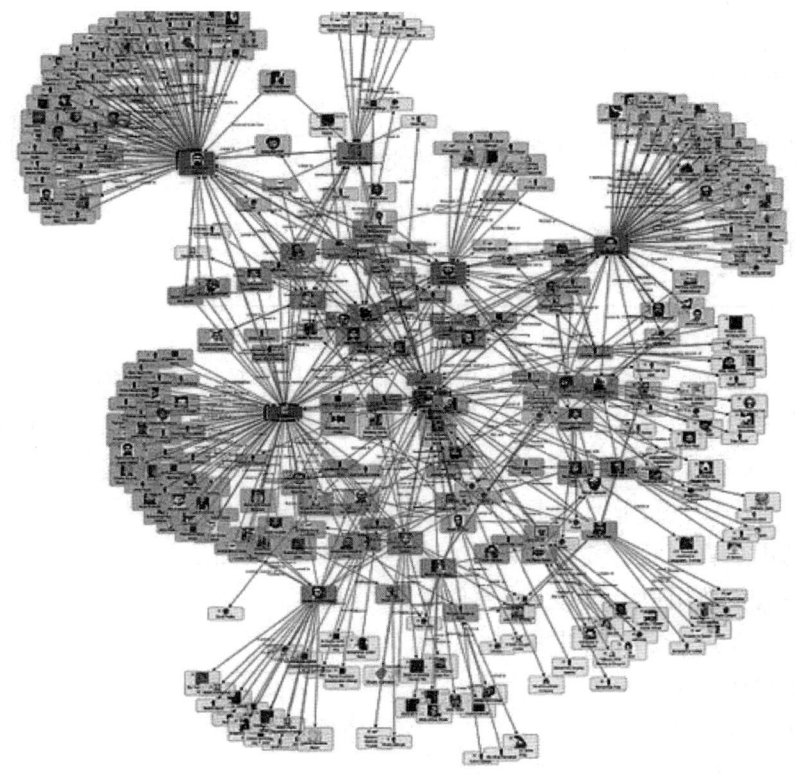

图 4-4 Twitter 基于关注与被关注的关系图①

表 4-1 **Twitter 中基于关注与被关注的用户分类**

followee 与 follower 的比例关系	用户类型与特征
followee∶follower > 3	渴望交流型。用户关注或跟随了很多人,却没得到反馈
follower∶followee > 3	明星型。用户通常有一技之长,为他们积累了相当的人气,同时也大多是活跃用户
follower = followee 且小于 200	生活型。用户通常只是关注真正认识的人

---

① mxwu.真正有价值的社交网络——微观下的 Twitter[EB/OL].[2010-04-27].http://mxwu.does-exist.info/? p=170.

续表

followee 与 follower 的比例关系	用户类型与特征
follower=followee 且大于 400	交友广泛型。用户有很多朋友,也擅长和人交往
follower=followee 且大于 1000	信息爆炸型。用户会不停刷新屏幕获取微博信息,此类用户为优秀的微博转发专家

在所调研的 309 740 个 Twitter 用户中,用户平均发布微博 255 个,有 85 个被关注者关注了 80 个其他用户。其中,活跃用户为 211 024 个(发布了 2 个及以上微博的用户),平均活跃时间为 206 天(用户从第一次发布微博到最后一次发布微博的时间间隔),大约 25.4% 的用户直接发布微博(tweet),其他则为转发或回复(retweet),说明只有少数用户为微博内容原创者,更多的用户为跟随者或关注者。

在描绘 Twitter 中用户的强弱关系时,本研究将某一用户对其他用户使用了 2 次或以上直接 tweet 的关系定义为朋友关系,而低于 2 次的则被忽略。事实上,用户所关注的人(followee)不一定是其朋友,因此朋友数与 followee 的比值则总是小于 1。从图 4-5 可以看

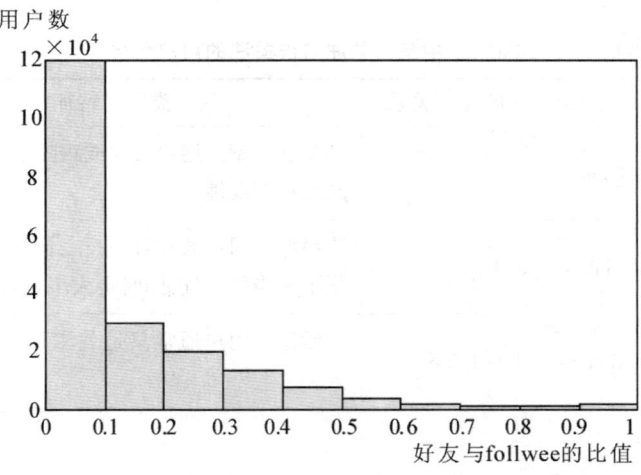

图 4-5 Twitter 中用户 followee 与朋友的数量比值关系

出,大部分用户的"朋友与 followee 的数量比值"小于 0.1,越接近于 1 用户数越少,其平均值为 0.13;说明绝大部分用户只有少数的朋友,用户关注的人很多,但是真正保持朋友关系的则为极少数,相对于用户的关注人数,朋友只占了很少的比率。因此,表面上社交网络中用户的 followee 和 follower 密集,但实际上对用户产生影响或者用户认知上的朋友网络是稀疏的。

随着 followee 数量的增多,用户的朋友数在其 followee 数达到一定程度后趋于饱和并出现波动(如图 4-6 所示),其比值则在初期随 followee 增加而增加,但当 followee 超过 100 后,则迅速下降(如图 4-7 所示)。原因则为在社交网络中,关注一个用户比维持朋友关系要容易得多;因此,虽然 followee 的数量可以在一定时期内不断上升,但用户所认同的朋友或能够真正交流的朋友不会增加。

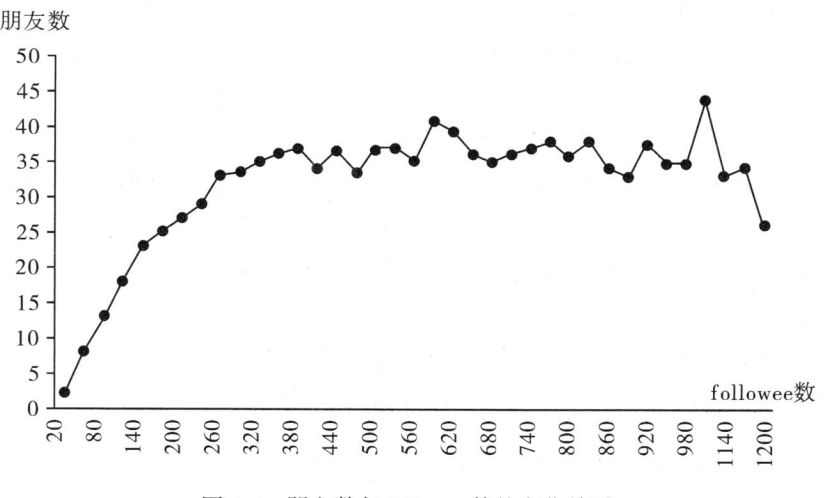

图 4-6　朋友数与 followee 数的变化关系

上述现象则表明了用户在关系构建过程中的倾向性和趋于真实性,即用户在虚拟社会中的关系选择与建立依然与现实生活中相差无几。阿兰·德热纳(Alain Degenne)和米歇尔·福斯(Michel Forsé)的研究显示,在现代社会中,每个成年人约有 5000 个熟人,其

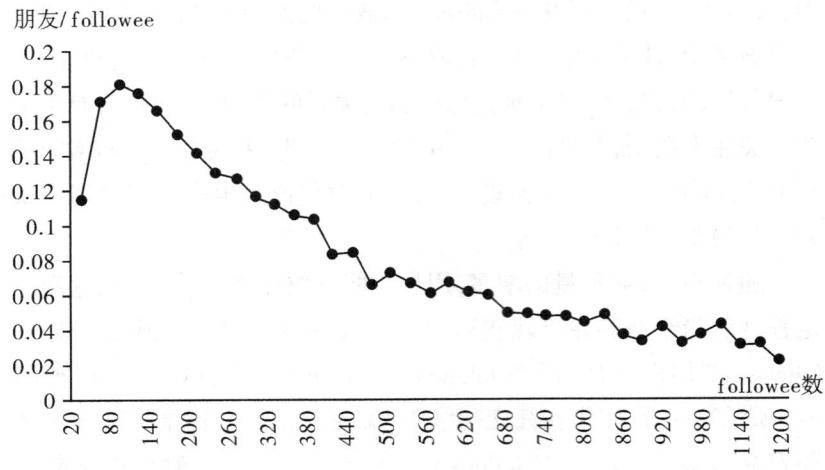

图 4-7 朋友数与 followee 数的比值关系

中 100~200 人可以在你需要发出一项请求时而立即联系到,但只有不到 20 人是经常接触的,而这 20 人中,作为亲密好友的大约只有 3 人[①]。这就可以很好地揭示微博中朋友数没有随着关注或被关注的人数增长而增长,而是趋于饱和。

在社会化网络服务中,虽然包含了用户和他们之间的社会关系,但实际上用户却只和其关系网络中的极少数人互动交流频繁。其主要原因则是注意力在 Web 时代为稀缺资源。用户在面对大量社会关系时,没有太多精力关注到所有人;如 Facebook 中用户只和他们所有朋友中的少数人交流,即用户所认为的重要关系网络,包括熟人、朋友,而不是一个定义好的整个好友列表[②]。

4.2.3 用户关系结构与信息传播的关系

在描述了 Twitter 用户关系类型和结构的基础上,本研究将关注

---

① Degenne A, Forsé M. Introducing Social Networks [M]. London: Sage Publications,1999:21.

② Ellison N B, Steinfield C, Lampe C. The Benefits of Facebook "Friends": Social Capital and College Students' Use of Online Social Network Sites [J]. Journal of Computer-mediated Communication, 2007, 12(4): 1143-1168.

点放在微博发布与用户关系结构的作用关系上。

图 4-8 和图 4-9 展示了 tweet 的总数随着 follower 和朋友数的增加而增加；tweet 数将在 follower 数增大到一定程度时达到饱和且动态变化，但一直随着朋友数一起增长。因此，社交网络中的注意力对生产力具有正面推动作用，即在微博发布上，得到更多关注的用户将

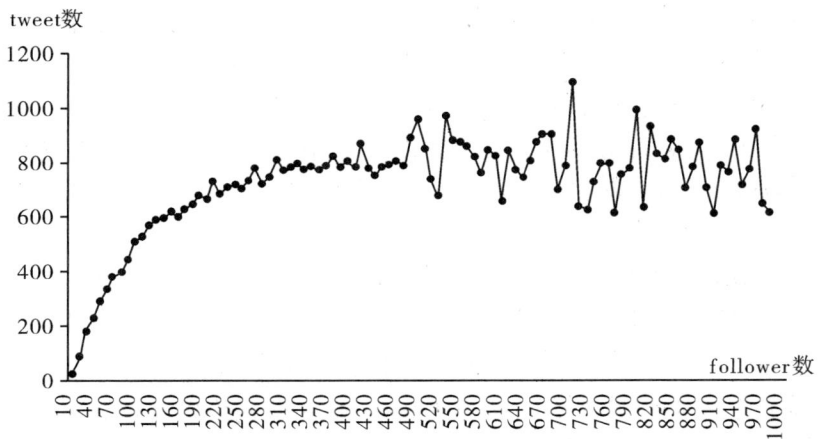

图 4-8　微博发布量与 follower 数量之间的关系

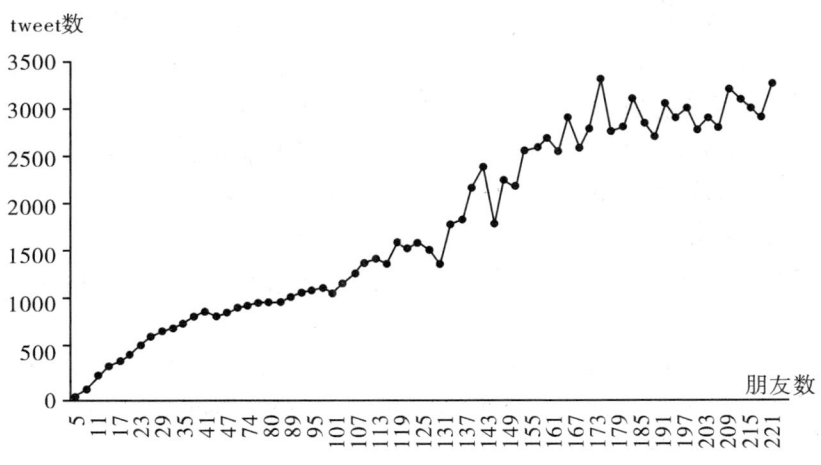

图 4-9　微博发布量与朋友数量之间的关系

比得到关注少的用户发布更多的微博,且拥有较多 follower 和朋友的用户比其他用户更加活跃,而朋友数量对用户的影响要远大于 follower 的影响。这也说明,用户的真正交流网络能够表明和评估一个社交网络的价值。

更多的研究结果显示,虽然 Twitter 用户数不断增加,但主要的微博行为仍由少数用户发起,95.5% 的用户的 follower 数少于 500,只有 0.06% 的用户 follower 数超过 20 000,2.12% 的用户拥有超过 1000 的 follower。在微博数量上,仅有 0.18% 的用户的 tweet 数超过 25 000 条,而 2.7% 的用户的 tweet 数超过 5000 条;80.5% 的用户(超过 3/4)的 tweet 发布次数在 500 次以下,而 2.2% 的 twitter 用户(小型核心人群)占据了 58.3% 的 tweet。2010 年,22.5% 的用户构成了 90% 的 twitter 用户行为[1]。

根据上述调研可知,绝大多数的 Twitter 用户处于被动状态,并不或很少主动发布和转发微博,信息的传播依赖于用户之间的转发和分享。Twitter 用户基于 followee 和 follower 所建立的关系网络出现了分层现象:包含 followee 和 follower 的密集网络以及相对稀疏和简单的朋友网络。拥有较多 followee 和 follower 的用户在 Twitter 中更为活跃,且一个互动交流较多的朋友网络比 followee 和 follower 网络对用户活跃程度的影响更大。

在微博信息传播的路径中,用户对信息传播的影响程度不一,可分为强关系用户和弱关系用户,存在着等级分化和意见领袖等现象。用户若处于话语权的中心位置,则常常意味着其具有意见领袖的能力,其掌握的微博信息丰富且质量高,对信息传播的推动作用就会更大[2]。因此,微博信息的传播力度,除了信息本身的属性外,很大程度上与传播路径上强关系用户的数量以及这些用户的能力相关。弱关系节点在信息的初级传播中不起作用,但其呼应以及由此形成的

---

[1] Watters A. How Twitter Use Has Changed, From 2009 to 2010[EB/OL].[2010-12-16]. http://www.readwriteweb.com/archives/how_twitter_use_has_changed_from_2009_to_2010.php.

[2] 袁楚.微博将创造信息传播新方式——访中国人民大学新闻学院副院长彭兰教授[J].互联网天地,2010(12):10-11.

次级传播对于信息传播具有重要意义,能够扩展信息传播的范围;并且微博中存在一种信息的自组织机制,可以使信息在经过一段时期的混沌传播状态后,逐渐向着正确的方向发展①。

关系拓展和关系维系作为人们对关系管理的两种基本需求,在 SNS 中表现得尤为明显。但是,人们可管理的关系特别是强关系是有限的(邓巴数字为 150 个),人们在建立起稳定的关系网络后,将更多的注意力转向内容的发布和获取上,对信息进行筛选和过滤,促进信息的传播和其价值的提升。

4.3 用户关系对信息传播的影响作用分析

微博作为社会化网络服务的典型模式,在社交网络服务、信息流过程等方面具有代表性。微博信息更多的是通过关系网络中的"节点"发布并向外扩散,依赖于社交网络,即社会行动者(Social Actor)及其间关系的结合。微博信息的传播与关系网络的质量、网络中信息流动的速度和广度有关,如关系网络中强关系节点数、意见领袖的数量和质量等。因此,在迄今为止的社会化网络服务应用中,在基于社会关系网络的信息传播方面,微博表现得最为充分。此外,微博在利用关系网络实现信息扩散和传播的同时,能够激活用户过去处于弱关系或休眠状态的关系链条,丰富和拓展用户的社会关系网络。

基于此,本研究从用户关系视角对新浪微博中信息传播的影响因素进行了问卷调查分析,构建了普遍适用的影响因素模型,以期更加清晰地揭示社会化网络服务中用户关系对信息传播的影响作用。

4.3.1 基于用户关系的信息传播调研

本次调研以新浪微博②为对象,以"问卷星"③为问卷设计工具,

---

① 彭兰. 数字技术推动下的信息传播趋势[J]. 军事记者,2011(4):4-7.
② 新浪微博[EB/OL].[2011-11-10]. http://weibo.com.
③ 问卷星—新浪微博中用户关系与信息传播调查[EB/OL].[2011-11-01]. http://www.sojump.com/jq/1094658.aspx.

共设计题目 39 个,量表题 26 个(作为影响因素分析的基础),共收回 201 份问卷,从问卷数量上保证了调研的客观性。此次问卷被调查对象设定为本科及以上学历人员,都为新浪微博用户,且活跃度较高,对新浪微博的功能较为了解且使用较多,从调研对象上保证了调研的真实性。

此次调研(如表 4-2 所示),女性略多于男性,年龄多为 19~29 岁,硕士居多,微博活动集中于生活分享、交流和资讯获取上,多数被调查者认为微博的便捷性、时效性和内容丰富性成为其使用的主要原因。平均每天使用微博 1~3 小时的用户中,自己关注的人数和关注自己的人数分别在 11~50 人和 51~200 人,自己关注的人数多于关注自己的人数,且随着使用时间的变长,其所关注的人和关注自己的人在数量上也随之增加。在关注对象的选择中,选择"熟人朋友多于虚拟朋友"和"熟人朋友少于虚拟朋友的"各占一半;在关注自己的人中,虚拟朋友一般多于熟人朋友;关注对象列表中,所占比例由高到低依次为现实中的朋友和同学、业内资深人士、名人明星(如图 4-10 所示)。

表 4-2　　　　新浪微博问卷调研样本基本情况

特征	数量(N=201)		比例
性别	男	91	45.27%
	女	110	53.73%
年龄	≤18	1	0.5%
	19-29	183	91.04%
	≥30	17	8.46%
受教育程度	本科	61	30.53%
	硕士	103	51.24%
	博士	37	18.41%
每天使用时间	<1 小时	115	57.42%
	1~3 小时	73	36.32%
	>3 小时	13	6.26%

4.3 用户关系对信息传播的影响作用分析

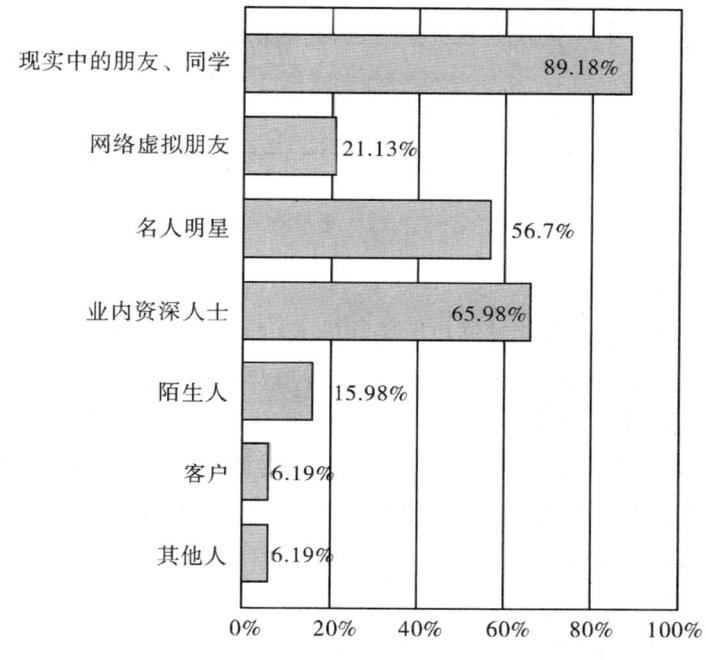

图 4-10　新浪微博关注对象比例

在关系建立上,多数人喜欢与其他人交流,并经常主动添加需求偏好相投的好友,但关注与被关注的关系不对等,影响了微博的转发与评论,转发或评论所关注人微博的较多。

名人或知名度较高的人、专业权威人士、熟人等的微博一般得到较多的关注、转发和评论(如图 4-11 所示),尤其是专业权威人士和熟人朋友的微博,说明了微博用户对信息的需求更多地集中于知识和社交层面。另外,用户普遍认为评论或转发较多的微博较为吸引人或质量高,一般能得到更多用户的评论和转发。因此,调研认为度数大的用户(即拥有较多关注者的用户)较容易得到其他用户的关注,其微博也具有较大的影响力;同时度数大的资源(被转发、评论、收藏多的微博、图片、资料等)能够获得更多的关注,形成"马太效应"。

第4章 基于用户关系的信息传播机制与影响作用

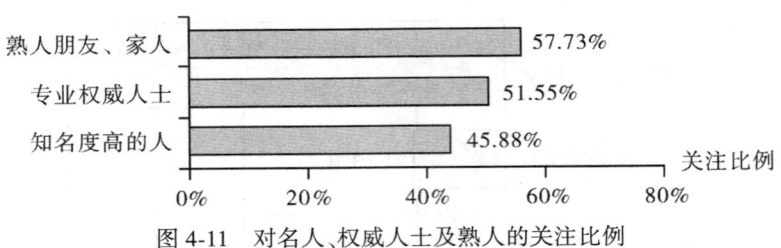

图 4-11 对名人、权威人士及熟人的关注比例

用户普遍认为能够通过所关注的人(特别是熟人好友和互动较多的人)给自己带来有价值的信息,适当筛选好友能够获得自己想要的信息;但是并不认为微博好友越多对自己信息获取越有帮助(如图 4-12 所示)。同意和不同意"容易受微博回复和评论影响"的被调查者比例相当,但多数人认为经常参与微博活动能够获得更多的关注和提高自己的声望。

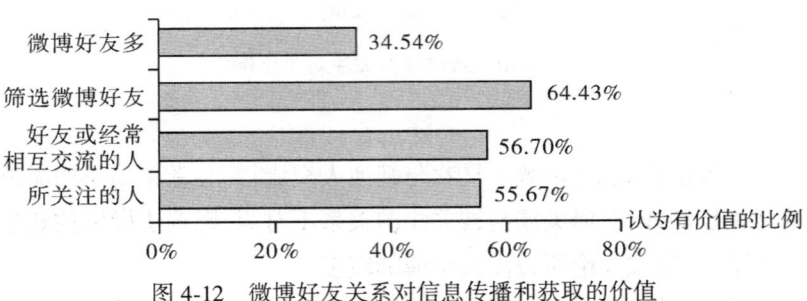

图 4-12 微博好友关系对信息传播和获取的价值

在微博的群体关系与信息传播调研中,一半以上的被调查者加入或自行创建了"新浪微群",且认为能够给自己带来偏好相投的朋友。在信息获取方面,接近 60% 的人认为,能够从新浪微群获得更加满足需求的信息。意见领袖普遍存在于微群中,且一般都会受到关注;但超过一半以上的被调查者并不认为"相对于其他所关注的人自己更愿意相信意见领袖的微博",可见意见领袖对用户的影响力并不明显,仅有 23% 的用户认为意见领袖的影响力大于

熟人好友。

在对新浪微博有关推荐的调研中发现,只有少数人使用其推荐功能(如"关注的话题""我的标签""微博达人""微博精选"等),多数人对其推荐不满意。特别是"所关注人多为熟人朋友"的被调查者,他们中只有10%左右对微博推荐经常使用或感到满意,且较少人认为好友越多越能获得自己想要的信息;他们持续添加好友的意愿不强烈,主要关注专业权威人士特别是好友圈子。

从信息价值的角度来看,所关注人多为专业人士的用户,普遍认为专业人士能够给自己带来有价值的信息,但大多数用户同意更容易从熟人那里获得有价值的信息。熟人朋友多的被调查者,加入新浪微群的意愿也较为强烈,原因可分析为熟人朋友间需求趋向相投,且容易受到影响,相约加入同一社区群组,但较少会受到意见领袖的影响。

4.3.2 基于用户关系的信息传播影响因素分析

为了深入分析用户关系对信息传播的影响作用,本研究基于结构方程模型并利用SPSS19.0和LISREL8.0,对问卷问题进行提炼,展开基于用户关系的微博信息传播影响因素分析,以期对社会化网络服务中的信息传播效果和质量提升提供帮助。

结构方程模型(Structural Equation Modeling,SEM)的思想起源于20世纪20年代的Sewll Wright提出的路径分析概念。有人又称结构方程模型为联立方程模型、因果模型等。结构方程模型发展过程中一个较大的突破就是发展了潜变量的概念,它是社会学、经济学和心理学等多种学科共同发展的成果。

传统的多变量分析方法,如复回归、因子分析、多变量方差分析、相关性分析等,只能在同一时间内检验单一的自变量与因变量关系,且这些分析方法往往存在理论上的假设限制及使用缺陷。因子分析能反应变量与变量之间的关系,但无法进一步分析变量间的因果关系。路径分析虽然可以分析变量之间的因果关系,但实际情况却难以符合其变量之间的测量误差为零、残差之间不相关、因果关系为单向等基本假设。

结构方程模型整合了路径分析、验证性因素分析与一般统计检验方法，可分析变量之间的相互因果关系，同时具有因子分析与路径分析的优点。同时，它又弥补了因子分析的缺点，考虑到了误差因素，不需要受到路径分析的假设条件的限制。

结构方程模型可同时分析一组具有相互关系的方程式，尤其是具有因果关系的方程式。这种可同时处理多组变量之间的关系的能力，有助于研究者开展探索性分析和验证性分析。当理论基础薄弱、多个变量之间的关系不明确而无法确认因素之间的关系的时候，我们可以利用探索性分析方法分析变量之间的关系；当研究有理论支持的时候，我们可应用验证性分析来验证变量之间的关系是否存在。

结构方程模型广泛适用于社会科学领域，其研究特点是许多研究变量都无法进行直接观测和衡量，如社会地位、学习成绩、关系品质、忠诚度、满意度等。因此有学者提出了潜在(隐)变量的概念。潜在变量是指无法进行直接测量的变量，如社会地位、学习成绩等。与潜在变量相对的是显在(显)变量或称可观测变量，显在变量则是指能够直接进行测量的变量，如收入、考试分数等。当我们需要对社会地位、学习成绩等进行研究时，一种可行的办法是我们选用相应的显在变量来对它进行研究。假设社会地位的变化仅仅引起收入水平的变化，而收入水平是可以直接进行测量的，我们就可以用衡量收入水平的方法来衡量社会地位的变化。因此，带有隐变量的结构方程模型广泛适用于营销管理和消费者行为分析、决策行为分析、心理测量及社会研究等社会科学领域。

结构方程模型应用的基本思路是：首先根据先前的理论和已有知识，经过推论和假设形成一个关于一组变量之间相互关系的模型，然后经过测查，获得一组观测变量数据和基于此数据而形成的协方差矩阵，这种协方差矩阵称为样本矩阵。结构方程模型就是要将构想的假设模型与样本矩阵的拟合程度进行检验，如果假设模型能拟合客观的样本数据，说明模型成立；否则就要修正。如果修正之后仍然不符合拟合指标的要求，就要否定假设模型。

根据影响因素分析的一般步骤，本研究将从问卷检验、潜变量提

4.3 用户关系对信息传播的影响作用分析

取、模型设定和模型修正四个方面展开信息传播的影响因素模型构建。

(1) 影响因素模型构建

此次调研共设置 26 个李克特量表(Likert Scale)①题(如表 4-3 所示),选项共分 5 级(完全不同意、不同意、不确定、同意、完全同意,分值依次为 1 到 5)。问卷信度(Cronbach α 系数)为 0.900(大于 0.7);效度检验,KMO 值为 0.861,其 Bartlett 球体检验显著性水平为 0.000,即高度显著。表明此次调研信度和效度都处于较高水平,非常适合做因子分析和结构方程分析。通过计算各问题与总体的相关系数(Item Total Correlation),除了第 13、14、18、26、28 题之外,其余全大于 0.4,因此删除。删除后,信度系数为 0.899,略微下降;KMO 值 0.869,略微上升;表明问题区分度好,设置合理,具有较高的可靠性和稳定性。

表 4-3　　基于用户关系的微博信息传播问卷设计

题号	问题
13	您经常使用新浪微博的推荐
14	您对新浪微博推荐的微博感到满意
15	在微博上,我喜欢与大家交流
16	我经常添加感兴趣或兴趣相投的微博好友
17	当我主动关注别人时,别人也会关注我
18	当别人关注我时,我也会关注别人
19	当我在微博上发布信息时,该信息能得到评论或转发
20	当我评论和转发别人的微博时,别人也会评论和转发我的信息
21	当别人评论和转发我的信息时,我也会评论和转发他的信息
22	我经常关注、转发或评论知名度很高的人或媒体的微博
23	我经常关注、转发或评论专业权威人士的微博

---

① [美]艾尔·巴比.社会研究方法[M].邱泽奇,译.北京:华夏出版社,2005.

续表

题号	问题
24	我经常关注、转发或评论熟人、朋友、家人的微博
25	评论和转发较多的微博我也会转发和评论
26	微博好友越多,我越能获得想要的信息
27	我所关注的人能够给我带来有价值的信息
28	我容易受别人的回复和评论的影响
29	适当筛选微博好友能够有助于获得自己想要的信息
30	我更容易从好友或者经常相互交流的人那里获得有价值的信息
31	我认为经常参与微博的转发和评论,会获得更多人的关注
32	经常参与微博的转发和评论,会有助于提升我的影响力
34	加入新浪微群能够让我找到更多志趣相投的朋友
35	新浪微群能够使我获得更加感兴趣的信息
36	在新浪微群里存在意见领袖(他所发布、转发或评论的微博大家都喜欢关注、转发和评论)
37	我一般都会关注意见领袖的微博
38	相对于微群内其他群友而言,你更愿意相信意见领袖的发布或转发的微博
39	相对于微博中的熟人好友,意见领袖发布或转发的微博对你影响更大

为了将问题归类以提取潜变量,本研究采用主成分分析法,利用 Varimax 正交旋转法进行因子提取。因子分析中,共提取 4 个因子,其贡献率为 71%,效果较好。根据所公认的研究方法,本书在因子分析中将自因子载荷小于 0.5 的删除,一个问题自成一个因子的删除[1],其正交旋转因子载荷如表 4-4 所示。

---

[1] Lederer A L, Sethi V. Guidelines for Strategic Information Planning[J]. Journal of Business Strategy, 1991, 12(6): 38-43.

表 4-4　　　　新浪微博信息传播的因子载荷

题号	Rotated Component Matrixa			
	Component			
	1	2	3	4
第 15 题		.643		
第 16 题				.556
第 17 题		.686		
第 19 题		.705		
第 20 题		.830		
第 21 题		.767		
第 22 题				.814
第 23 题				.806
第 25 题				.599
第 27 题			.712	
第 29 题			.750	
第 30 题			.624	
第 31 题			.692	
第 32 题			.620	
第 34 题	.937			
第 35 题	.926			
第 36 题	.963			
第 37 题	.948			
第 38 题	.953			
第 39 题	.943			

由表 4-4 可知,此次调研效果较好且适于影响因素分析。观测变量(每个问题)无法作为直接的影响因素,必须根据其分类特征设置潜变量。根据表 4-4,本研究将所有问题分为 4 类,提炼为 4 个潜变量(如表 4-5 所示),每个潜变量的信度系数都在 0.7 以上。

表 4-5　　微博信息传播影响因素的潜变量提取

微博信息传播中的影响因素（潜变量）	问　　题	Cronbach α
群组关系（Group）	第 34（G34 朋友兴趣）、35（G35 信息兴趣）、36（G36 意见领袖存在）、37（G37 关注领袖）、38（G38 相信领袖）、39（G39 领袖影响大）题	0.979
互动交流（Communication）	第 15（C15 交流意愿）、17（C17 相互关注）、19（C19 微博他人关注）、20（C20 互动微博他人关注）、21（C21 互动关注他人微博）题	0.830
信息传播价值（Value）	第 27（V27 关注人价值）、29（V29 筛选价值）、30（V30 熟人价值）、31（V31 参与获得关注）、32（V32 参与提升影响力）题	0.780
关注传播（Attention）	第 16（A16 好友添加）、22（A22 关注名人）、23（A23 关注权威）、25（A25 转发效应）题	0.778

本研究采用结构方程模型（Structural Equation Modeling，SEM）进行微博信息传播的影响因素分析。SEM 集成了回归分析（Multiple Regression）、因子分析（Factor Analysis）、路径分析（Path Analysis）和多元方差分析等多种多元统计方法，是一种通用的线性假设检验技术，能够同时处理多个因变量，允许变量误差，具有更大弹性的测量模型，在心理学、计量学、行为科学和传播学等领域得到了广泛应用[1]。

群组关系、互动交流、关注传播和信息传播价值作为潜变量无法直接度量，而根据这 4 个潜变量之间的相关关系，利用路径图的形式表示为结构方程模型，将潜变量之间的关系直观地表示出来（如图 4-13 所示）。

---

[1] 王济川. 结构方程模型：方法与应用[M]. 北京：高等教育出版社，2011.

4.3 用户关系对信息传播的影响作用分析

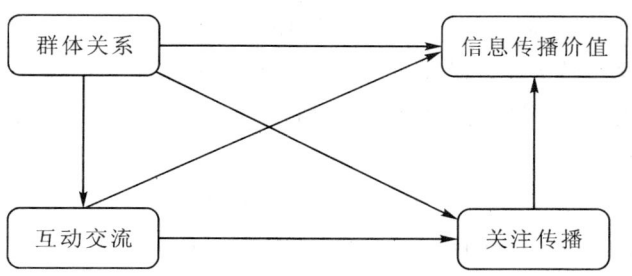

图 4-13 微博信息传播影响因素模型

根据上述模型设定,将问卷导入 LISREL8.0 中,得出各项拟合指标较好,所生成的拟合模型(如图 4-14 所示)说明,模型假设比较符合实际情况。

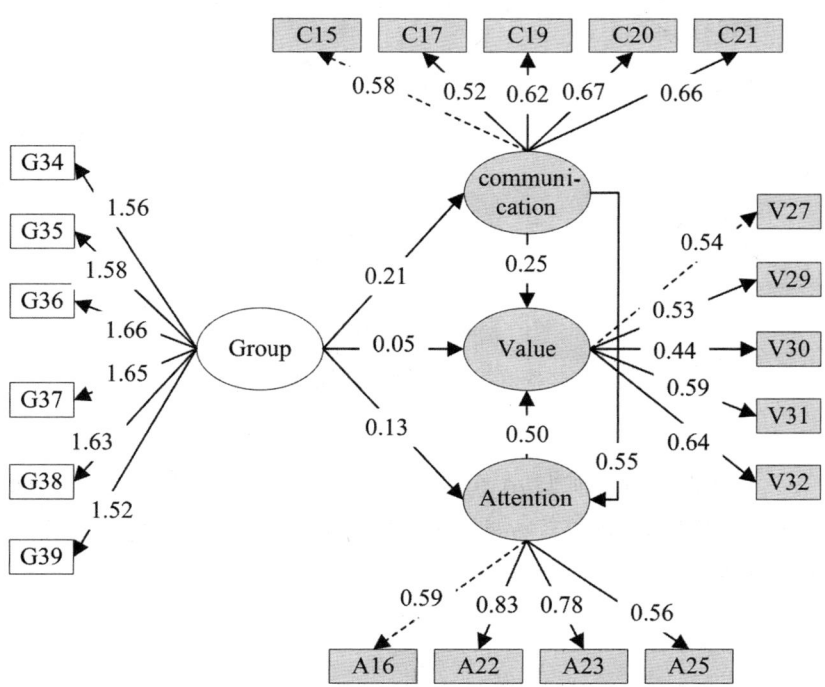

图 4-14 微博信息传播影响因素拟合估计模型

第4章 基于用户关系的信息传播机制与影响作用

以上拟合模型并不是最终的影响因素模型，变量之间的因子载荷和路径系数为估计值，所以此模型仅是对原先模型的拟合估计，并不能完全或最大限度地解释变量之间的真实关系。根据 T 值（T 值大于 1.96 为效果较好，如图 4-15 所示）可知，此模型需要进一步修正和优化。

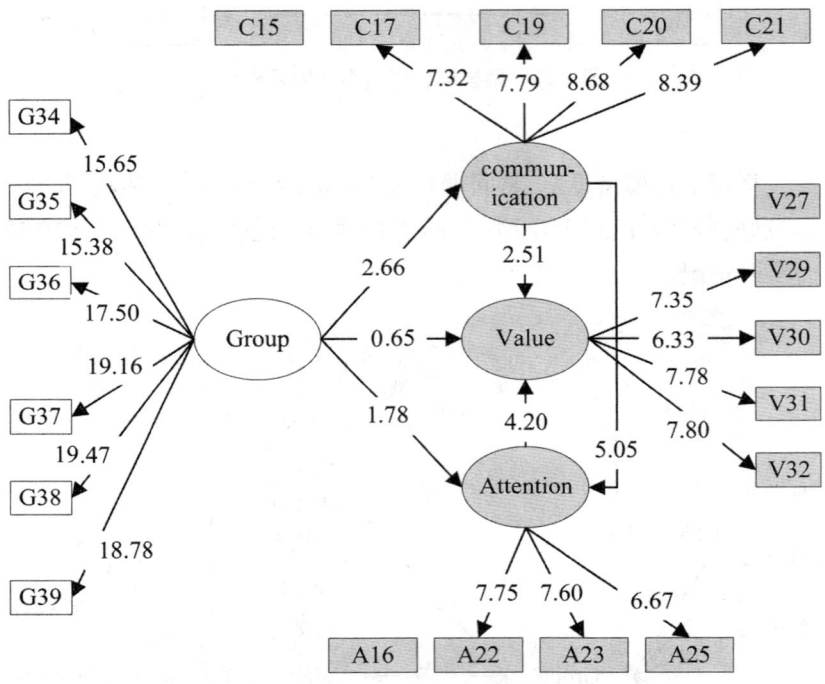

图 4-15　微博信息传播影响因素的 T 值模型

模型修正的原则为：在实际情况指导下，根据 T 值从小到大删除路径，根据 MI 修正系数从大到小添加路径[①]，修正后的标准模型如图 4-16 所示。

---

① 邱皓政. 结构方程模式：LISREL 的理论、技术与应用：第 2 版[M]. 台北：双叶书廊有限公司，2011.

4.3 用户关系对信息传播的影响作用分析

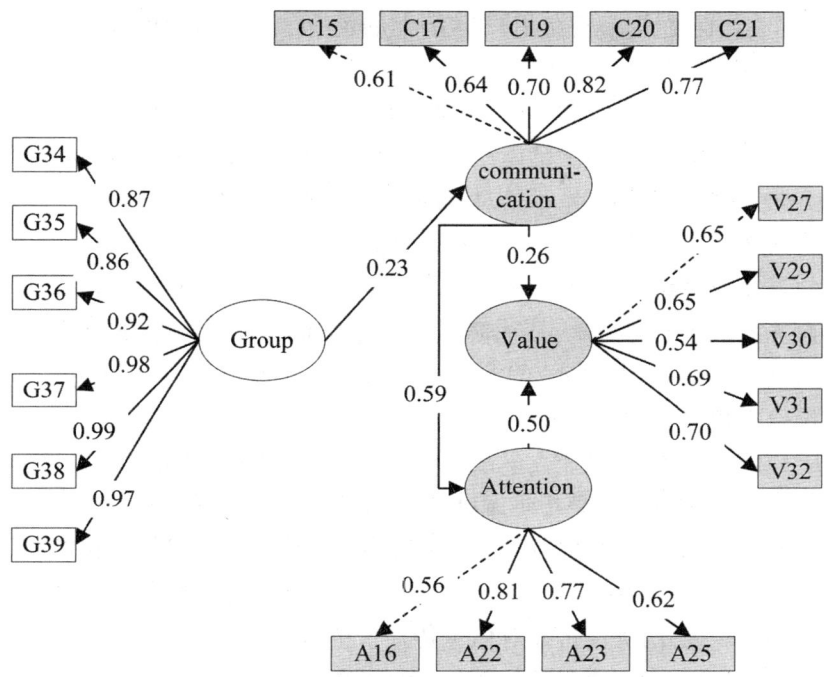

图 4-16　微博信息传播影响因素的标准修正模型

(2) 影响因素结果分析

在本次分析中,共得到四个影响因素:群组关系(Group)、互动交流(Communication)、信息传播价值(Value)、关注传播(Attention)。其中群组关系为内生变量,其余三个为外生变量;而信息传播价值作为本次调研中最终衡量信息传播效果的指标,很明显地受到其他三个因素直接或间接的影响。

微博传播过程中,群组关系、互动交流以及关注传播与信息传播价值具有明显的正相关关系。群组关系的建立以相同的需求偏好为前提,加入新浪微群能够帮助用户找到相投的朋友,且形成良好的互动关系,以意见领袖为中心向外扩散为关系网;但是,从影响因素模型看,其对信息价值的正相关影响不大,可以认为意见领袖促进了信息的传播,但在提升信息价值上作用不明显。原因则为意见领袖在信息传播的初期能够起到积极的促进作用,但随着信息在用户链条上的流动,意见领袖的作用则让位于用户的熟人、好友等。

微博用户之间的互动交流能够加强用户之间的联系,促进信息分享和传播,也成为激励用户参与微博行为的主要动力;但根据调研可知,用户之间的关系不是对等的,互动主要发生在相互建立了关注关系之后,互动的增强意味着用户之间关注频繁;而互动关系所产生的强连带关系,对信息的传播具有一定的负面影响,减缓了信息在用户关系链条上的流动,从而降低了传播给信息所带来的价值提升。因此,互动交流关系对关注传播具有较强的正面影响,而与信息传播价值正相关但促进影响不明显。

用户对名人、专业人士以及熟人的关注则给用户带来了各种领域的专业知识和情感互动,而此种过程为一螺旋上升过程:有价值信息的获取和情感互动的增强激励了用户对微博信息的讨论、转发、评论等,从而在互动学习中促进了对知识的吸收、理解和内化,产生知识创新。因此,关注传播对信息传播价值具有非常明显的正相关影响,是促进信息价值提升的重要影响因素。

通过对上述问卷数据的分析,可以大致得知社会网络环境下信息传播的影响因素及影响程度,再次明确了社会化网络服务中基于互动交流形成的用户关系特别是社区群组关系对信息流过程具有重要影响,也为后续推荐服务中重要环节的展开作好了铺垫,即从用户社区群组关系的角度出发,进行用户建模、资源挖掘与推荐服务实现。

4.4 大数据环境下信息传播的新发展

当前云计算、移动宽带、大数据等信息处理方法充分融合,营造了有别于以往的新型网络环境,同时催生了云信息传播模式。

4.4.1 基于大数据的云信息传播

云信息传播是大数据环境下人们传递和分享信息的一种机制,

其内涵可从三个层面进行界定①。首先,云计算能推动互联网和移动互联网交织融合形成"互联云",云传播本质是信息在"互联云"上的流动过程;其次,用户只需根据自身的需求获取服务,而无需关心该服务由谁提供,并且在使用完之后就可以再次释放资源;最后,人们之间传递和共享的内容范围从原有的"信息资源内容"扩展为包括硬件基础设施、软件资源在内的广义信息资源。在云信息传播模式下,每个人都可拥有一台由计算机网络级联而成的无边无际的计算机。

云信息传播作为一种新型的信息传播模式,拥有网络传播的基本特征,并具有移动性、位置性、泛在性、实时性和大数据性等革命性特征②。

(1)移动性和同步性

移动互联网通过移动性管理,可获得相关用户的精确位置信息和移动性信息,能实现"终端移动性、个人移动性、会话移动性、业务移动性和网络移动性"的移动传播机制。云信息传播模式下,用户的全部或主要的计算任务在"云端"完成,将打破用户对"固定终端"的依赖,用户通过智能手机和上网本等简易终端,可随时随地进行信息传播活动,能有效提高信息传播活动的移动性和便捷性;云计算模式下,用户可把全部或部分私人信息存放在"云端",通过"移动终端"可随时随地访问和传递。用户可用不同终端维护同一份数据,能确保用户数据的"同步",能避免多终端、多版本带来的"数据冲突"和"数据不一致"。

(2)泛在性和实时性

大数据环境下,互联网、移动互联网和物联网等网络之间互联互通、相互融合,能形成一种人与人、人与物及物与物之间直接沟通的泛在网络。人类在泛在网络中的传播行为在渠道、主体、内容和关系

---

① 孙巍.云传播:云计算时代的传播革命[J].青年记者,2014(22):60-61.

② 李卫东.云传播:信息传播新模式[N].中国社会科学报,2014-02-12,A08.

等方面都具有泛在性,能实现"任意时间、任意地点、任意服务、任意网络、任意对象"的传播机制。即云信息传播是一种无处不在的信息传播模式,用户只要携带轻便的移动终端,可随时发表自己的观点,表达自己的喜怒哀乐,及时上传随地拍摄的照片和视频,与他人实时分享自己的所见所闻。如用户可运用智能手机随走随拍,通过"乐云"[①]等工具,为自己的家人和朋友直播途中的所见所闻。这样,网络虚拟社会和现实社会的边界进一步模糊,人们借助各类云传播媒介,可以随时获取各自的位置信息,可以轻易地由"线上"活动进入"线下"活动,能让"线上"和"线下"的各种社会交往和交易行为实现无缝连接。

(3) 全信息化

依据信息论[②],认识论层面的信息是指事物运动状态及其变化方式的外在信息、内在含义和效用价值的"全信息",同时涉及语法信息、语义信息和语用信息。语法信息是仅仅涉及形式因素的信息,语义信息是涉及含义因素的信息,语用信息是涉及效用因素的信息。语义网是能够根据语义进行判断的网络,能理解人类语言的含义,可使人与电脑之间的信息交流变得像人与人之间的交流一样轻松,能实现语义搜索,将逐步替代当前的万维网。云计算能为语义网提供先进的计算平台,能为语义网的技术发展和应用奠定坚实的基础,能使信息传播的内容层面从语法信息扩展至语义信息和语用信息,能实现"全信息"内容传播。

(4) 大数据特征

所谓大数据是指那些大小已经超出传统意义上的尺度,已有的一般软件难以捕捉、存储、管理和分析的数据[③]。云传播模式可以释放人类生产和传播数据的巨大潜能。一是云信息传播模式下任何人在任何地点、任何时间都可以生产和传播各类信息,信息生产和传播

---

① 乐云[EB/OL].[2015-01-02]. http://www.cloudfun.cn.

② Shannon C E. A Mathematical Theory of Communication[J]. Bell System Technical Journal, 1948:379-423,623-656.

③ Manyika J, et al. Big Data: The Next Frontier for Innovation, Competition, and Productivity[R].Technical Report, Mckinsey Global Institute, 2011.

的空间属性和时间属性极大地扩展;二是人们借助多种简易设备就可以生产和传播大量信息,信息生产和传播的工具属性极大地扩展;三是人们的思想观点、日常消费、社会交往、心理情绪,甚至情感等各种社会行为和心理活动将能实现数字化记录和存储,信息生产和传播的深度极大地扩展。

4.4.2 云信息传播模式的推动作用

人际传播、群体传播、组织传播和大众传播作为人类信息传播的四种基本模式和类型,在云信息传播系统中相互交织为一体。

云信息传播模式下的人际传播和群体传播方式主要有三个方面的变化趋势。首先,"个人私有云"将成为人际传播和群体传播的基础平台。"个人私有云"是个人用户在云服务商提供的"公共云计算中心"上申请的云存储空间[①]。在云信息传播模式下,用户通过创建"个人私有云",可实现普遍适用的文档访问、实时的群组协作,通过基于 Web 的桌面和数据库,在线编辑和共享照片。用户只需将自己"个人私有云"中某文档的访问权限授权给自己的"朋友圈",就可以实现同一文档的群体共享。其次,基于位置的信息服务将成为人际传播和群体传播的主流应用。人与人之间、群体之间的交流沟通通常与地理位置紧密相关。云信息传播模式下,"切客"等位置服务模式将成为人际传播和群体传播的新平台[②]。最后,移动即时通信将逐步成为人际传播和群体传播的常用工具。"微信""有你"等移动即时通信平台已成为移动互联网中用户社会交往的主流平台,人们已实现在云中随时随地地互动交流。

在传统互联网环境下,信息资源的传播和共享主要通过错综复杂的信息资源交换方式实现。云计算将改变组织信息化建设的模式,大幅减少政府和企业在数据中心建设方面的重复投资。大型企业组织可独立建设自己的"私有云计算中心",中小企业可通过租用

---

① 罗恒超.云传播时代个人隐私权的法律保护[J].贵州民族大学学报(哲学社会科学版),2014(5):73-78.

② 切客[EB/OL].[2015-01-02].http://www.qieke.com.

第4章 基于用户关系的信息传播机制与影响作用

大型"公共云计算中心"的"基础设施即服务"(IaaS)、"平台即服务"(PaaS)和"软件即服务"(SaaS)等平台①。"基础设施即服务"是指基于服务器和存储等硬件资源的可高度扩展和按需变化的IT能力,能把IT基础设施以服务的形式提供给用户;"平台即服务"是指将部署在云基础设施上的平台作为一种服务提供给用户;"软件即服务"就是用户可以使用服务供应商运行在云基础设施上的各种应用程序。基于"软件即服务"平台,企业用户获取信息化服务采取租用方式,免除信息技术的投入成本,可以永远在线获取最快速便捷的信息化应用。同时,通过硬件设施投入、网络新技术的应用和运维保障机制来为用户提供电信级的运维保障,确保信息数据安全②。

云信息传播模式下,传统信息传播渠道、网络信息传播渠道和移动网络信息传播渠道相互融合,能形成新型的大众信息传播系统。首先,专业化信息传播渠道组织利用云中的内容生产系统,能实现随时随地的直播报道,能提高专业化信息传播渠道组织新闻内容生产的效率。信息传播人员可随时随地登录云中的各类内容生产系统,实时发布新闻报道或进行现场直播报道。其次,受众能随时随地接受多信息。通过智能手机、平板电脑、无线宽带(WiFi)终端、蓝牙等技术,能突破地域的限制,能实现随地互相接收信息,能有效提高大众信息传播的广度和便捷性。最后,云中的大众信息传播更具个性化和互动性。受众可以根据自身的个性化需求,应用笔记本、手机等个性化的设备,定制各类新闻信息,能实现一种定时、定向的个性化传播③。

当然,云信息传播模式也会对大众信息传播的业务形态本身产生深刻影响。一般来说,用户最关注、最关心、最需要的信息基本上与其所处的地理位置有关。云信息传播环境下,"位置信息"将成为

---

① Hayes B. Cloud computing[J]. Communications of the ACM, 2008, 51(7): 9-11.

② Armbrust M, et al. A View of Cloud Computing[J]. Communications of the ACM, 2010, 53(4): 50-58.

③ Marston S, et al. Cloud Computing—The Business Perspective[J]. Decision Support Systems, 2011, 51(1): 176-189.

一种新型的内容传播业态,将成为传统纸质信息媒体实现全媒体转型的重要战略。所谓"位置信息",是基于位置的信息聚合服务[①];位置信息围绕地理位置对信息内容进行组织和编排,能为用户提供个性化的、定制的新闻[②]。

4.5 总结

社会化网络服务有别于传统网络服务,其互动性和以用户关系为核心的服务模式,改变了信息传播的运行机制。而把握社会网络环境下的信息流机制、信息传播特征及影响因素有助于为提升信息服务质量提供指导,为今后进行有关的信息资源语义挖掘及推荐服务研究打下了基础。

本章着重研究了社会网络环境中基于用户关系的信息传播问题,分析了社会网络环境下的信息传播特征与传播模式的演变,包括基于用户关系的非线性传播、低门槛平等化传播、信息级联增值传播等模式。首先在网络信息传播模式的基础上,提出了社会化信息传播模型,从用户关系传播、社会化媒体传播两种角度进行了阐述。社会网络环境下的信息传播主要以用户关系链条为传播渠道,以用户节点为枢纽,层层扩散,级联传播,达到信息增值的效应。

其次,本章以典型的社会化网络服务模式——微博为案例研究对象,研究其基于关注与被关注的用户关系建立过程及其对微博活动的影响。根据 followee 与 follower 的比例关系将 Twitter 中的用户分为5类,每类具有不同的表现特征。调研发现,用户朋友数趋于稳定,并不随着 follower 和 followee 的数量增长而增长;与之相应的,其 tweet 活动也趋于稳定。用户的互动交流网络对微博传播的影响更大,比意见领袖的影响还要大;但不同用户关系结构对信息传播的影

---

① Junglas I A, Watson R T. Location-Based Services[J]. Communications of the ACM, 2008, 51(3):65-69.

② Zhou A Y, et al. Location-Based Services: Architecture and Progress[J]. Chinese Journal of Computers, 2011, 34(7):1155-1171.

第4章 基于用户关系的信息传播机制与影响作用

响不一。

再次，本书以新浪微博为问卷调研对象，在收集问卷数据的基础上，借助结构方程模型与LISREL工具，进行了微博信息传播的影响因素分析。通过调研发现，微博上用户关系呈现不对等特征，度数大的用户较容易受到关注，同时度数大的资源也能够得到更多的关注；但更多的用户倾向于"熟人的影响力大"，且对新浪微博的推荐不甚满意。通过李克特量表题的因子分析，得出了微博信息传播影响因素的4个潜变量：群组关系、互动交流、信息传播价值和关注传播。对影响因素模型验证和修正后，得出群组关系、互动交流、关注传播都与信息传播价值具有正相关关系，但对信息传播价值影响程度不一，关注传播影响程度最大。

最后，针对当前新型网络环境下的信息传播模式——云信息传播模式，从其信息传播特征（移动性和同步性、泛在性和实时性、全信息化、大数据特征）分析入手，指出基于云计算的信息传播模式具有强力的发展势头，极大地拓展和深化了信息的生产和传播，并推动了大众信息传播的应用与发展。

通过本章的分析，社会化网络服务中的信息传播机制得以揭示和重新把握，掌握其运行规律，对今后开展基于关联关系的信息资源推荐具有重要的实践意义。

第5章 推荐系统中基于关系社区发现的用户建模与更新

网络社群生活已成为用户网络活动的重要方式之一,其利用现代 Web 2.0 和 SNS 的交互式理念和技术,如博客、RSS、Wiki、Digg、微博、社交网站等,以用户群组为依托,为用户提供更多的参与机会,传统网络的"人机交互"转变为社会化网络的"群组交互"①。在这种社区化的网络中,面向用户的推荐服务理念和方式发生了改变,包括推荐服务中的用户建模环节。

用户建模是推荐服务中的重要环节,是获取和维护与用户特征(包括用户基本信息、需求、偏好、关系等)相关的信息、项目、知识的过程,其结果则是生成能够最大限度地表示用户特有属性、需求趋向或模式的用户模型。在此基础上,推荐系统运用各种相似度计算方法和过滤推荐技术,得出与用户特征相匹配的信息资源,并对这些资源项目以预测值(如项目评分)、Top-N 推荐或其他形式呈现给用户;最后根据用户对推荐的反馈修正,完善用户模型,为下一轮推荐打下基础。因此,用户模型是推荐系统推荐产生和优化的主要信息源,对用户真实需求趋向准确描述的能力在很大程度上决定了推荐的成功与否。

推荐服务作为信息服务系统良好运行的基础,也是社会化网络

---

① 邓胜利,张敏.交互式信息服务环境及其影响因素分析[J].情报科学,2008(3):443-447.

服务开展的必要组成部分。在社会化网络服务中，用户因相同或相似的需求趋向聚集为社区群组，建立了复杂的社区关系。用户的需求趋向越来越多地受到其他用户的影响，特别是用户自发聚集的社区群组的影响，同时对推荐服务开展中的用户建模提出了新的挑战，进而影响到以用户和资源匹配为信息筛选主要手段的推荐系统的服务效果和效率。因此，社会网络环境下的用户建模思路和方法发生了变化，本章依据社区群组对用户需求和行为趋向的影响，将用户的社区关系作为用户建模的一个重要因素，从分析用户的关系社区行为和社区群组发现出发，探索推荐服务中基于社区关系的用户建模实现。

5.1 推荐服务中的社区关系与用户建模

随着网络社区的快速增长，相关研究也随之从不同学科和领域得到了充分扩展，成为人文社会科学研究中的一个新的方向。在我们的现实生活中，每个个体成员都有自己的人际关系，这些复杂的关系构成了社区网络。而对于网络社区中人际节点及其群组结构的研究，则因其与现实空间中人际关系的相似和相异性而成为一个重要的研究领域。社区网络中的人际节点及其群组的网络空间结构是一种典型的复杂网络结构，它既非规则网络，也不是随机网络，而是具有与两者皆不相同的统计特征，如小世界效应和无标度特性等。为了运用图论的方法分析网络空间结构，我们把网络中的每个成员看成节点，连接每个成员之间的关系就是节点的连线。因此，社区网络内部人际节点之间的这种疏密关系，为我们对网络空间结构的分析和研究奠定了基础。

基于用户交互所形成的关系社区成为用户网络活动的主要载体，也是各种服务应用开展的重要渠道。随着社会化网络服务的发展，网络社区群组将成为用户情感需求和认知需求满足的主要方式。上述分析得出用户社区群组关系对信息传播、过滤、推荐和增值具有促进作用，而基于用户关系的彼此分享必然

5.1 推荐服务中的社区关系与用户建模

转向个性化、相关性的内容挖掘和推送,从而有效地解决信息过载问题。目前推荐系统中用户建模方法已不再是单纯的个体用户建模,而是逐渐将各种关联关系特别是用户社区群组关系引入用户建模中,将用户看做是特定社区群组中的一员,进行基于社区群组关系的用户建模。

5.1.1 推荐服务中的用户网络社区关系

现在学者研究的社区网络体现的就是社区个体成员之间因为社区活动而建立起来相对稳定的关系体系,社区网络研究的是社区成员之间复杂的互动和联系,其中互动将会影响到人们的社区行为。社区网络其实是由众多节点构建的一种社区结构,节点通常指代的是个人或者组织,整个社区网络代表了各种社会关系的集合,通过这些社会关系把那些偶然相识的泛泛之交和有紧密关联的社会关系的成员或者组织都联系起来。这些社会关系包括朋友之间的关系、同学之间的关系、生意伙伴之间的关系、种族信仰的关系等。随着其应用范围的不断扩展,社区网络的定义已经超越了普通人际关系的范畴,社区网络的成员可以是个人,也可以是其他单元,比如家庭、企业、组织等。

社会网络环境下,用户的信息需求和网络行为越来越趋向于社会化,表现出强烈的社区群组性,由此导致了网络社群的兴起和迅速发展,使用户在网络上聚合成了具有虚拟社会化性质的社区群组,进而促进了用户的互动交流,表现出虚拟社区共享式的网络文化和特有的社区行为模式。用户网络行为的社区化有助于信息的过滤和推荐,能够帮助提高推荐服务的质量。

(1) 基于社区行为的用户关系

网络社区中的用户行为为一种聚集性行为,即用户的行为趋向于与自己需求和偏好相关的信息或其他用户,从而形成了基于社区信息交互的用户关系。

从群体心理学上讲,人们的社会生活都具有群组特性,人们总是希望加入所认同的群体,远离所不认同的群体;而且一个人通常不只属于一个群组,而同时是若干群组的成员①。作为社会中的一员,其决策必然会受到周遭环境的影响②。社会网络环境下,网络社会化带动了网络社群的出现和发展,给用户提供了广泛的交流平台,具有共同需求偏好的用户通过网络联系在一起以获取信息和相互沟通。在网络社群中用户之间更容易产生联系,并且具有一定的群体思维和结构③。用户在进行网络活动时,依据其专业需求和爱好表现出特有的社区行为;而且,用户对内容互动性的要求越来越高④,在获取所需信息的同时,还存在着强烈的表达观点、与其他用户分享经验以及实现自我价值的需求。某一用户通过交流互动与其他用户建立起更加紧密的数字化信任关系(认知和情感的认同),越来越重视自己所认同的领域社区群组,希望自己的经验得到社区的认同,与社区内其他用户持续有效地交流⑤。

在社区群组中进行网络活动时,用户一方面可以形成相互影响、相互促进的人际关系,另一方面获得学术性、社会性认知和情感上的支持帮助关系⑥。网络信息的泛滥让用户基于信息分析进行决策的难度越来越大,越来越容易受到其他用户的影响,越来越依赖于所信任的某个领域"专家",产生聚集效应⑦。具体表现则为:众多用户总是簇拥在少数的专业信息源(其发布者可称为"专家",在领域内有

---

① [英]布朗.群体过程[M].胡鑫,庆小飞,译.北京:中国轻工业出版社,2007:III.

② [英]菲利普·鲍尔.预知社会:群体行为的内在法则[M].暴永宁,译.北京:当代中国出版社,2007:186.

③ 李其平.网络传播的社会心理学分析[J].理论建设,2007(6):65-68.

④ 邓胜利.基于用户体验的交互式信息服务[M].武汉:武汉大学出版社,2008:10.

⑤ Alves L, et al. Influence of Virtual Communities in Purchasing Decisions: The Participants' Perspective[J]. Journal of Business Research,2014,67(5):882-890.

⑥ Michael C H. Toward Academic Library 2.0: Development and Application of a Library 2.0 Methodology[D]. A Master's Paper for the M.S. in L.S degree.University of North Carolina at Chapel Hill,2006:48.

⑦ Rheingold H. The Virtual Community Homesteading on the Electronic Frontier(Revised Edition)[D]. Cambridge:The MIT Press, 2000:376.

特殊的专注研究,对群组中用户的决策具有相当大的影响力)周围,以"专家"为中心形成特定的交流群组,如豆瓣网的专业群组,用户参与和话题背后的群组将会散发出巨大的影响力,对用户知识交流和知识构建具有非常大的帮助①。

在这样的社区与交互环境下,用户易于互动交流和发现与自己偏好相投的用户。将各个用户的知识资源通过网络连接起来,可以开发多种用户交互协作方式。用户从单纯的信息消费者变成了信息生产、知识交流和创新者,通过驾驭集体智慧实现信息增值②。

社区群组结构为一种网络结构,其具备了构成网络的三个基本要素:活动(群组交互)、资源(信息与知识)和活动主体(用户)。在社会网络环境下,社区群组由用户自发或引导性的聚合而形成,不断辐射形成一张可伸缩的有机网络③。

(2) 基于用户社区关系的推荐服务开展

用户聚集而成的社区及其社区关系反映了用户的需求趋向,而用户在社区中的频繁交互则激活了信息流过程,通过用户的分享、评论、标注等进行信息的筛选和推荐。本章以网络社群"豆瓣网"④为例分析用户网络社区中的推荐服务开展(如图5-1所示)。在豆瓣网中,用户根据自身的需求偏好通过标注、撰写、讨论等进行信息的发布和维护,从而反映了用户的需求偏好。用户基于相同主题(电影、读书等)的交互便聚集为具有明显偏好特征的社区群组,其社区化的需求和行为将成为豆瓣服务系统推荐的依据。

①用户信息记录的分享。豆瓣网中用户自发交互的力量有助于实现其信息资源的优化组织。比如豆瓣网允许用户使用个性化的标

---

① 胡昌平,胡吉明,等.基于 Web 2.0 的用户群体交互分析及其服务拓展研究[J].中国图书馆学报,2009(5):99-106.

② 邓胜利,胡吉明.Web 2.0 环境下基于群体交互学习的知识创新研究[J].情报理论与实践,2010(2):17-20.

③ Zha X, et al. User Perceptions of E-Quality of and Affinity with Virtual Communities: The Effect of Individual Differences[J]. Computers in Human Behavior,2014,38:185-195.

④ 豆瓣网[EB/OL].[2014-11-15].http://www.douban.com/movie.

第5章 推荐系统中基于关系社区发现的用户建模与更新

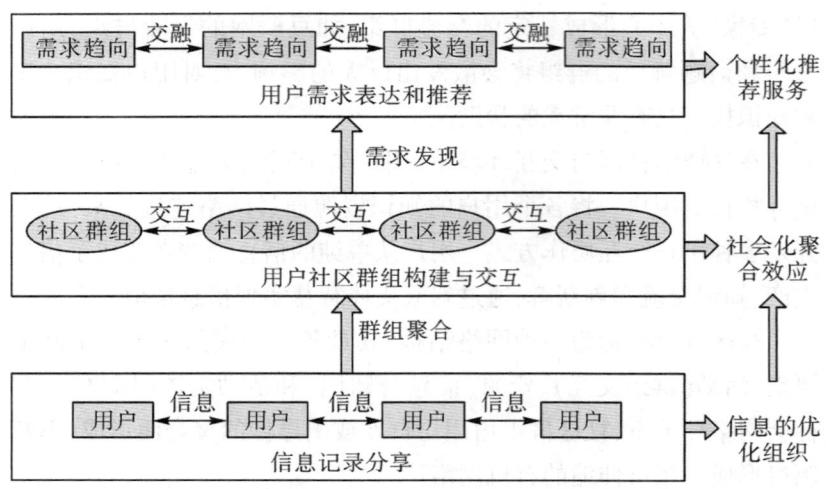

图 5-1 基于用户社区关系的推荐服务开展

签添加自己感兴趣的书籍、电影等,并可进行评论和评级等操作;而且,用户所标注的信息都是可以被其他用户浏览和共享的。用户既是信息的创造者,也是信息的编辑和标引者。基于此,豆瓣网就可以根据用户的信息行为,将用户提交的信息进行汇总和分类,并针对每个用户进行信息的筛选和排序,做到实时的动态调整,优化信息组织。不同于图书馆电子版一对多的开放分享,豆瓣网由于开放给所有用户参与建设,因此是一个动态变化趋向完整的信息共享库,形成的是多对多的分享交流。

②用户社区群组的聚集。在豆瓣网中,一本好书的发布就会将几个需求偏好相投的人联系在一起,这些具有共同爱好的人几乎都有交流心得的需求,而且很多人会慕名加入交流,无形之中就成了"社区群组"形成的天然催化剂。从豆瓣网中可以得出:其在综合评论、小组、交友、收藏等多种功能的基础上,将信息(书籍、电影等)推荐和帮助用户寻找志趣相投者作为两项基本任务,建立起以信息为介质、以用户为中心的交流互动,以此鼓励和推进用户社区群组的建立,即友邻、小组和同城三种类型,增强了用户与用户、用户与社区群组之间的黏度;而且建立了很多学术研究型的小组,为知识的交流和

创新创造了非常好的社区交互环境。这种以用户为中心的交流互动群组的建立,利用 Blog 和 tag 等给用户表达的空间,提倡用户互动和创造,提供有力的微内容聚合与挖掘等,充分体现了尊重用户个体价值和提升用户体验的服务宗旨。

③用户需求偏好的发现和推荐。用户在社区中发布和共享信息的过程,也是用户需求偏好表达和被发现的过程,网络社群就可以基于用户需求偏好实施个性化的服务。豆瓣的个性化推荐功能就是根据每个用户的"豆瓣行为"(包括用户的个体行为、用户互动交流中的社区行为以及社区中其他用户的行为),基于算法推断出用户的个人需求趋向,并以此进行信息推荐,具有一定的智能性。其所有内容的分类、筛选和排序都是由用户的信息行为决定和完全自动的,因此每个用户因其需求偏好的不同将拥有完全不同的首页,而且每个首页上用户将会看到豆瓣根据其个人收藏、评价等的不同所给出的各种推荐;由于推荐算法所需要的个人信息越多越好,用户的信息行为越多,豆瓣给出的推荐就会越准确和丰富。

5.1.2 基于社区关系的用户建模

前文分析了网络服务中的用户社区关系及基于用户社区关系的推荐服务开展。本节在梳理传统意义上的用户建模原理和方法的基础上,提出了基于社区关系的用户建模机理,作为本章用户建模的思路和框架。

用户建模是对用户需求趋向(Preference)进行准确定位和描述,作为推荐系统中用户和资源匹配的基础,直接关系到推荐的准确性及服务质量(如图 5-2 所示)。

只有结构合理、描述准确的用户模型才能够充分描述用户的需求和行为趋向,才能够最大化地被系统"理解",以理想地完成针对用户的个性化服务。用户建模是依据用户需求趋向信息对用户模型的构建过程,即在获取能够代表用户需求趋向信息的基础上,建立合理、系统易读和易计算的用户模型,以此来管理用户需求,并根据反馈不断对用户需求趋向信息进行更新、维护和优化,以更加精确地反映用户的真实需求,为信息过滤、信息推荐等个性化服务提供依据。

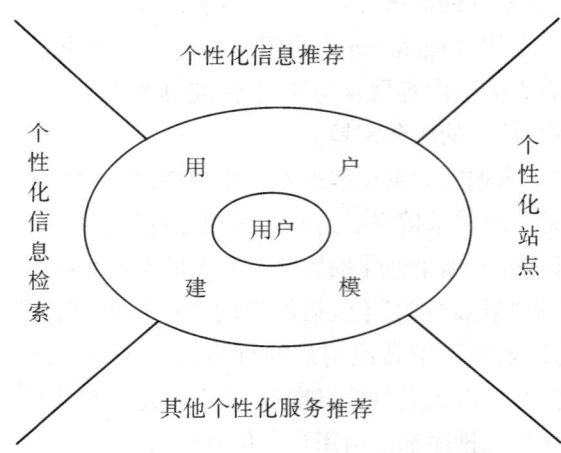

图 5-2　用户建模与个性化服务的关系

用户建模的方式和方法多种多样,但其基本框架是统一的(如图 5-3 所示)。

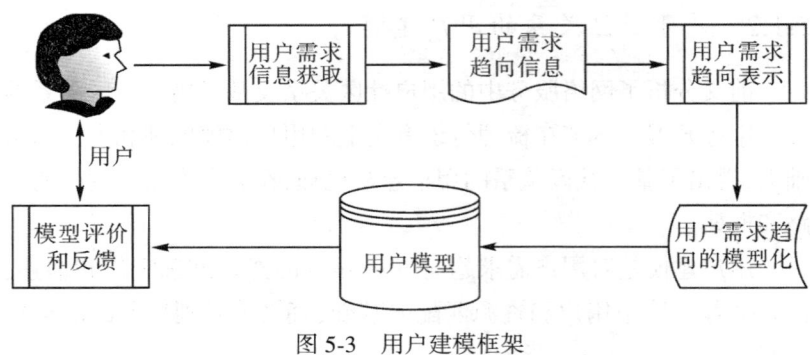

图 5-3　用户建模框架

推荐服务中用户模型①构建是一种面向推荐算法的、具有特定数据结构的、形式化的用户需求趋向描述过程,它从有关用户基本信息、需求趋向和行为信息(如浏览、标注、分享等)中提取出可用于计

---

① Rich E. Users Are Individuals:Individualizing User Models[J]. Man-Machine Studies,1983,18:199-214.

算的用户模型①。用户模型反映了用户真实需求趋向描述的准确性及可计算能力,关系到整个系统运行的复杂程度,在一定程度上限制了模型更新算法和推荐算法的选取。

(1) 推荐服务中的用户建模方法

用户建模是对用户信息需求的学习、修正过程,根据所获取的用户需求信息,形成用户模型。目前,应用最为广泛也是最简单的用户需求偏好表示方法为关键词列表或主题词表示法,比如新浪微博鼓励用户添加标签以表达自己的需求偏好,如用户对互联网感兴趣,其用户模型可表示为{互联网营销,互联网观察,互联网公司}。此种方法虽简单易用,但不够准确,既不能充分挖掘用户的真实需求趋向,也无法表示用户对某一主题、关键词或标签的偏好程度。在此基础上,出现了其他用户建模方法,目前较为常用的用户建模方法有向量空间模型法、神经网络法、用户-项目评价矩阵法、本体表示法、粗细粒度表示法等②。

①向量空间模型法。向量空间模型(Vector Space Model,VSM)法为目前应用最为成熟和广泛的用户建模方法。主要通过加权关键词向量或由其组成的主题向量反映用户需求趋向,一般将用户需求特征描述为 $U=\{(w_i,W_i)\}$(w_i:特征词;W_i:表示用户需求偏好程度的权重);也可以根据表示用户需求趋向的信息粒度来区分用户③。向量空间模型表示法能够反映不同概念在用户模型中的重要程度,也方便了用户项目匹配的计算④,但是仅用一组关键词表示用户的复杂需求显然是不准确的,而且词语之间存在着复杂的语义关系,向

---

① 李强. 基于本体论的个性化和社会化元搜索引擎的研究[D]. 杭州:浙江大学博士学位论文,2006:20.

② Bursa O, et al. User Profiling for Policy Management in Social Communities[C]. Proceedings International Computer Software & Applications Conference, 2012:348-349.

③ 扈维,张尧学,周悦芝. 基于社会化标注的用户兴趣挖掘[J]. 清华大学学报(自然科学版),2014(4):502-507.

④ Turney P D, Pantel P. From Frequency to Meaning: Vector Space Models of Semantics[J]. Journal of Artificial Intelligence Research,2010,37:141-188.

量空间模型法将词语隔离开来,没有从语义上理解信息,降低了模型的稳定性,推荐结果偏差较大[1]。目前也有较多的学者进行了相关研究,如将语义网引入向量空间模型[2],改善其效果。

②神经网络法。神经网络法(Neural Network Analysis,NNA)将用户需求偏好提取过程看做是相互连接的网络状态,使用神经网络算法训练后,得到稳定的网络连接权重特征化的网络状态,主要包括系统对用户需求趋向假设的输入状态、网络从用户需求假设中识别和提取用户模式类别的输出状态,以及连接输入和输出状态的中介状态。所得到的用户需求模式类别直接表现了需求假设与需求的相似程度,分为需求符合或不符合类,或者根据其他判定规则,如用户指定的需求因子,判定模式类与用户需求的相似程度[3]。基于神经网络的用户建模可以反映关键词或主题词信息之间的关联或相似性,但由于神经网络类别和算法实现上较为复杂,适用范围较窄,应用较少。

③用户-项目评价矩阵法。用户-项目评价矩阵法(User-Item Rating Matrix,UIRM)多用于电子商务推荐系统中,如 Amazon 中基于协同过滤的商品推荐[4]。用户-项目评价矩阵法将用户推荐空间表示为二维的用户-项目评价矩阵 $R_{m \times n}$(m 为用户数,n 为项目数),以此表示用户需求偏好;矩阵中每个元素 r_{ij} 表示用户 i 对项目 j 的评分[5],取

---

[1] Jiang X,Tan A. Learning and Inferencing in User Ontology for Personalized Semantic Web Search [J].Information Sciences,2009,179(16):2794-2808;Kao S, Wu C. PIKIPDL:A Personalized Information and Knowledge Integration Platform for DL Service[J]. Library Hi Tech,2012,30(3):490-512.

[2] 卢承山.基于本体语义树的主题空间向量模型[J].计算机系统应用, 2011(10):44-48.

[3] Kim W,Kerschberg L,Scime A. Learning for Automatic Personalization in a Semantic Taxonomy-based Meta-search Agent [J].Electronic Commerce Research and Applications,2002,1(2):150-173.

[4] Linden G,Smith B,York J. Amazon.com Recommendations:Item-to-Item Collaborative Filtering[J]. IEEE Internet Computing, 2003, 7(1):76-80.

[5] Herlocker J L,Konstan J A,Riedl J. Empirical Analysis of Design Choices in Neighborhood-based Collaborative Filtering Algorithms [J]. Information Retrieval, 2002, 5(4):287-310;Yang X, Guo Y, Liu Y, Steck H. A Survey of Collaborative Filtering Based Social Recommender Systems[J]. Computer Communications, 2014, 41:1-10.

值一般为1到5之间的整数,表示用户对该项目的需求趋向程度,进而通过用户对所有项目的评分向量表示每个用户的需求趋向。此方法简单直接,不需要分析用户的历史记录,用户模型构建速度快,但存在明显的缺陷:首先,仅适用于系统过滤算法,且存在数据稀疏性、冷启动和可扩展问题;其次,只从用户评价的角度出发,没有考虑资源属性,且缺乏时间因素,导致其适应能力较差,很难做到对模型更新。

④本体表示法。本体表示法(Ontology Representation,OR),为了解决词语之间相互独立而无法体现词语之间的层次、同义、语境等问题,研究人员将本体论引入用户模型中,提出了基于本体的用户模型表示方法,通过本体描述契合用户需求的领域①。如在进行用户需求趋向描述时,通过研究主题本体表示用户需求偏好的研究领域②。基于本体的用户描述能够实现知识的共享和重用,依靠多层次的领域知识,准确表示用户的需求趋向。相比而言,用户模型的本体表示法具有优势,但也存在以下瓶颈:用户需求领域本体的构建,目前一般还是采用手动和半自动方式,当定义域较大时,其有效性难以保证;另外,用户需求趋向分为长期和短期,短期需求趋向随着用户需求和素养的变化而变化,因此其模型更新问题成为当前研究的重点③。

⑤粗细粒度表示法。粗细粒度表示法(Coarse and Fine Grain Representation,CFGR)在区分用户需求趋向时具有层次性,且方便于用户需求划分和计算。研究者根据表示用户需求趋向的信息内容的

---

① Balabanovic M, Shoham T. Learning Information Retrieval Agents: Experiments with Automated Web Browsing[J]. In AAAI Spring Symposium on Information Gathering from Heterogenous, Distributed Resources, 1995:13-18; Luo X, Xia Y, Zhu Q, Li Y. Boosting the K-Nearest-Neighborhood Based Incremental Collaborative Filtering[J]. Knowledge-based Systems, 2013,53:90-99.

② Middleton S E, Shadbolt N R, De Roure D C. Ontological User Profiling in Recommender Systems[J].ACM Transactions on Information Systems(TOIS),2004,22(1):54-88.

③ Adomavicius G, Zhang J. Stability of Recommendation Algorithms[J]. Acm Transactions on Information Systems, 2012,30(4):23.

粒度来划分用户模型的粗细粒度。在用户模型中,粗粒度只区分用户是否需求,细粒度则区分用户所需求的具体主题甚至需求偏好程度。粗细粒度表示法往往嵌套在用户建模方法中,提高用户需求趋向描述的准确度。

不同的个性化服务系统,因其用户需求信息搜集的数据源不同,所采用的用户模型表示方法也不同。如 Personal WebWatcher 采用加权关键词方法描述网页文本,进而表示用户需求偏好;IfWeb 使用加权关键词之间的上下文关系,描述用户显性和隐性的需求信息;PVA 将用户需求趋向试图表达为具有类型层次结构的领域知识;SiteSeer 结合用户书签和目录结构描述用户需求类型等。

用户关系网络或社区群组的建立、加强与维护的基本介质是用户所标注的资源,资源标注与使用反映了用户的需求模式;而基于需求和资源相似所建立的用户关系网络聚合了相关资源,对资源的组织、分类、重组、优化及增值起到了巨大的促进作用。因此,本章以用户关系社区为视角,在分析用户和资源特征描述的基础上,研究基于用户关系的建模问题。

(2) 基于社区关系的用户建模机理

在推荐服务中,研究者进行用户建模研究也越来越多地考虑到用户关系对需求趋向的影响,目前主要在基于文本内容分析和协同过滤的两种推荐服务中探索基于用户关系的建模思路和方法。

①基于文本内容分析的用户建模。推荐系统通过跟踪用户信息行为(如浏览、标注、收藏、保存、访问次数、停留时间等),确定用户所需求的网页文本内容,并从中提取关键词,根据上述的信息行为(次数、时间等)给关键词赋予权值,将所有关键词组合为向量作为用户需求趋向模型,以此进行信息推荐。由于用户信息行为过于复杂,提取的关键词过多而导致向量的维数过高,且无法处理关键词一词多义或一义多词现象,研究者将文本分类方法引入其中,首先对用户浏览过的网页文本根据内容主题进行分类,针对每种文本类别提取特征向量,再与用户相关类别的特征向量加权求和得到最终的用户模型。基于文本内容分类分析的用户建模提高了需求趋向描述的准确度,但是,研究者知识和经验的差异,往往导致文本分类

的准确性不高。而聚类分析的引入则缓解了上述难题,将表示用户浏览过的网页文本的特征向量聚类,提高文本分类和需求匹配的效果①。

基于文本内容分析的用户建模方法比较成熟,能够较准确地反映用户需求趋向,但只能表达用户的历史或长期需求趋向,无法反映用户的短期需求趋向,或由于社区群组对用户需求趋向的影响而产生的对新产品或服务的需求②。

②基于协同过滤技术的用户建模。此方法分析用户之间的社会关系,通过关系强度设定或加权得到用户的社区模型或个体模型。目前推荐系统中的用户建模主要从两个层次进行③。首先,为每个用户建立单独的用户特征模型,以表征用户的需求和行为偏好;其次,为了减小计算量且提高推荐效果,将用户看做是社区群组中的一员,建立以需求趋向为区别的社区模型。前者侧重于个体用户的需求发现和描述问题,后者则在独立用户模型的基础上,注重社区中用户的信息行为对资源分类的影响以及由此所建立的关系(用户-用户关系、用户-资源关系、资源-资源关系)模式的分析。

在内容过滤、协同过滤推荐系统中,可以针对用户模型展开资源推荐,将用户所需求的内容或相似内容呈现出来;也可以根据用户之间的社区关系,帮助用户发现和推荐新的、所需求的资源④。

传统信息过滤推荐由于技术和原理的限制,往往出现稀疏性

---

① Lampropoulos A S, Sotiropoulos D N, Tsihrintzis G A. Cascade Hybrid Recommendation as a Combination of One-class Classification and Collaborative Filtering[J]. International Journal on Artificial Intelligence Tools,2014,23(4).

② Lin H L, Yang X D, Wang W S. A Content-boosted Collaborative Filtering Algorithm for Personalized Training in Interpretation of Radiological Imaging[J]. Journal of Digital Imaging, 2014,27(4):449-456.

③ Liang C Y, Leng Y J. Collaborative Filtering Based on Information-theoretic Co-clustering[J]. International Journal of Systems Science, 2014,45(3):589-597.

④ Ozbal G, Karaman H, Alpaslan F N. A Content-boosted Collaborative Filtering Approach for Movie Recommendation Based on Local and Global Similarity and Missing Data Prediction[J].Computer Journal, 2011,54(9):1535-1546.

(Sparsity)[1]、冷启动(Cold-start)[2]、可扩展性(Scalability)[3]等问题,特别是在用户数量较少、用户数相对于资源数过少[4]以及用户数和资源数规模庞大时,将会导致用户关联与资源关联程度的高稀疏性,利用传统的用户特征描述方法进行相似度计算得出的相似用户就不准确,从而降低了信息推荐的质量和增加了算法运行的消耗[5][6]。

由以上论述可知,用户在需求、偏好、认知等方面不是孤立的,存在着很大程度的交叉和重叠,特别是在信息传播、资源利用等信息活动中,应以资源为中心,以社会化行为(如分享、标注、评分、评论、回复)为手段,建立和巩固用户之间的关系。推荐系统对信息背后的用户关联以及用户关联基础上的资源关联没有进行深层挖掘,即造成了信息过滤处理上的浪费,也无法达到提高信息推荐准确度的目的甚至信息的增值利用。本章综合上述建模方法的优点,从用户关系的角度入手,进行基于用户社区关系的用户建模。

用户在社会化网络服务中呈现社区聚集特性,用户关系网络实质上为复杂网络的一种,其社区聚集特性即复杂网络中的社区(Community)结构特性[7]。在整个关系网络中,所有用户并不具有相

---

[1] Kim B M, Li Q, Park C S, et al. A New Approach for Combining Content-based and Collaborative Filters[J]. Journal of Intelligent Information System, 2006, 27(1):79-91.

[2] Goldberg K, Roeder T, Gupta D. Eigentaste: A Constant Time Collaborative Filtering Algorithm[J].Information Retrieval,2001,4(1):133-151.

[3] Lee J S, Jun C H, Lee J, et al. Classification-based Collaborative Filtering Using Market Basket Data[J]. Expert Systems with Applications,2005,29(3):700-704.

[4] Sarwar B, Karypis G, et al. Item-based Collaborative Filtering Recommendation Algorithms[C]// Proceedings of the 10th International Conference on World Wide Web. New York:ACM Press,2001:285-295.

[5] 纪良浩,王国胤.基于用户的协作过滤信息推荐模型研究[J].计算机工程与设计,2008(8):2047-2051.

[6] Guo Q, Song W J, Liu J G. Ultra-accurate Collaborative Information Filtering via Directed User Similarity[J]. Epl, 2014,107(1):26.

[7] Porter M A, Onnela J P, Mucha P J. Communities in Networks[J].Notices of the American Mathematical Society,2009,56(9):1082-1097,1164-1166.

同的性质或特征,在需求趋向上也不一定属于同一类别。社会化网络服务中,用户通过各种社会化行为关联起来,反映出其相同或相似的需求趋向,从而分化出不同需求或偏好类别的用户群组。同种需求类型的用户之间的交互(如回复、评论、关注、转发)较多,而不同类型用户之间的交互则较少,因此用户之间的相互影响程度是不一样的,就必须确定对目标用户推荐和选择影响较大的用户。

在有关用户关系与信息传播的研究中,通过调研发现,社会化网络服务中的用户数量及其信息行为分布不均,其关系构建因需求偏好而表现出明显的倾向性,且趋于稳定,最后稳定在20人左右的经常互动规模。在整个关系网络中,用户依据需求偏好和互动频繁程度,形成了社区内部联系紧密而外部联系稀疏的社区结构,即社区群组嵌套在大的关系网络中,大的关系网络实际上因需求偏好分割成了大大小小的社区群组。协同过滤的本质是根据目标用户的邻居用户进行推荐,而社区关系的挖掘和分析能够帮助系统准确地发现交互频繁和需求偏好相似的邻居用户,根据社区中其他用户的需求趋向构建用户模型,能够提高用户需求趋向描述的准确性,为用户提供更加准确的推荐服务。

社会化网络服务建立起了融合多种元素(用户、资源、内容等)的关系网络,其中用户关系网络是其赖以生存和发展的基础,对其服务的开展具有重要作用。基于此,结合上述有关用户建模的论述,本章将用户社区关系引入用户建模中,以用户关系为导向,在基于协同过滤的社会化推荐框架下,进行个体和关系社区层面的双层用户建模,并将两者有机结合,相互补充和修正,提高用户需求趋向表示的准确度。

5.2　社会网络环境下的用户关系社区发现

现实世界中的许多复杂系统都以复杂网络的形式存在,或者能被转化为复杂网络进行处理,如社会系统中的人际关系网、科学家协作网和流行病传播网,生态系统中的神经元网、基因调控网和蛋白质交互网,科技系统中的电话网、互联网和万维网,等等。在真实世界中,复杂网络普遍存在着一些基本统计特性,例如:"小世界效应"是指复杂网络具有短路径长度和高聚类系数的特点;"无标度特性"是指复杂网络中的节点之度服从幂率分布特征;"社区结构特性"是指复杂网络中普遍存在着"同一社区内之节点相互连接紧密、而不同社区间之节点相互连接稀疏"的特点[1]。

社区反映了个体之间互动形成的相对稳定的关系,其互动基础为共同的需求趋向、利益关系或彼此相识[2]。在推荐服务中,用户的需求偏好和决策选择往往受到其邻居用户(朋友、邻居)的影响,对于用户交互组成的社区结构和行为过程的研究能够发现对用户需求产生影响的邻居及其影响程度,进而为推荐提供依据。而且将用户纳入社区,进行需求趋向提取和推荐,能够降低推荐的计算复杂度(Complexity),提高推荐及相似用户匹配的效率[3]。

对于整个关系网络而言,用户的关系社区是其中的一部分,也就是说,在整个关系网络中,对用户推荐具有决定性影响或影响较大的用户组成了关系社区。本章将用户因相同需求趋向组成的关系社区作为用户需求偏好提取和描述的环境,在关系社区发现的基础上进行用户建模。

5.2.1 复杂网络中的社区发现

现实生活中人们建立起了各种各样的网络系统,如人际网络、合作网络、计算机网络等。这些网络作为复杂网络的典型网络,拥有小世界、无标度等重要特性;同时具有社区结构特性,即整个网络有

---

[1] Fan W, Yeung K H. Similarity Between Community Structures of Different Online Social Networks and Its Impact on Underlying Community Detection[J]. Communications in Nonlinear Science and Numerical Simulation, 2015, 20(3): 1015-1025.

[2] [美]邓肯·J.瓦茨. 六度分隔:一个相互连接的时代的科学[M]. 陈禹等,译. 北京:中国人民大学出版社,2011.

[3] Ding J Y, et al. Prediction of Missing Links Based on Multi-resolution Community Division [J]. Physica A: Statistical Mechanics and Its Applications, 2015, 417: 76-85.

5.2 社会网络环境下的用户关系社区发现

"群组"(Group)或"团簇"(Cluster),每个群组内联系相对紧密,而群组间联系疏松。在大型复杂网络中进行社区的搜寻和发现,具有重要的现实意义和实用价值。如用户根据需求趋向或偏好聚集成了社区群组,发现和分析用户关系网络中存在的有相似需求偏好的关系社区,有助于更加有效地理解和开发这些社区,挖掘用户之间的影响关系和需求影响程度,根据相互之间的需求交叉,建立更为准确的用户模型①。

学术界对社区网络的研究由来已久,而网络理论源自于图论和拓扑学等应用数学学科的发展。自20世纪80年代以来,社区网络的社区发现经历过一股研究热潮,取得了不少令人鼓舞的成果,许多专家和学者都提出了有效的算法来发现社区网络中的社区结构。研究的目的集中于设法利用尽可能少的先验信息挖掘出社区网络中尽可能准确的社区结构,从而更好地研究分析真实世界社区网络的结构特点②。社区发现算法的研究按照模型的构建和研究内容可以分为以下几种类型的网络:静态社区网络、动态社区网络、多属性网络、重叠社区网络。而目前的研究主要集中于静态社区网络下,并且研究的重心由非重叠社区向重叠社区转变③。

社区发现作为复杂网络研究领域中的一个热点,出现了众多的发现方法,本文主要从图论(图形分割,Graph Partition)、社会学中的层次聚类(Hierarchical Clustering)以及近期研究较多的社区模块重叠的角度入手进行算法的实现。

①基于图形分割的社区发现。图形分割算法的基本思想为:将网络图分成若干个子集——社区,分割条件为社区内节点联系紧密、社区间节点联系疏松或稀疏,其算法实现的过程为通过启发来发现问题的最优解。比较典型的为Kernighan-Lin算法和基于Laplace特

---

① Faccin M, et al. Community Detection in Quantum Complex Networks[J]. Physical Review X, 2014,4(4):24-26.

② Sun Z B, et al. Recommender Systems Based on Social Networks[J]. Journal of Systems and Software, 2015,99:109-119.

③ Jia S, Gao L, Gao Y. Anti-triangle Centrality-based Community Detection in Complex Networks[J]. Iet Systems Biology, 2014,8(3):116-125.

征矩阵的谱平分算法(Spectral Bisection Method)。

Kernighan-Lin算法基于贪婪算法和优化原理,将复杂网络分为两个社区。该算法为一种试探优化法,引入增益值 Pe(两个社区内部的边数减去两个社区之间的边数),并寻找使 Pe 值最大的划分方法[1]。该算法没有从网络全局考虑,且要求事先设定所划分成的两个社区的规模,因此使得它在实际网络分析中难以应用。

基于Laplace特征矩阵的谱平分算法的基本思想为根据网络结构的Laplace矩阵中的第二小特征值 λ_2,将整个网络划分为两个社区[2]。对于只存在两个不同特征社区的网络而言,此种方法是最有效的;然而,当社区多于两个时,此算法每次只能将网络划分为两个社区,然后再重复划分。现实网络中的特征社区往往较多,且数目无从得知,因此使用此算法就无法确定迭代次数,导致社区划分效果较差。

②基于层次聚类的社区发现。层次聚类算法也是一种传统的社区发现算法,根据网络中节点关联的紧密或相似程度,将网络划分为若干社区。其存在两种方向相反的实现过程,即从网络中删除边的分裂方法(Divisive Method)和向网络中添加边的凝聚方法(Agglomerative Method)。GN算法是米歇尔·格文(Michelle Girvan)和马克·纽曼(Mark Newman)[3]为了弥补上述两种算法的缺陷而提出的一种新的社区发现算法。该算法为一种通过计算边介数(网络中经过每条边的最短路径的数目,数目越多,边介数越大,表示此边联通社区概率越大)从网络中剔除边的分裂算法。其算法步骤为:计算所有边的介数,剔除介数最大的边,重复计算后直到每个节点都变成一个社区。其缺点为需要事先设定网络中所要划分成的社区数量,

---

① Kernighan B W, Lin S. An Efficient Heuristic Procedure for Partitioning Graphs[J]. Bell System Technical Journal, 1970, 49: 291-307.

② Newman M E J. Detecting Community Structure in Networks[J]. The European Physical Journal B, 2004, 38(2): 321-330.

③ Girvan M, Newman M E J. Community Structure in Social and Biological Networks [J]. Proceedings of the National Academy of Sciences of the United States of America, 2002, 99(12): 7821-7826.

5.2 社会网络环境下的用户关系社区发现

而且需要不断地计算全局网络,复杂度较高。

Newman 又提出了一种快速算法,弥补 GN 算法无法适应较大规模网络的缺陷①。研究者们不断对其进行改进,部分研究者开始意识到重复计算全局网络而导致了 GN 算法的高复杂度,因而逐渐转向局部社区的发现研究②,如随机选取初始点为中心,以其邻居圈为半径向外扩展,计算第 L 层与第 $L-1$ 层邻居的比值,将高于阈值的所有层中的节点划入同一社区。

基于 Newman 的快速算法,为了提高算法的速度和效率,Clauset、Newman 和 Moore 等人提出了一种新的凝聚算法——CNM 算法③。该算法的思想主要是通过数据结构中的"堆"来计算和更新网络的模块化度,其复杂度接近线性复杂度,只有 $O(n\log^2 n)$。

三种社区发现方法的性能比较如表 5-1 所示。

表 5-1 社区发现算法性能比较

算法	时间复杂度	优点	缺点
Kernighan-Lin 算法	$O(n^2)$	计算简单,易于划分	准确度不高,且必须事先知道网络中社团规模大小,适用于小规模网络
Laplace 图特征值谱二分法	$O(n^3)$	计算简单,易于程序实现	仅适用于由 2 个社团组成的网络结构,时间复杂度较大
GN 算法	$O(m^2 n)$	考虑网络全局,划分社区准确度较高	对网络社团结构缺少量的定义,必须事先知道社团个数

---

① Newman M. Fast Algorithm for Detecting Community Structure in Networks[J]. Physical Review E, 2004,69(6):066133.

② Bagrow J P, Bollt E M. Local Method for Detecting Communities[J]. Physical Review E,2005,72(4):046108.

③ Clauset A, Newman M E J, Moore C. Finding Community Structure in Very Large Networks [J].Physical Review E,2004,70:066111.

第5章 推荐系统中基于关系社区发现的用户建模与更新

挖掘出社会网络的社区结构信息,对于正确理解社会网络的系统和结构至关重要。自2002年Girven和Newman提出社区挖掘的概念至今,新的理论方法层出不穷,新的应用领域不断被拓展。它不仅吸引了来自计算机科学及物理、数学、生物、社会学和复杂性科学等众多领域的研究者,成为最具挑战性的多学科交叉研究课题之一,而且已被应用于社会网络分析(如恐怖组织识别、组织结构管理等)、生物网络分析(如新陈代谢网络分析、蛋白质交互网络分析、未知蛋白质功能预测、基因调控网络分析、主控基因识别等)、Web社区挖掘、基于主题词的Web文档聚类和搜索引擎等众多领域。具体如谣言的传播[1]、搜索引擎[2]、社交网络用户分类[3]、计算机病毒传播[4]以及恐怖组织识别[5]等。近年来,随着社交网站(Facebook)和即

---

[1] Shah D, Zaman T. Rumors in a Network: Who's the Culprit? [J]. IEEE Transactions on Information Theory, 2011, 57(8): 5163-5181; Kwon S, et al. Aspects of Rumor Spreading on a Microblog Network[M]. Social Informatics, Springer International Publishing, 2013:299-308.

[2] Horowitz D, Kamvar S D. The Anatomy of a Large-scale Social Search Engine[C]//Proceedings of the 19th International Conference on World Wide Web. ACM, 2010: 431-440; Lee S H, et al. Googling Social Interactions: Web Search Engine Based Social Network Construction[J]. PLoS One, 2010, 5(7): e11233; Langville A N, Meyer C D. Google's PageRank and Beyond: The Science of Search Engine Rankings[M]. Princeton University Press, 2011.

[3] Pennacchiotti M, Popescu A M. A Machine Learning Approach to Twitter User Classification[C]//ICWSM, 2011; Cho E, Myers S A, Leskovec J. Friendship and Mobility: User Movement in Location-based Social Networks[C]//Proceedings of the 17th ACM SIGKDD International Conference on Knowledge Discovery and Data Mining, ACM, 2011:1082-1090.

[4] Fan W, Yeung K H. Online Social Networks—Paradise of Computer Viruses[J]. Physica A: Statistical Mechanics and its Applications, 2011, 390(2): 189-197; Yang L X. Epidemics of Computer Viruses: A Complex-network Approach[J]. Applied Mathematics and Computation, 2013, 219(16): 8705-8717.

[5] Enders W, Jindapon P. Network Externalities and the Structure of Terror Networks[J]. Journal of Conflict Resolution, 2010, 54(2): 262-280; Wiil U K, Gniadek J, Memon N, et al. Knowledge Management Tools for Terrorist Network Analysis[M]//Knowledge Discovery, Knowledge Engineering and Knowledge Management. Springer Berlin Heidelberg, 2013: 322-337.

5.2 社会网络环境下的用户关系社区发现

时通信软件(QQ、MSN、微信)的蓬勃发展,这些与人们社会生活息息相关的工具展现出的巨大发展潜力和研究价值,使得越来越多的研究者致力于社会网络,尤其是社会网络的社区结构发现、信息挖掘①。

5.2.2 基于模块度改进的关系社区发现

在真实的关系网络中,社区并不是相互孤立的,而是相互交叉重叠的,即网络中的节点同时属于若干个社区。犹如本书研究的用户关系网络,就是典型的交叉共享型社区网络,其原因则是用户需求的多样性,使得用户可以同时出现在多个社区中。针对这种情况,研究者提出了基于模块凝聚的社区发现思想,以解决社区重叠问题。模块凝聚的社区发现思想是根据网络的局部结构和邻接点的关系,基于最优适度函数重复计算与其吸引力最大的模块,直到与最好模块度相吻合,发现复杂网络中的多层次结构和重叠社区②。

本研究在进行用户需求发现和资源推荐的过程中,将用户和资源的关系设定为小众偏好关系,即用户在一个大的主题范围或需求主题下,会分化为各式各样小规模的社区群组③。因此,本书针对复杂网络中难以发现小规模社区的问题,在 CNM 算法的基础上,应用模块凝聚思想,提出了一种新的关系社区发现方法:在原始模块

---

① Fortunato S. Community Detection in Graphs[J]. Physics Reports, 2010, 486(3):75-174.

② Lancichinetti A, Fortunato S, Kertesz J. Detecting the Overlapping and Hierarchical Community Structure of Complex Networks[J]. New Journal of Physics, 2009,11: 033015;Kim P, Kim S. Detecting Overlapping and Hierarchical Communities in Complex Network Using Interaction-based Edge Clustering[J]. Physica A:Statistical Mechanics and Its Applications,2015,417: 46-56.

③ Mu C, Liu Y, Liu Yi. Two-stage Algorithm Using Influence Coefficient for Detecting the Hierarchical, Non-overlapping and Overlapping Community Structure[J]. Physica A:Statistical Mechanics and Its Applications,2014,408:47-61.

度算法的基础上,基于权值计算对其进行改进,将其引入算法实现中,并通过重叠系数进行社区调整,以此进行用户关系社区的准确挖掘和识别。

(1) 算法中的基本概念定义

本章算法主要涉及 4 个基本概念的定义,表述如下:

①节点度(I_i)。节点 i 连边的权值之和,称为该节点的度。在关系网络中,节点度可以认为是与之相关联用户的互动次数之和(如同时标注同一资源的数量、共同拥有好友的数量等)。

②节点对社区的贡献度($Td_{(i,C)}$)。节点 i 与社区 C 关联的紧密程度,$Td_{(i,C)} = \dfrac{I_{i,c}}{I_i}$。其中,$I_{i,c}$ 表示节点 i 与社区 C 的关联强度,即节点 i 与社区 C 中所有节点的关联强度。

③模块度(Q)。模块度的概念由 Newman 等人引入,旨在帮助比较不同社区划分方法所得到的社区结构的质量好坏,同时也可以将模块度作为最优化的目标函数。模块度值为负数,则表明所划分好的社区结构内部节点连接数量不如随机连接情况下的多,划分效果较差;相反,当模块度值接近 1 时,表明所划分好的社区结构接近于现实情况,效果较好。反之,也可以认为,所划分好的社区结构内部连边越多,而社区间连边越少,则模块度越大,效果越好。通常情况下,在社区划分过程中,计算每一种社区划分所对应的模块化值,其峰值下的社区结构划分情况即为最优方式[①]。

Newman 等人提出的模块度计算公式为:$Q = e_c - a_c^2$。e_c 表示社区 C 内部所有边数之和占网络总边数的比例,公式为:$e_c = \dfrac{1}{2m} \sum_{ij} A_{ij} \delta(c_i, c) \delta(c_j, c)$。$a_c$ 表示与社区 C 相关联(包含社区 C 内部的边)的边数之和占网络总边数的比例,公式为:$a_c = \dfrac{1}{2m} \sum_i kd_i \delta(c_i, c)$。

---

① Li L, Peng H, Lu S. A Micro-community Structure Merging Model Using a Community Sample Matrix[J]. Chinese Physics Letters, 2013, 30(1): 018901.

在上述公式中,c_i 表示节点 i 所属的社区,m 表示网络总边数,A_{ij} 表示无权图的邻接矩阵,kd_i 表示节点 i 的度。其中,$A_{ij}=\begin{cases}1(\text{节点}\ i,j\ \text{相连})\\0(\text{节点}\ i,j\ \text{不相连})\end{cases}$,$\delta(c_i,c)=\begin{cases}1,c_v=c\\0,c_i\neq c\end{cases}$,$kd_i=\sum_j A_{ij}$。

(2) 基于权值的模块度算法改进

针对以上无权图模块度计算公式,将权值引入公式进行改进,如下所示:$e_c'=\dfrac{1}{2m'}\sum_{ij}A_{ij}'\delta(c_i,c)\delta(c_j,c)$,$a_c'=\dfrac{1}{2m'}\sum_i kd_i'\delta(c_i,c)$。其中 m' 表示网络所有边上权值的和,A_{ij}' 表示有权值的邻接矩阵:$A_{ij}'=\begin{cases}Wt_{ij}(\text{节点}\ i,j\ \text{相连强度})\\0(\text{节点}\ i,j\ \text{不相连})\end{cases}$。其中,$Wt_{ij}$ 表示节点 i,j 连边的权值,kd_i' 表示所有与节点 i 相连的边上的权值之和:$kd_i'=\sum_j A_{ij}'$。因此,所得到的模块度计算公式为:$Q'=\dfrac{e_c'}{N_{in}}-\left(\dfrac{a_c'}{N_{out}}\right)^2$。其中,$N_{in}$ 为社区 C 内部节点总数,N_{out} 为与社区 c 相连的所有节点数(包含社区内部节点)。

通过权值引入,可以更加真实地接近现实网络,明确节点之间的关联强度和影响强度[1]。在用户关系网络中,用户关系强度不一,需求趋向的相似度就不一样,以此进行的推荐就更有区分度和针对性[2]。

(3) 关系社区发现实现

在明确了模块度算法的基础上,本书将社区发现框架定义如下:

①社区 Com 初始节点设定。计算网络中所有节点的度,因本研究重点为挖掘小众需求,因此将社区初始节点设定为度最小的节点

---

[1] Zhang P, Moore C. Scalable Detection of Statistically Significant Communities and Hierarchies, Using Message Passing for Modularity[C]//Proceedings of the National Academy of Sciences of the United States of America,2014,111(51):18144-18149.

[2] Hric D, Darst R K, Fortunato S. Community Detection in Networks: Structural Communities Versus Ground Truth[J]. Physical Review E,2014,90(6).

$\min_{i \in N} I_i$（N 为网络中剩余的节点集）。

②节点加入社区。计算与社区 Com 直接关联的所有节点对社区的贡献度 $Td_{(i,C)}$（i 为与社区直接关联的节点），从中选取贡献度最大 $\max_i Td_{(i,C)}$ 的节点 i 加入社区 Com。

③社区发现提取。计算社区 Com 的模块度值 Q，若 Q 达到最大值，则从网络中删除社区 Com 中的节点和边；若 Q 没有达到最大值，则返回步骤②继续执行，直到 Q 值最大为止。若将社区 Com 从网络中移除后，产生了孤立节点，则将孤立节点加入社区，并将其从网络中移除①。

④结束。若网络中剩余节点 N 不为空，则返回①继续执行；若为空，则社区发现结束。

(4) 基于重叠系数的社区调整

在许多复杂网络中，节点可能同时属于多个社区。譬如：在人际关系网中，每个人都可能会属于家庭、工作单位、朋友圈子等多个社会团体；在科学家协作网中，一个研究者可能会活跃在几个不同的研究领域；在在线社会网中，一个人按照自己的意愿，可能会对多个组织感兴趣，那么他就可以不受限制地同时加入这些组织；在生物网络中，一个节点可能会具有多种生物功能，比如大部分蛋白质都同时属于多个蛋白质联合体(protein complexes)。因此，2005 年 Palla 等②对传统社区模式(每个节点仅属于一个社区)进行扩展，允许节点同时属于多个社区，从而开辟了重叠社区挖掘研究领域。

基于此，本研究也从重叠社区的角度继续进行社区发现计算，以求得更加准确的结果。大多数情况下，经过上述算法执行

---

① Qiu J, Lin Z. D-HOCS：An Algorithm for Discovering the Hierarchical Overlapping Community Structure of a Social Network[J]. Journal of Intelligent Information Systems, 2014, 42(3)：353-370.

② Palla G, Derenyi I, Farkas I, Vicsek T. Uncovering the Overlapping Community Structures of Complex Networks in Nature and Society[J]. Nature, 2005, 435(7043)：814-818.

后,会产生较多的小社区(本书将节点个数少于 10 的社区定义为小社区),小社区需求趋向模糊且稳定性较差,对用户建模和推荐实现意义不大,因此有必要将小社区合并或者凝聚为较大规模的社区[1]。在现实中,节点不仅属于一个社区,而且同时属于多个社区。正如上述所说,用户需求的多样性导致了用户的跨社区存在[2]。

本研究将上述社区发现中社区规模小于 10 的社区提取出来,组成小社区集 Com'。以原有关系网络为计算基础,两两计算其重叠系数 $S_{ij} = \frac{|Com_i \cap Com_j|}{|Com_i \cup Com_j|}$,其中 $|Com_i \cap Com_j|$ 为社区 Com_i 和 Com_j 之间连边的节点数,$|Com_i \cup Com_j|$ 为两个社区的所有节点数。实现步骤如下:

①计算小社区集 Com'中任意两个社区的重叠系数,以及小社区集中社区 Com_i 与确定好的社区 Com_j 之间的重叠系数 S_{ij}。

②当 S_{ij} 大于阈值 T(一般取 0.7[3])时,将两个小社区集中合并,或者社区 Com_i 并入社区 Com_j。

③若任意两个社区的重叠系数小于阈值 T,则调整结束,社区则为较边缘社区。

整个算法流程图如图 5-4 所示。

本算法将节点度、贡献度和模块度相结合,通过重叠算法保证了所划分的社区内部联系紧密,社区间联系疏松,且不断调整其社区规模,使其保持在一个适度的规模,由此保证了用户关系网络社区划分的准确度。

---

[1] Sun P G. Community Detection by Fuzzy Clustering[J]. Physica A:Statistical Mechanics and Its Applications, 2015,419: 408-416.

[2] Marangoni-Simonsen D, Xie Y. Sequential Changepoint Approach for Online Community Detection[J]. IEEE Signal Processing Letters, 2015,22(8): 1035-1039.

[3] 万雪飞,陈端兵,傅彦.一种重叠社区发现的启发式算法[J].计算机工程与应用,2010(3):36-38,41.

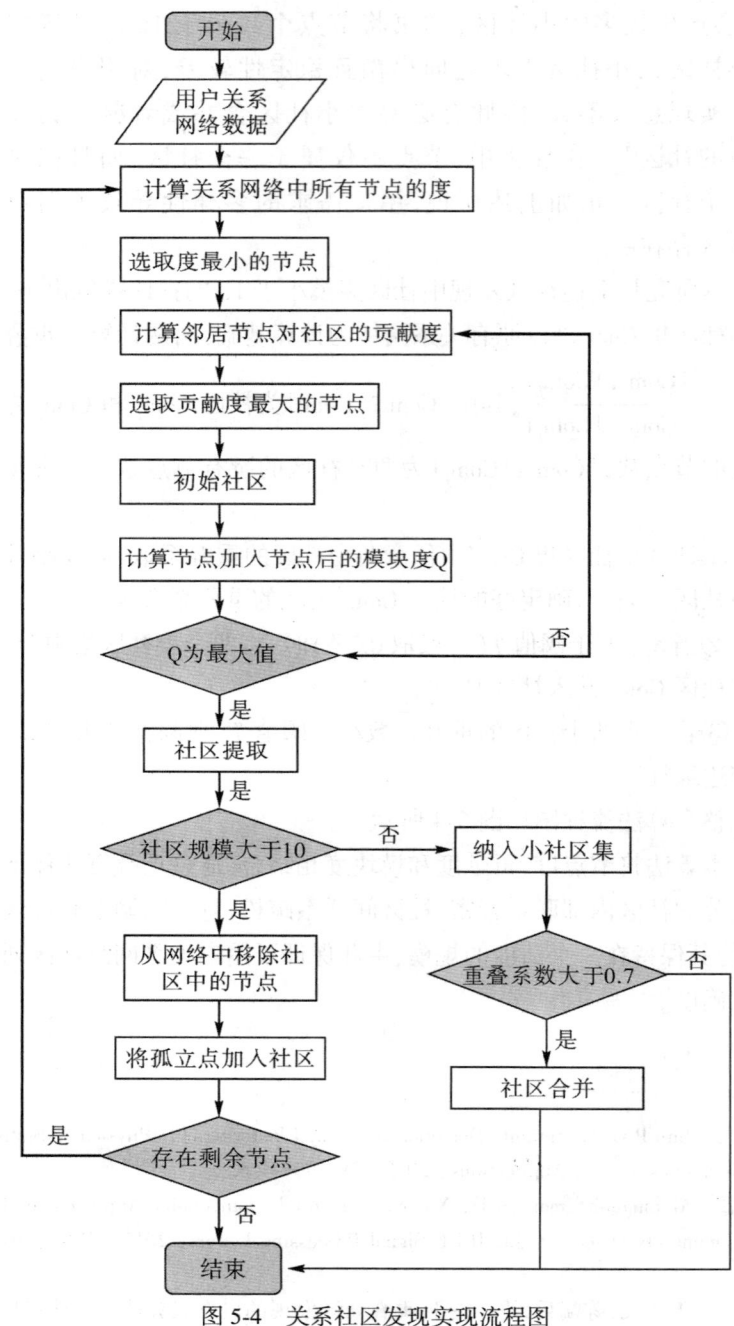

图 5-4 关系社区发现实现流程图

5.3 基于关系社区的双层用户建模

本书所研究的社会化推荐在算法基础上为一种协同过滤推荐,其本质是根据目标用户与邻居(与之具有网络上的社会关系)的相似需求、行为(如浏览、购买、评论、留言等),建立用户关系网络,通过本章提出的关系社区发现,挖掘对用户推荐产生较强影响的社区结构。同一社区内用户之间的影响较大,需求偏好更相近,根据关系社区建立用户模型,则用户需求描述更为准确,推荐的准确度也将更高。本节在梳理推荐服务中用户建模框架的基础上,探索基于用户社区关系的建模思路,提出了基于关系社区的双层用户建模方法,并基于主题层次树进行粗细粒度层次的建模实现①。

5.3.1 基于社区和个体模型加权融合的用户建模

针对协同过滤推荐中用户建模的不足,本节提出双层用户建模思想。关系层面上,进行用户社区模型和个体模型加权的用户建模;资源层面上,则从用户信息需求的角度进行用户的粗细粒度建模。

用户所在的关系社区是用户需求偏好的体现,在发现用户关系社区的基础上,利用用户的信息行为(对资源的标注、评论、评分等)计算用户之间的关系强度,建立用户的社区需求趋向模型,再结合用户的个体需求趋向模型加权计算,得到用户的最终需求趋向模型②(如图5-5所示)。

依据建模框架,将基于混合加权的用户需求趋向建模过程分为三个部分:用户个体需求趋向模型计算、用户所在关系社区的社区需求趋向模型计算以及模型的加权融合。在进行用户建模之前,需要

---

① Ma W B, et al. A User's Profile Model for Cloud Computing Service[J]. Advanced Technologies in Manufacturing, Engineering and Materials, Pts 1-3, 2013,774-776: 1729-1733.

② 田军伟.基于社会网络的用户兴趣模型研究[D].成都:电子科技大学硕士学位论文,2010:6.

第 5 章　推荐系统中基于关系社区发现的用户建模与更新

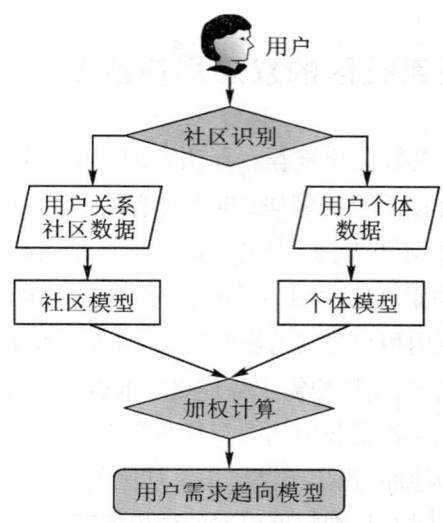

图 5-5　基于社区模型和个体模型加权的用户建模框架

建立用户-资源的关系网络,在挖掘用户关系社区的基础上,收集关系社区中与用户相关的资源,建立社区资源集。将用户关系社区和资源集合看做是两个相互关联的网络,用户和资源为网络中的节点;用户与用户之间、资源与资源之间没有关联,而用户和资源之间根据使用关系而建立关联,如用户浏览、标注、评论了某一资源,则建立他们之间的关系;应用资源分配理论,实现基于资源的用户需求趋向描述。

(1) 用户个体模型

用户个体模型计算的基本原理是通过分类或聚类与用户相关联的资源、项目(如信息项、主题内容)表示用户需求趋向,其基础则是表示资源或项目的关键词、主题词等的处理,比较典型和成熟的则为向量空间模型方法,如树状向量空间模型①、领域本体的向量空间模型②等。本书中实现的也是一种向量空间模型基础上的改进,通过

---

① 费洪晓,蒋翀,徐丽娟.基于树状向量空间模型的用户兴趣建模[J].计算机技术与发展,2009(5):79-81,85.

② 唐明伟,卞艺杰,等.基于领域本体的语义向量空间模型[J].情报学报,2011(9):951-955.

资源项目特征向量加权计算来描述用户的需求趋向。

对与用户所关联的资源集进行分类或聚类,将相似的资源划分到同一个类簇中①。因为无法使用所有资源项目的关键词或主题词来表征用户需求趋向,而且也没有必要,本研究采用提取类簇中心(或称为主题)的方法,将类簇中心加权求和,最终得到用户模型:

$$U_i^I = \sum_{c \in C} \left(\frac{N_{ic}}{N} \times V_c Pre_c \right)。$$

U_i^I为用户模型,N为用户U_i关注的资源项目数,N_{ic}为用户U_i关注的资源项目属于资源类簇c的数目,V_c为资源类簇c的中心即资源的特征向量,Pre_c为用户对资源的需求偏好程度。

(2)用户社区群组模型

在虚拟社区中,需求偏好主题是吸引用户加入的主要因素,而用户在虚拟社区中必然会受到社区主流需求偏好的影响,产生需求偏移。如上所述,用户需求趋向将会受到社区内其他用户的影响,同样也会影响周围的用户,但影响程度可能不一。之所以聚集在一起成为关系社区,用户之间的需求趋向是相似的,且具有共同的需求愿景;长期的交流互动所产生的认同感,将使用户需求趋向更加趋于相似和集中。如豆瓣网上的社区群组,用户在小组内就某一共同话题(如星座、数据挖掘、用户体验)开展互动交流,建立起了稳定的社会关系。在同一社区群组中,不是所有用户都具有明显的影响力,往往只是少数几个用户对其他用户产生影响,或者目标用户大多数情况下只是受少数几个其他用户的影响。因此,在计算用户的社区需求趋向模型时,本研究通过目标用户与其他用户的影响程度(关系强度)加权计算得到②。

①用户关系强度计算。在确定用户所属的关系社区的基础上,

---

① Liu Q W, Xiong Y, Huang W C. Combining User-based and Item-based Models for Collaborative Filtering Using Stacked Regression[J]. Chinese Journal of Electronics, 2014, 23(4): 712-717.

② Liu W Y, et al. Conditional Preference in Recommender Systems[J]. Expert Systems with Applications, 2015, 42(2): 774-788.

计算社区内用户之间的关系强度 R,该值越大说明用户之间的需求趋向相似度越高,关系强度越高,相互影响的程度越大[①]。本研究采用两种相似度计算加权的方法得到用户之间的关系强度:两个用户个体需求趋向向量相似度和与用户关联的相同资源向量的相似度。最终公式为: $R(U_i,U_j) = \alpha R(U_i^I,U_j^I) + \beta R(c_i,c_j)$。$R(U_i,U_j)$ 表示用户 U_i 和 U_j 之间的关系强度,$R(U_i^I,U_j^I)$ 为用户 U_i 和 U_j 个体需求趋向模型之间的相似度,$R(c_i,c_j)$ 为与用户 U_i 和 U_j 关联的相同资源间的相似度,α 和 β 为调整系数。

②用户社区模型确定。关系社区缩小了用户需求趋向的范围,提高了用户需求趋向表达的准确度。在关系社区中,根据上述计算所得用户关系强度进一步确定对用户需求趋向影响较大的偏好社区群组,可以从两个途径实现。一是固定用户社区群组数目,如设定阈值 k(一般取 20 以下[②]);即在社区群组内,以目标用户 U_i 为基准,按照与 U_i 的关系强度降序排列其他用户,选择前 k 个用户构成该用户的需求趋向影响群组;k 的选择要适中,太大和太小都容易造成用户需求趋向的描述偏差,太大不能体现描述的精确性,太小则容易遗漏用户的特定需求趋向[③]。第二种方法则设定关系强度阈值 ε,即与目标用户 U_i 的关系强度大于 ε 的其他用户都被选入用户 U_i 的关系影响群组中。在确定了用户关系强度值和群组之后,用户 U_i 的社区群组模型 U_i^G 表示为:$U_i^G = \sum_{j \in G} R(U_i,U_j) \times U_j^I$。其中,$U_j^I(j \in G)$ 表示用户 U_j 的个体模型,G 表示用户 U_i 的社区群组,$R(U_i,U_j)$ 表示用户 U_i 和 U_j 的关系强度。

---

① Martin-Vicente M I, et al. A Semantic Approach to Improve Neighborhood Formation in Collaborative Recommender Systems[J]. Expert Systems with Applications,2014,41(17):7776-7788.

② Degenne A, Forsé M. Introducing Social Networks [M].London:Sage Publications,1999:21.

③ Shi Y, Larson M, Hanjalic A. Collaborative Filtering Beyond the User-Item Matrix:A Survey of the State of the Art and Future Challenges[J]. Acm Computing Surveys,2014,47(1).

(3) 用户总体模型

将用户的个体模型和群组模型加权求和后,便得到用户的总体模型,本研究采用线性加权求和,即:$U_i = \alpha U_i^I + (1-\alpha) U_i^G$。其中,$U_i$ 为用户的总体需求模型,U_i^I 为用户的个体模型,U_i^G 为用户的群组模型,α 是根据用户在社区群组中的实际情况设定的可调参数,范围为[0,1]。

之所以设定参数,因为每个用户在社区群组中的地位(如流行程度、粉丝数量、话题引领能力等)是不一样的,社区中的核心成员的需求趋向容易影响其他成员,而非核心成员则容易受到其他成员的影响,而且核心成员之间需求趋向相似度较高,需求趋向较为集中,而非核心成员则相对来说比较分散①。因此,可根据用户的社区群组地位来调整 α 的值。

5.3.2 基于主题层次树和语义向量空间模型的用户建模

从资源使用的角度对用户建模,能够非常明确清楚地得知用户的需求偏好;用户对资源的使用情况则直接反映了用户的需求偏好程度。获取和发现用户多维需求趋向,进行粗细粒度相结合的用户建模,可以更加细致准确地描述用户的信息需求趋向及行为意图,而在此基础上的信息推荐则更加可靠和准确②。

虚拟社区是以交流为主、面向主题、基于文本内容的 SNS 服务应用。在虚拟社区中,包含表征各种需求趋向的领域主题(从用户的角度讲则为需求主题),在每个需求偏好主题下按照主题的内容和性质可继续细分为概念、关键词等。因此,从宏观上讲,用户需求趋向首先属于多个大的领域主题,微观上则每个领域主题又可细分为不同的子主题③。因此,本研究采用加权层次树,从上到下,由粗

---

① 陈海强,程学旗,刘悦.基于用户兴趣的寻找虚拟社区核心成员的方法[J].中文信息学报,2009(2):89-94,122.

② Chikhaoui B, et al. Pattern-based Causal Relationships Discovery from Event Sequences for Modeling Behavioral User Profile in Ubiquitous Environments[J]. Information Sciences, 2014,285:204-222.

③ Halbrugge M. Creating Cognitive User Models on the Basis of Abstract User Interface Models[J]. Cognitive Processing, 2014,15(1):S23-S23.

粒度到细粒度描述用户需求趋向,并计算用户对每个领域主题和子主题的需求偏好程度(权重)。本质上讲,用户建模所表示的需求趋向为主题、概念等的向量组合,因此,用户需求表示的首要步骤则为信息或资源的向量表示。本研究将语义向量空间模型引入用户建模中,增强资源与用户之间的语义关联,提高用户建模的准确度。

(1)用户建模中的语义向量空间模型

通过上述有关用户建模研究的分析,可知不同的用户建模方式和方法在本质上是统一的,即代表信息或资源的词语、主题甚至其关系的组合;所不同的是表示与组合词语的方式和方法,如关键词列表、主题提取、向量表示、领域本体映射等。在这些用户建模方法中,关键词列表和主题提取都是向量表示的基础,而领域本体映射实际上为关键词提取基础上的本体概念表达。本体理论和技术应用的研究尚未深入和成熟[1],对本体工程的应用研究也处于探索阶段[2],本体运算推理的复杂和技术瓶颈短时间难以有效突破[3],目前的研究更多是集中于单个领域本体的构建上[4]。

向量空间模型虽然不是最好的需求偏好描述方法,但其具有良好的通用性,因此是目前最为成熟和应用最广泛的用户模型构建方法。上述论述中,已多次强调采用向量空间模型作为文本处理和用户建模的基本方法。但经典向量空间模型中关键词相互独立的基本假设,限制了用户需求趋向表达的准确性和推荐的有效性。

本研究结合领域本体的概念表示向量空间模型,通过领域本体构建语义向量空间模型,按照一定规则将向量空间模型中的概念、主

---

① Beydoun G, Lopez-Lorca A A, et al. How Do We Measure and Improve the Quality of a Hierarchical Ontology? [J].Journal of Systems and Software,2011,84 (12):2363-2373.

② 蔡丽宏,马静,等.基于OWL的本体半自动进化研究[J].情报学报,2011(1):56-60.

③ Zouaq A, Gasevic D, Hatala M. Towards Open Ontology Learning and Filtering[J].Information Systems,2011, 36(7):1064-1081.

④ Jones M V, Coviello N, Tang Y K. International Entrepreneurship Research (1989-2009):A Domain Ontology and Thematic Analysis[J]. Journal of Business Venturing,2011,26(6):632-659.

5.3 基于关系社区的双层用户建模

题词、关键词等与领域本体中的概念建立映射关系①,以此构建准确描述用户需求趋向的多维粒度模型。

(2)基于层次树的用户细粒度模型

在简要分析了语义向量空间模型(Semantic Vector Space Model,SVSM)和主题层次分类机理的基础上,本研究结合领域本体所包含的概念体系和语义关系,采用层次树结构描述用户粒度模型②。

粗粒度建模是对用户需求偏好宏观的、笼统的描述,细粒度建模实际上是对粗粒度模型的进一步划分和对用户需求趋向更加细致的描述。从粗粒度到细粒度,本书都采用向量表示,首先利用领域本体中的概念集和向量空间模型表示粗粒度向量,然后通过概念间的语义关系(主要是包含与被包含的上下位关系或者类-实例的关系)以及关联程度(或相似程度),将粗粒度向量分解为若干细粒度水平的子向量,每个子向量表示用户在特定需求主题下的细粒度,从而实现细粒度用户建模。理论上讲,在领域本体的支持下,可以进行粗粒度建模的迭代划分,实现任意粒度的用户需求描述③。

基于此,本研究采用"用户—主题—特征项"三级粒度建模方式(如图5-6所示)。该模型能够分门别类地描述用户需求主题,以减少不同主题值之间的干扰,有助于短期需求趋向的更新,提高用户需求描述精度④。与此同时,该模型能够对用户的潜在需求进行挖掘或预测,且易于依照领域本体由下到上对用户需求特征项归纳合并,并最终形成明确的需求趋向主题⑤。

---

① 唐明伟,卞艺杰,等.基于领域本体的语义向量空间模型[J].情报学报,2011(9):951-955.

② 费洪晓,蒋翀,徐丽娟.基于树状向量空间模型的用户兴趣建模[J].计算机技术与发展,2009(5):79-81,85.

③ 颜端武,刘明岩,许应楠.基于领域本体的细粒度用户兴趣建模研究[J].情报学报,2010(3):433-442.

④ 李珊.个性化服务中用户兴趣建模与更新研究[J].情报学报,2010(1):67-71.

⑤ Zhang C X, et al. Information Filtering via Collaborative User Clustering Modeling[J]. Physica A: Statistical Mechanics and Its Applications, 2014, 396: 195-203.

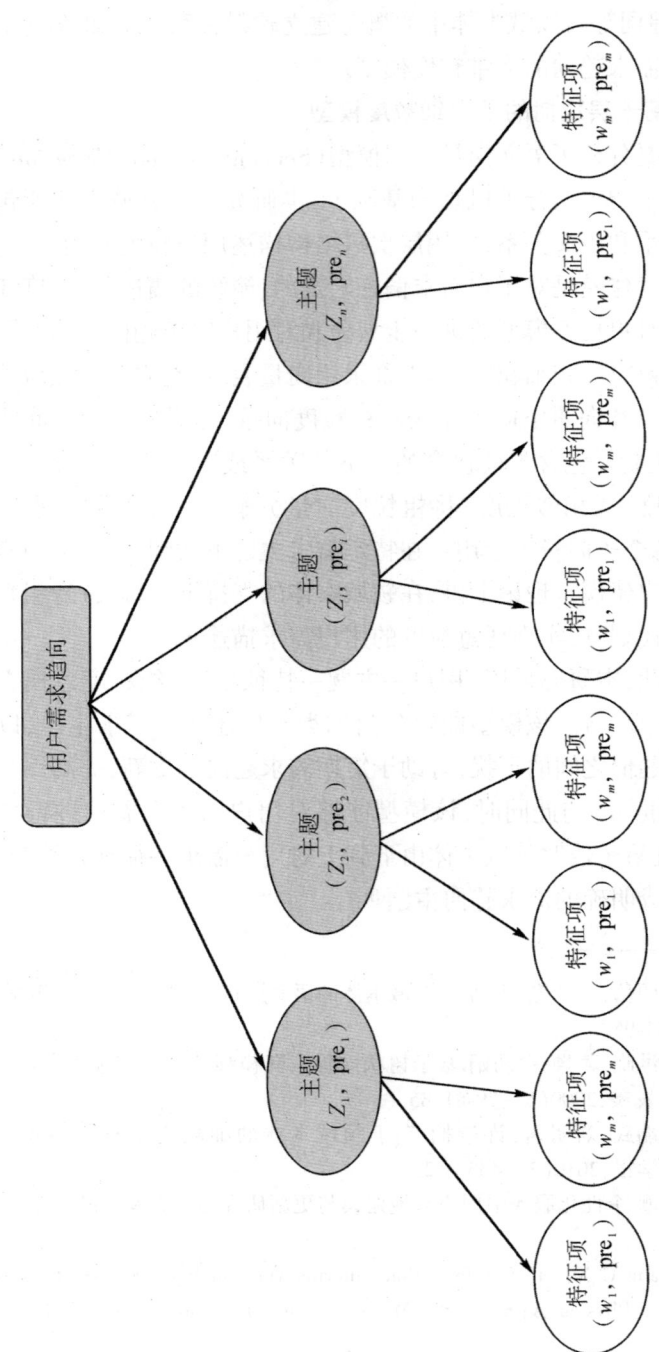

图5-6 资源层面的用户需求偏好层次树模型

5.3 基于关系社区的双层用户建模

在用户需求偏好层次树模型中,上层父节点表示用户需求偏好的概念类或主题,下层子节点则代表用户在特定主题下的需求偏好实例(如关键词、标签等);上层节点是对下层所有节点共同属性的概括,下层节点是在不同角度上对上层节点——主题类的细化①。因此,用户模型层次树的第一层节点为用户的需求主题 Z_i(主关键词或主题词),一个主题可能包含多个特征项 w_j(具体的关键词、标签词等);第二层节点表示用户在特定主题下的特征项,每个特征项都有相应的权重表示用户的需求偏好程度 pre。

(3) 基于领域本体和资源集的用户细粒度建模

在上述关系层面用户建模中,已经分析了用户关系社区的发现及社区群组建模和个体建模的过程。为了更为细致准确地描述用户的需求趋向,本研究将从微观层次上的资源分析入手,基于领域本体和资源集进行用户需求趋向的细粒度建模实现。基于领域本体和资源集的用户建模如图 5-7 所示。

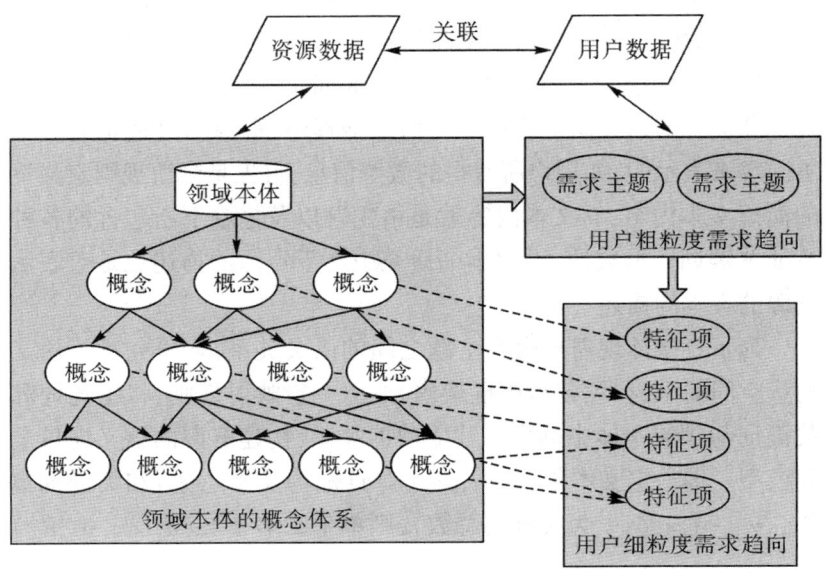

图 5-7 基于领域本体和资源集的用户建模

---

① 吴刚,唐杰,等. 细粒度语义网检索[J].清华大学学报(自然科学版),2005(S1):1865-1872.

资源层面的用户建模中,主题与主题之间存在语义上的关联。根据主题语义关联聚合相似主题,能够提高资源查找的速度,从而更加细致准确地描述用户的需求趋向和提高资源推荐服务质量。因此,本研究通过领域本体进行主题层面的资源聚合,形成资源集,以此为基础进行用户建模。

①资源主题特征提取。在信息推荐中,所推荐的信息资源一般为文本内容形式,一篇文本往往由多个不同的内容主题及特征项(使用最多的为词语,如主题词、关键词、标签词等)组成,从主题入手进行资源的表征和提取,对资源向量的表示以及后续的相似度计算、推荐匹配计算具有重要作用。因此,本研究在收集用户数据和关系网络数据的基础上,对与用户所关联的资源进行主题解析,提取资源的主题词及相对应的特征关键词,通过 LDA 主题模型的计算,选取文本中概率值最大的词汇作为此文本内容的主题词①: $Z_{(m,0)} = \max\{P((z_i=j)|d_m)\}$。其中, $Z_{(m,0)}$ 为文本 d_m 的主题词,文本个数 $m \in (1,2,\cdots,m)$,词汇个数 $i \in (1,2,\cdots,V)$,主题(词)个数 $j \in (1, 2,\cdots,T)$, $P((z_i=j)|d_m)$ 表示主题 z_j 在文本 d_m 中的概率, $\max\{P((z_i=j)|d_m)\}$ 表示文本中概率值最大的词。

②资源的语义向量表示。在信息推荐中,资源的描述是通过文本内容来表示的,如用户所获得的微博信息,首先是微博规则定义下的简短文本内容,而文本内容就是由主题以及主题下所包含的各种特征关键词所形成的,因此本书研究中对于资源的描述也是对表示资源的文本的描述。

为了直接体现需求内容主题之间的语义关系,本研究基于语义向量空间模型,在领域本体框架内,按照一定映射规则,将主题词和关键词与领域本体中的概念建立映射关系,构建资源的语义向量空间模型。即给定文本集 $(d_1,d_2,\cdots,d_m)$ (m 为文本总数)和关键词集 $(w_1,w_2,\cdots,w_n)$ (n 为关键词总数),则单个文本 $d_i \in (d_1,d_2,\cdots,d_m)$ 的语义向量空间模型为: $\vec{d_i} = \{(w_1, W_{i1}, s_{(1,i)}), \cdots, (w_j, W_{ij},$

---

① 余传明,张小青,等.基于 LDA 模型的评论热点挖掘:原理与实现[J]. 情报理论与实践,2010(5):103-106.

$s_{(j,i)}),\cdots,(w_n,W_{in},s_{(n,i)})\}$。其中,$i\in(1,2,\cdots,m)$,$j\in(1,2,\cdots,n)$,$W_{ij}$为关键词$w_j$在文本$d_i$以及整个文本集中的权重,$s_{(j,i)}$为关键词$w_j$与当前文本$d_i$的主关键词之间的语义相似度①。

③资源语义关联。基于领域本体的语义向量空间模型描述资源的目的,是为了建立资源之间的语义关系,或者能够表示资源的主题词、特征关键词之间的语义关系,突破传统向量空间模型中关键词的孤立性假设。社会化推荐中所推荐的直接对象不是资源,而是根据能够表示资源的向量与用户需求向量的匹配来推荐资源。因此在本章研究中,基于主题词和特征关键词的资源语义挖掘和向量表示是推荐实现的一个重要环节,将具有相似或相同主题的资源进行语义关联,能够减少相似资源查找的时间,结合用户与资源的关联关系,从而提高资源推荐的效率②。

在将资源根据主题词和特征关键词表示为语义特征向量之后,根据经典向量空间模型中资源相似度的计算方法,采用夹角余弦来计算资源之间的相似度:

$$R(\vec{d_i},\vec{d_j})=\cos(\vec{d_i},\vec{d_j})=\frac{\vec{d_i}\cdot\vec{d_j}}{|\vec{d_i}|\times|\vec{d_i}|}=\frac{\sum_{k=1}^{n}wt_{ik}\times wt_{jk}}{\sqrt{\sum_{k=1}^{n}wt^2_{ik}}\times\sqrt{\sum_{k=1}^{n}wt^2_{jk}}}。$$

根据资源之间的相似度构建资源关联网络,去掉网络中连边权值(相似度)低于阈值的关联,利用上述提出的社区发现方法,对资源关联网络进行社区发现,进一步对资源进行主题层面的划分。若出现规模很小的社区,则将其合并到与其相似度最大的社区中。

④用户的需求偏好程度计算。根据上述提出的用户需求层次树模型,根据主题词和特征关键词的关系,首先计算用户对特

---

① 徐德智,王怀民.基于本体的概念间语义相似度计算方法研究[J].计算机工程与应用,2007(8):154-156.
② 胡昌平,胡吉明,邓胜利.基于社会化群体作用的信息聚合服务[J].中国图书馆学报,2010(3):51-56.

征关键词的需求偏好程度,然后加权计算用户对资源主题的需求偏好程度。

社会化网络服务中用户与资源的关联关系是通过用户的社会化行为建立的,如 Delicious、Youtube、Last.fm 等不但建立了用户和资源的关系网络,而且给用户带来了更多的服务应用和体验。用户在社会化网络服务中对资源的使用是其用户行为的一种记忆行为,能够较为准确地反映用户的需求趋向①。用户所关注、收藏的资源或主题多属于其熟悉或所需求的相关领域,而对资源或主题相关关键词的选择更多地与其需求偏好或专业知识相关②,所以使用特征关键词和主题词能够有效地反映用户需求趋向,发现用户社区群组,提高推荐的准确度。

在信息资源语义挖掘和推荐服务实现中,被挖掘和推荐的资源往往具有实效性,与此同时,用户的需求趋向也往往随着时间发生迁移或漂移。用户最近使用的关键词比以往使用的关键词更能反映用户最近的需求趋向;而用户对某一关键词或主题词的使用次数越多、使用时间越长,则表明用户对该关键词或主题的需求偏好程度越大。为了区分用户对不同特征关键词的需求偏好程度,本研究通过最近使用时间 R(Recently)、使用频率 F(Frequency)和使用持续时间 Dt(Duration)来计算③:$Dt = \dfrac{Date_{last} - Date_{begin}}{Date_{now} - Date_{begin}}$。

其中,$Date_{begin}$ 表示用户第一次使用该关键词的时间,$Date_{last}$ 表示用户最后一次使用该关键词的时间,$Date_{now}$ 为当前时间。本研究将用户所关联的每个关键词的 R、F、Dt 三个指标的大小划分为 5 等分,并赋值为 1~5(如表5-2所示)。

---

① Oard D, Kim J. Implicit Feedback for Recommender Systems[C]// Proceedings of the AAAI Workshop on Recommender Systems,1998:81-83.

② Kim H L, Decker S, Breslin J G. Representing and Sharing Folksonomies with Semantics[J].Journal of Information Science, 2010,36(1):57-72.

③ 郭伟光,李道芳,章蕾.一种社会化标注系统资源个性化推荐方法[J].计算机工程与应用,2011(10):240-243.

表 5-2　　　　　　　　　　RFD 等级评分表

值区间	R 分数	F 分数	Dt 分数
$\left[\max, \frac{4}{5}(\max-\min)\right]$	1	5	5
$\left(\frac{4}{5}(\max-\min), \frac{3}{5}(\max-\min)\right]$	2	4	4
$\left(\frac{3}{5}(\max-\min), \frac{2}{5}(\max-\min)\right]$	3	3	3
$\left(\frac{2}{5}(\max-\min), \frac{1}{5}(\max-\min)\right]$	4	2	2
$\left(\frac{1}{5}(\max-\min), 0\right)$	5	1	1

因此,用户 U_i 对某一特征关键词 t_j 的需求偏好程度为:$\mathrm{pre}_{ij} = \frac{R_{ij}+F_{ij}+\mathrm{Dt}_{ij}}{15}$。

最后根据用户需求层次树中主题词与特征关键词的父子关系,加权计算用户的主题词需求偏好程度:$\mathrm{pre}_{ij} = \sum_{k=1}^{K} \mathrm{pre}_{kj} \times s_{(k,j)}$。

基于此,就得到了用户的个体需求趋向,然后根据上述计算用户的社区群组模型,最终得到用户的整体需求趋向模型。

5.3.3　基于语义向量空间模型的用户需求趋向表示

本章所探讨的内容为基于用户关系的信息资源推荐,结合后期的实证研究,在提取文本主题并对其进行分类关联的基础上,融合用户模型,实现信息内容的推荐服务。因此,本研究以资源给定分类体系上的社会化推荐框架为依托,进行以给定分类体系的资源或表示资源的项目(如关键词、标签等)为基础的用户需求趋向建模,采用自动用户建模方法,计算用户在各个资源类别(主题)上的需求偏好程度,确定用户需求趋向分布。因此,本节所研究的用户模型为用户在给定资源分类体系上的需求趋向分布的形式化向量表达。

本章以上大量有关用户建模的分析,从宏观建模到微观建模,从关系层面的建模到资源层面的建模,从粗粒度建模到细粒度建模,构建了完整的用户建模体系。其建模过程主要是通过需求主题层次的划分,以及引入领域本体对特征关键词的语义向量表示来实现的,改进了特征关键词的向量表示方法和相似度计算方法,构建了资源集合和主题关系网络,得出了用户需求偏好权重的计算方法;然后加权融合个体模型和社区模型,最终得到表示需求趋向的用户模型。

综上所述,本节中所分析的表示需求趋向的用户模型是一种基于关键词语义向量表示的用户建模改进。众所周知,基于关键词特征表示的向量空间模型适应范围广,表示直观且易于实现,也便于后续阶段的资源语义挖掘和推荐匹配的计算。但纯粹的关键词表示方法无法准确地反映用户需求的语义信息,只能被特定类型的系统使用,无法实现知识的共享和重用。本研究引入基于领域本体的语义向量空间模型,从细粒度层次构建了"用户-主题-特征关键词"的三级表示方式,能够按照主题类别描述用户需求偏好,提高需求趋向描述的准确度。

用户拥有多个需求偏好主题,每个主题下又有多个特征词,因此用户的细粒度模型或向量采用四元组 $U=\{Z,K,\text{Pre},\text{Dut}\}$ 表示。其中,Z 为用户需求偏好的主题,K 为主题下的特征关键词集合,Pre 是用户对主题的需求偏好权重,Dut 为需求偏好权重的更新时间(初始值为0,用来计算用户需求的更新)。如 $U=\{Z_i,K_i,\text{Pre}_i,\text{Dut}_i\}$,$Z_i$ 为用户 U 的第 i 个需求主题,K_i 为需求主题所包含的特征项集合 $K_i=\{w_{i1},w_{i2},\cdots,w_{in}\}$,$\text{Pre}_i$ 为用户对 K_i 中特征项的权重 $\text{Pre}_i=\{\text{pre}_{i1},\text{pre}_{i2},\cdots,\text{pre}_{in}\}$,$\text{Dut}_i$ 为需求偏好权重的更新时间 $\text{Dut}_i=\{\text{dut}_{i1},\text{dut}_{i2},\cdots,\text{dut}_{in}\}$。

表示需求趋向的用户模型不是一成不变的,而是随着时间和环境的变化而变化,因此需要根据用户实际需求的变化和漂移,相应地更新用户模型,合理地剔除用户过时的需求,添加最新需求。

5.4 用户模型的动态更新

众所周知,用户的需求趋向是随着时间和环境的变化而发生漂移的,新的需求不断出现,而旧的需求逐渐被遗忘或淘汰。首先,周围的环境影响,用户根据环境的变化遗忘旧的需求偏好,而产生新的需求偏好;其次,网络信息资源多样化的影响,用户的需求会随着其经验、知识的增长而发生变化,更加具体化、专业化和综合化;最后,个性化服务的影响,个性化服务的技术推动用户需求的升级,从基本需求提升为高层次需求①。

用户需求偏好的更新又称需求偏好漂移或迁移,即用户的需求项或偏好程度发生了变化,相应地,应及时更新用户模型,以适应用户的需求变化。

5.4.1 用户模型动态更新方法

心理学研究认为,人的记忆分为长期记忆和短期记忆,对于短期记忆,由于容量非常有限,因此当信息不能很快重现时,也很快被遗忘;对于长期记忆,当环境或场合的改变使得长时记忆中某些信息长期不被利用时,这些信息才会逐渐被遗忘。只有把与目前环境无关的信息排除出记忆系统,才能改进对当前环境有关的信息的提取速度和准确性。用户兴趣的改变是一种遗忘现象,和人的记忆相对应,也分短期兴趣和长期兴趣,两种兴趣具有不同的特点。这就要求用户兴趣的处理方法应该能够区分处理,对用户的这两种需求提供不同的服务②。

①短期模型漂移策略。短期模型的数据对应用户的短时记忆,是活跃的、常变的,更新处理方法要求能够快速响应,可以采用滑动

---

① Lam W, Mostafa J. Modeling User Interest Shift Using a Bayesian Approach[J]. Journal of the American Society for Information Science & Technology,2001,52(5):416-429.

② Janarthanam S, Lemon O. Adaptive Generation in Dialogue Systems Using Dynamic User Modeling[J]. Computational Linguistics, 2014,40(4): 883-920.

窗口方法,位于窗口的样本是用户当前的兴趣爱好,随着用户的浏览窗口移动,短期模型快速进行更新。当有新兴趣出现时,若兴趣窗口未满,则将新兴趣加入窗口的前端;若兴趣窗口已满,则将兴趣窗口中最近久未使用的兴趣滑出窗口,然后将新兴趣加入兴趣窗口的前端。

②长期模型漂移策略。长期模型的数据对应用户的长时记忆,是用户比较固定的偏好,是相对稳定的。因此当有新的兴趣发现时,需要采用一定的方法,将新加入的兴趣和以前的兴趣进行合并,得到当前的感兴趣的信息。由于人对事物的遗忘是一个渐进的过程,相同的兴趣在不同阶段对人的重要性是一个逐渐变化的过程,因此,兴趣的权重可以通过遗忘函数来计算。对用户来说,兴趣出现时重要性最高,随着时间的推移重要性逐渐下降,可采用正态遗忘函数的方法来跟踪用户的长期兴趣漂移。若用户兴趣模型没有发生明显变化,那么用户的长期兴趣模型与短期兴趣模型的相似性保持在一个固定的范围内(比如:相似性大于或等于0.3);若用户的长期兴趣模型发生改变,那么用户的长期兴趣模型与短期兴趣模型的相似性会突破相似性的下限,而且会随着时间的推移不断降低,这就表明用户的长期兴趣模型已经发生了改变。

用户需求模型更新方法目前主要有时间窗和遗忘函数方法。时间窗更新方法利用滑动时间窗剔除过时的需求偏好,遗忘函数方法则是利用遗忘函数对需求偏好权重进行衰减处理。近年来,研究者基于上述两种方法对用户模型更新进行了改进。

①基于时间窗的用户模型更新。时间窗理论认为时间是用户需求变化的主要原因,随着时间的迁移,用户需求偏好也会发生变化,已有的会逐渐被淘汰,而又产生新的需求偏好。在进行用户建模时,只需要从最近的用户信息行为中提取需求偏好数据,并利用设定好的固定大小的时间窗口将用户过时的需求偏好删除,即使用滑动时间窗口方式解决用户需求偏好更新问题[1]。对于

---

① Widmer G, Kubat M. Learning in the Presence of Concept Drift and Hidden Contexts[J]. Machine Learning,1996,23(1):69-101.

固定大小的需求偏好窗口,当新的需求出现时,窗口随时间向前滑动,新的需求偏好数据进入时间窗口,而旧的需求偏好数据被剔除出窗口(如图 5-8 所示)。因此,此种方法只能描述用户最近最新的需求偏好。除此之外,此方法更多是以用户最近的需求偏好简单覆盖以往的,会造成用户需求趋向的不稳定,且没有考虑偏好权重。因此,基于时间窗口滑动的用户建模精度不高,与用户实际需求趋向相差较大。

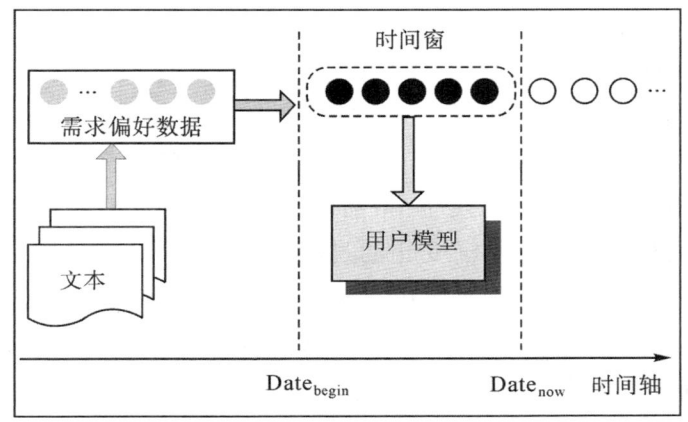

图 5-8　基于滑动时间窗的用户模型更新

基于此,众多研究学者提出了较多的优化方法,如借助分类错误率跟踪用户需求变化,通过改进的时间窗算法实时调节时间窗大小,达到自动调整用户模型的目的,提高用户需求趋向描述的准确度和效率①。

②基于遗忘函数的用户模型更新。人对事物的遗忘是一个渐进的过程,相同的兴趣在不同阶段对人的重要性是不同的。因此,兴趣的权重可以通过遗忘函数来计算。对用户来说,兴趣刚出现时重要

---

①　费洪晓,戴弋,等.基于优化时间窗的用户兴趣漂移方法[J].计算机工程,2008(16):210-211,214.

性最高,随着时间的推移重要性逐渐下降。另外,根据心理学的知识,人的遗忘规律不是完全线性变化的,对刚出现的兴趣在最近一段时间内关注度很高,立即遗忘的可能性极小,即使再有新的兴趣出现,对该兴趣的关注度也不会马上降低。但当用户较长时间不再使用某兴趣时,对该兴趣的关注度会随时间迅速降低,当一个兴趣的关注度降低到一定程度时,即它能被用户回忆起来的可能性很小时,那么它的遗忘速度应该迅速减小。

因此,基于遗忘函数的用户模型更新方法构建在人类记忆衰减原理的基础上,认为人类的自然遗忘是一个渐进的衰减过程,给每一个样本或信息赋予一个"年龄",随着"年龄"的增长,信息就会被用户慢慢地遗忘,只有未被遗忘的信息才能用来训练表述用户的需求趋向[1]。根据艾宾浩斯遗忘曲线可知,遗忘的速度"先快后慢";而在用户建模时,相同的需求在不同的时间段对用户的重要程度是一个逐渐变化的过程,因此需求偏好程度可以通过遗忘函数来计算。对于用户来说,需求刚出现时偏好程度最高,随着时间的推移,如若用户没有刻意或经常加强此需求偏好,则其重要性将会逐渐下降,由此就可以得出用户需求偏好的变化过程。

因此,基于遗忘函数的用户模型更新的关键是计算用户需求偏好程度随时间的衰减情况,即对每个需求特征根据出现的时间次序生成权重,用来表示用户需求偏好程度:$pre' = pre \cdot F(t)$。W'是遗忘时间之后的权重,W 为遗忘时间之前的权重,$F(t)$ 为遗忘函数。$F(t) = e^{-\frac{\log2(\text{Date}_{now} - \text{Date}_{last})}{d}}$,其中,$d$ 表示用户需求偏好遗忘的半衰期,即经过 d 天后用户的需求偏好遗忘一半,Date_{last} 表示用户最后一次使用兴趣的时间,Date_{now} 为当前时间[2]。

---

[1] Maloof M, Michalski R. Selecting Examples for Partial Memory Learning[J]. Machine Learning, 2000, 41(1):27-52.

[2] 李克潮,梁正友.适应用户兴趣变化的指数遗忘协同过滤算法[J].计算机工程与应用,2011(13):154-156.

5.4.2 用户模型的动态更新实现

用户模型更新的基本策略是:先将新发现的用户的兴趣用短期模型处理,同时此兴趣若存在于长期模型中,则直接用长期模型处理;然后,将此兴趣的出现次数递增,判断此概念在短期模型中出现的次数是否达到一定的阈值,是,则交给长期模型处理,否,则结束,继续下一个兴趣。

在有关用户模型更新方法的描述中,时间窗方法和遗忘函数方法各有优缺点,所适用的范围不同。时间窗适于用户短期需求偏好的更新,而遗忘函数则适于长期的更新。但实际上,用户需求偏好由长期和短期共同组成,长期需求偏好反映了用户在某一领域的稳定需求,而短期需求偏好则反映了用户在此领域范围下的动态需求。长期需求偏好作为用户相对稳定的需求趋向,长期不被用户关注后,才有可能被淘汰,而此时作为长期偏好领域下的短期需求也相应被剔除;而短期需求偏好被用户关注的程度和持续的时间达到一定程度后就会转化为长期需求偏好。因此,本研究将上述两种更新方法相结合对用户模型进行更新。

本研究在进行用户模型更新时,同时考虑用户新需求趋向特征的加入和模型中已有特征需求偏好程度的修正,并根据时间窗的大小逐渐淘汰模型中的旧需求偏好以及用户需求偏好程度过小的特征。从实现策略上包含两个部分:用户需求趋向主题的更新和其主题偏好权重的更新。

①用户需求趋向主题更新。在用户需求趋向数据收集之后,根据上述主题提取和向量表征方法,将特征关键词和主题词表示为语义特征向量。同时对用户模型中已有的特征向量进行查询,如果模型中已包含该主题,则对其偏好权重和时间进行修正;若该主题不在用户模型中,且用户模型的存储空间有剩余,则在用户模型中生成一个新的需求偏好主题。若模型空间已满,则根据用户关注程度和需求偏好权重(长期不关注和偏好程度过小)淘汰过时需求,并对新的主题特征归类,加入主题关联网络。

②主题偏好权重更新。根据当前时间 Date_{now} 与需求主题上一次使用时间 Date_{last} 之间的差距表示用户对当前主题的"遗忘"程度,然后与初始偏好权重相加得到新的偏好权重,并修改主题的最后时间为系统当前时间。为了降低复杂度,将权重更新计算公式修改为:

$$\text{pre}'(\text{Date}_{now}) = \frac{\alpha}{\alpha+(\text{Date}_{now}-\text{Date}_{last})}\text{pre}(\text{Date}_{last}) + \text{pre}(o)$$

。其中,pre' 为更新后的偏好值,$\text{pre}(\text{Date}_{last})$ 为特征关键词上次使用时的偏好权重,$\text{pre}(o)$ 为特征关键词选择时的初始偏好权重,α 为调整系数(可根据实际应用情况设定),其值越小,特征关键词的偏好权重随时间降低的速度也就越快[1]。

根据上述更新机理,用户模型更新实现主要从短期更新和长期更新两个部分展开。更新步骤如下:

①分别计算各个特征关键词的遗忘因子,依次调整用户的需求偏好程度:$\text{pre}_i' = \frac{\alpha}{\alpha+(\text{Date}_{now}-\text{Date}_{last})}\text{pre}_i(\text{Date}_{last})$

②将新特征词加入用户模型,若用户模型中含有该词(其特征向量),则跳转至③执行加权处理,否则跳转至④。

③根据 pre_i' 计算公式重新计算该词的偏好权重。

④如果用户模型尚有剩余空间,则将新需求趋向特征和偏好权重 $\text{pre}_i(o)$ 加入模型,将其所对应的时间设为当前时间,并累计次数。否则,跳转至⑤。

⑤淘汰需求偏好值最小的特征词,将新特征及其权重加入模型,将其对应的时间设定为当前时间,并开始计数。

⑥在更新后的用户模型中,选择使用次数大于等于设定阈值且需求偏好权重大于等于阈值的特征词,作为长期需求偏好,并将其排序。

⑦根据特征词遗忘计算,淘汰权值低于阈值的特征词。

用户模型更新框架如图 5-9 所示。

---

[1] 李珊.个性化服务中用户兴趣建模与更新研究[J].情报学报,2010(1):67-71.

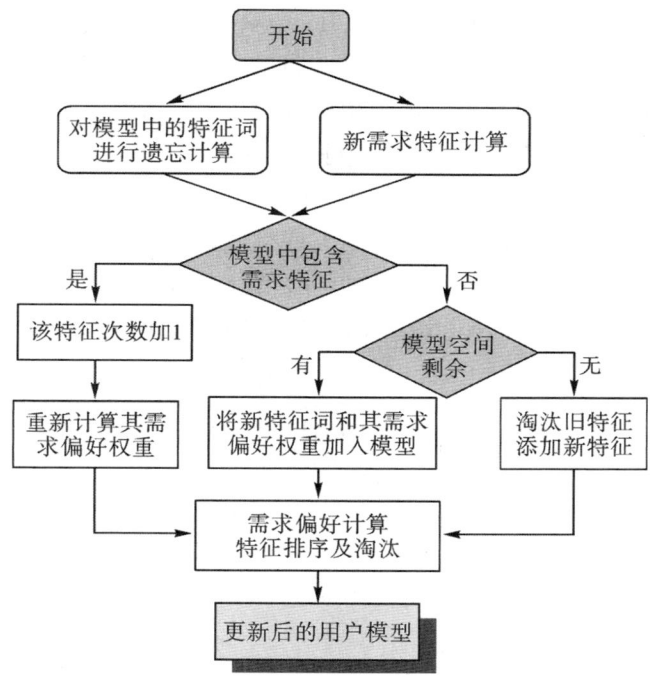

图 5-9 用户模型更新框架

5.5 实验分析

推荐服务中,准确把握用户的需求趋向,构建用户需求模型,是提高推荐质量的关键。本章以关系社区发现为主线,以用户需求趋向双层建模为框架,引入领域本体,基于主题层次树和语义向量空间模型,提出了一种基于本体语义向量空间模型的用户需求四元组多维表示模型及其动态更新策略。通过加权计算其社区群组模型和个性模型,利用本体概念映射所包含的语义关联信息得到用户模型,以准确描述用户需求趋向,同时通过更新策略捕捉用户需求变化。为了简单验证本文所提出方法的有效性,在 MovieLens 数据集上进行了实验分析。

本节所采用的数据集 MovieLens[①] 为一历史最悠久的推荐系统，由美国明尼苏达大学(Minnesota University)的 GroupLens 项目组创办，是一个非商业性质的、以研究为目的的实验性系统。MovieLens 主要采用协同过滤和关联规则相结合的技术[②]，基于用户对电影的打分数据向用户推荐其所需求偏好的电影。

①构建电影领域本体。本研究整合了电影领域的一些著名数据集(EachMovie[③]、Netflix[④])和全球互联网电影资料库(Internet Movie Database,IMDB[⑤])，以及国外其他一些供试用的电影领域本体，采用 OWL 语言和 Protégé2000 构建了电影领域本体(如图 5-10 所示)。

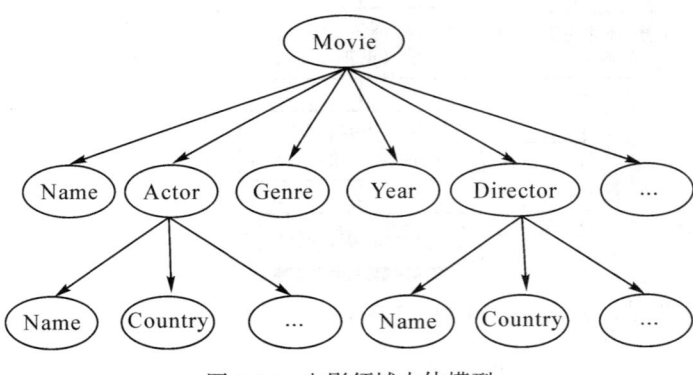

图 5-10　电影领域本体模型

②选取电影数据。本研究从数据集(包含 943 个用户对 19 个类别 1682 部电影的大约 10 万条评分数据)随机选取了 5 种主题类型

---

　　① MovieLens Data Sets[EB/OL].[2014-11-10]. http://www.grouplens.org/node/12.

　　② Wang Z, Yu X, Feng N, Wang Z H. An Improved Collaborative Movie Recommendation System Using Computational Intelligence[J]. Journal of Visual Languages and Computing, 2014, 25(6): 667-675.

　　③ EachMovie Data Set[EB/OL].[2014-11-15]. http://www.grouplens.org/node/76.

　　④ Netflix[EB/OL].[2014-11-15]. http://www.netflix.com/.

　　⑤ IMDB[EB/OL].[2014-11-15]. http://www.imdb.cn/.

的 500 部电影,类别包括喜剧(100 部)、动作(100 部)、冒险(100 部)、犯罪(100 部)和爱情(100 部),并从每个类别中选出 25 部电影作为待推荐电影;采用 MovieLens 提供的协同过滤推荐引擎进行推荐,以查全率 R 和查准率 P 作为评价指标[①]。

本研究从数据集中选取 10 个用户,并根据上述用户模型构建方法对其进行建模。假定这 10 个用户都喜欢喜剧,第 1 个用户评价了 10 部,然后其他每个用户依次增加评价 10 部,10 个用户的需求趋向模型依次变化为 $(U_1,U_2,U_3,U_4,U_5,U_6,U_7,U_8,U_9,U_{10})$,可将这 10 个用户等同看待,看做是同一用户在不同阶段的变化。在同类电影中,首先构建 1 个用户电影偏好模型(喜剧偏好),则其依次评价了动作、冒险、犯罪和爱情的 10 部电影,则用户模型的依次变化为 U_{A_1},U_{A_2},U_{A_3},U_{A_4},U_{A_5}。

图 5-11 和图 5-12 显示了 MovieLens 数据集上用户电影需求模型的变化情况。图 5-11 显示随着用户对同类电影评分数量的增多,用户模型可以不断更新,用户需求趋向描述的准确度不断提升,从而

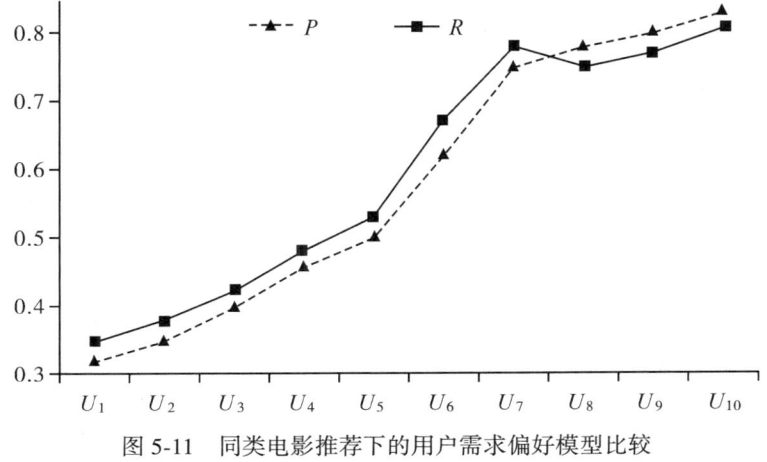

图 5-11 同类电影推荐下的用户需求偏好模型比较

---

① Zeng W, et al. Similarity from Multi-dimensional Scaling:Solving the Accuracy and Diversity Dilemma in Information Filtering[J]. Plos One, 2014,9(10).

反映在推荐准确度的不断提升上。如果用户的需求趋向发生了漂移,则用户的需求偏好呈现出不稳定趋势,用户的需求偏好主题分散,导致无法对用户需求集中描述,降低了用户需求趋向描述的准确性,此时推荐效果呈下降趋势。

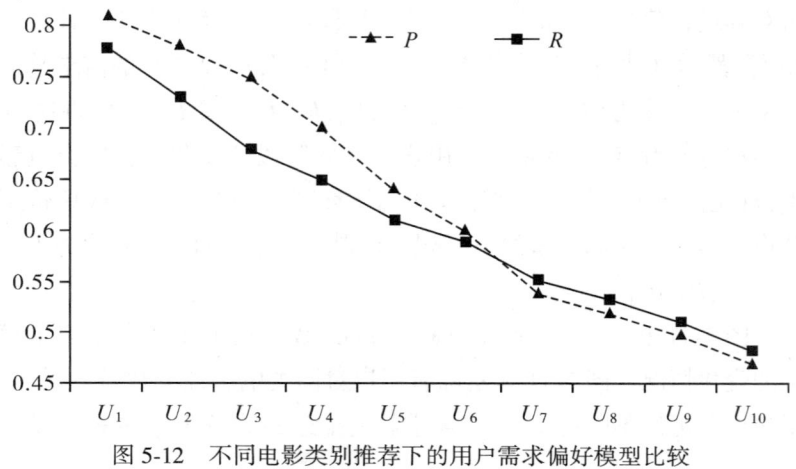

图 5-12　不同电影类别推荐下的用户需求偏好模型比较

综上所述,本研究在构建电影领域本体的基础上,提出基于语义向量空间模型的用户四元组细粒度建模及基于时间窗和遗忘函数混合的更新策略,该模型能够将用户的社区关系和个性偏好整合在一起,生成表示用户需求趋向的用户总体模型,并动态调整用户对各个需求主题的偏好程度,准确反映了用户的真实需求趋向,为提高个性化推荐效果提供了保障。

5.6　总结

用户建模是描述用户需求趋向、进行资源语义挖掘和推荐服务的重要基础,直接影响到推荐结果的准确性和有效性。本章从用户社区关系的视角出发,进行了用户需求趋向的建模研究。

推荐服务开展中用户的需求趋向越来越受到其所在的社区群组

的影响,因此用户建模已不再是单纯的用户个体建模,而应将用户的社区关系引入用户建模中。本章指出,社会网络环境下用户信息需求和网络行为呈社区化趋势,基于此探讨了基于社区交互行为的用户关系形成,从用户信息分享和社区聚集、需求偏好发现及推荐服务开展三个角度阐述了基于用户社区关系的推荐服务开展策略。而由此引出了本章的重点内容:在用户社区群组发现的基础上,进行用户需求趋向的建模研究。

在把握个性化服务中用户建模框架的基础上,分析了当前流行的用户建模方法,从向量空间模型方法、神经网络方法、用户-项目评价矩阵方法到本体论方法,分析了各种用户建模方法的优缺点和适用范围。向量空间模型方法作为用户需求描述的经典方法,被广泛应用在搜索、推荐系统中。但传统向量空间模型方法无法表达概念之间的语义关系,因而无法准确描述用户需求趋向;而本体论方法虽能够揭示用户需求主题之间的语义关系,但技术尚未成熟且复杂度较高,适用范围较小。

基于此,本章根据经典向量空间模型的运作机理,建立特征项与领域本体的映射关系,通过基于领域本体的语义向量空间模型进行用户建模。因此,本章提出了基于用户关系社区发现的混合建模方法。

在分析基于用户社区关系的用户建模机理的基础上,指出社区群组的挖掘能够帮助系统发现交互频繁、需求偏好相同或相似的邻居用户,以此所建立的用户模型能够更加准确地描述用户需求趋向,提高推荐匹配的准确度。在协同过滤推荐框架下,进行个体层面和社区群组层面的用户建模;资源层面上,实现了基于语义向量空间模型的用户粗细粒度建模。

首先,关系层面上,通过分析复杂网络中的社区发现方法,提出了基于模块度改进的关系社区发现算法,对用户关系进行社区划分,以此作为关系层面建模的基础。通过用户个体模型计算、社区群组模型计算,加权计算得到用户的整体模型。

其次,资源层面上,通过表示资源的主题词和特征关键词的向量表达进行用户建模。本章根据主题层次树的用户建模机理分析,指出在资源给定分类体系上进行用户建模是可行的;分析了向量空间模型的语义关系引入问题,通过领域本体构建语义向量空间模型,能够实现用户的多维粒度建模。基于领域本体和资源集进行用户细粒度建模,通过主体特征提取、特征语义向量表示、资源语义挖掘以及用户需求偏好程度计算,得出用户在每个主题词以及所包含的特征词上的需求偏好程度。根据上述模型构建过程,提出了完整的用户需求偏好表示方法,即基于语义向量空间模型的用户需求四元组表示。

再次,在分析了基于时间窗和遗忘函数的用户模型更新机理后,将两者结合,提出了用户模型更新方法。用户模型的更新同时考虑用户新需求特征的加入和已有需求偏好权重的修正,并根据时间窗的大小逐渐淘汰用户的过时需求。通过遗忘函数计算需求衰减程度,根据新需求出现情况修正已有需求偏好权重、添加未有需求,依据模型空间添加和淘汰用户需求,实现用户模型的动态调整。

最后,本书以电影推荐系统 MovieLens 为原型,通过用户及其相关电影数据进行用户建模和更新。在构建电影领域本体的基础上,对用户及电影数据进行预处理,随机选取 10 个用户和 500 部电影构建用户模型,并在其提供的协同过滤推荐系统中进行实验分析。结果显示,本章所提出的用户建模方法可行,且在查全率和查准率方面表现较好。

本章的研究工作是推荐服务研究的基础,对实现资源的语义挖掘和关联,以及最后基于用户关系的社会化推荐实现具有现实意义。

第 6 章　推荐系统中用户关系导向下的内容语义挖掘与关联

本书所研究的是社会网络环境下的推荐服务问题,按照传统推荐的研究框架,则包括三个部分:第一是用户建模,第二是表示网络信息资源的文本内容语义挖掘与建模,第三则是在上述两个环节基础上的用户与资源的匹配问题。本书第 3 章进行了关系社区视角下用户需求趋向的准确描述和建模研究,而本章则重点研究社会化网络服务中用户关系导向下的信息资源内容语义挖掘。

SNS 交互式网络服务的出现,降低了服务应用和开发的门槛,而由此带来了信息数量的激增;与此同时,用户生产内容(User Generated Content,UGC)的增多以及社会化媒体形式的信息传播,造成了信息的"碎片化"。因此,社会化网络服务所产生的信息革命,在大大增加用户获取信息总量的同时,却没有提升信息消除用户不确定性的功能,反而引起了更大范围的"信息恐慌",即造成了一种信息选择悖论。对用户来说,太多的选择成为用户信息行为的一种负担。因此,对信息资源的建模问题提出了挑战,传统的资源描述方法已无法适应信息"碎片化"的现状,应从语义层次上对信息资源进行挖掘和关联,提高资源描述的准确性。

从上述研究中得出,当前社会化网络服务中用户的需求趋向更多的是一种社区群组趋向,其需求的资源多集中于某一领域;因此,在进行资源推荐时,单个信息资源的提取与推荐已不再适应当前的服务需求,应将重点放在资源的分类与关联上,挖掘信息资源的语义关联特性,从语义的角度提高资源描述的准确性。基于此,本章在分析社会化网络服务中用户与信息资源内容之间所形成的多重关系的基础上,以用户社区关系为导向进行基于 LDA 主题模型的信息内容主题挖掘、基于语义向量空间模型的信息文本建模及基于超球支持向量机的文本分类与语义关联等研究工作,从语义的层次深度挖掘信息资源的文本内容,实现信息资源的语义表达和关联,构建面向用户关系社区的资源关联网络。

6.1 用户关系导向下的语义关联与内容挖掘

社会网络环境下的虚拟社区给用户带来了信息资源选择的多样化和自主化,与此同时,也带来了资源选择迷航问题。将离散、无序的"碎片化"信息,通过某种方式关联起来,实现相同或相似主题的资源内容的语义关联,则能有效地发现和挖掘信息资源,深度开发社区内的知识信息,提高信息筛选和推荐的准确度。

6.1.1 用户关系与需求内容的关联

社会网络环境下,信息的价值是从交互分享开始实现的,用户通过大量的信息交互行为建立起密切的互动交流关系,信息被赋予的行为越多,如评价、传播、共享等,越容易产生语义内容和价值,从而建立了三重关联关系:用户与用户之间的关系、用户与信息之间的关系以及信息之间的关系[①]。

用户依据其需求趋向开展信息行为。社会化网络服务中多种多样的社会化软件、社会化工具和应用,提供了用户对信息内容进行挖掘的服务,用户可根据自己的知识积累、结构和经验,对信息内容进行分享、传递乃至创新,将信息在语义上关联了起来;而用户之间通

---

① Lee C H. Unsupervised and Supervised Learning to Evaluate Event Relatedness Based on Content Mining from Social-media Streams[J]. Expert Systems with Applications,2012,39(18):13338-13356.

过对同一信息内容的交互,增强了关系影响程度,用户因相同的需求趋向聚集为具有共同需求趋向的社区群组[①]。

在因共同需求趋向聚集而成的虚拟关系社区群组中,用户建立人际关系的基础为对共同资源的需求和其内容的互动。通过相同或相似的需求趋向,用户进行互动交流;通过各种社会化行为(用户对资源的标注、使用、评论、打分、推荐、分享等),建立了用户与资源之间的关联关系,实现了资源在语义上的初步关联,因而将用户、行为手段、资源内容三者关联起来。以社会化行为——标签标注为例,通过标签关联用户和资源,通过拥有相同或相似的标签关联资源,通过相同或相似的标注及资源关联用户。由此,社会化标注不仅将用户、标签、资源建立了关联,而且在用户与用户、资源与资源、标签与标签之间建立了关联。用户对资源的各种社会化行为,从用户知识建构的角度体现了资源的语义内容,实现了资源内容的语义表达。因此,虚拟社区中的社会化行为使得内容之间的相关性和用户之间的交互性大大增强(如图6-1所示)。

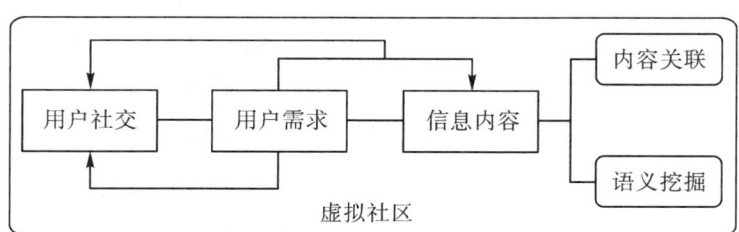

图6-1　虚拟社区中用户关系与需求内容之间的关联关系

用户与信息内容之间因需求趋向和社会化行为形成的关联,既

---

① Cingiz M O, Diri B. Content Mining of Microblogs[C]//2012 IEEE/ACM International Conference on Advances in Social Networks Analysis and Mining (Asonam) 2012: 835-838.

是建立用户关系网络的基础,也是信息内容语义表达的有效方式①。以社会化阅读为例,电子书阅读器 Kindle 根据用户对书籍的书签标注和批注等构建具有相同读书需求趋向的社区群组。社交化新闻阅读应用 Flipboard 直接关联 Facebook、Twitter 和 GoogleReader 中的用户账号,根据用户的"社交图谱"建立阅读内容之间的关联,结合评论数量、访问频率等用户的信息行为数据,向用户推送与之相关联的内容,实现了内容获取的个性化、内容推送的智能化和内容分享的社交化阅读。而添加了用户标注和批注的书籍内容之间及用户之间关联起来,在广泛传播和交流中实现了价值提升②。上述则为目前新兴的一种社会化分享方式——社会化阅读(Socialization Reading),将内容选择和注解重新交还给用户,以用户为核心,强调分享、互动、传播和社交;在书籍内容挖掘的基础上,深度挖掘了用户之间的关系、内容之间的关系、用户和内容之间的关系,实现了用户社交关系与需求内容的关联③。

6.1.2 用户-资源关联组织与内容挖掘

根据协同推荐的一般框架,资源推荐的前提则为用户集和资源集的构建及其模型化表示。本章则在用户关系社区导向下,探讨用户关系与需求内容之间的关联关系,进而通过对内容的语义挖掘,实现信息资源的语义建模。

SNS 中社会化软件、工具等的广泛应用,如社会化标注、评论、分享等,将用户聚集为关系社区并与信息资源关联起来,形成了用户与

---

① Fragkou P. Information Extraction Versus Text Segmentation for Web Content Mining[J]. International Journal of Software Engineering and Knowledge Engineering, 2013,23(8): 1109-1137.

② Wu X, et al. Data Mining with Big Data[J]. IEEE Transactions on Knowledge and Data Engineering, 2014,26(1): 97-107.

③ Chumtong P, et al. Object Search Using Object Co-occurrence Relations Derived from Web Content Mining[J]. Intelligent Service Robotics, 2014,7(1): 1-13.

6.1 用户关系导向下的语义关联与内容挖掘

资源的关联网络①,变革了传统的信息资源组织方式,从资源的单一组织逐渐转向以用户关系为核心的语义关联组织,为信息资源的组织、检索和推荐提供了新的解决思路②。

但是,社会化行为的大众性和用户参与性也限制了资源的语义挖掘,如标注的同义和多义问题、层次性缺乏、结构松散等③,导致了资源分类和语义关联的准确性不高。众多研究学者针对上述问题,研究运用概率论方法挖掘隐藏在用户、资源内容和社会化行为信息中的潜在语义,如通过概率生成模型加以表示和处理,将资源通过内容提取表示为向量,计算资源的相似度构建相似网络,将解析后的资源映射到本体概念图中,进行语义层次上的分类,等等。

基于此,本研究依托社会网络环境下的用户虚拟关系社区,基于用户关系与资源之间的关联特征,进行虚拟关系社区中的信息资源内容的语义挖掘。在网络环境下,信息资源的展示形式以文本内容为主,因此本研究的依托对象为代表信息资源的文本内容,研究策略即为文本内容的分类与语义关联。

"信息资源主题挖掘与语义关联"是将与用户社区关联的多个信息片段(如网页文本信息、微博信息、评论信息、标注信息等)按照主题相同或相似聚集为信息资源簇,并实现资源簇内信息资源的语义关联,以达到构建资源关联网络的目的④。因此,在研究框架上,本章将从以下几个部分展开信息资源内容的主题挖掘与语义关联研究:基于潜在狄利克雷分配(Latent Dirichlet Allocation,LDA)主题模型的文本内容主题提取,基于语义向量空间模型(Semantic Vector

---

① 魏建良,朱庆华.社会化标注理论研究综述[J].中国图书馆学报,2009(6):88-96.

② Zhang J, Li T, Chen H. Composite Rough Sets for Dynamic Data Mining[J]. Information Sciences, 2014,257: 81-100.

③ Yoon S, Elhadad N, Bakken S. A Practical Approach for Content Mining of Tweets[J]. American Journal of Preventive Medicine, 2013,45(1): 122-129.

④ Arbelaitz O, et al. Web Usage and Content Mining to Extract Knowledge for Modelling the Users of the Bidasoa Turismo Website and to Adapt It[J]. Expert Systems with Applications, 2013,40(18): 7478-7491.

Space Model,SVSM)的文本内容建模(语义特征表示),基于超球支持向量机(Hyper-Sphere Support Vector Machine,HS-SVM)的资源文本内容分类和基于语义相似度计算的资源语义关联。进而构建资源在主题层次上的关联网络(如图6-2所示)。

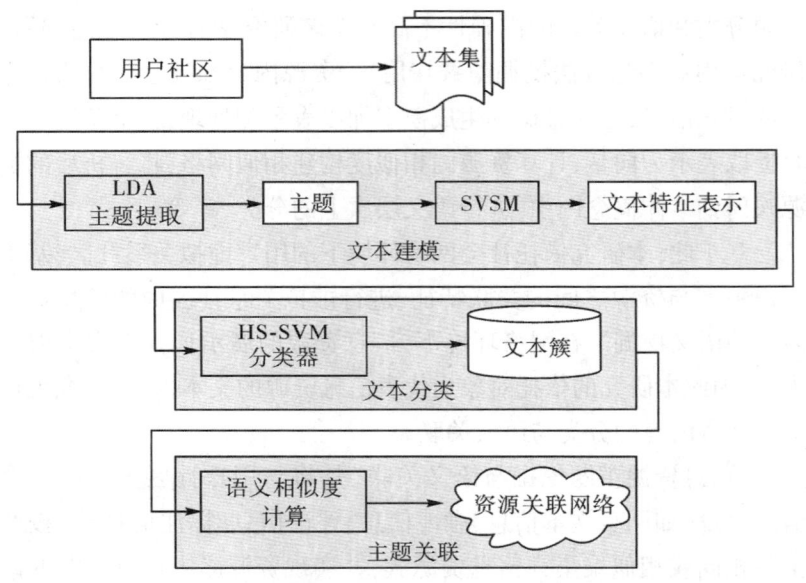

图6-2　信息资源主题挖掘与语义关联研究框架

根据图6-2,本章信息资源语义挖掘研究的具体步骤可归纳如下:

①文本内容主题提取。通过构建动态化的LDA主题模型,进行社区群组中文本内容的主题提取,按照时间片划分文本集,得到文本、主题之间的概率分布和主题、词汇之间的概率分布,根据主题相似度和强度计算,分析社区群组中信息内容主题的演化趋势。

②基于语义向量空间模型的文本内容建模。在计算主题词与特征词之间语义增量的基础上,进行文本内容语义层面上的初步建模;将主题词和特征词映射到领域本体中的概念层次树中,以本体概念的形式表示主题词和词汇,进而基于概念层次树进行概念间的语义

相似度计算,将其融入上述初步形成的文本内容语义向量中,得到最终的文本内容语义向量。

②文本内容分类与关联。根据超球支持向量机的文本分类特点,基于增量学习和密集决策函数对其进行改进,实现文本内容的精确分类;基于此,通过文本内容语义向量之间的相似度计算,构建文本内容关联网络。

6.2 基于 LDA 主题模型的信息内容挖掘

根据上述所设定的挖掘框架,本研究首先进行信息内容的主题挖掘,完成文本内容的生成和建模。信息文本内容的主题提取即选择合适的文本内容主题和特征词汇,以此对文本内容进行特征描述和建模①。文本内容特征描述和建模是信息资源语义挖掘的首要步骤。犹如用户建模一样,文本建模的目的是对表示资源的文本内容进行准确描述,以便信息检索、推荐系统能够对其进行准确计算和预测;与此同时,文本内容描述的准确性和建模方式直接关系到分类器的分类性能。文本内容建模和表示方法主要有布尔逻辑模型、向量空间模型和主题模型。近年来,由潜在语义分析发展而来的概率主题模型(如 LSA、LDA)得到了广泛应用。

6.2.1 信息内容挖掘研究的基本理论与发展

在海量的、复杂的、变化的信息之中如何得到有用的知识与模式仍旧是一个巨大的挑战,决策者无法有效地在如此庞大的数据内容之中得到对其有利与有价值的知识,催生了对于数据内容理解更加高层次的分析方法的强烈需求。于是数据内容挖掘的概念应运而生。数据内容挖掘是一种能从海量的、不确定的、不全面的、复杂的数据中提取出人们可能感兴趣的知识与模式,其涉及多门类学科的

---

① Husin H S. News Recommendation Based on Web Usage and Web Content Mining[C]// In C. Y. Chan & J. Lu & K. Norvag & E. Tanin (Eds.), 2013 IEEE 29th International Conference on Data Engineering Workshops, 2013: 326-329.

知识,包括信息科学、数据库技术、数理统计、机器学习、图像识别、数据可视化、信息检索等。数据挖掘中发现的知识与模式可以大大提高人们处理信息的效率,提供有价值的决策性辅助信息[1]。

数据挖掘概念自20世纪80年代被提出到现在,已经从一种概念逐步经历了理论的完善、算法的成熟与应用的成功。学者提出了很多已经证明有效与实用的数据挖掘方法,比如关联分析、聚类分析、分类预测等。而在应用方面。数据挖掘技术已经在金融、电信、电子商务、生物研究、地理研究、医学、零售等领域成功地运用[2]。例如"啤酒尿布"的经典营销案例,依托聚类分析的金融领域的客户市场细分、反信用欺诈系统,电子商务中的用户个性化推荐,依据关联分析的医学中的疾病预测、警察系统中的犯罪预测,生物学中的DNA序列相似度比较等,已经取得了有效、积极的作用[3]。

(1) 数据挖掘的基本过程

数据挖掘其实是一个不断反馈的过程。例如,用户在挖掘过程中发现使用的挖掘算法产生不了期望的结果,抑或是自己选择使用的数据的前期预处理并不太理想,这时用户都需要重复先前的步骤,甚至从头重新开始;就如同程序中的循环语句一样不断往复[4]。

数据挖掘的过程可以被概括为以下五步:提出问题、数据收集与预处理、数据挖掘、数据挖掘结果评估、模式发现。

①提出问题。虽然数据挖掘技术寻找到的模式是人们事先不知道的,但是这并不代表数据挖掘是无目的的。所以,需要事先了解这

---

[1] Chatfield C. Model Uncertainty, Data Mining and Statistical-inference[J]. Journal of the Royal Statistical Society Series A: Statistics in Society, 1995, 158: 419-466.

[2] Chen C H, Hong T P, Tseng V S. Fuzzy Data Mining for Time-Series Data[J]. Applied Soft Computing, 2012, 12(1): 536-542.

[3] Wang J, Peng J, Liu O. A Classification Approach for Less Popular Webpages Based on Latent Semantic Analysis and Rough Set Model[J]. Expert Systems with Applications, 2015, 42(1): 642-648.

[4] Wu X, et al. Top 10 Algorithms in Data Mining[J]. Knowledge and Information Systems, 2008, 14(1): 1-37.

些可能被发现的数据挖掘模式的大方向,这样有助于对整个挖掘过程有一定的把握,再根据实际情况对数据挖掘的结果进行分析。数据挖掘是一项极具挑战性的工作,只有对数据进行了充分的准备,才能保证挖掘算法的准确高效,才能获得更好的挖掘结果①。

②数据的收集与预处理。在提出问题的基础上,进行数据收集工作。数据的来源主要是数据库或数据仓库,也可以是基于问题的有目的的收集。与其他数据分析方法一样,对于收集的数据需要进行预处理以保证数据的准确性和可分析性。而具体在数据挖掘任务下,需要设计消除噪音以平衡噪音敏感的数据挖掘算法,进行重复处理与遗漏处理以去除不可分析的数据,最后进行数据类型的转换以适应具体的数据挖掘方法。经过数据挖掘技术的不断发展,转换的目的不仅限于适应挖掘算法,还带有减小算法运行开销的期望。

③数据挖掘的实施。根据第一步所提出的问题,选择最适合的数据挖掘方法进行数据挖掘。这一阶段的工作又分为两个步骤。第一个步骤,选取合适的挖掘算法找到训练集中所包含的预测模式。预测模式也叫初始模型,在第二个步骤中还会利用测试集的数据对其进行修正和优化,得到最优模型。修正和优化的过程其实和寻找预测模式的过程是相似的,也是用相同的挖掘算法清洗测试集,得到修正模型。测试集可以有若干个,那么就会得到多个修正模型。以初始模型为基础,提取每个修正模型的优点进行综合,就可以得到最优模型。训练集和测试集都是由预分类数据中的一部分数据建立起来的,但两者并无交集。可以看出,选择合适的挖掘算法是实现数据挖掘的关键。

④结果评估。在得到初始模型后,还要用测试集对其进行修正和优化,训练初始模型对其他数据的适应性,防止初始模型对训练集过度的记忆。横向的模式评估实现训练集、测试集和评价集这三种数据集的数据模式间的比较,侧重于模型的执行效果。一般情况下,

---

① Zeng L, et al. Distributed Data Mining: A Survey[J]. Information Technology & Management, 2012,13(4): 403-409.

好的模型中训练集的执行效果最好,而测试集和评价集的执行效果非常接近。纵向的模式评估实现对模型的适应性进行评价,即模型作用在不同的数据集上是否有能令人接受的结果。经过对模型的评价分析,就可以综合出所选数据集的最优模型。用最优模型作用于待预测数据集得到待预测数据之间的关系模式,再经过知识表示就能得到想要的预测信息,作为各种决策的参考信息①。

数据挖掘中可能会发现没有任何实际价值的数据挖掘模式,这种情况可能是数据收集与处理环节出现问题,也可能是挖掘算法本身有缺陷。当产生这样的结果时,往往要重新进行数据挖掘。另外,对数据挖掘结果需要进行解释与分析,以便用户易于理解,如利用信息可视化技术进行展示。不同的数据挖掘方法往往对应不同的评估方法,总体而言,数据有效性与算法正确是实现挖掘结果有效的必要条件②。

⑤模式发现。数据挖掘的主要功能是提取出隐藏在大量数据中有用的模式和规则。模式的定义是对数据集的一种抽象的描述。数据挖掘中的模式主要分为两种,包括预测型模式和描述型模式。预测型模式就是以当前的数据集为基础,对未知数据的值进行预测。典型的预测型模式有分量模式和序列模式等。描述型模式是不能直接用于预测的,它主要对已有的数据集中所挖掘出的规则和模式给出一种具体的描述以及将相似的数据分为同一组。在这一环节下,数据挖掘的结果已经转变为直接的知识可供参考与决策③。

(2)数据挖掘的主要方法

经过多年的发展,数据挖掘的方法不断丰富,常用的数据挖掘方法有以下几种:

---

① Tsai C W, et al. Data Mining for Internet of Things: A Survey[J]. IEEE Communications Surveys and Tutorials, 2014,16(1): 77-97.

② Sela R J, Simonoff J S. RE-EM Trees: A Data Mining Approach for Longitudinal and Clustered Data[J]. Machine Learning, 2012,86(2): 169-207.

③ Hammann F, Drewe J. Decision Tree Models for Data Mining in Hit Discovery[J]. Expert Opinion on Drug Discovery, 2012,7(4): 341-352.

①分类预测。分类的方法在于根据一定的分类标准,将待分析的数据集进行参照与比对,再将数据分门别类地归入指定的分类标准之中。分类标准需要预先构建分类器进行数据训练,分类结果往往可以用于描述数据发展的未来趋势。分类预测方法对商业中客户细分有着较好的效果。典型的分类预测算法包括 K 临近、神经网络与粗糙集等①。

②聚类。聚类方法的思想在于在数据集中找到令人满意的类簇,与分类不同的是,这种方法不需要事先指定类簇标准,按照相应的算法自动地对数据集进行分类,在算法运行的过程中,逐渐分析出数据之间的关系,根据它们的相似性和共同趋势,将数据聚集成若干类,最后得出分析结果。聚类分析常常用于先验知识不足的数据挖掘任务,且能起到不错的效果。聚类的经典算法有划分中的 K 均值、层次聚类算法等②。

③关联规则。关联分析思想在于找到数据集中某一项记录或多项记录与其他记录之间的相关关系,如果一项或多项记录与其他记录共同出现,并且出现的频率达到了预先设定的阈值,那么便认为这两者之间是存在关联规则的③。关联规则的应用十分广泛,比如在零售领域对客户购买的产品组合进行关联分析,可以发现单个用户或整体用户的购买习惯,有利于商家调整产品组合以达更好的营销效果。另外在医疗领域,对病人的症状进行关联分析,可以预测他患有某一疾病的概率④。

---

① Esling P, Agon C. Time-series Data Mining[J]. Acm Computing Surveys, 2012,45(1):124-131.

② Dejaeger K, Verbeke W, Martens D & Baesens B. Data Mining Techniques for Software Effort Estimation: A Comparative Study[J]. IEEE Transactions on Software Engineering, 2012,38(2): 375-397.

③ Liu Y H. Mining Frequent Patterns from Univariate Uncertain Data[J]. Data & Knowledge Engineering, 2012,71(1): 47-68.

④ Parpinelli R S, Lopes H S, Freitas A A. Data Mining with an Ant Colony Optimization Algorithm[J]. IEEE Transactions on Evolutionary Computation, 2002,6(4): 321-332.

④其他方法。在面对多样的数据类型时,也有相应的数据挖掘方法。比如对于图片、视频等的多媒体数据挖掘,为应对空间数据库而产生的数据挖掘方法,应对文本型数据而提出的文本数据挖掘方法,应对互联网产生数据的 WEB 挖掘方法等①。

(3)基于主题模型的数据内容挖掘模型设计

在文本表示和分类中,根据关键词及其属性(如词频)表示的文本向量或矩阵规模庞大和过于复杂,不利于计算机处理②。为了降低文本表示和分类的复杂度,将词与词假设为相互独立,其效率得到了显著提高③。显然,实际上词与词之间在语义上是相关的,而非完全独立;但是目前应用较多的分类算法基本上是以此假设为前提的,即以朴素贝叶斯模型(Naive Bayesian Model,NBC)④或词袋模型(Bag of Words Model,BWM)⑤理论为基础,将文本内容(段落或文档)看做是无序的词汇集合,忽略语法甚至是单词的顺序,统计文本集中每个词的出现频率,或通过词频-逆向文本频率方法(Term Frequency-Inverse Document Frequency,TF-IDF)⑥计算词汇的重要程度,得到词汇-文本的词频或权重矩阵,以数学形式的矩阵表示文本内

---

① Bacardit J, Llora X. Large-scale Data Mining Using Genetics-based Machine Learning[J]. Wiley Interdisciplinary Reviews: Data Mining and Knowledge Discovery, 2013,3(1): 37-61.

② Liao S H, Chu P H, Hsiao P Y. Data Mining Techniques and Applications—A Decade Review from 2000 to 2011[J]. Expert Systems with Applications, 2012,39(12): 11303-11311.

③ Tsekouras G E, Gavalas D. An Effective Fuzzy Clustering Algorithm for Web Document Classification: A Case Study in Cultural Content Mining[J]. International Journal of Software Engineering and Knowledge Engineering, 2013,23(6): 869-886.

④ Friedman B N,Geiger D,Goldszmidt M. Bayesian Network Classifiers[J]. Machine Learning,1997,29:131-163.

⑤ McCallum A, Nigam K. A Comparison of Event Models for Naive Bayes Text Classification[J]. AAAI Workshop on Learning for Text Categorization, Madison, WI,1998,752,(1):41-48.

⑥ Salton G, Buckley C. Term-weighting Approaches in Automatic Text Retrieval[J]. Information Processing & Management,1988,24(5): 513-523.

容,文本内容处理就变成了矩阵运算,如文本内容的相似度计算等。

自20世纪90年代以来,基于机器学习的文本建模与分类方法,成为信息检索与数据挖掘领域的研究热点。在文本建模或表示方法应用中,最为广泛的则为向量空间模型(Vector Space Model,VSM[①])。VSM将文本用一个高维空间中的向量来表示,空间中的每一维对应文本集中的一个特征词,将文本集构造为一个高维、稀疏的"特征词-文本"向量。而在此基础上,降维处理特征矩阵,进行文本的分类(如图6-3所示)。

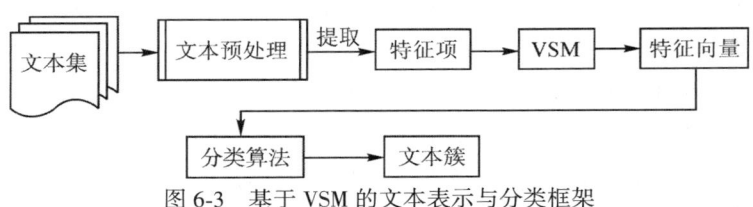

图6-3 基于VSM的文本表示与分类框架

基于TF-IDF和VSM的表示方法以固定长度的矩阵向量表示非固定长度的文本内容,但没有对文本或词汇进行语义识别。因此,在TF-IDF和VSM看来,所有词汇只不过是一个个语言符号,对于同义词(Synonym)、多义词(Polysem)等无法识别和处理。与此同时,传统的文本表示方法为了处理更多的词汇信息,必须不断扩大训练词典的规模,增加训练文本的数目,以进行更为复杂的模型训练,所需要的存储空间和计算量将成倍增长。

在现实中,词汇与词汇之间并不是相互独立的,而是存在着语义关联。为了突破词袋模型词汇的独立性假设,研究者从语言模型的角度,提出了基于概率统计模型的文本内容表示方法,即通过语料库中所观测到的、已经出现的词汇,推测尚未出现的词汇出现的概率。如马尔可夫假设,下一个出现的词只与它前面出现的词有关[②]。虽

---

① Salton G, Wong A, Yang C S. A Vector Space Model for Automatic Indexing[J]. Communications of the ACM,1975,18(11):613-620.

② Blunsom P.Hidden Markov Models[EB/OL].[2013-08-19].http://digital.cs.usu.edu/~cyan/CS7960/hmm-tutorial.pdf.

然这只是一种大概估计,看似不尽合理,将会丢失掉其中的一些信息,但是经过众多研究证明,这种概率统计方法却能很好地推断后续词汇出现的概率,非常适于未知文本内容的主题提取和表示[1]。

从文本内容的结构上看,文本内容的组成元素不仅仅是词汇,在词汇和文本内容之间还有一层隐含的关系,即主题(Topic)[2]。如文章撰写的过程,首先是确定主题以概括文章内容,然后选择合适的词汇来表示主题。其中,主题是文章内容中的隐含变量或潜在变量,词汇则是可以直接观察的变量。因此,在 BWM 中引入主题进行文本建模成为近年来研究较多的一个方向,而研究最多的则是概率主题模型。

概率主题模型的基本思想为假设存在 T 个主题(隐含在文本内容中的潜在变量),其中每个主题是文本内容中词汇(可直接观测变量)的多项式分布;运用推理方法发现生成词汇的概率最大的主题,以及主题-词汇的概率分布、文本内容-主题的概率分布。概率主题模型可以对不同主题做不同的概率假设,自动提取文本集中的主题,并按照词汇的概率分布形式直观地表达主题,为无监督分析文本和预测新文本提供了方便。

主题模型作为一种文本内容的概率生成模型或产生式模型(Generative Probabilistic Model),如 LSA[3]、PLSA[4] 和 LDA[5],在定义概率抽样过程的基础上,采用一些潜在变量(主题)来产生文本中的词汇,找到能够产生文本词汇的最佳主题集合,是对人的思维过程的

---

[1] Sebastiani F. Machine Learning in Automated Text Categorization[J].ACM Computing Surveys,2002,34(1):1-47.

[2] Tsytsarau M, Palpanas T. Survey on Mining Subjective Data on the Web[J]. Data Mining and Knowledge Discovery, 2012,24(3): 478-514.

[3] Deerwester S, et al. Indexing by Latent Semantic Analysis[J]. Journal of the American Society for Information Science, 1990,114(2):211-244.

[4] Hofmann T. Probabilistic Latent Semantic Analysis[C]// Proceedings of the 22nd Annual International SIGIR, Conference on Research and Development in Information Retrieval.New York:ACM,1999:50-57.

[5] Blei D M, et al. Latent Dirichlet Allocation[J].Journal of Machine Learning Research, 2003,3(2):993-1022.

6.2 基于 LDA 主题模型的信息内容挖掘

模拟。基于概率主题模型的文本表示能够更加符合现实文本的特点,最大限度地表示文本中所蕴含的含义,信息丢失较少,较好地解决了词汇、主题和文本之间的语义关联问题①,因此受到越来越多的关注②。

6.2.2 基于概率主题模型的文本挖掘

概率主题模型中,具有代表性意义的为潜在语义分析模型(Latent Semantic Analysis,LSA)③、概率潜在语义分析模型(Probabilistic Latent Semantic Analysis,PLSA)④,以及潜在狄利克雷分配模型(Latent Dirichlet Allocation,LDA)⑤。

本章所涉及的符号定义如表 6-1 所示。

表 6-1　　　　概率主题模型中的符号定义

符号	符号定义
D	文本集
M	文本数(如微博数、日志数)
d_l	单个文本
Z	主题集
T	主题数

---

① Steyvers M, Griffiths T. Probabilistic Topic Models[R]. Handbook of Latent Semantic Analysis. New Jersey:Lawrence Erlbaum,2007,22(7):424-440.

② Barbieri N, Manco G, et al. Probabilistic Topic Models for Sequence Data[J]. Machine Learning,2013,93(1):5-29.

③ Deerwester S, et al. Indexing by Latent Semantic Analysis[J]. Journal of the American Society for Information Science, 1990,114(2):211-244.

④ Hofmann T. Probabilistic Latent Semantic Analysis[C]// Proceedings of the 22nd Annual International SIGIR, Conference on Research and Development in Information Retrieval.New York:ACM,1999:50-57;Hofmann T. Unsupervised Learning by Probabilistic Latent Semantic Analysis[J].Machine Learning,2001,42(1):177-196.

⑤ Blei D M, et al. Latent Dirichlet Allocation[J].Journal of Machine Learning Research, 2003,3(2):993-1022.

续表

符号	符号定义
z_j	单个主题
E	词汇集
V	词汇数
w_i	单个词汇
$w_{d,i}$	文本 d 中第 i 个词
$z_{d,j}$	文本 d 中第 j 个主题
α	LDA 模型的 Dirichlet 先验分布,表示整个文本集上主题分布的先验
β	LDA 模型的 Dirichlet 先验分布,表示所有主题上词汇分布的先验
θ_d	主题在文本 d 上的多项式分布
φ_z	词汇在题 z 上的多项式分布

(1) 潜在语义分析模型

LSA 也被称为潜在语义索引(Latent Semantic Indexing,LSI),是由斯科特·迪尔韦斯特(Scott Deerwester)等人提出的一种基于线性代数挖掘文本的新方法。奇异值分解(Singular Value Decomposition,SVD)的降维方法是 LSA 来改进和解决 TF-IDF 所存在问题的核心[1]。

潜在语义分析利用矩阵奇异值分解的方法进行主题建模,通过提取出前 k 的奇异值以及相应的奇异向量进行矩阵重构,得到一个秩为 k 的近似矩阵用来表示最初的词汇-文本矩阵。该矩阵从代数角度上是原始矩阵最小二乘意义上的最佳近似,从语义角度上它能将原始文本中词语之间、句子之间和文档之间的共现关系揭示出来[2]。

---

[1] Evangelopoulos N E. Latent Semantic Analysis[J]. Wiley Interdisciplinary Reviews:Cognitive Science, 2013,4(6):683-692.

[2] Evangelopoulos N, Zhang X, Prybutok V R. Latent Semantic Analysis:Five Methodological Recommendations[J]. European Journal of Information Systems, 2012,21(1):70-86.

潜在语义分析理论主要基于如下假设：在以词语为维度的初始空间中，任何富含语义的句子或者文档的出现都不是随机的，正如人们平时构思文章，要围绕一个中心思想来行文①。因此我们潜意识里认为有一种未知的语义结构在起作用。同样，在以句子或者文档为维度的初始空间中，在该句子或者文档中出现的某个词语与该句子或者文档中的其他词语也不是随机的，这种以句子或文档为整体的共现关系决定了词语之间的某种语义联系，这种联系也不应是随机出现的，而是由一种未知的语义结构支配着②。

潜在语义分析理论认为，人类语言中这种抽象而未知的语义结构决定了词语的共现和句子或文档的组成。如果我们能够将这种未知的语义结构表达出来，构建词语之间、句子之间甚至文档之间的量化的语义关系，定能够降低语言中丰富的词语用法和词语表达对文本计算带来的误差③。

LSA 模型是能够揭示这种潜在语义结构的最佳方法，它使用了功能强大的统计理论来揭示词语之间、句子之间以及文本之间的联系。LSA 模型能够通过词语的低阶共现关系不断计算得到词语的高阶共现关系，这种高阶共现恰好能够代表句子或者文本相似度，从而将这种潜在空间中的语义关系进行了量化描述。在维度大大缩小的潜在语义空间内实现词语、句子和文档的索引匹配或信息提取，根据分解得到的潜在概念（Latent Concept）进行主题建模或者句子摘取，摆脱了向量模型带来的一词多义等问题④。

---

① Zhang H, et al. Multidimensional Latent Semantic Analysis Using Term Spatial Information[J]. IEEE Transactions on Cybernetics, 2013, 43(6): 1625-1640.

② Kulkarni S S, Apte U M, Evangelopoulos N E. The Use of Latent Semantic Analysis in Operations Management Research[J]. Decision Sciences, 2014, 45(5): 971-994.

③ Mashechkin I V, et al. Automatic Text Summarization Using Latent Semantic Analysis[J]. Programming and Computer Software, 2011, 37(6): 299-305.

④ Ma W, Wei W, Degn Y. Micro-blog Topic Detection Method Based on Latent Semantic Analysis[J]. Computer Engineering and Application, 2014, 50(1): 96-100.

总体而言,LSA 将 TF-IDF 矩阵通过 SVD 分解为三个规模较小的矩阵的乘积,通过控制中间过渡矩阵的维数来控制存储空间的大小,即将文本在高维向量空间模型中的表示投影到低维的潜在语义空间(Latent Semantic Space)中,有效地缩减了问题求解的规模[1]。在低维的潜在语义空间中,文本内容之间或文本内容与词汇之间的相似度计算的可靠性更强[2]。

(2) 概率潜在语义分析模型

虽然 LSA 在一定程度上克服了传统文本表示模型的缺点,但是 LSA 只给每个词汇赋予语义空间中的唯一坐标(或者是该词汇所表示的多个意义的平均值),而无法用多个坐标表示词汇的多个含义,也就无法解决文本中的"一词多义"问题[3]。而且 SVD 需要对 TF-IDF 矩阵进行反复比较,难以并行化,算法复杂度(Complexity)高且计算开销较大[4]。LSA 在计算结果的很多维度上为负数,无法直观地理解主题和表示文本。因此,研究者一直致力于寻找 LSA 的改进方法。托马斯·霍夫曼(Thomas Hoffmann)在 1999 年提出了一种可以避免进行奇异值分解的概率主题模型——PLSA 模型。PLSA 摒弃了 LSA 通过复杂的代数转换来分解矩阵的方法,可以说是真正意义上的概率产生式模型。

概率潜在语义分析模型(PLSA)是霍夫曼在研究 LSA 的基础上将模型的生成思路重新设计,摒弃 LSA 中所采用的矩阵转换方法,基于最大似然法(Maximum Likelihood)提出的一种产生式模型。PLSA 采用 EM 算法,计算复杂度大大小于 SVD,在处理大规模数据方

---

[1] Shen B, Zhao Y S. An Experimental Study of Incremental SVD on Latent Semantic Analysis[J]. Journal of Internet Technology, 2014,15(1):35-41.

[2] Landauer T K, Foltz P W, Laham D. An Introduction to Latent Semantic Analysis[J].Discourse Processes, 1998,25(2):259-284.

[3] Bassiou N, Kotropoulos C. RPLSA: A Novel Updating Scheme for Probabilistic Latent Semantic Analysis[J]. Computer Speech and Language, 2011,25(4): 741-760.

[4] Huang W, Yan Y, Li B. A New Method of Text Medical Records Semantic Analysis Based on Merging PLSA Model and Tree Model[J]. Journal of Jilin University, Science Edition, 2013,51(4):666-670.

面和整体性能上都优于 LSA。PLSA 模型对 LSA 进行了统计学极大似然估计的重新解释,使得 LSA 有了稳固的统计学基础,同时使用 EM 算法进行学习,具有线性的收敛速度,可以在局部达到最优[1]。概率潜在语义分析是一种基于双模式和共现数据分析的统计学方法,该方法使用概率模型模拟潜在的语义空间,将文档和词映射到同一语义空间,把一个词汇在不同的潜在语义变量上的概率分布理解为词汇的不同意思,从而成功地解决了"一词多义"和"一义多词"的问题[2]。

在一般的信息检索方法当中,词往往被当做孤立的带有特定语义的实体处理,每个词被处理成一维,所有的词构成了一个高维的语义空间,每个文档在这个语义空间中被映射为一个点。这种方法有两个明显的缺点:语义空间的维数很高和词作为一维处理的方法割裂了词与词之间的关系[3]。为此,PLSA 采用了如下处理思路:将词和文档同等对待,构造一个维数不高的语义空间,每个词和每个文档都被映射为这个语义空间中的一个点。这样处理既解决了维数过高的问题,也可以把词与词之间的关系体现出来,语义上越相关的词在这个语义空间中几何上越接近[4]。

在 PLSA 模型中,引入潜在变量——主题 $z_j \in \{z_1, z_2, \cdots, z_T\}$,对应模型中的潜在语义层(如图 6-4 所示),首先根据分布 $p(d_i)$(表示

---

[1] Zhao D, et al. Satellite Recognition via Sparse Coding Based Probabilistic Latent Semantic Analysis[J]. International Journal of Humanoid Robotics, 2014, 11(2).

[2] Kurosawa Y, et al. Comparing Clustering Algorithms for Psychomime Classification Using Probabilistic Latent Semantic Analysis and Fuzzy C-means[C]// Advances in Knowledge-based and Intelligent Information and Engineering Systems, 2012, 243: 565-574.

[3] Wang J, et al. Multichannel Biomedical Time Series Clustering via Hierarchical Probabilistic Latent Semantic Analysis[J]. Computer Methods and Programs in Biomedicine, 2014, 117(2): 238-246.

[4] Kuta M, Kitowski J. Comparison of Latent Semantic Analysis and Probabilistic Latent Semantic Analysis for Documents Clustering[J]. Computing and Informatics, 2014, 33(3): 652-666.

文本在文本集中出现的概率)随机抽样得到文本 d_l,然后根据 $p(z_j|d_l)$(表示一个文本中主题的语义分布情况)抽样选择表示文本的主题 z_j,最后根据 $p(w_i|z_j)$(当确定了主题 z_j 时,相关词汇出现的概率)选择文本的词汇(如图 6-4 所示)。

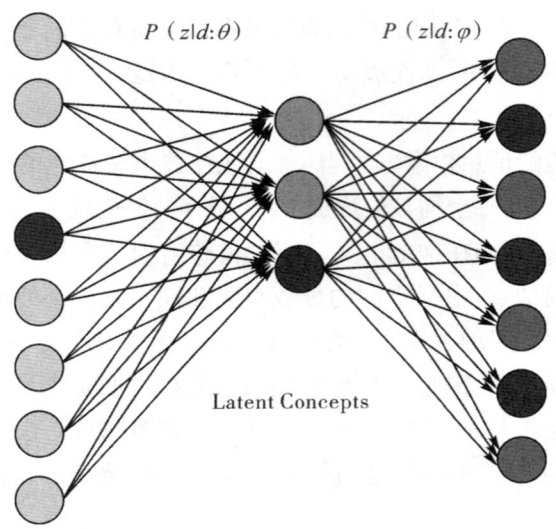

图 6-4　PLSA 文本生成过程

根据图 6-5(图中实心圆为可观测变量,空心圆为潜在变量,M 为文本集中的文本数,V 为词汇数),多次重复就可获得观测到的文本-词汇对 (d_l, w_i) 的联合概率分布:$p(d_l, w_i) = p(d_l) \sum_{j=1}^{T} p(w_i | z_j) p(z_j | d_l)$。

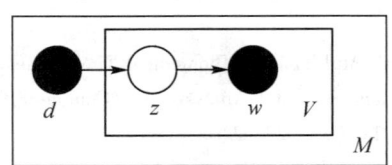

图 6-5　PLSA 文本生成模型的贝叶斯网络图

PLSA 的核心在于引入了语义模型[1]。潜在语义模型是共现数据的隐含变量模型,将一个未观察到的类变量与每一个观察关联,这种分析的基础仍然是文档和词的共现矩阵,分析的结果是为词和文档都和这些潜在的语义建立了关系,这种潜在语义成为语义关联的一种桥梁。目前,PLSA 模型已成功应用于信息滤波、文本分类、信息检索等很多方面,相对于其他文本分析方法,具有几个优点。首先,PLSA 使得文档之间的语义关系更加明晰。PLSA 在 LSA 的基础上发展而来,通过构建概率模型将词向量和文档向量映射到一个低维空间,通过重新对 LSA 进行统计学极大似然估计而实现,拥有更加坚实的数学基础且易于使用数据生成模型,消减了词和文档的语义模糊度,使得文档之间的语义关系更加明晰。其次,PLSA 算法稳定,自适应性强。PLSA 算法以概率为基础,使用 EM 算法进行最大似然估计,算法稳定成熟,逼近效果好,且易于实现,并且 PLSA 是一种无监督的学习过程,自适应性强,适合构建学习支持系统[2]。最后,PLSA 相对于其他方法耗时少,易于实现。PLSA 仅需要对文本特征词汇进行简单处理,便可计算出文本与潜在语义的关联性,进而对文本进行分类。

PLSA 模型对文本集的主题类别表示方式本质上还是一个 $k\times|D|$ 的矩阵(k 为潜在主题数,D 是文本集中文本的类别数),而且 PLSA 模型在文本表示中需要给出词汇的先验概率,但这个概率只建立在当前所处理的文本集的基础上,对于之外的文本集不再适合,必须重新计算得出。因此,PLSA 模型对文本中主题的混合权重没有做任何假设,使得模型中的主题权重与特定文本内容相关。这就导致了 PLSA 模型无法突破的缺陷:随着文本数量的增长,其待估参数数量势必呈线性增长,参数过多则会出现过拟合现象,即 PLSA 模型中存

---

[1] Wang Z, et al. Web Clustering Based on Hybrid Probabilistic Latent Semantic Analysis Model[J]. Journal of Computer Applications, 2012, 32(11): 3018-3022.

[2] Zhang W, Huang W, Xia L. Recommendation Research Based on General Content Probabilistic Latent Semantic Analysis Model[J]. Journal of Computer Applications, 2013, 33(5): 1330-1333.

在过多仅适用于当前文本集的参数特征,而这些特征无法表示其他文本,导致了 PLSA 模型仅仅能够生成当前文本集的文本模型,无法生成新的文本模型,从而缺乏处理新文档的自然方法①。

针对 PLSA 模型的问题,大卫·布雷(David Blei)在 2003 年提出了潜在狄利克雷分配(Latent Dirichlet Allocation,LDA)主题模型,因其参数简单,不会产生过拟合现象,成为迄今为止应用最广泛的主题模型②。

(3)潜在狄利克雷分配模型

LDA 模型是一种产生式的三层贝叶斯概率主题模型,通过文本、主题和词汇三个层次的划分,将文本内容表示为潜在主题的有限混合,文本内容的主要区别在于它们的主题混合分布不同。LDA 模型为一个完全的概率生成模型,具有很好的先验概率假设,其参数数量不会随着文本数量的增长而线性增长,泛化能力强,推理算法便捷高效及展示效果好,在文本主题提取③、分类聚类④、检索⑤、演化⑥、标注⑦等领域得到了广泛应用。

---

① Zhang Z Y, Feng X, Huo W G. An Improvement of PLSA-based Community Detection Algorithm[J]. Modern Physics Letters B, 2014, 28(17): 1450120.

② Tang J, et al. Evaluation of Stability and Similarity of Latent Dirichlet Allocation[C]// 2013 Fourth World Congress on Software Engineering (Wcse), 2013: 78-83.

③ 张玉峰,何超.基于潜在语义分析和改进的 HS-SVM 的文本分类模型研究[J].图书情报工作,2010(10):109-113.

④ Lakshminarayanan B, Raich R. Inference in Supervised Latent Dirichlet Allocation[C]// 21st IEEE International Workshop on Machine Learning for Signal Processing (MLSP), 2011.

⑤ Momtazi S, Naumann F. Topic Modeling for Expert Finding Using Latent Dirichlet Allocation[J]. Wiley Interdisciplinary Reviews:Data Mining and Knowledge Discovery, 2013, 3(5): 346-353.

⑥ Du L, Buntine W, Jin H, et al. Sequential Latent Dirichlet Allocation[J]. Knowledge and Information Systems, 2012, 31(3): 475-503.

⑦ Guo Q, Li N, Yang Y, et al. Supervised LDA for Image Annotation[C]// IEEE International Conference on Systems, Man and Cybernetics (SMC), International Conference on Systems Man and Cybernetics Conference Proceedings, 2011: 471-476.

6.2 基于 LDA 主题模型的信息内容挖掘

LDA 主题挖掘的基本思想①是通过一系列主题的混合分布($P(z)$)表示每个文本,同时每个主题是词汇表中所有词汇的概率分布($P(w|z)$),就得到了每个词汇在一个文本中的概率分布为:$P(w_i|d_l) = \sum_{j=1}^{T} P(w_i|z_i=j)P((z_i=j)|d_l)$。其中,$T$ 为主题数目,z_i 是主题(i 表示词汇 w_i 的主题序号),$P(w_i|z_i=j)$ 表示词汇 w_i 被分配到主题 z_j 的概率,$P((z_i=j)|d_l)$ 表示主题 z_j 在文本 d_l 中的概率。

LDA 模型是一个描述如何基于潜在主题挖掘生成文本中词汇的概率抽样过程②,其文本生成过程为③:

①文本的词汇数计算。根据泊松分布(Poisson Distribution)得到文本的词汇数目(文本长度)V。

②文本的潜在主题概率分布生成。对于文本 d,根据 $\theta_d \propto Dir(\alpha)$,得到多项式分布 θ_d。即文本 d 与各个主题之间关系 θ_d 从超参数 α 的狄利克雷分布(Dirichlet Allocation)中抽样得出。当有 T 个主题时,θ_d 就是一个 T 维向量,每个元素代表主题在文本中的出现概率,且满足 $\sum_{T} \theta_{d_r} = 1$。

③文本的主题-词汇概率分布生成。对于文本集中的每个主题 z,根据 $\varphi_{z,i} \propto Dir(\beta)$,得到其多项式分布 φ_z。

④文本-词汇生成。首先从参数 θ_d 的多项式分布中抽样取出当前词汇所属的主题 $z_{d,i}$($z_{d,i} \propto Mult(\theta_d)$),然后根据参数为 $\varphi_{z,i}$ 的多项式分布得到其具体词汇 $w_{d,i}$($w_{d,i} \propto Multi(\varphi_z)$),即选取 $P(w|z)$ 最大的一个词。

因此,一个文本中所有词汇与其所隶属主题的联合概率分布为:

---

① Blei D M, et al. Latent Dirichlet Allocation[J].Journal of Machine Learning Research,2003,3(2):93-1022.

② Fu Y, et al. Automated Classification of Software Change Messages by Semi-supervised Latent Dirichlet Allocation[J]. Information and Software Technology, 2015,57:369-377.

③ Colace F, et al. Terminological Ontology Learning and Population Using Latent Dirichlet allocation[J]. Journal of Visual Languages and Computing, 2014,25(6):818-826.

$$P(w,z\mid\alpha,\beta) = P(w\mid z,\beta)P(z\mid\alpha)\int P(z\mid\theta)P(\theta\mid\alpha)\mathrm{d}\theta\int P(w\mid z,\varphi)P(\varphi\mid\beta)\mathrm{d}\varphi\text{。}$$

LDA 模型的贝叶斯网络图①如图 6-6 所示。可直接观测变量(词汇)用实心圆表示,隐含的潜在变量(主题)用空心圆表示;重复过程用矩形表示,大矩形表示从 Dirichlet 分布中为文本集中的每个文本 d 反复提取主题分布 θ_d,小矩形则表示从主题分布中反复抽样产生文本 d 的词汇 $\{w_1,w_2,\cdots,w_V\}$。

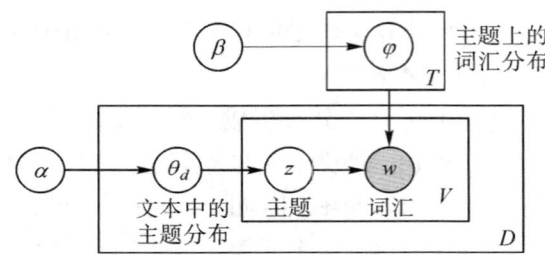

图 6-6　LDA 文本生成模型的贝叶斯网络图

LDA 模型采用 Dirichlet 分布作为多项式分布 φ 和 θ 的共轭先验,简化了模型的推导过程②;而且 Dirichlet 先验分布通过超参数 α 能够平滑多项式 $P(w_i)$ 的分布,避免了模型产生过拟合的问题③。

⑤参数计算。LDA 模型根据文本的生成规则和已知参数,通过

---

① Giri R, et al. User Behavior Modeling in a Cellular Network Using Latent Dirichlet Allocation[C]//Corchado E, Lozano J A, Quintian H & Yin H (Eds.), Intelligent Data Engineering and Automated Learning, IDEAL, 2014,8669：36-44.

② Li X, Ba Z, Huang L. News Topic Mining Method Based on Weighted Latent Dirichlet Allocation Model[J]. Journal of Computer Applications, 2014,34(5)：1354-1359.

③ Hong F, et al. FLDA：Latent Dirichlet Allocation Based Unsteady Flow Analysis[J]. IEEE Transactions on Visualization and Computer Graphics, 2014,20(12)：2545-2554.

6.2 基于 LDA 主题模型的信息内容挖掘

概率推导可以求得文本的主题结构①。其文本生成过程中的关键步骤为主题-词汇分布 φ 和文本-主题分布 θ 的推导,常用的推导方法有变分贝叶斯(Variational Bayesian)②、期望-扩散(Expectation-Propagation)③及吉布斯抽样(Gibbs Sampling)④。

吉布斯抽样是一种马尔可夫链蒙特卡洛方法(Markov Chain Monte Carlo)⑤,在抽样过程中,吉布斯利用每个变量的条件概率分布实现从联合概率分布中抽样⑥。每个变量以固定次序从其他变量的条件概率分布中进行抽样,构造收敛于目标概率分布的马尔可夫链,并从中提取被认为最接近该概率分布值的样本。吉布斯抽样容易实现并且能够非常有效地从大规模文本集中提取主题,在复杂度和运行速度方面均优于变分贝叶斯推理和期望-扩散方法,因此吉布斯抽样算法成为 LDA 模型中应用最为广泛的主题提取推导算法⑦。

与其他抽样算法直接计算出每个文本的主题-词汇分布 φ 和文本-主题分布 θ 不同,吉布斯抽样算法根据文本中可观察到的词汇序列,求出词汇 w 对于主题 z 的后验分布 $P(z|w)$(即把文档中的词汇

---

① Kim Y, Shim K. TWILITE: A Recommendation System for Twitter Using a Probabilistic Model Based on Latent Dirichlet Allocation[J]. Information Systems, 2014, 42: 59-77.

② Blei D M, et al. Latent Dirichlet allocation[J]. Journal of Machine Learning Research, 2003, 3(2): 93-1022.

③ Minka T, Lafferty J. Expectation-Propagation for the Generative Aspect Model[C]// Proceedings of the 18th Conference on Uncertainty in Artificial Intelligence, 2002: 352-359.

④ Griffiths T L, Steyvers M. Finding Scientific Topics[C]// Proceedings of the National Academy of Science, 2004: 5228-5235.

⑤ Carlo M. Markov Chain Monte Carlo and Gibbs Sampling[J]. Notes, 2004, 581: 1-24.

⑥ Stuart G, Donald G. Stochastic Relaxation, Gibbs Distributions, and the Bayesian Restoration of Images[J]. IEEE Transactions on Pattern Analysis and Machine Intelligence, 1984, PAMI-6 (6): 721-741.

⑦ Pinoli P, et al. Latent Dirichlet Allocation Based on Gibbs Sampling for Gene Function Prediction[C]// 2014 IEEE Conference on Computational Intelligence in Bioinformatics and Computational Biology, 2014: 1-8.

赋予某个特定主题),从而间接地得出主题-词汇分布 φ 和文本-主题分布 θ[①]。吉布斯抽样过程逐个估计处理文本集中的每个词汇,在已知其他主题-词汇分布的情况下,估算当前词汇属于每个主题的概率,即转化为当前词汇选择所属主题的条件分布问题:$P(z_i=j \mid z_{-i}, w_i, d_i, \bullet) \propto \dfrac{C_{lj}^{MT}+\alpha}{\sum\limits_{j=1}^{T} C_{lj}^{MT}+T\alpha} \dfrac{C_{ij}^{VT}+\beta}{\sum\limits_{i=1}^{V} C_{ij}^{VT}+V\beta}$。

其中,$z_i=j$ 表示把主题 j 赋给词汇 w_i 作为其主题,z_{-i} 表示除当前词汇外的其他所有词汇的主题赋值,$\bullet$ 表示其他所有已知的或可见的信息(如其他所有词汇 w_{-i} 和文本 d_{-i},以及超参数 α 和 β)[②],T 为主题数,V 为词汇数,C^{MT} 为 $M \times T$ 维的文本-主题矩阵,C^{VT} 为 $V \times T$ 维的词汇-主题矩阵。C_{lj}^{MT} 表示矩阵中的第 lj 项,即文本 d_l 中的词汇被标注属于主题 z_j 的次数;C_{ij}^{VT} 表示矩阵中的第 ij 项,即词汇 w_i 标注属于主题 z_j 的次数。

应用 LDA 模型的 Gibbs 参数抽样推理方法得到 θ 和 φ 的后验估计值[③]:$\theta_j'^{\,l}=\dfrac{C_{lj}^{MT}+\alpha}{\sum\limits_{j=1}^{T} C_{lj}^{MT}+T\alpha}, \varphi_i'^{\,j}=\dfrac{C_{ij}^{VT}+\beta}{\sum\limits_{i=1}^{V} C_{ij}^{VT}+V\beta}$。

针对原始 LDA 模型忽略文本时间信息所带来的问题,研究者将研究重点放在如何将时间因素引入生成模型中,这样就可以利用连续的时间信息来勾勒主题的变化趋势[④]。如 TOT(Topic Over Time)

---

① Li X, Ba Z, Huang L. News Topic Mining Method Based on Weighted Latent Dirichlet Allocation Model[J]. Journal of Computer Applications, 2014, 34(5): 1354-1359.

② 林洋港. 概率主题模型在文本分类中的应用研究[D]. 合肥:中国科学技术大学硕士学位论文, 2009:26.

③ Steyvers M, Griffiths T. Probabilistic Topic Models[R]. Handbook of Latent Semantic Analysis. New Jersey:Lawrence Erlbaum, 2007, 22(7): 424-440.

④ Ma Z, Dou W, Wang X, Akella S. Tag-latent Dirichlet Allocation: Understanding Hashtags and Their Relationships[C]// 2013 IEEE/WIC/ACM International Joint Conferences on Web Intelligence (Wi) and Intelligent Agent Technologies (IAT), 2013, 1: 260-267.

6.2 基于 LDA 主题模型的信息内容挖掘

模型将连续的时间信息引入 LDA 模型中①,表征文本主题的发展趋势;DTM(Dynamic Topic Model)考虑主题受到先验主题的影响,通过时间序列分析改进 LDA 模型的文本生成过程②,以期更准确地把握主题发展趋势;OLDA(Online Latent Dirichlet Allocation)能够生成及时更新的主题模型,从主题内容和主题强度两个方面描述主题随时间的实时演化情况③。

6.2.3 基于动态 LDA 主题模型的内容挖掘

网络信息服务已成为用户获取和发布信息的重要途径,其信息呈现方式也与传统的信息服务有所不同,主要表现为主动性、互动性和持续性④。近年来,网络信息内容主题的挖掘受到国内外研究学者和机构的广泛关注,旨在准确捕捉网络信息内容的动态演化特征,跟踪或准确发现其发展变化趋势⑤。

国外研究学者及机构对网络信息内容题挖掘或提取进行了大量的探索性研究。网络环境下的信息内容主题挖掘最初起源于基于单个互动话题的主题挖掘⑥。IBM 的阿尔马登研究中心(IBM Almaden Research Center)通过博客文本信息的挖掘发现了博客文本主题信

---

① Wang X, McCallum A. Topics Over Time:A Non-Markov Continuous-time Model of Topical Trends[C]// Proceedings of the 12th ACM SIGKDD International Conference on Know ledge Discovery and Data Mining,2006:424-433.

② Blei D M, Lafferty J D. Dynamic Topic Models[C]// Proceedings of the 23rd International Conference on Machine Learning. 2006:113-120.

③ Wang C, Blei D, Heckerman D. Continuous Time Dynamic Topic Models[C]// Proceedings of ICML,2008;AlSumait L, Barbará D, Domeniconi C. On-line LDA:Adaptive Topic Models for Mining Text Streams[C]// Proceedings of the 8th IEEE International Conference on Data Mining,2008:3-12.

④ 邓胜利,张敏.基于用户体验的交互式信息服务模型构建[J].中国图书馆学报,2009(1):65-70.

⑤ Momtazi S, Naumann F. Topic Modeling for Expert Finding Using Latent Dirichlet Allocation[J]. Wiley Interdisciplinary Reviews:Data Mining and Knowledge Discovery, 2013,3(5):346-353.

⑥ Bengal J, et al. Chattrack:Chat Room Topic Detection Using Classification[J]. Lecture Notes in Computer Science,2004,3073:266-277.

息的多样性,将其分为闲谈式(chatter)和突发式(spike),并给出了两种主题的结构特征描述、基于统计显著性差异的主题判定和文本表示方法①。伊利诺伊大学的 Mei 和 Zhai 提出了一种基于 LDA 模型的文本混合挖掘和表示方法②。Valle 等提出了一种基于用户-信息相关性的文本内容主题挖掘模型③。Razavi 与 Inkpen 将文本中词的相关性和用户相关性结合起来挖掘网络论坛中的主题④。Wang 与 Zhang 针对 Blog 的主题挖掘和特征词提取⑤,提出利用词频片段(Frequency Segments)表示每个特征词在一段时间内的变化情况,并对这些特征词进行排序和提取能够表达文本的主题词。Mohd 等设计了交互事件跟踪(iEvent)系统,以此发现用户交互所产生的热点内容主题⑥。Aksoy 等构建了基于语言模型的新奇新闻检测系统 BilNov-2005,实现了新奇新闻主题的动态实时挖掘⑦。

  国内有关网络文本信息的挖掘与表示研究也正处于发展中,出现了一些较为典型的研究思路和方法。杨潇等人通过复杂度确定

---

① Gruhl D, et al. Information Diffusion Through Blogspace[C]// Proceedings of the 13th International Conference on World Wide Web, 2004:491-501.

② Mei Q, Zhai C X. A Mixture Model for Contextual Text Mining[C]// Proceedings of the 12th ACM SIGKDD International Conference on Knowledge Discovery and Data Mining, 2006:649-655.

③ Valle D, et al. Decomposing Biodiversity Data Using the Latent Dirichlet Allocation Model, a Probabilistic Multivariate Statistical Method[J]. Ecology Letters, 2014,17(12):1591-1601.

④ Razavi A H, Inkpen D. Text Representation Using Multi-level Latent Dirichlet Allocation[C]// Sokolova M & VanBeek P(Eds.), Advances in Artificial Intelligence, Canadian Ai 2014, 2014,8436:215-226.

⑤ Wang C, Zhang J. Improved K-means Algorithm Based on Latent Dirichlet Allocation for Text Clustering[J]. Journal of Computer Applications, 2014,34(1):249-254.

⑥ Mohd M, Crestani F, Ruthven I. Evaluation of an Interactive Topic Detection and Tracking Interface[J]. Journal of Information Science, 2012,38(4):383-398.

⑦ Aksoy C, Can F, Kocberber S. Novelty Detection for Topic Tracking[J]. Journal of The American Society for Information Science and Technology, 2012, 63(4):777-795.

LDA 模型的主题数目,以吉布斯抽样方法获得主题和词汇概率分布,并计算了句子权重,以此进行文本表示和文摘提取[1]。石晶等人基于快速吉布斯抽样算法改进 LDA 模型,进行文本的主题提取[2]。余传明等人将 LDA 模型与自然语言处理技术相结合,进行了用户评论主题和热点关键词的挖掘研究[3]。刘洪涛等人针对内容主题不明确和热点问题难以跟踪的问题,通过计算文献作者的舆论评价得到每个评价社区的关键词概率描述,实现了评论社区主题的发现,对文本语义挖掘和共享等具有重要意义[4]。黄颖通过基于 LDA 和主题词的相关性新事件监测模型,结合报道发生的时间确定合理的主题数目以探知新事件[5]。Xie 等人采用单边聚类(Single-pass)方法将内容相似的文本归并到同一主题中,并结合主题持续时间、主题文档数以及主题来源等因素,根据 TF-PDF(Term Frequency-Proportion Document Frequency)原理计算主题关注度,从而得到文本的主题分布和重要程度[6]。Xun 等人根据当前网络信息文本短小零碎的特点(如博客、微博、评论等)展开了面向汉语短文的主题识别和文本表示等方面的研究[7]。

众所周知,社会化网络服务已成为当前信息服务的主流,是利用

---

[1] 杨潇,马军,等.主题模型 LDA 的多文档自动文摘[J].智能系统学报,2010(2):169-176.

[2] 石晶,李万龙.基于 LDA 模型的主题词抽取方法[J].计算机工程,2010(19):81-83.

[3] 余传明,张小青,等.基于 LDA 模型的评论热点挖掘:原理与实现[J].情报理论与实践,2010(5):103-106.

[4] 刘洪涛,肖开洲,吴渝,等.带舆论评价的引文网络构建与主题发现[J].情报学报,2011,30(4):441-448.

[5] 黄颖.LDA 及主题词相关性的新事件检测[J].计算机与现代化,2012(1):6-9,13.

[6] Xie W, Dong Q, Gao H. A Probabilistic Recommendation Method Inspired by Latent Dirichlet Allocation Model[J]. Mathematical Problems in Engineering, 2014: 979147.

[7] Xun J, et al. Multi-document Sentiment Summarization Based on Latent Dirichlet Allocation Model[J]. Journal of Computer Applications, 2014, 34(6): 1636-1640.

各类关联关系(用户关联、资源关联、用户-资源关联)和群体智慧开展信息服务的一种服务方式,如社交网站、博客、微博等,呈现出显著的社会化特征。因此,在这种社会化网络服务形式下的虚拟社区中,信息呈现出交互性、零碎化、突发性等特点[①]。从海量的交互式信息中挖掘出有效的主题信息,分析其内在的语义关联,对信息组织和服务开展具有重要作用。

社会化网络服务中文本信息所具有的短文本结构特征加大了文本挖掘和表示的难度。因此,本研究在现有主题挖掘和文本建模方法的基础上,结合微博、博客、社交网等社会化网络服务中的交互式信息特点,将 LDA 模型扩展到动态文本信息挖掘和表示上,建立了动态演化的 LDA 主题模型,按时间片划分文本信息,推理文本集所隐含的主题,利用增量吉布斯抽样算法参数估计获取连续的文本-主题分布和主题-词分布,以此提取出每个时间片中文本的主题和词汇分布。

(1) LDA 主题模型的动态化改进

本研究将传统的 LDA 主题模型进行扩展,建立适用于动态文本信息的 LDA 模型,对一系列随时间动态变化的文本信息进行主题挖掘和建模[②]。首先采用滑动时间窗把文本划分到时间片内,时间片内的文本数根据其主题和词汇分布的不同也不同,且允许不同时间片内存在相同的文本(因文本存在主题交叉或相似现象);然后采用 LDA 主题模型对每个时间片文本集进行主题挖掘,提取出 T 个主题,运用增量吉布斯抽样算法[③]得出主题-词汇和文本-主题的概率分布。加权处理(W)前一个时间片文本集的主题-词汇概率分布后作为当前时间片文本集的先验概率,然后根据主题-词汇和文本-

---

① 崔凯.基于 LDA 的主题演化研究与实现[D].长沙:国防科学技术大学硕士学位论文,2010:1.

② Kang J H, Lerman K, Plangprasopchok A. Analyzing Microblogs with Affinity Propagation [C]// Proceedings of KDD Workshop on Social Media Analytics, 2010:67-70.

③ Gohr A, et al. Topic Evolution in a Stream of Documents[C]// Proceeding of the Society for Industrial and Applied Mathematics,2009:859-870.

主题概率分布随时间的变化得出文本主题的演化模式(如图 6-7 所示)。

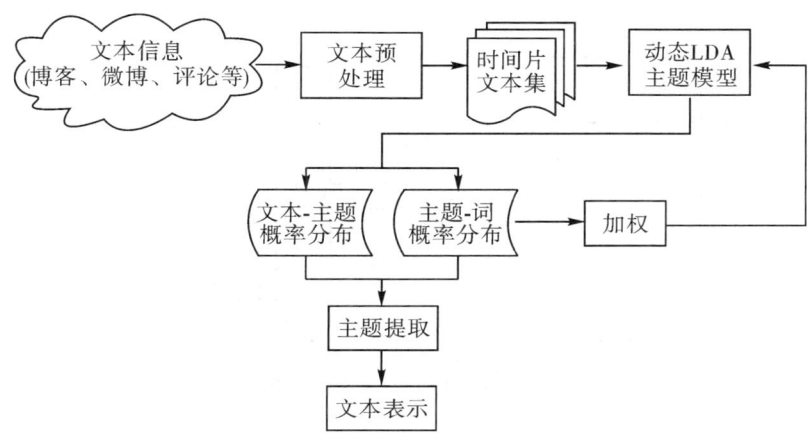

图 6-7　基于动态 LDA 主题模型的文本挖掘框架

在基于 LDA 主题模型进行文本主题提取的过程中,本研究改进的重点是基于时间窗口将动态演化的文本按时间窗划分,在运用增量吉布斯进行抽样计算的同时,保持主题间的连续性和差异性[①]。

首先,确立时间 t 内的文本集合 $D_t = \{d_1, d_2, \cdots, d_t\}$,时间窗大小根据用户需求、具体应用领域和文本分析的粗细粒度设定(M_t),同一时间片内的文档可交换、无次序之分,不同时间片内的文本不可交换。其次,将前一时间的主题-词汇分布的后验概率 φ_{t-1} 乘上权重 W ($W = \dfrac{V_t W_U}{V_{t-1}}$,$V_t$ 为 t 时刻的词汇数,W_U 为用户自行设定的权重,本研究认为当前时间片内的文本信息受到上一时间片文本信息的影响)作为当前时间片文本主题提取的先验概率 φ_t,从而建立 LDA 文本挖掘模型(如图 6-8 所示)。

---

① Hu Y, Bai L, Zhang W. Modeling and Analyzing Topic Evolution[J]. Acta Automatica Sinica, 2012,38(10):1690-1697.

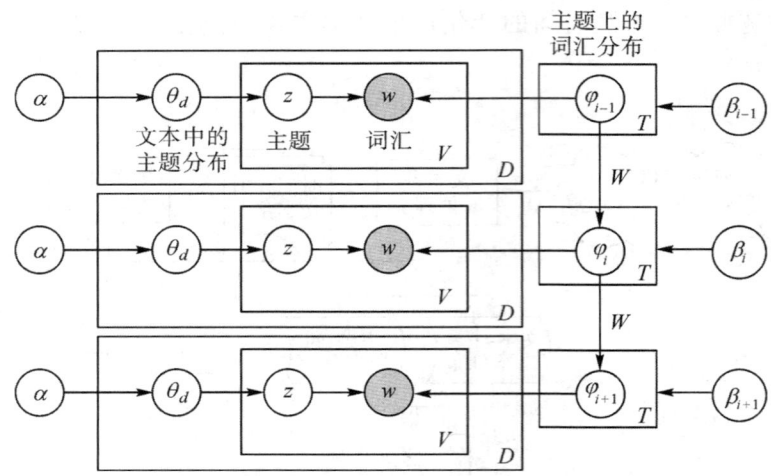

图 6-8 动态演化 LDA 文本生成模型

根据传统 LDA 模型的文本生成过程①，动态 LDA 主题模型运算过程如表 6-2 所示。

表 6-2 　　　　动态演化 LDA 文本生成过程

首先将文本按照设定好的时间间隔划分为 t 个时间片文本集，每个时间片本文集内对应一个 φ_t 和 θ_d^t。

对每一个主题 $z_t \in \{z_1, z_2, \cdots, z_T\}$，选择第一个时间片文本集 $t = \{1, 2, \cdots, t\}$

1　如果是第一个时间片 $t=1$，则 $\varphi_t \propto Dir(\beta_1)$

2　否则，计算 $\varphi_t = \varphi_{t-1} W$

3　对每一个文本 d，抽样计算 $\theta_d^t \propto Dir(\alpha)$

4　对文本中的每一个词汇 w_i

　　4.1　从多项式分布 θ_d^t 中抽样生成主题的概率分布 $z_j : P(z_j | \alpha^t)$

　　4.2　从多项式分布 φ_t 中抽样生成词汇的概率分布 $w_i : P(w_i | z_j, \beta_{z_j}^t)$

---

① Hu Y, Bai L, Zhang W. OLDA-based Method for Online Topic Evolution in Network Public Opinion Analysis[J]. Journal of National Defense University of Science and Technology, 2012, 34(1): 150-154.

LDA 主题模型推理的依据就是文本生成过程的逆过程①,其中所要推理的参数为时间片文本集内的主题-词汇概率分布 φ 和文本-主题分布 θ。本研究对原始吉布斯抽样算法进行增量改进②,使之适合动态 LDA 主题模型的运算。

(2) 基于增量吉布斯抽样估计的主题确定

本研究在进行动态 LDA 模型构建时,首先引入先验加权,重新计算时间片 t 时刻的后验概率 $P_t(z_i=j|z_{-i},w_i)$,即目标函数的计算公式变为:

$$P_t(z_i=j|z_{-i},w_i) = \frac{\dfrac{(n_{-i,j}^{(w_i)})_t + v(n_{-i,j}^{(w_i)})_{t-1} + \beta}{(n_{-i,j}^{(\bullet)})_t + v(n_{-i,j}^{(\bullet)})_{t-1} + V\beta} \cdot \dfrac{(n_{-i,j}^{(d_i)})_t + \alpha}{(n_{-i,\bullet}^{(d)})_t + T\alpha}}{\sum_{j=1}^{T} \dfrac{(n_{-i,j}^{(w_i)})_t + v(n_{-i,j}^{(w_i)})_{t-1} + \beta}{(n_{-i,j}^{(\bullet)})_t + v(n_{-i,j}^{(\bullet)})_{t-1} + V\beta} \cdot \dfrac{(n_{-i,j}^{(d_i)})_t + \alpha}{(n_{-i,\bullet}^{(d)})_t + T\alpha}}。$$

其中,$v(n_{-i,j}^{(w_i)})_{t-1}$ 是上一时间片内分配给主题 z_j 与词汇 w_i 相同的词汇个数,$v(n_{-i,j}^{(\bullet)})_{t-1}$ 是上一时间片内分配给主题 z_j 的所有词汇数,z_{-i} 表示所有 $z_k(k \neq i)$ 的分配,$n_{-i,j}^{(w_i)}$ 是分配给主题 z_j 与词汇 w_i 相同的词汇个数,$n_{-i,j}^{(\bullet)}$ 是分配给主题 j 的所有词汇个数,$n_{-i,j}^{(d_i)}$ 是文本 d_i 中分配给主题 z_j 的词汇个数,$n_{-i,\bullet}^{(d_i)}$ 是文本 d_i 中所有被分配了主题的词汇个数,但所有的词汇个数去掉这次 $z_i=j$ 的分配。

因此,基于增量吉布斯抽样算法的参数估计计算的步骤为③:

① $z_i(z_i=j)$ 被初始化为从 1 到 T 之间的每个随机整数,i 从 1 循环到 V(V 是在文本集中出现的所有词汇的个数),将此作为马尔可夫链的初始状态。

② 在 i 从 1 循环到 V 的过程中,根据目标函数公式将词汇 w_i 分配给主题 z_j,获取马尔可夫链的下一个状态。

---

① Li B, Yang X. Analyzing Research Topic Evolution with LDA and Topic Filtering[J]. Mini Micro Systems, 2012,33(12):2738-2743.

② Griffiths T L, Steyvers M. Finding Scientific Topics[C]// Proceedings of the National Academy of Science,2004:5228-5235.

③ 崔凯,周斌,等.一种基于 LDA 的在线主题演化挖掘模型[J].计算机科学,2010(11):156-159,193.

③迭代第②步,直到分布趋于稳定即马尔可夫链接近目标函数分布(迭代次数取决于特定的文本集,依据为相邻的马尔可夫链状态的关联大小,一般为300~400次后就会趋于稳定),遂取 z_i 的当前值作为样本记录下来。为了保证马尔可夫链的自相关较小,每迭代一定次数就记录其他的样本值。

最后,对于每一个样本即时间片文本集,便可估算 φ 和 θ 的值:

$$(\hat{\varphi}_w^{(z=j)}) = \frac{(n_j^{(w)})_t + v(n_j^{(w)})_{t-1} + \beta}{(n_j^{(\bullet)})_t + v(n_j^{(\bullet)})_{t-1} + V\beta}, (\hat{\theta}_{z=j}^{(d)}) = \frac{(n_j^{(d)})_t + \alpha}{(n_\bullet^{(d)})_t + T\alpha}。$$

其中,词汇 w 表示唯一性词汇,$n_j^{(w)}$ 表示词汇 w 被分配给主题 z_j 的次数,$n_j^{(\bullet)}$ 表示分配给主题 z_j 的所有词汇数,$n_j^{(d)}$ 表示文本 d 中分配给主题 z_j 的词汇数,$n_\bullet^{(d)}$ 表示文本 d 中所有被分配了主题的词汇数。

在此,为了契合后续研究,在主题提取过程中采用增量吉布斯抽样算法;但是在向量矩阵的构建中,为了适应支持向量机的分类计算,仍采用上述概率计算公式,也以此作为语义向量构建的基础。

6.2.4 基于主题相似度和强度度量的主题演化

当前社会网络环境下,信息时效性的特征更加明显,且通过社会关系网络可以在互联网上瞬间传播,如何跟踪信息内容主题或事件的发展变化,是需要迫切解决的问题①。随着时间的发展,信息内容的主题和强度也会发生变化,表现为从开始到高潮再到衰落的过程,甚至循环往复。如何有效地组织这些高时效性的大规模文本信息,并且将文本集按时间顺序来描述其主题的演化过程,从而为用户追踪所需求偏好的主题,具有实际意义②。

---

① Yang C, Zhang H, Shi D. An On-line Adaptive Topic Evolution Model in Web Discussions[C]// 10th International Conference on Fuzzy Systems and Knowledge Discovery (FSKD),2013:847-852.

② Wu Q, et al. Topic Evolution Based on LDA and HMM and Its Application in Stem Cell Research[J]. Journal of Information Science, 2014,40(5):611-620.

文本主题随时间的演化主要从不同时间片的主题相似度和强度变化来衡量①。在基于动态 LDA 主题模型的文本挖掘和演化研究中,主题-词汇概率分布之间的相似度计算,本研究采用 KL 距离(Kullback-Leibler Divergence)②,观测主题变化的差异和发现主题变化的趋势;与此同时,采用主题在时间片内所占的比重来衡量主题强度的变化,即采用 θ 的平均值来代表主题的强度,描绘主题的强度变化趋势。

(1) 基于主题相似度计算的演化

KL 距离是衡量两个主题概率密度分布差异最常用的度量标准,是对样本概率 P 的信息使用概率编码后期望额外增加的比特数,以此来衡量两个概率密度之间的距离,公式为:

$$D(P(w|s_1) \| P(w|s_2)) = \sum_{w \in V} P(w|s_1) \log \frac{P(w|s_1)}{P(w|s_2)}。$$

标准 KL 距离为非对称值且为非负,两者之间位置互换计算得出的 KL 距离值是不一样的。当时 KL 为 0 时,表明两个主题的概率密度分布完全相同。为了更加准确的刻画主题的差异,本研究将采用非对称 KL 距离和对称 KL 距离两种计算方式来衡量主题之间的相似度。

通过试验比较,这两种衡量主题之间相似度的方法区别不大。在计算过程中,文本是按照时间片划分的,随着时间片的推移,文本集中的文本数将不断增加,引入新的词汇和主题;而在分析中,事先假设当前时间片文本集中的新词汇在之前所有时间片文本集中的出现次数为 0,且在处理同时间片文本集的过程中,需要不断更新词汇集,以使不同时间片内的主题-词汇概率分布处于统一的概率分布空间上,方便基于 KL 距离的主题相似度计算和比较③。

---

① 楚克明. 基于 LDA 的新闻话题演化研究[D]. 上海:上海交通大学硕士学位论文,2010.

② Steyvers M, Griffiths T. Probabilistic Topic Models[R]. Handbook of Latent Semantic Analysis, New Jersey:Lawrence Erlbaum, 2007,22(7):424-440.

③ Zhao X, et al. A Topic Evolution Mining Algorithm of News Text Based on Feature Evolving[J]. Chinese Journal of Computers, 2014,37(4):819-831.

(2) 基于主题强度计算的演化

主题强度也称为主题的稳定程度,刻画主题受关注的程度,其最直接的衡量标准就是观测其随时间不断变化的趋势。在吉布斯抽样过程中,($\hat{\theta}_{z=j}^{(d)}$)表示每个文本中主题的混合分布情况,把文本扩展到当前时间片文本集,就可以求出该时间片内文本集的主题混合程度 $\overline{\theta}_t$,表示当前时间片内文本集的主题混合平均强度[①]: $\overline{\theta}_t = \dfrac{\sum\limits_{l=1}^{M} \hat{\theta}_{z=j}^{(d)}}{M}$。

用$\overline{\theta}_t$表示当前时间片 t 中主题 z_j 的强度,就可以得出一系列时间片文本集中主题强度的不同值,据此则可绘制出主题强度随时间的变化趋势图。主题强度变化趋势结合主题词(文本中概率值最大的词汇)和文本列表联合概率分布展示了该主题具体的含义,有利于主题价值的识别[②]。

6.3　内容挖掘中基于语义向量空间模型的文本建模

信息资源文本内容的向量化表示是其挖掘的重要组成部分,主要包括文本内容的特征表示和模型构建,以此作为资源文本分类和推荐匹配的基础。实际上,推荐系统处理的不是信息文本本身,而是在文本内容预处理的前提下将文本表示为某种数学模型(如特征向量)——文本建模,将文本从非结构化转化为结构化,才能进行运算处理,如与用户需求向量的匹配、推荐实现等。

文本表示或建模方法也一直是信息检索、文本分类、信息过滤、数据挖掘等领域研究的重点问题。众所周知,向量空间模型(Vector Space Model,VSM)于 20 世纪 70 年代被杰拉德·索尔顿(Gerard Salton)提出之后,已广泛应用于信息检索、信息组织及推荐中。至此

---

① Griffiths T L, Steyvers M. Finding Scientific Topics[C]// Proceedings of the National Academy of Science,2004:5228-5235.

② Zhang J, Li F. LDA Topic Evolution Based on Global and Local Modeling[J]. Journal of Shanghai Jiaotong University, 2012,46(11): 1753-1758.

之后,众多学者对其进行了改进,以提高文本内容表示或描述的准确性。但是,社会网络环境下信息呈爆炸式增长的趋势越来越明显,研究者越来越重视语义层次的文本描述和表示,构建文本表示的语义向量空间模型(Semantic Vector Space Model,SVSM)[1]以提高文本表示的精度和降低计算的复杂度。

6.3.1 基于向量空间模型的文本建模

在文本表示和处理中,计算机所处理的不是文本本身,而是结构化处理过的文本向量。因此,文本处理的首要步骤为将文本表示为一组语义上相关的词汇及词汇与主题相关的权重的向量,即文本的向量空间模型表示。

向量空间模型把对文本相似性的处理简化为向量空间中向量的相似性计算。假设:一个文本所表达的内容仅与某些特征词汇以及特征词汇在文本出现的次数相关,而与其在文本中出现的位置和次序无关。也就是说,文本的内容可以通过特征词汇以及特征词频来表示。在衡量文本间相似度时,可以通过文本共同包含的特征词汇和词频来计算[2]。

在基于向量空面模型的文本表示中,每个文本 d_l 被表示成由若干具有权重的词汇组成的空间向量:$d_l = \{(w_1, W_1), (w_2, W_2), \cdots, (w_m, W_m)\}$。

其中 w_i 表示文本集 D 中的词汇,W_i 表示词汇 w_i(或称为特征词)在文本中的权重(重要程度)或者是词汇 w_i 与文本的相关程度。在传统的向量空间模型中,词汇 w_i 的大小由 TF-IDF 公式计算[3]:

$$\mathrm{TF}_{il} \times \mathrm{IDF}_l = \frac{n_{il}}{\max\{n_{il}\}} \times \left[\log_2\left(\frac{M}{n_{w_i}}\right) + 1\right]$$

---

[1] Liu G Z. The Semantic Vector Space Model (SVSM)—A Text Representation and Searching Technique[C]// Proceedings of HICSS (4), 1994:928-937.

[2] Lage R, Dolog P, Leginus M. Vector Space Models for the Classification of Short Messages on Social Network Services[J] Krempels K H & Stocker A(Eds.), Web Information Systems and Technologies, 2014,189: 209-224.

[3] Salton G, Buckley C. Term-weighting Approaches in Automatic Text Retrieval[J].Information Processing and Management, 1988, 24(5):513-523.

其中，n_{il} 为词汇 w_i 在文本 d_l 中出现的次数，M 为文本集中的文本总数，n_{w_i} 为包含词汇 w_i 的文本数。

在将文本表示为多维向量空间中的向量后，通过向量运算代替文本运算，以达到文本处理的目的，如文本分类、文本过滤等。在该模型中，基于文本向量的各种计算都是建立在各特征词相互独立的假设的基础上的，无法处理一词多义或一义多词现象，因此限制了向量空间模型的性能提升和效果优化；特别是在信息检索、过滤、推荐等系统中，通过向量空间模型描述资源文本和用户需求偏好的做法限制了其系统性能和服务效果[1]。

在此基础上，众多研究者进一步提出了改进技术以提高基于向量空间模型的系统性能；特别是近年来语义向量和概率主题模型及其两者的结合，已成为文本特征描述和表示的主要手段。

在文本分类聚类方面，国内学者主要通过改进文本表示模型或算法，以期提高性能。黄承慧等人(2011)提出了一种新的文本相似度计算方法，结合加权树计算文本之间的相似度，实验得出此效果优于TF-IDF等方法[2]。张玉峰等人(2011)利用语义空间模型表示文本，提高文本表示的精度，实现竞争情报文本的分类[3]。苏喻(2011)利用语义将VSM正交坐标系转换为斜角坐标系，将变换后的文本特征向量映射到VSM中，提高了文本聚类的召回率与查准率[4]。Tang 与 Qi (2014)针对文本分类中VSM特征向量极度稀疏的问题，采用LSA挖掘文本特征项之间的语义关系，实验表明具有较好的分类效果[5]。

---

[1] Nakanishi T. Semantic Context-dependent Weighting for Vector Space Model[C]// 8th IEEE International Conference on Semantic Computing, Newport Beach, CA, 2014: 262-266.

[2] 黄承慧,等.一种结合词项语义信息和TF-IDF方法的文本相似度量方法[J].计算机学报,2011(5):856-864.

[3] 张玉峰,何超.基于语义空间和SVM的竞争情报分类分析模型研究[J].情报杂志,2011(6):97,161-163.

[4] 苏喻,郑诚,等.基于语义的VSM模型改进[J].计算机应用与软件,2011(8):158-161.

[5] Tang S, Qi J. Vector Space Model Based on Keywords and Co-occurrence Word Pairs[J]. Computer Engineering and Science, 2014,36(5): 971-976.

6.3 内容挖掘中基于语义向量空间模型的文本建模

Wei等人(2014)提出了将概念和概念距离引入VSM的文本表示方法,实验证明能较好地解决同义词和多义词问题,提高了文本分类的查全率和查准率①。

在文本检索方面,学者通过增加文本的语义描述特性,提高检索效果。唐明伟等人(2010)将领域本体引入向量构造中,结合语义相似度建立了语义向量空间模型,通过检索系统实现验证了其有效性②。何超等人(2010)利用LSA进行文本特征提取,实现文本向量的降维,通过改进的超球SVM③实现了文本分类④。杨玉珍等人(2011)为了增强VSM对文本的语义描述性,提出了一种基于短语的特征粒度描述方法,构建特征与核心词的关联关系,实验表明基于短语的文本表示能够提高分类的性能⑤。Hao等人(2013)通过将修饰词与中心词组成"合成短语"来修正VSM,重新计算合成短语的权重,以此作为特征索引项,实验证明能够较好地改善检索性能⑥。

VSM模型在表示的方法上具有无可比拟的优势,它提供了一种将文本内容数学化的方法。将文本内容转化为多维空间的向量,把对文本内容的处理简化为向量空间中的向量运算,极大地提高了自然语言文本的可计算性⑦。VSM模型将文本处理简化的同时,也存

---

① Wei L, et al. Chinese Web Page Classification Based on Vector Space Model[M]// Lu Q & Zhang C G (Eds.), Advances in Mechatronics, Automation and Applied Information Technologies, Pts 1 and 2, 2014, 846-847: 1801-1804.

② 唐明伟,卞艺杰,等.基于语义向量空间模型的文档检索系统研究[J].情报杂志,2010(5):167-170,177.

③ Liu S, Liu Y K, et al. An Improved Hyper-sphere Support Vector Machine[C]// Proceedings of the Third International Conference on Natural Computation, 2007:497-500.

④ 张玉峰,何超.基于潜在语义分析和改进的HS-SVM的文本分类模型研究[J].图书情报工作,2010(10):109-113.

⑤ 杨玉珍,刘培玉,等.向量空间模型中结合句法的文本表示研究[J].计算机工程,2011(3):58-60.

⑥ Hao W, et al. Document Vector Space Model Construction Based on Domain Ontology[J]. Application Research of Computers, 2013, 30(3): 764-767.

⑦ Luan R, et al. An Improved Vector Space Model to Retrieval Systems for Content Matching in Agricultural Information[C]// 10th International Conference on Fuzzy Systems and Knowledge Discovery (FSKD), 2013:476-480.

在一些问题尚未解决:特征项集合是在忽略了特征项在文本中出现的次序的基础上确定的,会损失很多对文本内容有重要作用的文本结构信息。同义词所表达的意思截然不同,但是在特征项表示、TF-IDF 权重计算以及相似度计算中会获得完全相同的结果,这显然不合理。VSM 中,特征项被假定为完全独立的,在向量空间中呈正交关系。但事实上文本特征项之间可以存在各种语言关系,如"同义词""近义词""一词多义"。当它们被当成完全不相干的词来处理时,会降低相似度计算的准确率。VSM 的权重计算方法是基于统计的,只有在文本包含的词语足够多的情况下,才能获取较好的计算结果。

通过上述分析可知,研究者对文本表示模型及其基础上的文本分类和检索研究,主要是对传统向量空间模型的改进,大多通过降维处理和语义表征来实现,基本上解决了一词多义和一义多词问题,提高了分类和过滤的精度;但是,分解降维将会降低词汇的语义表征特性,从而无法准确描述和表示文本,也就降低了文本分类和检索的效果。基于此,在通过 LDA 主题模型进行文本主题提取和词汇识别的基础上,本研究采用语义向量空间模型,实现文本主题与词汇领域本体的映射,达到准确描述文本特征的目的。

6.3.2 文本建模中的语义向量空间模型构建

向量空间模型具有较强的可计算性和可操作性,但该模型基于词袋法思想,即它假设文本向量中的特征项之间是相互独立的,而中文文本内容中词语之间是有语义联系的。此外,该模型在处理海量文本信息时还存在高维性和稀疏性的问题,这些问题导致基于该模型的文本分类不可能达到很高的分类精度[1]。

传统的向量空间模型假设词语语义是相互独立的,它将每个词语都看做一个正交的基本向量。实际上词语之间存在很强的相关性,会出现斜交的现象,影响文本分类的结果。语义向量空间模型

---

[1] He J, et al. A Semantics Schema Matching Approach Based on Vector Space Model[J]. Science of Surveying and Mapping, 2013,38(6):111-114.

6.3 内容挖掘中基于语义向量空间模型的文本建模

可以看做是一种扩展的向量空间模型方法,即对传统的向量空间进行语义映射。通过语义分析,对词所表示的概念进行排歧并对向量空间降维,尽量达到词与词的正交性,将文本用维数较少的语义向量空间进行表示,使得生成的语义空间中的相关文本更为接近①。

基于语义的中文文本分类算法的基本思想是:通过对词所表示的概念进行排歧并对向量空间进行降维,尽量达到词与词之间的正交性,将文本用较少的特征词进行表示,使得生成的语义向量空间中的相关文本更为接近。对于一词多义现象,提出改进的词汇语义相似度计算方法,通过词义排歧选取义项进行词汇的语义相似度计算,将原有特征集分成若干特征词集,同一词集内的特征词语义彼此相似,而不同词集的特征词彼此间相似度较小,从而有效降低文本向量的维数,提高文本分类的准确度。

在上述动态 LDA 主题模型的文本主题挖掘中,重要的一环是吉布斯抽样对潜在变量 φ 和 θ 的抽样估计,当迭代足够次数之后,马尔可夫链的状态逐渐稳定并接近目标分布,则得到两个矩阵:词汇-主题矩阵(WZ)和文本-主题矩阵(DZ)。在词汇-主题矩阵中,每一行对应词汇表中的词汇,每一列对应各个主题(或主题词),矩阵中的元素值则为某一词汇分配给对应主题的概率;在文本-主题矩阵中,每一行对应各个文本,每一列对应各个主题,矩阵中的元素为文本中的所有词汇分配给某一主题的概率(也可看做词汇的权重)。可将 WZ 和 DZ 矩阵中每一行看做行向量,以此进行矩阵的向量构造。

基于语义向量空间模型(Semantic Vector Space Model, SVSM)②的文本表示就是将原始向量转换为语义向量,通过领域本体建立向量空间模型中主题词及特征关键词与领域本体中概念的映射关系,

---

① Senin P, Malinchik S. SAX-VSM: Interpretable Time Series Classification Using SAX and Vector Space Model[J]. 13th International Conference on Data Mining (ICDM): 2013:1175-1180.

② Liu G Z. Semantic Vector Space Model: Implementation and Evaluation[J]. Journal of The American Society for Information Science, 1997,48(5):395-417.

结合语义相似度①描述词汇之间的语义关联关系②。SVSM 将预处理后的文本通过 LDA 主题模型提取的主题词和词汇映射到领域本体中,进行文本和词汇的语义信息分析及本体推理③,得到词汇所对应的深层语义概念,并把概念作为文本的特征项,在计算概念特征项权重的前提下,形成语义空间向量。SVSM 能够有效地克服向量空间模型的固有缺陷,提高文本描述和表示的准确性④。

(1) 基于语义向量空间模型的文本表示框架

经过 LDA 主题模型的文本主题提取和降维处理后,生成向量空间模型。文本表示的语义向量空间模型构建主要是将初始文本向量映射到潜在语义空间,生成新的文本向量——语义向量⑤。基于语义向量空间模型的文本表示如图 6-9 所示。

①原始文本向量构建。首先将文本集进行预处理,通过 LDA 主题模型提取主题词和相应的词汇,按照词汇的分布情况,构造 $D \times T$ 维的文本-主题矩阵 C^{DT} 和 $V \times T$ 维的词汇-主题矩阵 C^{VT}。

②语义映射。将原始的文本-主题矩阵 C^{DT} 和词汇-主题矩阵 C^{VT} 中的主题词和所对应的词汇,依次与领域本体中的概念建立映射关系,通过语义分析和本体推理获取主题词和词汇所对应的语义概念,并对其进行规范化和泛化处理,进行权值修正和优化,根据概念间的关系形成概念层次树⑥,对概念关系的分析就转化为对概念层次树

---

① Tous R, Delgado J. A Vector Space Model for Semantic Similarity Calculation and OWL Ontology Alignment[C]// Proceedings of DEXA,2006:307-316.

② Yuan M, Ouyang Y X, Xiong Z. A Text Categorization Method Using Extended Vector Space Model by Frequent Term Sets[J]. Journal of Information Science and Engineering, 2013,29(1): 99-114.

③ Turney P D. Similarity of Semantic Relations[J]. Computational Linguistics,2006,32(3):379-416.

④ Fanaee-T H, Yazdi M. A Semantic VSM-based Recommender System[J]. International Journal of Computer Theory and Engineering,2013,5(2):331-336.

⑤ Junhong M. A Method of Phased Integrated Semantic Similarity Computation[J]. Journal of Theoretical and Applied Information Technology, 2013, 49(3): 825-831.

⑥ Turney P D, Pantel P. From Frequency to Meaning: Vector Space Models of Semantics[J].Journal of Artificial Intelligence Research,2010,37:141-188.

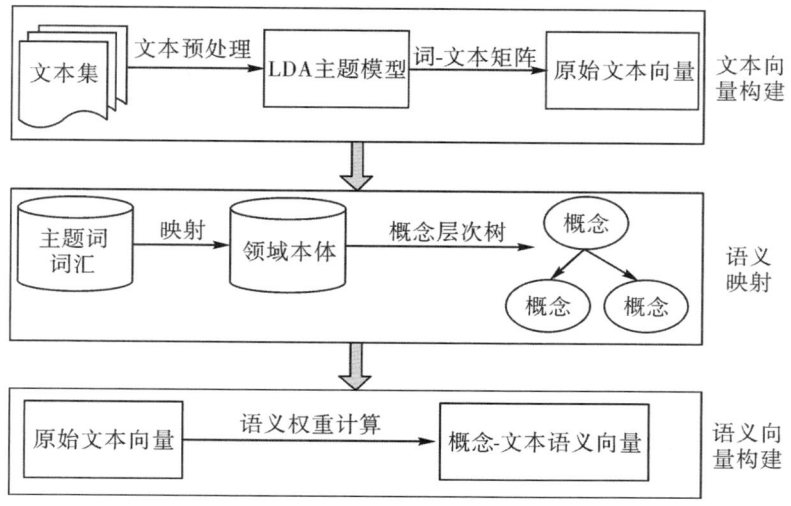

图 6-9　基于语义向量空间模型的文本表示框架

的分析①。

③文本语义向量构建。经过上述处理后,就将原始矩阵转化为概念关系矩阵,所反映的不再是词汇、主题与文本之间简单的频率和分布关系了,而是概念特征项之间及其与文本之间的语义关系,以此降低了特征项和空间维数,为准确描述文本特征和提高文本分类的精度打下了基础。

(2) 基于语义向量的文本表示

根据上述文本表示的语义向量空间模型,本研究进行了模型中各个步骤的算法实现。

①主题词提取和确定。根据 LDA 主题模型提取相应的主题词。为了降低在此基础上的文本分类的计算复杂度,本研究所建立的原始向量为文本-主题词矩阵。而在进行语义向量构建时,需要进行主题词的提取,即选取文本中概率值最大的词汇作

---

① Nasir J A, et al. Semantic Smoothing for Text Clustering[J]. Knowledge-based Systems, 2013, 54: 216-229.

为此文本的主题词①:$Z_{(l,0)} = \max\{P((z_i=j)|d_l)\}$。

其中,$Z_{(l,0)}$为文本d_l的主题词,文本个数$l \in (1,2,\cdots,m)$,词汇个数$i \in (1,2,\cdots,V)$,主题(词)个数$j \in (1,2,\cdots,T)$,$P((z_i=j)|d_l)$表示表示主题z_j在文本d_l中的概率,$\max\{P((z_i=j)|d_l)\}$表示文本中概率值最大的词。

②词汇语义增量计算。假设$Z_{(l,0)}$为文本d_l的主题词,$n_{(l,0)}$为主题词$Z_{(l,0)}$在文本d_l中出现的次数,$w_i \in (w_1,w_2,\cdots,w_v)$为文本集$D$中的任意词汇,$n_{(l,i)}$为词汇$w_i$在文本$d_l$中出现的次数,则词汇$w_i$与所隶属的文本$d_l$的主题词$Z_{(l,0)}$之间的语义增量为:$SI_{(l,i)} = s_{(l,i)} \cdot n_{(l,0)}$。

其中,$SI_{(l,i)}$为语义增量,$s_{(l,i)}$为词汇w_i与文本d_l的主题词$Z_{(l,0)}$的语义相似度。

③语义向量空间模型构建。给定文本集$D = (d_1,d_2,\cdots,d_M)$和词汇集$V = (w_1,w_2,\cdots,w_V)$,其中M为文本数,V为词汇数,则单个文本$d_l \in (d_1,d_2,\cdots,d_M)$的语义空间向量模型为:$\vec{d_l} = |(w_1,W_{l1},s_{(l,1)}),\cdots,(w_i,W_{li},s_{(l,i)}),\cdots,(w_V,W_{MV},s_{(M,V)})|$。

其中,$\vec{d_l}$为文本语义向量,W_{li}为词汇w_i在当前文本d_l以及整个文本集中的权重,$s_{(l,i)}$为词汇w_i与当前文本d_l的主题词$Z_{(l,0)}$之间的语义相似度。

以此,整个文本集合就抽象为一个权重-语义关联矩阵:

$$D = \begin{bmatrix} d_1 \\ d_2 \\ \vdots \\ d_l \\ \vdots \\ d_m \end{bmatrix} = \begin{bmatrix} \{W_{11},s_{(1,1)}\} & \{W_{12},s_{(1,2)}\} & \cdots & \{W_{1i},s_{(1,i)}\} & \cdots & \{W_{1V},s_{(1,V)}\} \\ \{W_{21},s_{(2,1)}\} & \{W_{22},s_{(2,2)}\} & \cdots & \{W_{2i},s_{(2,i)}\} & \cdots & \{W_{2V},s_{(2,V)}\} \\ \vdots & \vdots & \ddots & & & \vdots \\ \{W_{l1},s_{(l,1)}\} & \{W_{l2},s_{(l,2)}\} & \cdots & \{W_{li},s_{(l,i)}\} & \cdots & \{W_{lV},s_{(l,V)}\} \\ \vdots & \vdots & & & \ddots & \vdots \\ \{W_{M1},s_{(M,1)}\} & \{W_{M2},s_{(M,2)}\} & \cdots & \{W_{Mi},s_{(M,i)}\} & \cdots & \{W_{MV},s_{(M,V)}\} \end{bmatrix}$$

---

① 余传明,张小青,等.基于 LDA 模型的评论热点挖掘:原理与实现[J].情报理论与实践,2010(5):103-106.

6.3 内容挖掘中基于语义向量空间模型的文本建模

④基于语义增量的权重计算。本研究在传统向量空间模型权重计算公式 TF×IDF 的基础上,对其进行基于语义增量的改进,得出新的计算公式 STF(Semantic Term Frequency, STF):$STF_{l,i} = \frac{SI_{(l,i)} + n_{(l,i)}}{\max(n_{(l,i)}) + SI_{(l,i)}}$。

其中,$SI_{(l,i)}$ 为上述公式中的语义增量公式,则基于语义增量的权重(STF-IDF)公式为:$SW_{(l,i)} = STF_{(l,i)} \times IDF_i = \frac{SI_{(l,i)} + n_{(l,i)}}{\max(n_{(l,i)}) + SI_{(l,i)}} \times \left[\log_2\left(\frac{M}{n_{w_i}}\right)\right]$。

6.3.3 基于语义相似度的文本建模改进

前文已经分析得出,基于语义向量空间模型的文本表示或建模需将主题词和词汇转化为本体中的概念表示,以此构造概念-文本向量,作为文本处理的基础。因此,在上述算法的基础上,基于语义相似度计算进行算法的进一步改进。

语义相似度源于计算语言学等领域,主要研究术语、词汇或概念之间的相似程度,被看做概念在分类上的相似程度,广泛应用于自然语言处理中词义消歧、知识管理中信息抽取、语义标注以及本体学习与合并、Web 服务发现等相关领域①。

(1) 概念层次树构建与词汇定位

构建领域本体旨在实现某一个特定领域内文本集中词汇之间的语义关联。本文采用 IS-A 属性②表示概念关系,从而将领域本体抽象为概念层次树,对概念关系的分析转化为对概念层次树的解析。通过概念层次树中概念的深度和之间的距离计算概念或词汇的语义

---

① Bär D, et al. Ukp: Computing Semantic Textual Similarity by Combining Multiple Content Similarity Measures[C]// Proceedings of the First Joint Conference on Lexical and Computational Semantics, 2012: 435-440.

② Maedche A, Staab S. Ontology Learning for the Semantic Web[J]. IEEE Intelligent Systems, 2001, 16(2): 72-79.

相似度 $s_{(l,i)}$。

在语义相似度计算之前,必须解决词汇在领域本体中的相对定位问题。本研究首先通过先序遍历算法实现目标主题词的定位,再以目标主题词为参考实现其他目标词汇的定位①。领域本体中的目标主题词定位过程如图 6-10 所示。

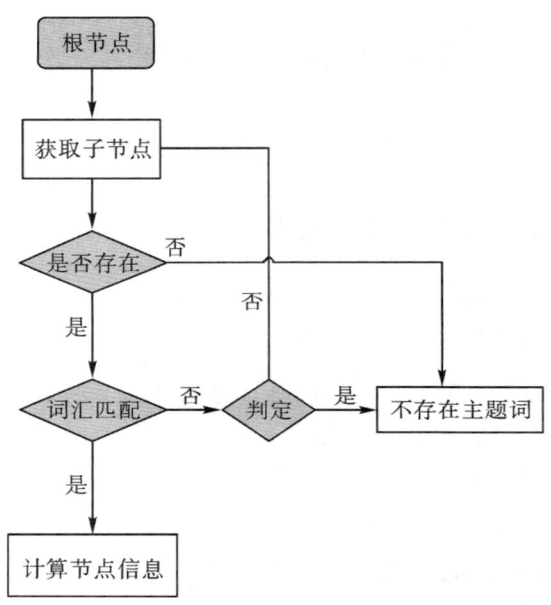

图 6-10　主题词定位过程

在主题词定位后,以主题词为参照遍历概念层次树定位词汇。首先遍历主题词的孩子节点,若在孩子节点中未发现目标词汇,则先序遍历父节点,直至找到目标词汇。如未发现目标词汇,则记该词汇与主题词之间的语义相似度为 0。目标词汇的定位过程如图 6-11 所示。

---

① 唐明伟,卞艺杰,等.基于领域本体的语义向量空间模型[J].情报学报,2011(9):951-955.

6.3 内容挖掘中基于语义向量空间模型的文本建模

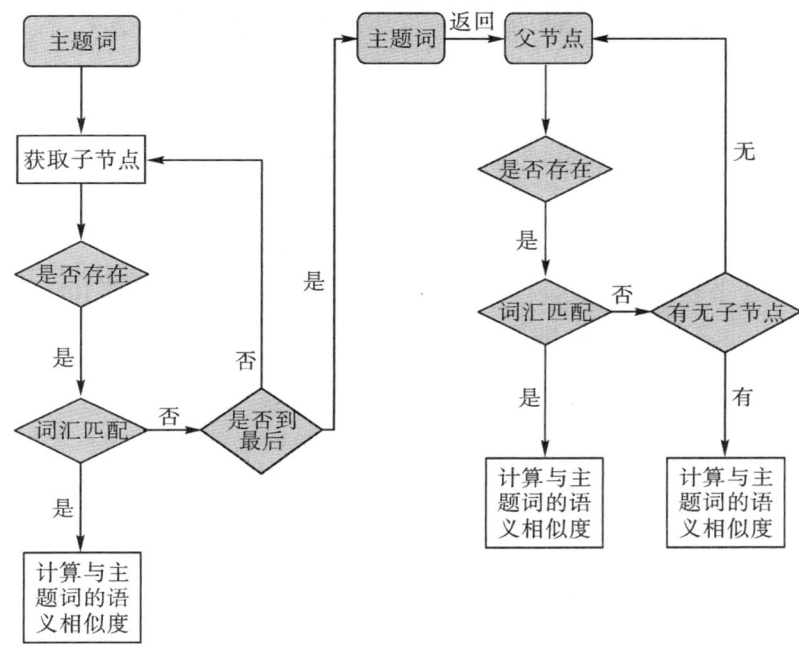

图 6-11　目标词汇定位过程

(2) 语义相似度计算

概念之间的语义相似度计算是确定词汇和主题词在领域本体中的语义关系的前提①。这种模型的基本思想是利用两个概念节点在领域本体层次树或网络图中的最短路径来衡量概念间的语义相似度。语义距离不仅要计算最短路径中边的数量,还要考虑到有向边的差异②。因此,一般先确定有向边的权重,再计算有向边的长度,最终得到概念间的语义距离。语义相似度的数值区间通常是

---

①　Oleshchuk V, Pedersen A. Ontology Based Semantic Similarity Comparison of Documents[C]// 14th International Workshop on Database and Expert Systems Applications,2003:735-738.

②　Sánchez D, et al. Ontology-based Semantic Similarity: A New Feature-based Approach[J]. Expert Systems with Applications, 2012, 39(9): 7718-7728.

[0,1],当语义距离为0时,语义相似度为1,可以认为两个概念的意思是相同的。概念之间的语义距离越大,语义相似度越小,即二者是成反比关系,可以根据需要选用适当的转化模型。

根据研究比较①,为了降低算法在空间和时间上的复杂度,本研究通过计算概念在领域本体中的深度和概念之间的距离实现概念间的语义相似度计算②。词汇所对应的概念在领域本体中的位置决定了概念在领域本体中的深度和概念之间的距离③。

①节点概念深度计算。在概念层次树中,设根概念节点 Root 的深度 Dep(Root)为1,则任一非根节点的概念 C 在层次树中的深度 Dep(C)为 Dep(C) = Dep(parent(C)) + 1,其中,parent(C)为节点 C 的父节点。

则层次树的深度 Dep(Tree)等于树中概念深度的最大值:Dep(Tree) = max(Dep(C))。

②概念距离计算。在概念层次树中,概念之间的距离是由两者的宽度和权值决定的。

本研究定义从某一概念 C 引出的边(关系)具有相同的权值 $W(C)$,将概念 C 的孩子节点数目定义为其宽度 Wid(C),则概念 C 的权值计算公式为:$W(C) = \begin{cases} \dfrac{1}{\text{Wid}(C)}, & C = \text{Root} \\ \dfrac{W(\text{parent}(C))}{\text{Wid}(C)\alpha}, & C \neq \text{Root} \end{cases}$;其中,参数 $\alpha \geq 2$。

从上述公式可以看出,处于相同深度的概念宽度越大,其权值就越低,反之越高。保证了概念在层次树中所处的深度由浅入深,权值

---

① 魏凯斌,冉延平,等.语义相似度的计算方法研究与分析[J].计算机技术与发展,2010(7):102-105.
② 唐明伟,卞艺杰,等.基于语义向量空间模型的文档检索系统研究[J].情报杂志,2010(5):167-170,177.
③ Vafaee F, et al. Novel Semantic Similarity Measure Improves an Integrative Approach to Predicting Gene Functional Associations[J]. BMC systems biology, 2013, 7(1): 22.

6.3 内容挖掘中基于语义向量空间模型的文本建模

也由大变小;同时也保证了概念的分类从粗糙到细致,随着概念权值的由大变小,概念间的相对语义距离也随之变小。

③概念间的语义距离计算。在概念层次树中,两个概念之间的语义距离 $\mathrm{Dist}(C_1,C_2)$ 为连接它们的最短路径上所有边的权值之和:
$\mathrm{Dist}(C_1,C_2) = \sum_{i=1}^{n} W_i$。

其中,W_i 是连接概念 C_1 和 C_2 的最短路径上的第 i 条边的权值。

从概念层次树的语义分类观点看,概念 C 的所有子节点都是由其细分所得,因此,概念 C 和其任一子节点的语义距离都小于和其任一兄弟节点的语义距离,即与其任一子节点的相似度都大于与其兄弟节点的相似度。

④语义相似度计算。根据上述语义距离计算的设定,则概念层次树中任意两个概念的语义距离范围为 $\mathrm{Dist}(C_1,C_2) \in \left(0, \dfrac{\alpha}{\alpha-1}\right)$,而其相似度的取值范围为 $s(C_1,C_2) \in (0,1)$,因此概念之间的语义相似度计算公式为: $s(C_1,C_2) = 1 - \sqrt{\dfrac{\alpha-1}{\alpha} \times \beta \times \mathrm{Dist}(C_1,C_2)}$;其中,$\beta = \dfrac{\mathrm{Dep}(C_2)}{\mathrm{Dep}(C_1)+\mathrm{Dep}(C_1)}$,$\alpha \geq 2$(可调节参数)。

(3) 文本语义向量构建

根据上述语义相似度的计算,就可以得到词汇和主题词的语义相似度矩阵:

$$Z_d = \begin{bmatrix} s_{(1,1)} & s_{(1,2)} & \cdots & s_{(1,i)} & \cdots & s_{(1,V)} \\ s_{(2,1)} & s_{(2,2)} & \cdots & s_{(2,i)} & \cdots & s_{(2,V)} \\ \vdots & \vdots & \ddots & & & \vdots \\ s_{(l,1)} & s_{(l,2)} & \cdots & s_{(l,i)} & \cdots & s_{(l,V)} \\ \vdots & \vdots & & & \ddots & \vdots \\ s_{(M,1)} & s_{(M,2)} & \cdots & s_{(M,i)} & \cdots & s_{(M,V)} \end{bmatrix}$$

得到词汇与主题词的语义相似度矩阵后,运用语义增量公式分别计算每个词汇在当前文本集中的语义增量,然后通过公式计算得出其语义权重,得到新的文本-词汇语义关联矩阵:

$$D_s = \begin{bmatrix} SW_{11} & SW_{12} & \cdots & SW_{1i} & \cdots & SW_{1V} \\ SW_{21} & SW_{22} & \cdots & SW_{2i} & \cdots & SW_{2V} \\ \vdots & \vdots & \ddots & & & \vdots \\ SW_{l1} & SW_{l2} & \cdots & SW_{li} & & SW_{lV} \\ \vdots & \vdots & & & \ddots & \vdots \\ SW_{M1} & SW_{M2} & \cdots & SW_{Mi} & \cdots & SW_{1V} \end{bmatrix}$$

至此,语义向量空间模型经语义相似度计算后构成,以文本-词汇语义向量矩阵的形式展示,每个文本由矩阵中的每一行或者每一个行向量表示,从而实现了文本的语义向量化表示。至此,就得到了每个文本的语义特征向量,将作为文本相似度计算和分类的基础。

6.4 基于超球支持向量机的文本分类与关联

前文分析了文本内容的主题提取和语义向量化表示,为了进一步挖掘文本内容之间的关联关系,本研究将展开基于超球支持向量机(Hyper-Sphere Support Vector Machine,HS-SVM)的文本分类和基于文本语义相似度的文本语义关联研究。

6.4.1 基于超球支持向量机的文本分类模型

众所周知,信息推荐系统服务实现的资源基础为文本内容的分类,从语义上建立资源之间的关联关系,要求在给定类别的情况下,根据训练集推导出分类的判别公式和判别规则,构造文本分类器判定未知文本的类别,帮助系统和用户发现关联或相似的资源。

(1)支持向量机分类机理

弗拉基米尔·万普尼克(Vladimir Vapnik)基于统计学习理论的VC理论和结构风险最小原理提出的支持向量机(Support Vector Machine,SVM)分类方法,是一种新型的机器学习方法,能更好地解决小样本数据的分类和预测问题,有效避免了神经网络分类中的过学习问题[①]。特蒙德大学的托尔斯滕·约阿希姆(Thorsten Joachims)

---

① Vapnik V N. The Nature of Statistical Learning Theory [M]. New York, Springer-Verlag Inc,1995.

6.4 基于超球支持向量机的文本分类与关联

早在1998年就将SVM与其他分类方法(贝叶斯、Rocchio、K近邻算法和决策树)进行了比较,发现SVM分类算法不仅取得了更好的分类效果,而且表现出了更强的稳定性(Robustness,鲁棒性)以及处理高维数据的优良特性①。

支持向量机成功地解决了高维问题和局部极值问题。支持向量机使用大间隔因子来控制学习机器的训练过程,使其只选择具有最大分类间隔的分类超平面,又叫最优超平面(在不可分情况下,又引入松弛因子来控制经验风险),从而使其在满足分类要求的情况下,又具有最高的推广能力。寻找最优超平面的过程最终转化为二次型优化问题(Quadratic Programming,QP),从理论上得到的是全局最优解。在处理非线性分类问题上,与传统的学习机器不同的是,支持向量机是将输入空间映射到高维的特征空间,仍然使用大间隔因子在高维特征空间中寻找最大间隔超平面。事实上,高维特征空间中的超平面对应着输入空间中的非线性分类面。实际中,支持向量机的优化过程并没有真正在高维特征空间中进行,而是通过一些具有特殊性质的核函数,将高维特征空间中的内积运算转化为原始空间中核函数的运算,从而巧妙地避免了在高维特征空间中处理问题的困难②。

作为统计学习理论的VC维理论和结构风险最小化原则的具体实现算法,支持向量机集优化、最佳推广能力等特点于一身。支持向量机方法的几个主要优点有:它是专门针对有限样本情况的,其目标是得到现有信息下的最优解而不仅仅是样本数趋于无穷大时的最优值;算法最终将转化成为一个二次型寻优问题,从理论上说,得到的将是全局最优解,解决了在神经网络方法中无法避免的局部极值问题;算法将实际问题通过非线性变换转换到高维的特征空间,在高维

---

① Joachims T. Text Categorization with Support Vector Machines:Learning with Many Relevant Features[J].Machine Learning ECML98,1998,1398(23):137-142.

② Xu Y, Guo R. A Twin Hyper-Sphere Multi-class Classification Support Vector Machine[J]. Journal of Intelligent and Fuzzy Systems,2014,27(4):1783-1790.

特征空间中构造线性判别函数来实现原始空间中的非线性判别函数,特殊性质的核函数能保证机器有较好的推广能力,同时也巧妙地解决了高维问题,其算法的复杂度与样本维数无太大关联;由于其优化目标是结构风险最小化,同时考虑了经验风险和置信范围的最小化,因而支持向量机具有非常好的推广能力①。

SVM分类思想有别于样本数目趋于无穷大时的渐进性能(传统统计学研究样本产生的规律),SVM将抽象的统计学习理论应用于样本的学习方法中,根据有限的样本信息,通过寻求最佳折中以获得全局最优解和最好的推广能力,即寻求模型的复杂性(对特定训练样本的学习精度)和学习能力(无错误地识别任意样本的能力)之间的最佳折中,因此,SVM能够有效地解决有限的小样本分类问题。另外,SVM分类在处理大特征维数的样本集上具有明显的优势,如具有高维特征向量的网页文本的分类,在速度和分类精度等性能方面优于其他分类算法,特别适合构造训练集和测试集的分类器②。

(2)基于超球支持向量机的分类模型设计

HS-SVM分类算法是最近机器学习领域研究的一个热点,是一种比SVM更快和效果更好的分类学习近似算法。在大规模样本分类研究的基础上,超球支持向量机(Hyper-Sphere Support Vector Machine,HS-SVM)作为一种球面结构支持向量机,采用计算一个能包含某个类全部样本在内的最近超球面的方法,通过寻找一个最小包围球(Minimum Enclosing Ball,MEB)问题取代SVM的二次规划问题,当增加新类别的文本时,只需要构建新类别对应的超球,因此能够处理大规模的文本且易于扩充③。

超球面与超平面的区别在于:超平面只是将两类样本分开,把空

---

① Liu S, Chen P, Li K. Multiple Sub-Hyper-Spheres Support Vector Machine for Multi-class Classification[J]. International Journal of Wavelets, Multiresolution and Information Processing, 2014,12(3):1450035.

② 胡昌平,胡吉明.个性化服务中基于支持向量机的用户兴趣挖掘分析[J].情报学报,2009(4):543-547.

③ Peng S, et al. Improved Support Vector Machine Algorithm for Heterogeneous Data[J]. Pattern Recognition, 2014(12):1-12.

间一分为二,两边的地位是相等的,相对于第三类样本无法作出相应处理;而超球面不仅可以把样本分为两类,而且可以把空间分成地位不相等的两块,对第三类样本来说,处在超球内部和外部是不一样的。进一步而言,第三类样本对训练的两类样本来说是未知样本,其在空间上的分布是不定的,因此可以假设成全空间分布。那么,第三类样本处在超平面两侧的任何一侧的概率是相等的,这是因为在构建这个超平面时,并没有考虑第三类样本的存在。而处在超球的内部和外部的概率则可以不同。通过控制半径和范围,得到一个包含尽可能多的样本的球面,即超球面。与支持向量机的思想类似,要求超球面的构造在两个条件中折中考虑:一是要求将两类样本尽可能正确分开;二是要求超球的半径尽可能的小①。

HS-SVM明显降低了整体复杂度且提升了分类速度和精度,是一种比SVM更快和效果更好的分类算法②。如Strack等研究了大规模文本分类中的超球支持向量机算法实现问题③,结合最小包围球方法、最近点解决算法和概率技术,在大规模甚至超大规模数据集上的实验发现,超球支持向量机分类算法在速度和准确性上效果较好。Chau等通过Jarvis March算法寻找不可分割超球点的最佳凸面,从而提高分类的准确性和速度④。Yun等指出随着分类训练样本数量的变化,其超球半径及其分布将会发生变化,应对其进行动态

---

① Wang Y, et al. Classification of Fault Location and the Degree of Performance Degradation of a Rolling Bearing Based on an Improved Hyper-Sphere-structured Multi-class Support Vector Machine[J]. Mechanical Systems and Signal Processing, 2012,29: 404-414.

② Tsang I W, Kocsor A, Kwok J T. Simpler Core Vector Machines with Enclosing Balls[C]// 24th International Conference on Machine Learning, ACM:Proceedings of the 24th international conference on Machine learning, 2007, 227: 911-918.

③ Strack R, Kecman V, StrackB, et al. Sphere Support Vector Machines for Large Classification Tasks[J].Neurocomputing,2013,101:59-67.

④ Chau A L, Li X O, Yu W. Large Data Sets Classification Using Convex-Concave Hull and Support Vector Machine[J]. Soft Computing,2013,17(5):793-804.

加权处理,以保证最终的分类效果①。艾青等针对多主题分类问题,基于超球支持向量机和样本与超球的隶属度计算,判定文本所隶属的主题②。王德成和林辉通过构建包含少类样本的最小封闭超球体,通过样本与球心的距离进行欠抽样,以此实现训练集分类的平衡③。蒋华和戚玉顺引入主动学习方法,将球结构支持向量机用于多标签分类,采用样本近邻方法更新分类器,实现较少样本的有效分类④。

  近年来,研究者们更多是在文本主题提取的前提下,结合分类算法实现文本的分类以及推荐⑤。如张玉峰和何超在潜在语义分析的基础上,对 SVM 进行了一系列改进和实证研究,包括语义 VSM⑥、HS-SVM⑦以及改进的 HS-SVM⑧,其研究具有代表意义,在一定程度上创新了 SVM 的文本分类研究。在上述分析中,已经简要阐述了 LSA 等其他模型在文本表示上的缺陷,以及传统的 SVM 大规模数据集上所存在的收敛速度慢、训练时间长及不易扩充而导致的分类效

---

  ① Yun S W, Shu Y X, Ge B. An Algorithm of Sphere-structure Support Vector Machine Multi-classification Recognition on the Basis of Weighted Relative Distances[C]// Proceedings of the 2010 International Conference on Life System Modeling and Intelligent Computing, and 2010 International Conference on Intelligent Computing for Sustainable Energy and Environment:Part I,2010:506-514.

  ② 艾青,秦玉平,李迎春.基于超球支持向量机的多主题文本分类算法[J].计算机工程与设计,2010,31(10):2273-2275,2279.

  ③ 王德成,林辉.一种 SVM 不平衡分类方法及在故障诊断的应用[J].电机与控制学报,2012,16(9):48-52.

  ④ 蒋华,戚玉顺.基于球结构支持向量机的多标签分类的主动学习[J].计算机应用,2012,32(5):1359-1361;蒋华,戚玉顺.基于球结构 SVM 的多标签分类[J].计算机工程,2013,39(1):294-297.

  ⑤ Hofmann T. Latent Semantic Models for Collaborative Filtering[J]. ACM Transactions on Information Systems,2004,22(1):89-115.

  ⑥ 张玉峰,何超.基于语义空间和 SVM 的竞争情报分类分析模型研究[J].情报杂志,2011(6):161-163,97.

  ⑦ 张玉峰,何超.基于潜在语义分析和 HS-SVM 的文本分类模型研究[J].情报理论与实践,2010(7):104-107.

  ⑧ 张玉峰,何超.基于潜在语义分析和改进的 HS-SVM 的文本分类模型研究[J].图书情报工作,2010(10):109-113.

6.4 基于超球支持向量机的文本分类与关联

果较差等问题。基于此,本研究将 LDA 和 HS-SVM 相结合,进行语义层次上的文本分类研究。

基于 HS-SVM 的分类模型如图 6-12 所示。

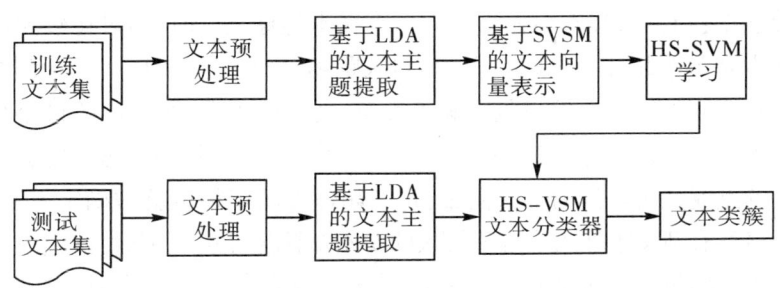

图 6-12 基于 LDA 和 HS-SVM 的文本分类模型

本章上述部分分析了文本主题提取和文本表示,将原始文本向量通过语义向量空间模型转换为语义向量,作为 HS-SVM 分类器构造的文本向量集。

6.4.2 基于改进 HS-SVM 的文本分类实现

超球支持向量机因其在大规模样本分类上的明显优势,成为研究者进行文本分类及其相关应用的热门分类算法。但是,在分类过程中,文本超球类会随着文本分类数量的增加而不断变化,需要不断改变超球类的支持向量;另外,文本超球类并不是完全独立的,存在语义或主题上的关联,虽然针对这一特殊情况无法完全准确划分其类别,但是可以通过概率决策最大限度地实现文本类别划分的准确性[1]。因此,本研究针对当前文本超球类动态变化和难以划分主题重叠区域内文本的特点,通过 LDA 主题模型提高文本建模的准确性,利用增量学习实现超球类的动态变化,以及借助密度决策函数实

---

[1] Lee L H, et al. An Enhanced Support Vector Machine Classification Framework by Using Euclidean Distance Function for Text Document Categorization[J]. Applied Intelligence, 2012, 37(1): 80-99.

现文本主题划分的准确性。

(1) 基于增量学习的 HS-SVM 分类改进

超球支持向量机分类的基本思想为:对某个文本簇,在超球半径尽可能小的情况下,尽可能多地包含该类样本,达到尽可能高的分类准确率;当测试文本不处于任何一个文本超球类中时,通过比较测试文本到各个超球类的距离,将其归入距离最近的超球类中[1]。因此,文本类簇采用一个最小包围球来界定,文本簇不同,所形成的最小超球也不同。在传统的 HS-SVM 随机算法中,实际上每一超球类中边界上的点就是所得到的支持向量,每个超球类的半径也就被确定下来,当该类有新文本加入或者新加入的文本被该超球类包围时,该超球类的支持向量保持不变[2]。实际上,当有新文本加入超球类时,类别的总体特征发生改变,即该超球类中的支持向量发生了改变[3]。目前,已有较多研究学者对 HS-SVM 中的增量学习进行了大量研究,如训练精确解算法[4]、分块增量算法[5]、快速增量学习算法[6]等。因此,本研究利用增量学习方法实现超球类支持向量的动态改变[7]。

---

[1] He Y H, Zhang K L. Support Vector Machines Based on Hyper-Ball Clustering[C]// Proceedings of 2008 International Conference on Machine Learning and Cybernetics, 2008, 1-7:840-844.

[2] Liu S, Shi G Y. Weighted Hyper-Sphere SVM for Hypertext Classification[C]// Proceedings of the 5th International Symposium on Neural Networks: Advances in Neural Networks, 2008, 5263:733-740.

[3] Shilton A, et al. Incremental Training of Support Vector Machines[J]. Neural Networks, 2005, 16(1):114-131.

[4] Cauwenberghs G, Poggio T. Incremental and Decremental Support Vector Machine Learning[C]// Proceedings of the 13th Neural Information Processing Systems, 2000:409-415.

[5] Qin L, et al. An Improved Incremental Training Algorithm of Support Vector Machines[J]. Advanced Materials Research, 2011, 301-303:677-681.

[6] Catanzaro B, Sundaram N, Keutzer K. Fast Support Vector Machine Training and Classification on Graphics Processors[C]// Proceedings of the 25th International Conference on Machine Learning, 2008:104-111.

[7] Han F, et al. A New Incremental Support Vector Machine Algorithm[J]. Journal of Electrical Engineering, 2012, 10(6):1171-1178.

6.4 基于超球支持向量机的文本分类与关联

传统的批量学习方法为一种一次学习模式,即当得到所有训练样本并学习之后,学习过程便结束;但是当有新的数据增加时,又需重新把所有样本学习一次,这就带来了时间和空间的大量消耗[①]。而增量学习方法可以实现渐进式的学习,无需重新训练原先的样本,并且可以根据新样本不断调整和修正样本的整体特征。因此,增量学习方法降低了对时间和空间的要求,在整体性能上更优[②]。基于增量学习的超球支持向量机算法实现的机理描述如下:

给定训练文本集合 $X=\{x_i | x_i \in R^N, i=1,2,\cdots,m\}$ 和核函数 $K(x_i,x_j)$,其中 K 对应语义特征空间中的内积,即 $K(x_i,x_j) = \langle g(x_i), g(x_j) \rangle$,变化 $g:X \mapsto Z$ 是将文本从原始向量特征空间映射到语义向量特征空间。对于某一文本子集 X^m,通过特征空间中的一个超球(Hyper-Sphere)(a_m, R_m)(a_m 为超球球心,R_m 为超球半径)包含该文本数据的大部分映射,同时尽可能减少超球半径的大小。若新类别文本集 X^{N+1} 加入时,则利用 HS-SVM 通过在语义特征空间中的映射确定其所对应的超球(a_{N+1}, R_{N+1}),则完成一次增量学习,记录当前超球类的新支持向量。对于待分类样本 x,其分类判断算法步骤如下:

① 分类样本与超球球心的距离计算。计算 x 所映射到每个超球球心 a_m 的距离 $\text{dist}_m(x)$:

$$[\text{dist}_m(x)]^2 = \| g(x) - a_m \|^2$$
$$= K(x,x) + \sum_{ij} \beta_i^m \beta_j^n K(x_i^m, x_j^m) - 2\sum_i i\beta_i^m K(x, x_i^m)$$

② 若存在唯一的 n,使得 $\text{dist}_x(x) \leq R$,则 x 属于第 n 类,则转⑤,否则转③。

③ 对于所有的 $\text{dist}_m(x)$,若 $\text{dist}_m(x) \geq R_m$ 都成立,则根据上述公

---

① Cheng W, Juang C. A Fuzzy Model with Online Incremental SVM and Margin-selective Gradient Descent Learning for Classification Problems[J]. 2014, 22(2): 324-337.

② Cauwenberghs G, Poggio T. Incremental and Decremental Support Vector Machine Learning[C]// 14th Annual Neural Information Processing Systems Conference (NIPS), 2001, 13: 409-415.

式计算文本集 x 对于每个类别的隶属度 $r_m = \dfrac{R_m}{d_m(x)}$,然后根据上述公式计算 x 所属的类别 n,之后转⑤,否则转④。

④若存在两个或两个以上的 $\text{dist}_m(x)$,使得 $\text{dist}_m(x) \leq R_m$,则根据公式 $r_n = 1 - \dfrac{\text{dist}_m(x)}{R(m)}$ 计算文本 x 对于该类的隶属程度,进而根据 $r = \arg\arg_m(r_m)$ 计算 x 所属的类别,然后转⑤。

⑤分类结束。

(2)基于密度决策函数的 HS-SVM 文本分类算法改进

HS-SVM 文本分类模型假设任意两个超球类是相互独立的,所有文本都能够被正确分类;但实际上存在文本超球类相互重叠的情况,因此如何准确分类重叠区域的文本是当前研究的一个重要问题。如陈鹏和文涛(2007)[①]提出了基于子超球支持向量机(Sub Hyper-Sphere Support Vector Machine,SHS-SVM)的分类算法对重叠区域文本进行分类,对同类错误文本点和异类错误文本点再一次构造子超球以细化分类。这种方法虽提高了分类精度,但整个文本分类计算的复杂度大大增加[②]。

支持向量机中的决策函数是准确分类重叠区域文本的重要依据。从密度(密集程度)上看,待分类文本集与超球类之间的密度分布决定了其类别的相似程度,即密度越大,说明越有可能属于此超球类。因此,本研究通过密度计算构造超球支持向量机的决策函数,以达到对文本精确分类且降低复杂度的目的。

在基于密度决策函数的 HS-SVM 文本分类算法实现中,将文本分为三种:不被任何超球类包含的文本、只被一个超球类包含的文本以及被多个超球类包含的文本(如图 6-13 所示)。通过文本类别属性的区分,就将文本分类区分为两种:前两种直接运用 HS-SVM 算法

---

① Chen P, Wen T. Parameter Selection for Sub-Hyper-Sphere Support Vector Machine[C]// Proceedings of the Third International Conference on Natural Computation,2007(1):628-631.

② 刘爽,陈鹏. 改进的超球支持向量机算法[J].计算机工程与应用,2009(16):149-151.

分类。第三种采用基于密度决策函数的 HS-SVM 分类。通过比较待分类文本相对于超球类的密度,将其归入密度最高的超球类。

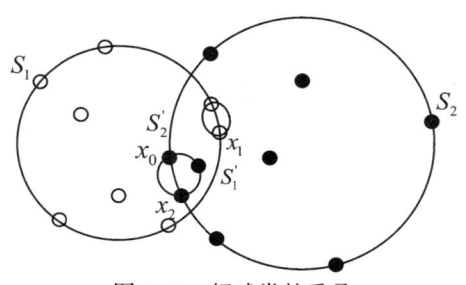

图 6-13 超球类的重叠

如图 6-13 所示,两个文本集 A 和 B 的最小超球分别为 S_1 和 S_2,S_1 和 S_2 重叠;S_1 在 S_2 中的部分球面为 S'_1,S_2 在 S_1 中的部分球面为 S'_2。设 x_0 为 S'_2 的一个支持向量,则 $x_0 \in S'_2$,则 x_0 属于类 B;而从分类决策函数计算上看,$f_1(x_0)<f_2(x_0)$,因此 x_0 属于类 A。这样就产生了矛盾和错误,从而导致分类准确率的降低。故采用密度决策函数对重叠区域的文本点 x 重新计算划分类别,其类别判别公式为:

$$\max = \frac{|A'_{x,k}|}{|A_k|}$$

。其中,$|A_k|$ 为 k 类文本集合中文本的个数;$|A'_{x,k}|$ 为 k 类超球中样本点的个数,即以样本点 x 为球心和以 x 到 k 类超球球心的距离为半径所做的超球。分别计算重叠区域的样本点 x 与各类样本(超球类)的密度,然后将 x 归入密度最高的类别。

基于密度决策函数的 HS-SVM 文本分类算法训练步骤如下:

假设文本集中 q 个超球类相互重叠,$A_k(k=1,2,\cdots,q)$ 为这 q 个文本类的样本点集合,记 $|A_k|$ 为文本集 A_k 中的元素个数,a_k 为相应最小超球 S_k 的球心,x 为给定的带分类测试样本点,通过 x 到 a_k 的距离来判定 x 是否属于 S_k 的重叠区域。如果 x 不属于 S_k 的重叠区域,可通过一般判别公式判定其类别:$f_m(x)=[K(x,x)-2K(x,a_m)+K(a_m,a_m)]-(R_m)^2$。

$f_k(x)(m=1,2,\cdots,N)$ 最小时即为 x 所属的文本集。

如果 x 属于 S_k 的重叠区域,则采用新的决策函数来判定。

①对 $|A_k|$ 从小到大排序,$|A_1|\leq|A_2|\leq\cdots\leq|A_q|$,则相应得到 S_k 的新次序:$S_1\leq S_2\leq\cdots\leq S_q$。

②将 k 的初始值定为 1。

③以 x 与 a_k 之间的距离为半径做球 B_k,并且 B_k 中同类样本点集合为 $A'_{x,k}(A'_{x,k}\in B_k)$,$|A'_{x,k}|$ 为集合 $A'_{x,k}$ 中元素的个数。则计算 x 与第 k 类样本点的密度:$den_{x,k}=\dfrac{|A'_{x,k}|}{|A_k|}$。

保存 $den_{x,k}$。

④如果 $k<q$,则 $k=k+1$,并转③,否则结束。

在计算密度的基础上,其决策算法步骤为:

①令 $k=1$,$temp=0$。

②如果 $den_{x,k}\geq temp$,则 $temp=den_{x,k}$,$n=k$。

③如果 $k\leq q$,则 $k=k+1$,并转②,否则将 x 归入该类。

④分类结束。

6.4.3　基于语义向量的文本内容关联

上述分析中,本研究基于 LDA 主题模型进行了文本内容主题提取,基于语义空间向量将文本原始向量转化为语义向量,基于 HS-SVM 进行了文本分类。但是,划分为一类的文本在关联程度上互不相同,也即在资源推荐时相互影响的程度不同。以此,为了进一步得知文本内容之间的关联程度,并更加精准地区分文本内容,反映信息资源之间的相互关联程度,本研究以文本语义向量为基础,通过语义相似度计算信息资源内容之间的关联程度,并构建资源关联网络。

(1) 基于特征向量的相似度计算

得到文本的语义特征向量后,通过两个文本 d_l 和 d_k 特征向量之间的关系来衡量其相似度 $S(d_l,d_k)$,如目前应用较多的为将两个文本特征向量的内积或内积的某种相关系数作为文本相似度值,即认为两个文本的重叠特征项代表了它们内容的相似性。文本相似度计算方法主要有①:

---

① Ahn H J. A New Similarity Measure for Collaborative Filtering to Alleviate the New User Cold-starting Problem[J]. Information Sciences,2008,178(1):37-51.

① 内积:$S(d_l,d_k) = \vec{d_l} \bullet \vec{d_k} = \sum_{i=1}^{V} W_{l,i} W_{k,i}$。

②Jaccard 系数:

$$S(d_l,d_k) = \vec{d_l} \bullet \vec{d_k} = \frac{\sum_{i=1}^{V} W_{l,i} W_{k,i}}{\sum_{i=1}^{V} (W_{l,i})^2 + \sum_{i=1}^{V} (W_{k,i})^2 - \sum_{i=1}^{V} W_{l,i} W_{k,i}}$$

③Dice 系数:$S(d_l,d_k) = \dfrac{2\sum_{i=1}^{V} W_{l,i} W_{k,i}}{\sum_{i=1}^{V} (W_{l,i})^2 + \sum_{i=1}^{V} (W_{k,i})^2}$。

④ 余弦系数:

$$S(d_l,d_k) = \cos\Theta = \frac{\sum_{i=1}^{V} (W_{l,i} \times W_{k,i})}{\sqrt{(\sum_{i=1}^{V} (W_{l,i})^2)(\sum_{i=1}^{V} (W_{k,i})^2)}}$$

其中,Θ 为两个文本语义特征向量在空间中的夹角。

通过大量文献调研发现,文本相似度计算中最常用的公式为余弦系数,即用两个文本特征向量的夹角余弦值来衡量文本相似度,$S(d_l,d_k)$越大,表示两个文本之间的相似程度越高。

上述为传统向量空间模型中的文本相似度计算方法,通过将文本向量化表示,将文本内容的处理简化为向量空间中的向量运算,自然语言文本的操作性和可计算性大大提高;同时,将特征项权重引入向量空间模型中,在一定程度上客观地描述了文本的内容特征。虽然,向量空间模型在文本相似度计算上带来了计算和操作上的方便,但是向量空间模型的固有缺陷始终无法突破①。向量空间模型将文本和词汇看做是相互独立的,将特征项设定为在向量空间中呈正交关系,忽视了文本及其特征项之间所存在的丰富的语义关系;而且向量空间模型中特征项权重的计算采用的是统计方法,只有在文本词

---

① Ahn H J. A New Similarity Measure for Collaborative Filtering to Alleviate the New User Cold-starting Problem[J].Information Sciences,2008,178(1):37-51.

汇数量规模足够大时,才能够得到较好的效果。因此,向量空间模型的算法缺陷导致了文本相似度计算中的不准确。

研究者以向量空间模型为基础,对其计算方法进行改进,试图将词汇和文本之间的语义关系因素引入模型中。

(2) 基于相似度计算的文本关联

研究者在文本相似度算法改进研究中,将研究重点放在建立文本特征项之间的相关关系上,并寻求计算特征项之间相关度的方法,以此对基于传统向量空间模型的相似度计算方法进行扩展,解决其"所有特征项正交"的假设所导致的问题,即广义向量空间模型(Generalized Vector Space Model,GVSM)[①]。

GVSM 将向量空间扩展到 2^n 维,以减少传统向量空间模型中所有特征项正交所带来的问题。在 GVSM 中,每个特征项(特征词)w_i 可以表示为 2^n 个向量 $Vec_r(r \in (1,2,\cdots,2^n))$ 的线性组合,特征项 w_i 和 w_j 之间的相关性通过 $R(w_i,w_j)$ 表示,其计算方法如自动分度法[②]、本章前文中基于语义增量的词汇与主题词之间相似度计算方法等。文本 d_l 和 d_k 之间的相似度计算公式为:

$$S(d_l,d_k) = \frac{\sum_{i=1}^{V}(\sum_{j=1}^{V} W_{l,i} \times W_{l,j} \times R(W_i,W_j))}{\sqrt{\sum_{i=1}^{V}(W_{l,i})^2}\sqrt{\sum_{j=1}^{V}(W_{k,j})^2}}$$

GVSM 相似度计算的原理为在两个结构化的基本文本特征向量表示中融入特征项(词)相关性的方法,如通过本体层次概念之间的语义关系计算特征项之间的语义相似度、在文本集中计算特征项的共现频率(co-occurrence)等。

---

① Tsatsaronis G, Panagiotopoulou V. A Generalized Vector Space Model for Text Retrieval Based on Semantic Relatedness[C]// Proceedings of the 12th Conference of the European Chapter of the Association for Computational Linguistic,2009:70-78.

② Wong S K, Wong P C.Generalized Vector Spaces Model in Information Retrieval[C]// Proceedings of the 8th Annual International ACM SIGIR Conference on Research and Development in Information Retrieval,1985:18-25.

6.4 基于超球支持向量机的文本分类与关联

上述中的 GVSM 就采用计算语义相似度的方法①,通过语义词典(类似于 WorldNet)衡量特征项之间的语义关联度(Semantic Relatedness,SR),综合考虑两个特征项之间的路径长度(SCE)和路径深度(SPE)。研究证明,在大多数情况下基于 GVSM 的文本相似度计算效果要优于传统的向量空间模型,但是 GVSM 的计算复杂度太高且不适于动态变化的文本集,其应用存在较大的局限性。

本研究在此基础上,通过领域本体中概念间的语义关系分析,进行语义相似度计算的改进,进而将文本原始向量转化为文本语义向量。但为了降低计算复杂度,本研究通过计算词汇与代表文本的主题词的语义相似度来构建词汇与文本之间的语义关联矩阵,得出每个文本的语义特征向量,如文本 d_l 和 d_k 的语义特征向量为:$\vec{d_l} = (SW_{l1}, SW_{l2}, \cdots, SW_{li}, \cdots, SW_{lV})$,$\vec{d_k} = (SW_{k1}, SW_{k2}, \cdots, SW_{ki}, \cdots, SW_{kV})$。

基于此,本研究沿用基于特征向量的文本相似度计算方法,通过计算文本 d_l 和 d_k 语义特征向量的夹角余弦 $\cos(\vec{d_l}, \vec{d_k})$ 表示两者之间的相似度。为了计算方便,将文本语义特征向量进行标准化处理($|\vec{d_l}|=1, |\vec{d_k}|=1$),两个文本的相似度可表示为:

$$S(d_l, d_k) = \vec{d_l} \cdot \vec{d_k} = |\vec{d_l}| \cdot |\vec{d_k}| \cdot \cos\Theta = \cos\Theta = \frac{\sum_{i=1}^{V}(\sum_{j=1}^{V} SW_{l,i} \times SW_{l,j})}{\sqrt{\sum_{i=1}^{V}(SW_{l,i})^2}\sqrt{\sum_{j=1}^{V}(SW_{k,j})^2}}$$

得到每个文本在概念语义空间中的向量表示后,只需要计算特征词与代表文本的主题词之间的语义相似度,从而生成语义增量,重新衡量词汇与文本之间的关系(权重),大大降低了计算复杂度,并且提高了文本表示和文本间相似度计算的准确度。

本书在第 3 章中进行了用户关系社区发现的分析,对文本资源进行主题类别下的细分,建立资源关联网络。网络中的每个节点代

---

① Tsatsaronis G, Panagiotopoulou V. A Generalized Vector Space Model for Text Retrieval Based on Semantic Relatedness[C]// Proceedings of the 12th Conference of the European Chapter of the Association for Computational Linguistic, 2009: 70-78.

表一个文本,文本之间的关联边权值表示两个文本的相似度,在阈值设定后,根据社区发现算法,对文本资源网络进行社区划分,得到若干个资源社区,每个社区内部的文本资源在主题上都具有高相关度,社区之间资源的相似度则较低;若出现规模很小的社区,则将其合并到与其距离最近的社区中,然后重新计算每个社区的特征向量。

6.5 实验分析

本研究基于 LDA 文本内容主题提取、语义向量表示,以及基于增量学习和密度决策函数的 HS-SVM 分类算法改进,进行了文本语义向量表示和分类的建模研究。本研究通过实验以验证所提方法的有效性和优越性,实验采用中文文本分类语料库 TanCorpV1.0[1],共包含文本 14 150 篇,分为 12 个类(财经、地域、电脑、房产、教育、科技、汽车、人才、体育、卫生、艺术和娱乐)。此语料库采用中国科学院计算技术研究研制的汉语词法分析系统 ICTCLAS(Institute of Computing Technology, Chinese Lexical Analysis System)[2]进行预处理,以此作为实验的基础数据。

6.5.1 LDA 主题提取和演化的实验分析

根据上述 LDA 主题模型求解过程可知,模型中存在 3 个变量:Dirichlet 分布中的超参数 α、β 以及主题数目 T,为了有效利用增量吉布斯抽样算法,首先确定这 3 个变量的最佳值。根据大量的文献调研,本书令 $\beta=0.01$(经验值,此取值对本文实验效果较好),$\alpha=\dfrac{50}{T}$,这种取值在众多试验中具有较好的表现[3]。而主题数目的取值对 LDA

---

[1] 谭松波,王月粉.中文文本分类语料库—TanCorpV1.0[EB/OL].[2011-11-10].http://www.searchforum.org.cn/tansongbo/corpus.htm.

[2] 中国科学院计算技术研究研制. ICTCLAS2011[EB/OL].[2010-12-21]. http://ictclas.org/ictclas_download.aspx.

[3] 单斌,李芳.基于 LDA 话题演化研究方法综述[J].中文信息学报,2010(6):43-49,68.

6.5 实验分析

模型的文本提取和拟合性能影响较大,其最佳值的确定主要通过两种方式选取:一种是词汇被选中的概率 $P(w|T)$ 和困惑度(perplexity (D))[①]。

$p(w|T)$ 近似为一系列 $p(w|z)$ 的调和平均值,$P(w|T)$ 与 LDA 主题模型对语料库的文本信息拟合程度成正比,当 $p(w|T)$ 取值最大时,主题数最佳: $\dfrac{1}{P(w|T)} = \dfrac{1}{M} \sum_{i=1}^{M} \dfrac{1}{P(w|z^{(l)})}$。

接着,从模型泛化能力衡量 LDA 主题模型对新文本的预测能力,即衡量 LDA 主题模型的困惑度(perplexity(D)),困惑度越小表示模型的泛化能力越强:

$$\text{perplexity}(D_{\text{test}} | M) = \exp\left| -\dfrac{\sum_{l=1}^{M} \log(P(d_l))}{\sum_{l=1}^{M} N_l} \right|。$$

其中,M 为测试文本数,N_l 为文本 d_l 的长度,$P(d_l)$ 为 LDA 主题模型产生文本 d_l 的概率。从文本长度和困惑度可以看出,两者之间呈间接反比关系,只需观测一个值即可。困惑度能够较为全面地评测模型的效果,因此本研究选取困惑度作为评测指标。

对 T 的不同取值分别运行吉布斯抽样算法,迭代次数为 300,观测困惑度取值的变化情况。

如图 6-14 所示,随着主题数的增加,困惑度值变小,当 $T=50$ 时,困惑度达到最小值,此时模型的性能最佳,可见对于此文本集而言最佳主题数为 50。

本研究在进行主题演化的试验中,将权重 W 设为 0.3,只标识每个主题的前 10 个词汇,以时间片为顺序描述主题的概率分布变化情况。

从图 6-15 可以看出 3 个主题随时间的演化情况,主题 z_1 在此文本集中具有较高的强度,且在大部分时间片中较为稳定。而主题 z_2 和主题 z_3 在前部分时间片波动较大,后期时间片文本集内的内容主

[①] Cao J, Xia T. et al. A Density-based Method for Adaptive LDA Model Selection [J]. Neurocomputing, 2009(72): 1775-1781.

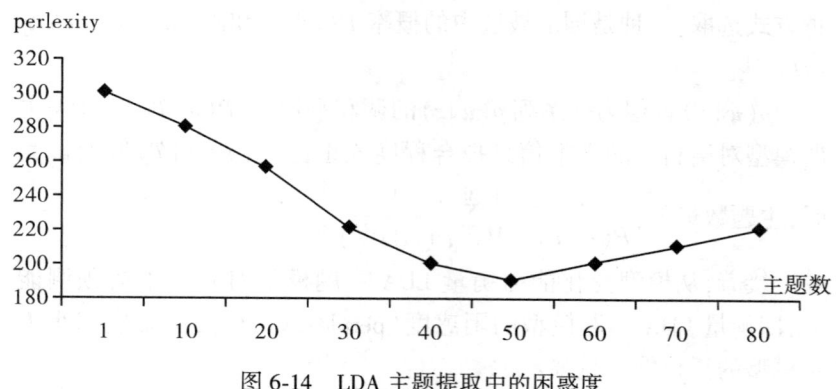

图 6-14　LDA 主题提取中的困惑度

题变化逐渐趋于平稳。

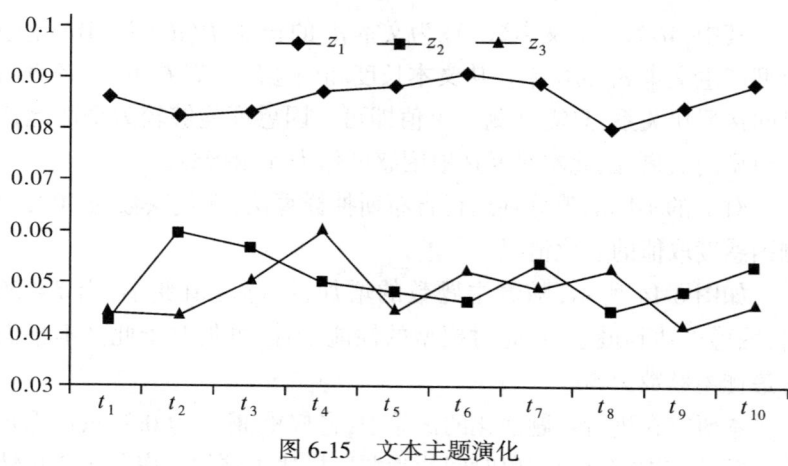

图 6-15　文本主题演化

6.5.2　文本分类的实验分析

首先，对文本进行预处理形成特征空间向量，在 LDA 主题模型中 3 个变量的取值确定后，运行吉布斯抽样，得到文本集中词汇在 50 个潜在主题上的概率分布，以及潜在主题在每篇文本中的概率分布,通过向量空间模型(VSM)构建文本向量。通过语义向量空间模型将原始文本向量转化语义向量,基于 HS-SVM 进行文本分类。根据上述的算法分类过程,在分类训练中只需要计算待分类文本与每一个超球心的距离,就可得知该文本的所属类别。因此,此算法较快的分类速度和一个近似的最小类别包围球的最终结果保证了其分类性能。

为了检验本研究基于 LDA 和 HS-SVM 的文本分类模型的性能,设计了 3 组对比试验(如表 6-3 所示)。实验过程中 HS-VSM 采用 LibCVM 工具包①,核函数采用 RBF 核函数(其适应性和收敛性较好),系统参数 $C=10, v=0.01$②;每次实验重复 3 次,最终结果取 3 次实验的平均值。

表 6-3   **文本分类算法实验对比**

实验	算法
实验一	LSA+VSM+HS-SVM
实验二	LDA+VSM+HS-SVM
实验三	LDA+SVSM+改进 HS-SVM

在文本分类评测方法中,最常用的为准确率(Precison)③、召回率(Recall)④和两者综合指标(F_1-Measure)来评价其效果(如表 6-4 所示)。

---

① Tsang I W, Kocsor A, Kwok J T. LibCVM Toolkit Version:2.2(beta)[EB/OL].[2011-08-29]. http://c2inet.sce.ntu.edu.sg/ivor/cvm.html.

② Yildirim E A. Two Algorithms for the Minimum Enclosing Ball Problem[J]. SIAM Journal on Optimization,2008,19(3):1368-1391.

③ Sebastiani F. Machine Learning in Automated Text Categorization[J].ACM Computing Surveys,2002,34(1):1-47.

④ Mobasher B, Dai H, et al. Discovery and Evaluation of Aggregate Usage Profiles for Web Personalization[J].Data Mining and Knowledge Discovery,2002,6(1):61-82.

表 6-4　　　　　　　　　主题提取分配表

文本分类	正确分配	错误分配
已分配给当前类别的文本	a	b
未分配给当前类别的文本	c	d

则 $\text{Recall} = \dfrac{a}{a+c}, \text{Precison} = \dfrac{a}{a+b}, F_1 = \dfrac{2\text{Precision} \cdot \text{Recall}}{\text{Precision}+\text{Recall}}$。

但是为了从整体上综合评测文本分类性能,本研究在上述基础上采用宏平均作为分类器的评估标准。

宏平均准确率:$\text{Macro}(P) = \dfrac{1}{n}\sum_{i=1}^{n} P_i$($P_i$ 为第 i 类的分类准确率)

宏平均召回率:$\text{Macro}(R) = \dfrac{1}{n}\sum_{i=1}^{n} R_i$($R_i$ 为第 i 类的分类召回率)

宏平均:$\text{Macro}(F_1) = \dfrac{2\text{Macro}(P) \times \text{Macro}(R)}{\text{Macro}(P) + \text{Macro}(P)}$

本研究在其他研究成果的基础上,将主题提取方法(LSA 和 LDA)、文本表示方法(VSM 和 SVSM)和文本分类方法(HS-SVM 和改进 HS-VSM)组合进行分类实验。HS-VSM 采用 LibCVM 工具包[1],核函数采用 RBF 核函数(其适应性和收敛性较好)[2]。每次实验重复 3 次,最终结果取 3 次实验的平均值,实验结果如表 6-5 所示。

表 6-5　　　　　　　　文本分类实验结果对比

	$\text{Macro}(P)$	$\text{Macro}(R)$	$\text{Macro}(F_1)$
LSA+VSM+HS-SVM	0.8879	0.8842	0.8857
LDA+VSM+HS-SVM	0.9087	0.8963	0.8981
LDA+SVSM+改进 HS-SVM	0.9201	0.9154	0.9128

---

① Tsang I W, Kocsor A, Kwok J T. LibCVM Toolkit Version:2. 2 (beta)[EB/OL]. [2011-08-29]. http://c2inet.sce.ntu.edu.sg/ivor/cvm.html.

② Yildirim E A. Two Algorithms for the Minimum Enclosing Ball Problem[J]. SIAM Journal on Optimization,2008,19(3):1368-1391.

3 种分类组合在各个类别上的实验结果如图 6-16 所示。

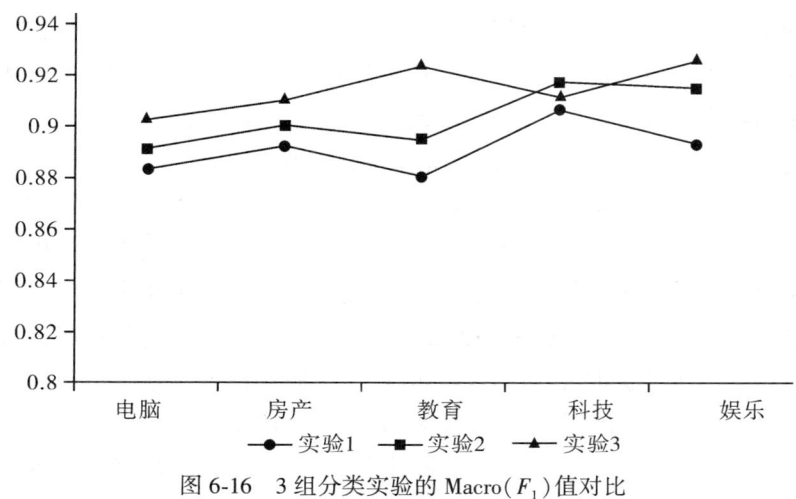

图 6-16　3 组分类实验的 Macro(F_1) 值对比

根据表 6-5 和图 6-16 所示的实验结果,本研究提出的基于 LDA 的主题提取、基于 SVSM 的文本向量表示及基于改进的 HS-SVM 的文本分类方法,能够不断适应新文本加入对分类精度的影响,有效地改善重叠区域文本的分类精度。基于密度的决策方法效果较好且计算复杂度小,从总体上性能和效果优于另外两种方法。

6.6　总结

社会网络环境下,用户成为信息服务过程中的主体,需求变革推动着信息服务不断升级发展,特别是信息推荐服务理念的转变以及技术的升级;在资源处理上,应将重点放在信息资源的语义描述和分类关联上,从语义层次提高信息资源描述的准确性,进而将信息资源按照相关度聚合,提高信息筛选和推荐的准确度。

首先,本章主要从文本语义建模和分类两个环节展开了信息资源的语义挖掘研究,构建了基于 LDA、SVSM 和 HS-SVM 的信息资源语义挖掘框架;基于 LDA 主题模型进行文本主题的提取,确定文本、主题和词汇之间的概率分布关系,通过文本-词汇矩阵构建文本原始向量;将词汇与主题词之间的语义关系引入原始文本向量中,将词汇和主题词与领域本体中的概念建立映射关系,从而构建概念层次树,建立文本的语义向量;基于超球支持向量机对文本进行分类,通过增量学习和密度对其进行改进,实现更加细化的文本分类,并利用语义化的余弦夹角计算文本之间的相似度,构建文本资源关联网络。

文本的准确描述和表示是本章研究的出发点。本章从传统文本建模和主题提取的缺陷分析入手,阐述了主题模型在文本主题提取和表示上符合人类的思维过程,能够最大限度地表示文本含义。而概率主题模型(LSA、PLSA和LDA)最具代表性意义,也是目前最常用的文本主题提取方法。LSA和PLSA克服了传统文本表示中的独立性假设所带来的文本语义丢失问题,但无法解决一词多义和一义多词的问题,且复杂度较高,在处理大规模文本集上效果较差,容易出现过拟合现象。LDA主题模型通过文本内容表示的三层结构,将主题和词汇的混合分布作为文本区分的依据,LDA模型通过良好的先验概率假设,其推理算法便捷高效,文本表示效果优于其他方法,在多个领域得到了广泛应用。

其次,针对原始LDA模型中忽略文本时间信息而无法描述文本主题的演化问题,本章进行了动态LDA主题模型的构建。首先将文本集按照时间片划分,构建时间片文本集,对每一个时间片文本集进行主题提取,并将主题按照时间进行内容和强度两个方面的演化分析。为了适应文本主题的动态提取,本研究对原始的吉布斯抽样算法进行增量改进,在不同时间片之间设置权重,对每一个时间片文本集进行参数 φ 和 θ 的估算。最后,采用KL距离相似度计算主题-词汇概率分布之间的相似度,分析主题变化的差异;采用 θ 的平均值来代表时间片内主题的强度或主题在时间片内所占的比重,从而描绘主题在内容和强度上随时间的变化趋势。

文本表示必须进行结构化处理,才能作为机器的运算对象,而传统的向量空间模型等文本表示方法在文本描述准确性和计算精度上存在缺陷,不但降低了文本相似度、信息检索和推荐的准确性,而且造成了较高的计算复杂度。因此,本研究在分析传统文本向量的基础上,通过语义映射,构建语义向量空间模型,将文本原始向量转换为文本语义向量。本研究将文本集中的词汇分为两类,一般词汇和主题词汇(选取概率值最大的词汇作为主题词)。将词汇和主题词映射到领域本体中的概念层次树中,根据词汇与主题词汇所对应的概念在层次树中的深度和宽度,计算其语义相似度,得出词汇与文本之间的语义增量,以此将原始文本-词汇的权重矩阵转换为文本-词汇的语义矩阵,实现了文本的语义向量化表示。

文本的语义向量化表示,大大提高了文本描述的准确性,进而改善了文本分类的效果。本研究在阐述文本分类模型和算法的基础上,选用超球支持向量机(HS-SVM)作为文本分类实现的基础算法。HS-SVM在分类速度和效果上都优于传统的SVM,本研究根据文本分类器构造中文本不断加入给支持向量所带来的变化,对分类器进行增量学习,动态改变文本类别的支持向量;针对实际分类中文本类别的重叠现象,本研究将文本分为三种情况,分别应用不同的方法分类,并基于密度计算改进分类器中的决策函数,对重叠类别文本重新分类。最后,对每个类别中的文本,进行文本语义向量的相似度计算,基于社区发现算法,实现文本资源的关联和社区划分,建立资源关联社区。

最后,本研究利用中文文本语料库进行了相关的实验研究。在基于LDA的文本主题中,根据文献调研设定了参数取值情况,依据困惑度的变化确定了词文本集的最佳主题数为50,以及描绘了文本主题随时间的演化情况。在此基础上,重点进行了基于LDA、SVSM和改进的HS-SVM的文本分类实验研究。通过对比实验发现,本章提出的文本表示和文本分类方法,在宏平均准确率、宏平均召回率和宏平均F_1方面都优于另外两种方法。

本章主要从模型构建和算法实现两个角度进行了文本语义表示和分类关联的实证研究,取得了较好的效果,为后续资源推荐的实现研究作了铺垫。

第7章 基于用户-资源关联和物理动力学的社会化推荐

社会化网络服务对用户的线上和线下生活、工作、学习等产生了重要影响,并促使更多的用户参与到互动式的网络服务中,产生了以专业需求和偏好为导向的虚拟社区群组,既颠覆了传统的网络服务模式,也深刻地改变了人们使用网络服务的习惯和方式。SNS将社会关系引入网络服务中,以虚拟群组为主要手段,在提供帮助用户建立和管理关系的服务基础上,拓展其在各个领域的服务应用和功能。如Facebook虚拟社区提供的各种社会化应用(社会化杂志Fligboard、社会化照片分享Instagram、社会化浏览器RockMelt等)具有强大的交互能力、广泛的用户参与以及积极的用户内容贡献意愿,从根本上改变了用户发现和利用信息的方式;社区群组中强连带的熟人模式也大大增强了信息来源的可靠性,进而推动了社会化网络服务不断延伸。

而在这种注重关系群体建立、服务交互以及用户体验的社会化网络服务中,同样伴随着信息过载和信息选择迷航的问题[1]。用户之间的社会关系或群体关系能够帮助用户有效地筛选信息,但是无法准确区分或识别信息是否是用户真正想要的、与用户信息需求偏

---

① Rohani V A, et al. An Effective Recommender Algorithm for Cold-start Problem in Academic Social Networks[J]. Mathematical Problems in Engineering, 2014: 123726.

第7章 基于用户-资源关联和物理动力学的社会化推荐

好的相关度有多大。必须在用户虚拟社区群组挖掘和发现的基础上,实施面向用户需求偏好的推荐服务①。如 Amazon 的推荐系统功能在其商品销售中发挥了巨大作用,其利用协同过滤算法来匹配目标用户与其他相似用户的购物习惯,为用户建立社区群组,从而帮助目标用户过滤掉大量的无关商品信息,推荐其购买意愿强度大的商品②。

明尼苏达大学教授约翰·里德尔(John Riedl)认为:驱动社会化网络服务的推荐服务将成为未来十年中信息服务最重要的变革③。虽然推荐算法和技术可作为解决信息过载和信息选择迷航问题的有效手段,但经典协同过滤推荐方法主要依赖于用户与用户之间对资源项目利用或选择的重叠或相似,限制了推荐的范围且过度关注流行产品,从而使得推荐范围过窄,趋向集中和大众化。而在社会化网络服务中,用户的个性需求偏好具有长尾现象,趋向于小众化。因此,传统的推荐方法不再适应当前的社会化网络服务环境,难以实现推荐的多样性(diversity)和新颖性(novelty)④。

基于此,本章在分析社会化网络服务中用户与资源项目之间所形成的关联关系的基础上,引入物理动力学中的物质扩散和热传导能量分配理论⑤,探讨其在推荐准确性、多样性和新颖性方面的应用策略;基于传统的协同过滤推荐理论和实践,构建社会化推荐算法,进行满足用户个性和小众需求的社会化小众推荐服务实现;并在数据集 Del.icio.us 和 MovieLens 上进行实验分析,验证此推荐算法在准

---

① Luo Y, et al. A Hybrid User Profile Model for Personalized Recommender System with Linked Open Data[C]// Enterprise Systems Conference (ES), 2014. IEEE, 2014: 243-248.

② Wikipedia. Amazon.com[EB/OL].[2014-10-11]. http://en.wikipedia.org/wiki/Amazon.com.

③ Wortham J. Search Takes a Social Turn[EB/OL].[2014-09-13].http://www.nytimes.com/2014/09/13/technology/13search.html.

④ Song R P, et al. A Hybrid Recommender Algorithm Based on an Improved Similarity Method[J]. Applied Mechanics and Materials, 2014, 475: 978-982.

⑤ Lifshitz E M, Pitaevskii L P. Physical Kineticsp[M].世界图书出版公司,1999.

确度、多样性和新颖性上的性能和效果。

7.1 基于用户-资源关联关系的社会化小众推荐服务

社会网络环境下,以用户为中心准确把握用户需求并提供合适的服务是信息推荐服务追求的目标①。目前,推荐服务的实现主要是通过将用户的个人需求偏好与特定的参考特征(从项目信息或用户所在的社会或社团环境信息中提取)进行比较,并试图预测用户对一些未接触项目的需求偏好程度②。越来越多的研究和实例表明,将用户在社区群组中的互动信息(标签、评分等)及所产生的关联关系融入推荐算法中,能更有效地筛选出准确、有价值的信息,提高推荐的准确度③,其推荐方式则为社会化推荐服务。

本研究根据社会化网络服务中用户社区群组化特性,将推荐方式由大众化转变为小众化,在兼顾大众化需求和小众化需求的基础上,提供更加具有多样性和个性化(personalization)的推荐。

7.1.1 社会化推荐服务及用户-资源关联关系

上述大量研究分析表明,社会化推荐服务和关联关系是服务实现中密不可分的两个重要因素,用户需求变革推动了网络服务的社会化进程,从而促成了社会化网络服务中用户与资源之间关联关系结构的形成,将具有相同或相似需求的用户聚合为"小众"社区群组。这种独特的群组构成模式对社会化网络服务的开展,特别是推荐服务提出了新的要求,即基于关联关系开展满足用户小众化需求

---

① 胡昌平.信息资源管理原理[M].武汉:武汉大学出版社,2008:128.

② Kim B D, Kim S O. A New Recommender System to Combine Content-based and Collaborative Filtering Systems [J]. Journal of Database Marketing,2001, 8(3):244-252.

③ Luo Y, et al. A Hybrid User Profile Model for Personalized Recommender System with Linked Open Data[C]// Enterprise Systems Conference (ES), 2014. IEEE, 2014:243-248.

7.1 基于用户-资源关联关系的社会化小众推荐服务

的推荐服务①。

伴随着互联网"社会化"进程的加快,网络信息服务正从"寻找搜索"时代进入"发现推荐"时代(如图 7-1② 和图 7-2③ 所示),是用户需求层次和服务层次升级的必然结果。"寻找搜索"是在明确用户信息需求的情况下有目的地满足用户的服务;而"发现推荐"是在用户需求偏好模糊的情况下,为用户发现未接触过且能够满足用户潜在需求的信息。可见"发现推荐"是一种更为高级的信息服务,能够挖掘和满足用户的潜在需求,增强用户对服务的体验度和黏度。

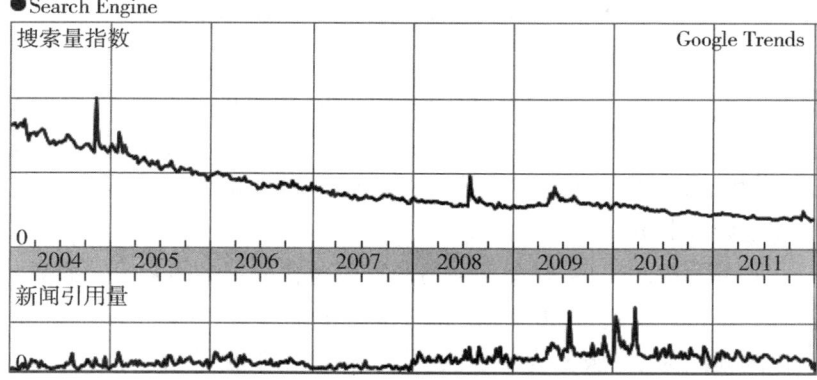

图 7-1　Search Engine 的 Google Trends

用户需求层次上,传统网络环境下,只有搜索能够直接满足"寻找信息"的需求,但在社会网络环境下,大量的社会化网络服务应用(如社交网站 Facebook、微博 Twitter 等)给用户提供了越来越多的信

---

① Biancalana C, et al. An Approach to Social Recommendation for Context-aware Mobile Services[J]. ACM Transactions on Intelligent Systems and Technology (TIST), 2013, 4(1): 10.

② Google Trends. Search Engine [EB/OL]. [2012-01-01]. http://www.google.com/trends/? q=search+engine.

③ Google Trends. Recommendation Engine[EB/OL].[2012-01-01]. http://www.google.com/trends/? q=recommendation+engine&ctab=0&geo=all&date=all&sort=0.

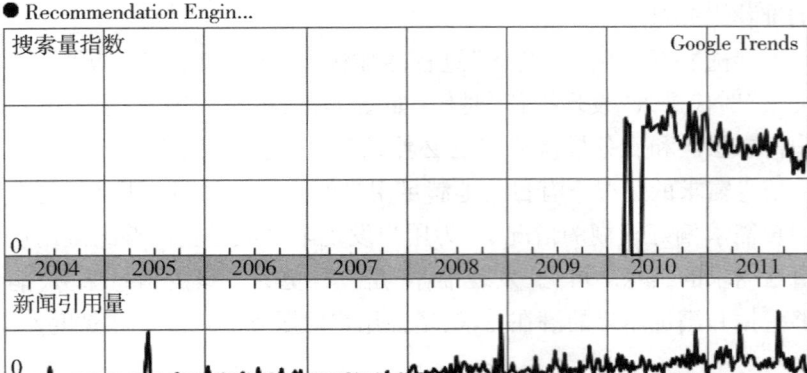

图 7-2　Recommendation Engine 的 Google Trends

息满足方式。从用户需求的专深化角度讲,用户更习惯在专业的服务中解决特定的问题,而不是漫无目的地在信息海洋中解决所有问题,因此,满足用户特定需求的"发现推荐"服务成为当前服务的主流和基础性服务。

服务升级层次,实际上是网络服务所包含的三个因素——服务、信息和用户之间地位的不断演化升级。传统网络环境下,网络服务提供的模式为"以服务为中心,将用户和信息关联起来";而社会化网络服务通过各种社会化网站(如 Facebook、人人网、MySpace 和豆瓣网)、社会化服务(社会化搜索、社会化推荐、社会化聚合)和社会化软件(Blog、Wiki、RSS)等社会化网络服务方式,将传统的服务模式转变为"以用户为中心,将服务和信息关联起来"的新型服务模式[1]。

社会化网络服务中,用户在各种社会化媒体中分享和推荐信息,分享推荐的越多,信息的相对价值就会越大,而用户从中受益也就越大[2]。将社会化网络服务中用户参与所形成的原始推荐进一步提炼、聚合并以此进行预测,能够为用户提供更加个性化和具有较高认

---

[1] Jiang M, et al. Social Contextual Recommendation[C]// Proceedings of the 21st ACM International Conference on Information and Knowledge Management, ACM, 2012: 45-54.

[2] Tang J, Hu X, Liu H. Social Recommendation: A Review[J]. Social Network Analysis and Mining, 2013, 3(4): 1113-1133.

同感的、高质量和稳定的信息。这种推荐方式则为"社会化推荐"(Social Recommendation,SR),推荐来源为社会化网络服务,推荐者则是社会化网络服务中的用户和推荐系统[①]。

推荐服务已成为社会化网络服务中必不可少的一种基础性服务,协同过滤推荐是当前推荐系统实现的基础算法,但应根据不同的推荐环境和推荐策略,在考虑计算复杂度的前提下,实时组合推荐算法,以达到最佳的推荐效果。但是在社会网络环境下,用户和服务所独有的结构特征,使得仅仅依靠算法的组合已无法实现高质量推荐的效果[②]。

其原因可从两个源头分析:服务和用户。从用户的角度来讲,网络服务中的用户的群体个性和参与惰性都很强,而由此产生了绝对大部分的内容消费者和极少部分的内容创造者。在社会化网络服务中,表现为信息的提供与利用之间的比例严重失衡,主动信息提供者的比例仅为 0.5%,颠覆了人们普遍认为的"二八法则",即大多数用户仅仅是内容消费者,而只有极少数用户会积极主动地创建和发布内容,少数用户会传播内容,更多的用户则是阅读、评论和推荐内容。如维基百科中 50% 以上的内容是由 0.7% 的用户创建和提供的,70% 的文章由不超过 1.8% 的用户撰写;雅虎(Yahoo)社群中的讨论区数据显示,1% 的用户创建社区群组,10%的用户积极在群中发布内容和讨论,而绝大多数的用户仅仅是阅读内容和评论以从中受益[③]。

从信息服务提供的角度来讲,用户需求和行为的变化导致了社会化网络服务中信息产生、传播和利用的多样性,仅仅依靠传统的信息提供、搜索和推荐等服务方式已无法解决用户个性化需求增多和信息过载所带来的矛盾。目前社会化网络服务中的信息过滤和推荐

---

① 赵捷,胡吉明. Taste 环境下基于对分网络的社会化推荐引擎构建[J]. 情报科学,2011(10):1524-1528.

② Wei D, et al. Effective Mechanism for Social Recommendation of News[J]. Physica A: Statistical Mechanics and Its Applications, 2011, 390(11): 2117-2126.

③ Cenielyj. What is the 1 rule? [EB/OL]. [2011-05-05]. http://article.yeeyan.org/view/138436/192239.

服务多为传统的信息推荐模式,忽略了服务中所存在的一种关键因素——关联关系。

用户与信息内容之间的关联性是不能忽视和分割的,特别是UGC大量充斥于网络服务中,如果割裂了用户与信息内容之间的关联关系,信息的内容将无法表达其真实的含义。但用户与内容之间的关联关系并非只存在"有"和"无"("绑定关联"与"毫无关联"),绝大部分是以不同的关联度存在的。本研究将关联度分为三种:用户与用户之间的关联度(用户度,如用户个体需求趋向与社区需求趋向之间的加权关系、基于用户贡献度的社区发现等)、资源与资源之间的关联度(资源度,在文本语义向量表示和分类的基础上,根据语义相似度构建资源关联社区)以及用户与资源之间的关联度(如通过用户对资源的标注、使用、评论、打分、推荐、分享等社会化行为所建立起的用户与资源之间的关系,其行为程度就代表了用户资源之间的关联程度)。

大量研究事实证明,信息推荐中的关联关系往往比单纯的推荐内容与用户喜好的匹配程度更加重要,能够更加准确地筛选和推荐信息。因此,基于社会化过滤(Social Filtering)的推荐服务将成为下一代的信息推荐发展方向,既能够提高推荐服务的质量,又能增强推荐系统中的用户体验[①]。

当网络服务进入社会化网络服务时代后,传统的协同推荐理念和思路已经无法适应用户和服务的要求,不仅需要升级传统的信息推荐策略和方法,更重要的是改变推荐理念和思路,寻找适合社会网络环境的推荐服务理念与实现策略。在社会网络环境下,仅仅单纯地依靠推荐算法的组合开展推荐服务,既无法有效地处理当前网络环境下的海量化和碎片化的信息,更已无法满足当前用户的信息需求,需要从理念、思路、策略、方法等方面升级变革传统网络环境下的推荐服务。

在明确了将用户和资源项目之间所形成的关联关系引入推荐算

---

① Medo M, et al. Adaptive Model for Recommendation of News [J]. Europhysics Letters, 2009, 88(3):38005.

法中,构建社会化推荐系统的重要性后,后续将分析关联关系与推荐的作用机制,特别是分析在关联关系所形成的网络结构中,如何利用网络中的关系结构(如节点度、影响力)去提高推荐质量。基于此,本研究将物理动力学(Physical Kinetics)中的热传导(Heat-Spreading,HeatS)和物质扩散(Mass Diffusion,MassD)理论引入信息推荐中,构建社会化小众推荐引擎,平衡推荐产生过程中的"大众化"和"小众化"问题,在保证推荐准确性的基础上,提升推荐结果的多样性和新颖性。

7.1.2 基于小众化的协同过滤推荐改进

信息推荐服务是根据用户的信息需求偏好或行为模式,将能够满足用户当前或潜在需求的信息、产品和服务推荐给用户的个性化服务模式,如热点链接、信息推送、产品推荐、查询策略推荐等[1]。其作为一种解决信息过载和信息选择迷航问题、提供个性化服务的重要方案,已成为各种信息服务系统的基本功能[2]。

个性化推荐在20世纪90年代提出后[3],众多研究学者在这一领域进行了大量研究,并得到了大量成果[4]。根据网络信息环境和用户需求的不同,个性化推荐呈现出相应的策略和方法;但不同于搜索引擎,个性化推荐很少作为一种单独的服务形式出现,更多的是作为信息服务系统的一个重要的支撑部分,特别是目前应用最多的协同过滤推荐。如 Amazon 基于商品相似度的协同过滤推荐[5], You-

---

　① Furner J. On Recommending[J].Journal of the American Society for Information Science and Technology,2002,53(9):747-763.

　② 蔡宏志.个性化信息推荐服务模式[J].情报杂志,2006(9):116-118,121.

　③ Goldberg D, et al. Using Collaborative Filtering to Weave an Information Tapestry[J]. Communications of the ACM,1992,35(12):61-70.

　④ Gunawardana A, Shani G. A Survey of Accuracy Evaluation Metrics of Recommendation Tasks[J]. Journal of Machine Learning Research,2009,10:2935-2962.

　⑤ Linden G, Smith B, York J. Amazon.com Recommendations:Item-to-Item Collaborative Filtering[J].IEEE Internet Computing,2003,7(1):76-80.

Tube 基于用户点击收藏的视频的相似度来进行推荐①,等等。

目前,基于评分预测的协同过滤推荐算法已经变得相对成熟②,虽然大多数将研究重点放在推荐系统的准确率上,但现在越来越多的研究者开始将注意力放在推荐系统有效性的其他方面③,如多样性和新颖性等,将推荐从"大众化"向"小众化"过渡,使其更加契合用户的个性化需求偏好。

本研究简要分析了协同过滤系统的运作机理,以此提出协同过滤推荐基础上的社会化小众推荐机理。

(1)长尾小众现象对推荐的影响

长尾效应,英文名称为"Long Tail Effect"。"头"(head)和"尾"(tail)是两个统计学名词。正态曲线中间的突起部分叫"头";两边相对平缓的部分叫"尾"。从人们需求的角度来看,大多数的需求会集中在头部,这部分我们可以称之为流行,而分布在尾部的需求是个性化的、零散的、小量的需求。这部分差异化的、少量的需求会在需求曲线上面形成一条长长的"尾巴",而所谓长尾效应就在于它的数量,将所有非流行的市场累加起来就会形成一个比流行市场还大的市场④。

简单地说,所谓长尾理论是指,只要产品的存储和流通的渠道足够大,需求不旺或销量不佳的产品所共同占据的市场份额可以和那些少数热销产品所占据的市场份额相匹敌甚至更大,即众多小市场汇聚成可产生与主流市场相匹敌的市场能量。也就是说,企业的销售量不在于传统需求曲线上那个代表"畅销商品"的头部,而是那条

---

① Davidson J, et al. The YouTube Video Recommendation System [C]// Proceedings of the Fourth ACM Conference on Recommender Systems, 2010:293-296.

② Su X Y, Khoshgoftaar T M. A Survey of Collaborative Filtering Techniques[J].Advances in Artificial Intelligence,2009(3):1-20.

③ Kawamae N, et al.Personalized Recommendation Based on the Personal Innovator Degree[C]// Proceedings of the Third ACM Conference on Recommender Systems,2009:329-332.

④ Goldstein D G, Goldstein D C. Profiting from the Long Tail[J]. Harvard Business Review, 2006, 84(6): 24-28.

代表"冷门商品"而经常被人遗忘的长尾①。举例来说,一家大型书店通常可摆放 10 万本书,但亚马逊网络书店的图书销售额中,有四分之一来自排名 10 万以后的书籍。这些"冷门"书籍的销售比例正以高速增长,预估未来可占整个书市的一半。这意味着消费者在面对无限的选择时,真正想要的东西和取得想要东西的渠道都出现了重大的变化,一套崭新的商业模式也跟着崛起。简而言之,长尾所涉及的冷门产品涵盖了几乎更多人的需求,当有了需求后,会有更多的人意识到这种需求,从而使冷门不再冷门②。

长尾理论揭示,除了大众产品可以主打市场,小众的和个性化的产品同样可以创造巨大的市场价值③。从这个角度来讲,"长尾市场"的本质是提供一个广阔的渠道或平台,满足客户各种各样的个性化、定制化的需求,从而吸引足够多的客户以形成"规模经济"。亚马逊网站在这方面堪为典范。它一方面为小众群体提供了个性化的选择机会,对需求量小的商品进行了精细的划分,从而延展了渠道;另一方面则利用协同过滤系统(Collaborative Filtering),当顾客主动"暴露"了自己的需求后,进行关联推荐,即通过研究顾客的浏览行为和购买行为来对其他顾客进行指导(例如"购买此商品的顾客也购买过……"),从而利用推荐带动对长尾商品的需求④。例如,亚马逊网站曾把一本出版于 10 年前的书——某英国登山者所写的《触及巅峰》——列在同类新书的选择参考之列,并附上了其他读者的评价留言,结果使得这本早被湮没在茫茫书海中的作品凭借互联

---

① Skiera B, Eckert J, Hinz O. An Analysis of the Importance of the Long Tail in Search Engine Marketing[J]. Electronic Commerce Research and Applications, 2010, 9(6): 488-494.

② Enders A, et al. The Long Tail of Social Networking: Revenue Models of Social Networking Sites[J]. European Management Journal, 2008, 26(3): 199-211.

③ Domingues M A, et al. Combining Usage and Content in an Online Recommendation System for Music in the Long Tail[J]. International Journal of Multimedia Information Retrieval, 2013, 2(1): 3-13.

④ Park Y J. The Adaptive Clustering Method for the Long Tail Problem of Recommender Systems[J]. IEEE Transactions on Knowledge and Data Engineering, 2013, 25(8): 1904-1915.

网再度火爆起来,不仅登上《纽约时报》的图书畅销榜,并被改编成电影。

目前的推荐系统主要将重点放在如何提高系统的性能,如速度、算法的精确等方面①,过多地追求信息推荐的精确性(此精确性更多是为系统所认为的精确性),将推荐系统的另一个重要部分和推荐对象——用户所忽视②。更重要的是,用户的信息需求和行为在社会网络环境下存在明显的长尾现象(Long Tail Effect)③,长尾上的资源项目很难被用户发现或察觉,但很可能是用户所需要的,因此用户需求偏好呈现"小众"化。这种现象在电子商务领域已得到了较多研究学者的侧面证实④,究其本质原因,则为用户深层个性需求的激发。

从群体动力学的角度讲,每个人作为社会中的一个个体,都具有个性表达和群体认同的两极矛盾⑤。社会化网络服务既使用户的个性得到了充分的展示,其需求偏好得到个性化的激发,也使得用户能够根据共性融入群体,接受群体规则和认同。反映在用户的需求偏好上,则表现为"小众化"和"大众化"并存。因此,社会化网络服务与用户本性需求相互作用、相互影响,一定程度上激发了深层次用户本性需求的表达,同时也产生了服务升级或变革的要求。而在推荐服务上,则要求改变以往单纯的推荐服务理念和方式,以更加适应当

---

① Sundaresan N. Recommender Systems at the Long Tail[C]// Proceedings of the Fifth ACM Conference on Recommender Systems, ACM, 2011: 1-6.

② Erdt M, Rensing C. Evaluating Recommender Algorithms for Learning U-sing Crowdsourcing[C]// IEEE 14th International Conference, IEEE, 2014: 513-517.

③ Benghozi P J, et al. The Long Tail: Myth or Reality? [J]. International Journal of Arts Management, 2010, 12(3): 43-53.

④ Fenner T, Levene M, Loizou G. Predicting the Long Tail of Book Sales: Unearthing the Power-Law Exponent[J]. Physica A: Statistical Mechanics and Its Applications, 2010, 389(12): 2416-2421; Skiera B, Eckert J, Hinz O. An Analysis of the Importance of the Long Tail in Search Engine Marketing[J]. Electronic Commerce Researchand Applications, 2010, 9(6): 488-494.

⑤ [法]让·梅松纳夫. 群体动力学[M]. 殷世才, 孙兆通, 译. 北京: 商务印书馆, 1997: 12.

前用户的个性和共性需求①。

如果仅仅将精确性作为衡量推荐系统性能优劣的标准,只需将推荐算法设计得更加容易推荐热门信息即可,如豆瓣电影②中的影片推荐,因为普遍情况下用户对热门影片都有所期待,或者受周围朋友和市场环境的影响,大多数用户都会对热门影片具有较强的偏好。如果将热门影片(如近期放映、宣传力度较大、知名度较高的影片等)推荐给用户,用户固然会喜欢,在某种程度上的确符合用户需求。但是,诸如此类的推荐结果对用户来讲没有太大的信息含量和推荐价值,用户很可能已经通过其他渠道得知了此类影片或信息;应该将推荐的关注重点放在推荐适合用户个性偏好(而非大众偏好)的信息内容上,即鲜有人关注而用户尚未接触或知道的信息③。

综上所述,社会网络环境下存在长尾效应,用户参与推荐的价值往往能够提供多样和新颖的信息。而且大量实证研究显示,信息推荐中的关联关系往往比单纯的推荐内容与用户需求的匹配程度更加重要,事实上,用户更喜欢来自朋友而非系统的推荐。因此,本研究针对传统的信息推荐算法具有"过度强调精确性而忽略多样性"的缺陷,从关联关系和"大众—小众"平衡的角度进行小众式的社会化推荐研究,提高推荐效果。

(2) 协同过滤推荐机理

个性化的推荐技术④是网络服务的研究重点,包括用户需求趋向描述的准确性、预测推荐结果的精确性、推荐的实时性以及算法的扩展性等。个性化推荐技术已渗入各个领域,帮助用户快速便捷地

---

① Yin H, et al. Challenging the Long Tail Recommendation[C]// Proceedings of the VLDB Endowment,2012,5(9):896-907.

② 豆瓣电影.你可能感兴趣的电影[EB/OL].[2012-01-01].http://movie.douban.com/recommended.

③ Jiang M, et al. Social Recommendation Across Multiple Relational Domains[C]// Proceedings of the 21st ACM International Conference on Information and Knowledge Management,ACM,2012:1422-1431.

④ Resnick P, Varian H R. Recommender Systems[J]. Communications of the ACM,1997,40(3):56-58.

获取所需信息和服务,同时也提高了信息服务商的交叉销售能力,提高其销售业绩①。

协同过滤推荐是当前最成功的推荐技术②,众多研究学者在协同推荐的基础上所进行的信息推荐改进研究,取得了较多的研究成果。本研究在协同过滤推荐框架的基础上,分析社会化网络服务中的推荐实现问题。

推荐实现本质上是挖掘用户需求偏好的资源,预测用户对未选择或接触资源的需求偏好程度,并将预测结果根据重要程度或相关程度等有效形式展现给用户,比如将预测值较高的资源推荐给用户③。推荐服务系统根据用户信息来建立用户模型,然后通过推荐算法对用户提供个性化推荐服务。从推荐系统的构建流程看,主要包括用户建模、资源或项目匹配(相似度计算)和推荐列表生成(如Top-N)(如图7-3所示)。

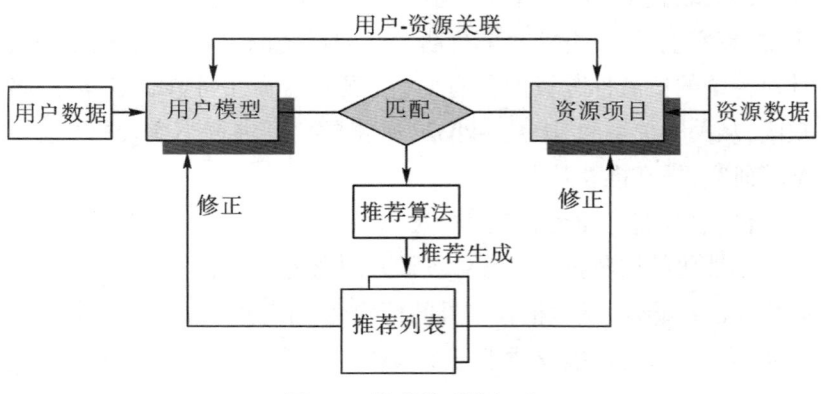

图7-3 推荐模型的组成

---

① 高建煌.个性化推荐系统技术与应用[D].合肥:中国科学技术大学硕士学位论文,2010:2.

② Herlocker J L, et al. Evaluating Collaborative Filtering Recommender Systems[J]. ACM Transactions on Information Systems,2004,22(1):5-53.

③ Konstan J A, Riedl J. Recommender Systems:From Algorithms to User Experience[J]. User Modeling and User-adapted Interaction, 2012, 22(1-2):101-123.

7.1 基于用户-资源关联关系的社会化小众推荐服务

从图7-3可以看出,推荐系统的运作机理与搜索引擎不同,推荐系统不需要用户明确其需求趋向,而是通过显式或隐式的方式来收集用户的历史行为信息,(包括网站访问、购买行为、评分信息等),在建立用户模型的基础上,根据推荐模型预测用户可能需求的资源并将这些资源推荐给用户。

在协同推荐系统中,评分预测推荐是其典型的推荐策略,即预测目标用户对未评分资源的评分情况或对未接触资源的需求偏好程度。推荐系统基于目标用户对已接触资源的评分或者目标用户的相似用户的评分计算用户对未评分资源的评分值,就可以将那些预测评分值较高的资源生成推荐列表推荐给用户。如基于最近邻的协同过滤推荐方法,将目标用户最近邻居用户的评分数据加权平均处理后作为其推荐的主要依据[1]。

在上述协同过滤推荐策略中,系统必须事先了解用户的需求偏好,即用户对资源项目的喜好程度(评分),且数据量需要维持在一个合适的水平,因此一般只适用于用户数量比较小的场合[2]。

追求对用户推荐产生的效用最大化是推荐系统服务的最终目的[3],其数学模型表达为推荐效用函数:$\varphi:C \times S \to R$。其中C为推荐系统中所有用户的集合,S表示为系统中所有资源项目的集合(如文本、商品、书籍、电影等),R为给定评分区间的有序集合,因此,此效用函数可衡量特定资源项目$s \in S$对特定用户$c \in C$的效用。对于任意用户$c \in C$,推荐系统的任务就是选出特定资源项$s' \in S$,使得该用户的效用函数φ达到最大,即:$\forall c \in C, s'_c = \arg\max_{s \in S} \varphi(c,s)$。

在基于评分的推荐系统中,评分被用来表示资源项目对用户的效用值大小,因为推荐的依据为用户自行对资源项目的评分,因此用

---

[1] Jin R, Si L, Zhai C X. A Study of Mixture Models for Collaborative Filtering[J]. Information Retrieval,2006,9(3):357-382.

[2] Herlocker J L, Konstan J A, et al. Evaluating Collaborative Filtering Recommender Systems[J]. ACM Transactions on Information Systems,2004,22(1):5-53.

[3] Linden G, et al. Recommendation Algorithms, Online Privacy, and More[J]. Communications of the ACM,2009,52(5):10-11.

户认为评分高的项目对其效用大。但是,效用函数只是给出了其在 $C×S$ 空间一个子集上的定义,并非定义在整个空间上。而推荐系统的核心任务是将效用函数 φ 扩展到整个 $C×S$ 空间上,使其能够尽可能地预测用户对更多资源的需求偏好程度。

推荐算法是推荐系统的核心,是其最重要的组成部分。在实际应用中,推荐系统将会根据推荐对象和资源的不同,选择不同的推荐算法组合应用。而协同过滤推荐算法作为当前应用最为广泛的一种推荐算法,已成为众多算法改进和推荐实现的基础性算法。

协同过滤(Collaborative Filtering)①的推荐思想和技术经过研究者的不断提升和完善,已成为当前推荐系统中应用最为成熟的推荐算法。协同过滤推荐利用需求偏好相投、经验相似的用户或群组之间的相互协作来推荐信息,通过用户之间的协作机制分享和筛选资源(如图 7-4 所示)。

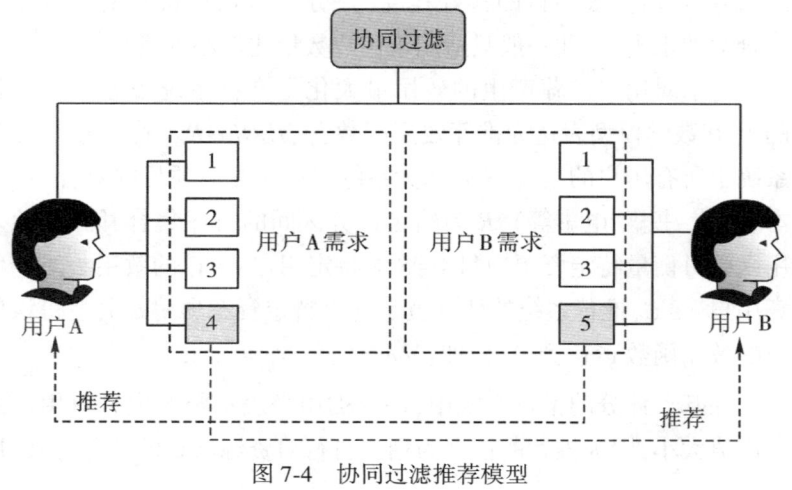

图 7-4 协同过滤推荐模型

协同过滤推荐原理假设与目标用户具有相似需求偏好的用户所喜欢的资源项目,目标用户自己也同样喜欢,即通过用户社区群组的

---

① Su X Y, Khoshgoftaar T M. A Survey of Collaborative Filtering Techniques[J].Advances in Artificial Intelligence,2009(3):1-20.

相似性进行资源项目的推荐,将推荐的依据放在用户之间的相似性上,而不是资源项目的内容上①。协同过滤推荐在难以分析内容和新奇的资源项目推荐上具有优势,能够发现内容完全不相似的及用户可能事先预料不到的资源项目,保证了信息推荐的质量。

(3)协同过滤推荐的缺陷

协同过滤推荐算法在实现方法上的固有缺陷,导致了其推荐过程中的冷启动、稀疏性和可扩展性问题,进而影响了推荐结果的准确性和多样性,随着数据集的海量增长和计算复杂度的提高,降低了推荐效果。本研究从基于关联关系的社会化小众推荐理念入手,意图解决或缓解协同过滤推荐实现中所存在的问题②。

①冷启动问题。如果用户没有对任何资源项目评分,系统也就无法构造用户的资源评分矩阵,协同过滤推荐系统是无法对此用户做出推荐的。同理,如果一个资源项目是新项目,尚未有用户对其评分,推荐系统也就无法将其推荐给用户。而且,用户本身的惰性导致了其对所收集、购买的资源项目的评分意愿较小③,也导致了推荐难以开展。

②稀疏性和扩展性问题。大多数协同推荐系统虽然用户的评分较多,被评分的资源也较多,但是相对于庞大的数据集而言,所涉及的用户数和资源项目数只占很少的一部分。如 Amazon 用户进行了评分的资源只占其全部资源的 1%~2%④,在这种情况下,绝对评分数量很多,但评分矩阵很稀疏,难以进行相似用户的计算和相似用户集的构建,会导致推荐结果准确性大大降低。反之,当用户数量日益

---

① Jannach D, et al. What Recommenders Recommend——An Analysis of Accuracy, Popularity, and Sales Diversity Effects[M]// User Modeling, Adaptation, and Personalization. Springer Berlin Heidelberg, 2013:25-37.

② Ghazanfar M A, Prügel-Bennett A, Szedmak S. Kernel-Mapping Recommender System Algorithms[J]. Information Sciences, 2012, 208:81-104.

③ Resnick P, et al. Reputation Systems[J].Communications of the ACM, 2000,43(12):45-48.

④ Linden G, Smith B, York J. Amazon.com Recommendations-Item-to-Item Collaborative Filtering[J]. IEEE Internet Computing,2003,7(1):76-80.

第7章 基于用户-资源关联和物理动力学的社会化推荐

增多时,数据量增加急剧,原先模型和算法的运算能力无法适应系统规模的扩大,即算法的可扩展性问题成为制约 Amazon 商品推荐系统实施的重要因素。

基于内容和基于协同过滤的推荐算法由于自身算法的局限性,在实际应用中都存在相应的缺陷。众多研究学者根据不同推荐策略的优缺点将其组合,扬长避短,提高推荐系统的性能和质量,为用户提供更准确和更合理的推荐。一般而言,主要为内容推荐和协同过滤推荐的组合,如两者推荐结果优化排序后的组合、利用用户描述文件和资源项目描述文件计算相似性后的协同推荐,以及将用户评分信息加入用户描述文件和资源项目描述文件的内容推荐等①。

(4) 协同过滤推荐的小众化改进

实际上,每个用户的需求偏好仅涉及相对很少的一部分资源项目;同时在整个大规模用户集中,与目标用户拥有相似需求偏好的用户也只占极小比例。协同过滤推荐对全部用户和资源项目进行扫描和比较的做法不但会带来无谓的计算量,而且也会大大降低推荐的质量。因此,需要从"小众"的角度进行推荐,缩小推荐范围,增强推荐效果。

前文分析已明确了本研究的一个重要目标,即将物理动力学中的相关理论和方法引入协同过滤推荐中,基于用户、资源之间的关联关系,减少协同过滤推荐算法中对热门(流行)资源项目的推荐,扩大用户所接触的领域范围,而不是局限在用户熟知的领域,使用户的长尾需求和小众资源项目能够尽可能地纳入推荐系统中,使推荐结果更具有多样性和新颖性。

近年来,研究者虽较少涉及协同过滤推荐多样性和新颖性方面的改进,但也进行了尝试。如针对内容信息,判断资源项目是否包含用户可能需要且从未接触过的信息②;通过平均被推荐的资源项目

---

① Burke R. Hybrid Recommender Systems: Survey and Experiments[J]. User Modeling and User-adapted Interaction, 2002, 12(4): 331-370.

② Zhang Y, et al. Novelty and Redundancy Detection in Adaptive Filtering[C]// Proceedings of the 25st Annual International ACM SIGIR Conference on Research and Development in Information Retrieval, 2002: 81-88.

的热门程度(流行度)来扩大推荐的多样性①;通过大量的文献调研,分析当前推荐系统效果衡量的方法,提出衡量多样性和新颖性的新型衡量方法,帮助系统提高用户满意度②。而在新颖性的发掘上,Noriaki Kawamae 等人通过寻找"先驱用户"(innovator),利用"先驱"用户的资源项目选择行为对目标用户进行推荐。其论文认为有些用户总是能够比其他用户更早发现资源或购买新产品,而且对周围用户产生引导性作用;在此基础上,用户依靠自己发现资源项目的时间越晚,这些项目对用户来说越具有新颖性③。

本研究的对象——社会化推荐的实质是将用户-资源项目所形成的关联关系乃至关联网络融入推荐算法中,以期对传统的协同过滤推荐算法进行改进,不仅能够提高推荐的准确性,而且将推荐效果扩展到多样性和新颖性上。

7.2 基于物质扩散和用户-资源二部关联图的社会化推荐

众所周知,推荐系统主要是根据用户的历史行为数据向用户提供个性化信息,而这些行为数据成为关联用户和资源项目的桥梁④。

---

① Ziegler C, et al.Improving Recommendation Lists Through Topic Diversification[C]// Proceedings of the 14th International Conference on World Wide Web,2005:22-32;King I, Lyu M R, Ma H. Introduction to Social Recommendation[C]// Proceedings of the 19th International Conference on World Wide Web, ACM,2010:1355-1356.

② Ge M,et al. Beyond Accuracy:Evaluating Recommender Systems by Coverage and Serendipity[C]// Proceedings of the Fourth ACM Conference on Recommender Systems,2010:257-260.

③ Kawamae N. Serendipitous Recommendations via Innovators[C]// Proceeding of the 33rd International ACM SIGIR Conference on Research and Development in Information Retrieval, 2010:218-225;Kawamae N, Sakano H, Yamada T. Personalized Recommendation Based on the Personal Innovator Degree[C]// Proceedings of the Third ACM Conference on Recommender Systems,2009:329-332.

④ Huang Z, Chen H, Zeng D. Applying Associative Retrieval Techniques to Alleviate the Sparsity Problem in Collaborative Filtering[J]. ACM Transactions on Information Systems,2004,22(1):116-142.

协同过滤作为当前推荐系统的基础算法,取得了较多的研究成果,但其算法机理主要是通过项目-项目之间的关系得到推荐得分,忽略了资源项目的新颖性和多样性。

近年来,推荐研究越来越多地集中于用户-资源项目网络结构的挖掘和利用上,较为典型的则为二部关联网络基础上的社会化推荐服务实现[1]。大量实验证明,相对于其他算法(Slope One、SVD),基于二部关联图的推荐算法在适应性、稳定性和准确性等方面具有优越性[2]。

推荐系统中二部图的表示方法一般为:把用户看成一类点,把项目看成另一类点,当某个用户购买过某个项目时,则二者之间会存在一条连边,但是每一类点之间是不会存在连边的,即用户与用户之间、项目与项目之间不存在连边,类似于这样所组成的网络就称为二部图。如电子商务中的项目推荐,可以看做是二部图上的链路挖掘问题,而扩散过程可以用来寻找网络中两个节点之间的关联强度。典型的扩散有两类:一类是物质或者能量的扩散,满足守恒律,常称为物质扩散;另一类是热的扩散,一般由一个或多个恒温热源驱动,不满足守恒律,常被称为热传导。

二部关联图或网络(又称对分网络、二分网络,Bipartite Network)是复杂网络的一种特殊形式[3],它由两个集合(集合中的对象称为节点)以及两个集合中节点的关系(网络的边)组成。同一集合内节点之间不存在直接关系,而是通过另一个集合产生间接关系[4]。现实中存在着大量的二部网络,如科学家-论文网[5]、演员-

---

[1] Ma H, King I, Lyu M R. Mining Web Graphs for Recommendations[J]// IEEE Transactions on Knowledge and Data Engineering, 2012, 24(6): 1051-1064.

[2] Zhou T, et al.Bipartite Network Projection and Personal Recommendation[J]. Physical Review E, 2007, 76(4): 1-7.

[3] 吕琳媛,陆君安,张子柯,等.复杂网络观察[J].复杂系统与复杂性科学, 2010(2): 173-186.

[4] Ahuja R K, Orlin J B, et al.Improved Algorithms for Bipartite Network Flows.SIAM[J].Journal on Computing, 1994, 23(5): 906-933.

[5] Morris S A, Yen G G. Construction of Bipartite and Unipartite Weighted Networks from Collections of Journal Papers[DB/OL]. [2005-03-08]. http://arxiv.org/abs/physics/0503061.

7.2 基于物质扩散和用户-资源二部关联图的社会化推荐

电影网[①]等。

研究者将二部关联图的能量分配过程作为资源项目推荐的依据,在提高推荐准确度、多样性和新颖性方面进行了探索[②]。但更多的是将项目和用户等同看待,仅仅将度作为一个计算因素,但没有考虑度值对推荐的影响,如一个小度用户选择了一个小度项目,这种关系反映了用户丰富的个性化偏好信息。因此,本研究在阐述二部关联图中物质扩散和热传导能量流动机理的基础上,提出了将两者混合用作推荐的方法,以提高推荐效果。

7.2.1 用户-资源二部关联图中基于物质扩散的推荐

物质扩散算法行为类似于随机游走过程的资源分配过程,基于用户-项目二部图,假设每个项目都具有一定数量的某种推荐能力,可以理解为能量,即用户选择过的项目都有某种向该用户推荐其他项目的抽象能力,项目占有资源并把更多资源传递给用户更喜好的项目。根据用户在系统中对资源项目的信息行为,连接用户和资源项目,建立用户-资源二部关联图,基于物质能量扩散最终得到稳态下的资源能量值,即推荐值。

在推荐系统中,存在用户集 $U=\{u_1,u_2\cdots,u_m\}$ 和资源项目集 $O=\{o_1,o_2\cdots,o_n\}$,如果用户 u_l 选择了项目 o_i,则在用户 u_l 和项目 o_i 之间连接一条边,则 $a_{li}=1$,否则 $a_{li}=0$。如图7-5所示,用户与资源项目之间通过选择行为建立连接(如图7-5a所示)[③],从而可以获得各个数据集上的单模映射:二部图在用户集 U 上的投影(Projection)形成了用户关联图(如图7-5b所示),在资源项目集 O 上的投影形成

---

① Watts D J, Strogatz S H. Collective Dynamics of Small World Networks[J]. Nature,1998,393:440-442.

② Feng L, Yang Y. Bipartite Graph-based Keyword Query Results Recommendation[C]// Proceedings 2013 International Conference on IEEE, 2013: 1584-1589.

③ Li X, Chen H. Recommendation as Link Prediction in Bipartite Graphs: A Graph Kernel-based Machine Learning Approach[J]. Decision Support Systems, 2013, 54(2): 880-890.

了资源关联图(如图7-5c所示)。

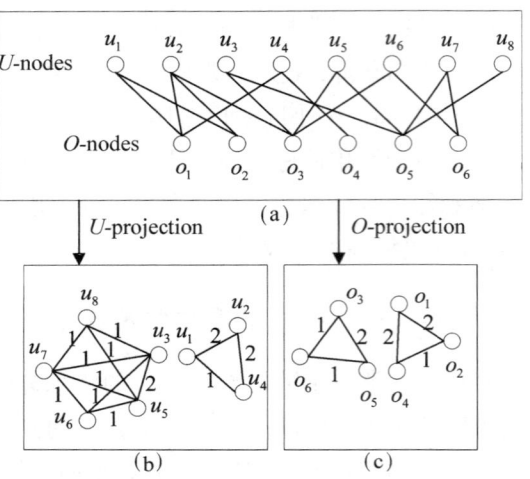

图7-5　用户-资源项目二部图映射关系

对于任意目标用户 u_l，推荐的目的是将其未选择过的资源项目推荐给用户。如果一个资源项目被用户 u_l 选择过，则用户在某种程度上对该资源项目具有偏好；该资源项目同时又被其他用户选择，从而与用户 u_l 未选择过的资源项目建立相互推荐的关系。因此，在基于二部关联图的推荐中，用户 u_l 选择过的所有资源项目都具有向用户 u_l 推荐其未选择过资源项目的能力。

综上所述，可以将这种推荐能力看做是资源项目所拥有的某种可以分配的能量，拥有能量的资源项目将会把更多的能量分配给与自己最相关或自己青睐的其他项目。能量分配的过程为：在两个数据集中能量不断扩散，直至系统呈稳态为止(一般为两步)，最终将得到能量分配后的结果①。

(1) 二部关联图中物质能量扩散机理

物质能量扩散过程为：从资源项目开始，能量主动分给每条边，

---

① Latapy M, Magnien C, Vecchio N D. Basic Notions for the Analysis of Large Two-mode Networks[J]. Social Networks, 2008, 30(1):31-48.

7.2 基于物质扩散和用户-资源二部关联图的社会化推荐

然后扩散回来(如图 7-6 所示)。其具体步骤为:

① 为每个用户利用过的资源项目分配一个单位能量,则对应目标用户的所有资源项目的能量向量为 $\vec{f}=(1,0,0,1,0)$(如图 7-6a 所示)。

② 资源项目的能量向用户图扩散(如图 7-6b 所示),资源项目的能量平均分配给与之相连的每条边,或者每条边都平均分走等量的能量,即每条边的能量都是资源项目度值的倒数。

③ 按照相同规则,能量扩散至资源项目图,生成资源项目的最终能量向量 $\vec{f^*}=\left(\dfrac{19}{24},\dfrac{5}{24},\dfrac{3}{8},\dfrac{5}{8},0\right)$(如图 7-6c 所示)。可见,物质扩散将能量集中于大度节点。

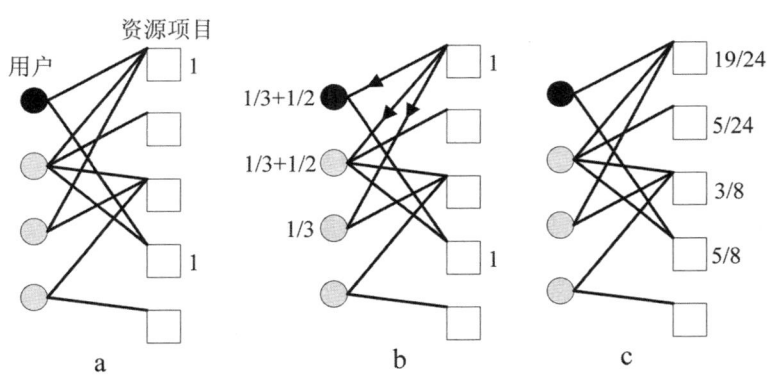

图 7-6 物质能量扩散过程

(2) 基于物质能量扩散的推荐算法

在用户-资源项目二部关联网络 $G(O,U,E)$ 中,E 代表边集,节点集合 O 和 U 中的节点分别为 $o_1,o_2,\cdots,o_n$ 和 $u_1,u_2,\cdots,u_m$,$f(o_i)$ 表示 o_i 的初始能量($f'(o_i)=a_{il}$)。

第一步,资源从 O 流向 U,则 u_l 的能量值为:

$$f(u_l)=\sum_{i=1}^{n}\dfrac{a_{il}f(o_i)}{k(o_i)}。$$

其中 $k(o_i)$ 为 o_i 的度(表示被选择的次数,在网络中则为所连接的边数), a_{il} 表示邻接矩阵: $a_{il} = \begin{cases} 1, o_i u_l \in E \\ 0, o_i u_l \notin E \end{cases}$。

第二步,资源流回 O,则 o_i 的最终能量为: $f'(o_i) = \sum_{l=1}^{m} \dfrac{a_{il} f(u_l)}{k(u_l)} = \sum_{l=1}^{m} \dfrac{a_{il}}{k(u_l)} \sum_{j=1}^{n} \dfrac{a_{jl} f(o_j)}{k(o_j)}$。可记为: $f'(o_i) = \sum_{j=1}^{n} w_{ij} f(o_j)$。

其中 $k(o_j) = \sum_{j=1}^{n} a_{jl}$,表示项目 o_j 的度,即被多少用户选择,在网络中则为与之相连的边数; $k(u_l) = \sum_{i=1}^{m} a_{li}$,为用户的度,表示用户 u_l 选择过的资源数,在网络中则为与之相连的边数; w_{ij} 表示资源项目 o_j 分给 o_i 的能量,其数学表达式为: $W_{ij}^M = \dfrac{1}{k(o_j)} \sum_{l=1}^{m} \dfrac{a_{il} a_{jl}}{k(u_l)}$。

因此,一般意义上,在推荐中,将目标用户选择过的资源项目的初始能量设为 1,没选择的则设为 0,即可得到一个 n 维的 0/1 向量,代表了每个用户的个性化需求趋向;不同用户的初始能量向量是不同的,记为 $\vec{f}$。能量扩散后最终得到的能量为: $f' = Wf$。其中, $W = \{w_{ij}\}_{n \times n}$,表示资源项目集 O 上项目之间的能量值映射。

按照能量扩散后矢量 $\vec{f'}$ 对应项目的大小进行排序,值越大说明对目标用户的吸引力越大(因为这些资源项目在目标用户未选择过的项目中所占的分量重),生成推荐列表推荐给用户。

实验证明①,基于二部关联图的推荐方法的推荐平均排名 $\langle r \rangle$ 较小($\langle r \rangle$ 越小表明推荐算法精度越高),命中率(Hitting Rate, HR)较大(HR 越大表明推荐精度越高);且此方法的计算复杂度与其他方法相比较低。因此,基于二部关联图的推荐方法在整体性能和效果上都优于传统的大众排序推荐方法(Global Ranking Method, GRM)

---

① Zhou T, et al. Bipartite Network Projection and Personal Recommendation[J]. Physical Review E,2007,76(4):046115.

和协同过滤推荐算法(CF)①。

7.2.2 基于用户-资源二部关联图推荐的社会化改进

上述基于二部关联图的推荐,将所有资源项目对用户的推荐能力等同看待,造成了推荐偏差。但是,实际上不同度值的用户对不同度值资源项目的选择更能真实地反映用户偏好。因此,需要进一步分析二部关联图中资源项目和用户的社会化属性,特别是资源项目的度与用户的度对推荐的影响,从多样性和个性化两个角度对二部关联图推荐进行改进,通过资源项目度值惩罚实现推荐的多样性,通过区分不同用户在接受资源项目时的反应程度提高推荐的个性化程度。

(1)基于资源项目度值惩罚的推荐多样性实现

一个小度用户(不活跃)选择了一个小度资源项目(较少被关注甚至未被关注),充分反映了该用户所特有的个性需求和品位;相反,一个大度用户(活跃或影响力大)选择了一个大度资源项目(热门、流行、被关注较多),反而无法真实判断其个性需求趋向。与此同时,如果一个资源项目的度很大,即被多数用户选择过,则此项目的推荐能力就很大;因此,在这一层面上,大度项目的影响力被加强了。而且原始的物质能量扩散推荐过程过于简单,应该适当地抑制大度资源项目对整体推荐所造成的偏差影响,从平衡"资源集"中项目度的角度来提高推荐准确度。如 Neal Lathia 等人通过动态控制热门资源项目的度来提高推荐的新颖性,发掘长尾资源②。

在个性化程度上,假设有 10 个推荐项目是用户没选择过的,但是有 8 个是热门资源,则此时推荐的个性化程度不高,因为用户完全可以通过其他大众渠道获得热门资源;如果只有 2 个热门资源,8 个

---

① Vlachos M, et al. Improving Co-cluster Quality with Application to Product Recommendations[C]// Proceedings of the 23rd ACM International Conference on Conference on Information and Knowledge Management, ACM, 2014: 679-688.

② Lathia N, et al. Temporal Diversity in Recommender Systems[C]// Proceedings of the 33rd International ACM SIGIR Conference on Research and Development in Information Retrieva,2010:210-217.

非热门但契合用户需求和口味的资源,此时推荐的个性化程度高。因此,也有必要从推荐列表中分析得出到底有多少比例是契合用户个性化需求的,即推荐列表个性化的程度有多高[1]。推荐列表中非热门资源且契合用户需求趋向的资源项目越多,推荐的个性化程度就越高。

在计算用户和资源项目相关性时,将两者的度值考虑进去,则可以改进计算结果的准确性,即适当降低用户和资源项目的度值可以提高算法的个性化程度及增加推荐多样性[2]。

上述中,不同用户的初始能量矢量f由其个性化需求决定,为了进一步提高推荐的准确度,同时兼顾多样性和新颖性,对原始初始能量进行改进:$f_i^l = a_{il}k(o_i)^\beta$。其中,$k(o_i)$为项目$o_i$的度。$\beta$为一可调节参数,$\beta=0$则为本书5.2.1节能量推荐模型中的初始能量,$\beta>0$则加强对大度资源项目的推荐,$\beta<0$则减弱对大度资源项目的推荐。当$\beta=-1$时,资源项目的度对推荐不起作用,每个资源项目的推荐能力都一样。

在 MovieLens 上的实验证明,当$\beta=-0.8$时,算法的精确度达到最高,说明大度资源项目的推荐能力被削弱,"资源集"中每个项目的推荐能力人为地平衡后,有利于推荐准确性的提高[3]。因此表明,同样的用户偏好程度下,推荐"冷门资源"比推荐"热门资源"的意义更大。同时,实验分析得出的海明距离(Hamming Distance,HD)较大,也证明了此方法比其 GRM 和 CF 方法的个性化程度较高。

因此,本研究得出的初步结论为:在基于二部关联图的推荐中,适当降低大度资源项目的度,平衡整个资源集中项目的度分布,有利于推荐精确度的提高,甚至推荐列表的个性化程度的提高。

---

[1] Yu Y, Qiu R G. Followee Recommendation in Microblog Using Matrix Factorization Model with Structural Regularization[J]. The Scientific World Journal, 2014, 2014: 420841.

[2] 程婷婷,王恒山,等.用户和项目联合度对二分网络个性化推荐的影响[J].计算机科学,2011(5):216-219.

[3] Zhou T, et al. Effect of Initial Configuration on Network-based Recommendation[J].Europhysics Letters, 2008,81(5): 58004.

7.2 基于物质扩散和用户-资源二部关联图的社会化推荐

(2) 基于用户对资源项目反应程度的推荐个性化实现

在上述基于二部关联图的推荐实现中,物质扩散的出发点为资源项目图。用户作为二部关联图的单模映射图,对资源推荐也起着至关重要的作用。即应在考虑资源项目的度或流行性对推荐能力影响的基础上,引入资源接收者——用户的差异性对推荐能力的影响[①]。

其原理如同同体积的墨水滴到不同体积的水中一样,将墨水滴到大海中,大海的颜色变化根本无法察觉,但是滴到一杯清水中,清水的颜色将较为明显地变为黑色或灰色。即表明同样的资源项目对不同的用户的影响程度不同,有的用户接受了资源项目后发现特别契合自己的需求偏好,而有的用户则觉得不怎么需要。因此,资源项目对于用户的影响程度也应作为推荐实现所考虑的一个重要因素[②]。

在初始资源能量分布仍为 $f_i^l = a_{il} k(o_i)^\beta$ 的前提下,用户对所收到的资源项目的反应程度与资源项目自身度的 β 次方呈反比,则资源项目 o_j 分给 o_i 的能量 w_{ij} 为 $w_{ij} = \dfrac{1}{k(o_i)^\beta k(o_j)} \sum_{l=1}^{m} \dfrac{a_{il} a_{jl}}{k(u_l)}$。

通过选取 MovieLens 中的两组数据实验发现,β 分别为 0.83 和 0.91 时,算法精度达到最高值[③]。适当控制热门资源项目的度能够提高推荐准确度,既不能过分压制它们对其他项目的推荐能力,也不能赋予其很大的推荐力量;而且,在个性化程度上,这种推荐方法也比其他推荐方法表现要好。

推荐的价值和意义不仅仅表现在准确度上,个性化程度即与用户的个性化需求契合的程度也是评价推荐效果的重要标准。本章所

---

① Jia C X, et al. A New Weighting Method in Network-based Recommendation[J].Physica A, 2008,387(23):5887-5891.

② 贾春晓. 基于复杂网络的推荐算法和合作行为研究[D].合肥:中国科学技术大学博士学位论文,2011:41.

③ Zhou T, et al. Solving the Apparent Diversity-Accuracy Dilemma of Recommender Systems[J].Proceedings of the National Academy of Sciences, 2010, 107(10):4511-4515.

进行的社会化小众推荐研究既要考虑推荐的准确度,也要将推荐结果的多样性和新颖性纳入其中。热门资源项目或流行产品对用户来说是较为容易获得的,反而那些小众资源、冷门资源或十分契合用户个性化需求的资源挖掘较为困难,而用户需求或偏好这些资源项目的可能性最大①。因此,本研究推荐实现的出发点为:在兼顾准确度的前提下,将重点放在提高推荐结果的多样性、新颖性及个性化程度上。

实验发现,基于用户对资源项目反应程度的推荐算法,所得推荐列表中资源项目的平均度比原来的算法要小很多,且推荐列表的平均海明距离比原来算法的大②。这充分说明,度值较小的资源得到了较好的推荐,且每个用户与其他用户所得的推荐列表也大不相同,即推荐的多样性和新颖性都得到了提高,个性化程度比其他算法要好,更能挖掘用户的潜在需求趋向。

7.3 基于热传导和物质扩散混合的社会化小众推荐

社会网络环境下,信息极为丰富且呈过载现象,迫切需要解决的问题是如何帮助用户找到其需要但没有被挖掘和不易找到的信息,这也是推荐系统所要关注和不断努力解决的问题之一。造成社会网络环境下推荐服务变革的根本原因,则为此环境下用户和资源的长尾效应或小众效应现象,从根本上颠覆了传统的服务理念和思路。这就需要重新理清社会网络环境下推荐服务实现的原理和算法,以此构建小众化的社会化推荐引擎。

7.3.1 基于热传导能量扩散的小众推荐机制

由前文分析得出,在原有推荐的基础上,将关注程度少且能够契

---

① Wu H, et al. On Improving Aggregate Recommendation Diversity and Novelty in Folksonomy-based Social Systems[J]. Personal and Ubiquitous Computing, 2014, 18(8): 1855-1869.

② Fu Y, Liu Q, Cui Z. A Collaborative Recommend Algorithm Based on Bipartite Community[J]. The Scientific World Journal, 2014.

合用户个性需求的资源进行推荐,更能够符合用户的个性认同,从而提高用户对推荐系统的信任程度和黏度。

(1)基于热传导能量扩散的资源推荐原理

针对推荐算法不易发现冷门资源的缺陷,研究者尝试将物理动力学中的热传导理论与方法引入资源推荐实现中[1],用温度或能量代表资源被推荐的可能性(如资源度、流行性等),平衡资源之间的能量,适当提高"低温"资源的能量,以此发现不易被察觉的"低温"或"冷门资源",达到更加契合用户个性化需求的目的[2]。

热传导(Heat-Spreading,HeatS)是物理动力学中三种热传递方式(即热传导、热对流和热辐射)中的一种。其运作机理为:在两个相互接触的物体之间,热量将从温度高的物体流向温度低的物体,直到系统处于稳态,即两者的温度相同。热传导推荐则是资源项目之间所拥有的能量或热量(如被用户关注的程度)的传导和流动,因此也可称之为资源能量流动、扩散或分配。

因此,在热传导理论方法下,利用网络结构(包含节点和边)进行基于热传导的推荐方法,能够有效地避免上述问题,挖掘非流行或冷门资源项目,为用户提供契合其个性需求的信息,提高推荐的质量和效果[3]。热传导算法同样基于用户-项目二部图,而算法更关注的是推荐结果的新颖性和个性化,有效地弥补了单一追求推荐结果准确性的局限性。热传导算法主要是在用户-项目网络中模拟热扩散的流程,主要目的是获得多样性的推荐结果。

将热传导理论与方法应用于用户和资源项目所组成的二部关联图中实现资源推荐是可行的。其基本原理为:将网络中的节点看做

---

[1] Guo Q, et al. Effect of the Time Window on the Heat-Conduction Information Filtering Model[J]. Physica A:Statistical Mechanics and Its Applications,2014,401:15-21.

[2] Zhou T, et al. Effect of Initial Configuration on Network-based Recommendation[J].Europhysics Letters,2008,81(5):58004.

[3] Zhang Y C, Blattner M, Yu Y K. Heat Conduction Process on Community Networks as a Recommendation Model[J]. Physical Review E,2007,99(15):154301.

是一个个的物体(资源项目),节点之间的边表示物体之间的关联关系,能量则将在连边的两个节点之间进行传递。"温度"或"热度"较高的物体代表服务中被关注较多的资源项目,称为"热点资源";"热度"较低的物体代表服务中被关注较少或无关注的资源项目,称为"冷点资源"。"热点资源"和"冷点资源"热度的大小可以用"度"值来表示,如被选择、评论、标注及分享的次数等。在热传导中,能量将根据连边之间温度差从温度高的节点流向温度低的节点,能量流动的时间足够长则整个网络中的节点都会达到相同的温度[1]。

但是,如果网络中所有节点的"热度"或系统中所有资源项目的"度"值都一样,任何推荐算法都无法准确实施推荐。因此,本研究所要处理的问题就转变为:如何选择"热度"恰当的资源项目推荐给用户,即选择能量传递的步数使推荐结果达到最优。

目前,基于热传导理论的推荐算法实现较少,主要依托于用户-资源项目构成的关联关系所映射的二部图(又称二分图或对分图)来实现推荐。根据经验得出,二部关联图中能量传递的步数为2时推荐效果较好[2]。因此,本研究基于两步传递的热传导方法实现推荐,以保证推荐结果的精确性、多样性和新颖性。

基于热传导和物质扩散的推荐算法的区别在于:基于热传导的推荐方法将与目标用户相关联的资源项目看做是恒温热源,虽将能量传递给与之相关的其他资源,但也会源源不断地产生能量,因此二部关联图中的总能量会随着传递步骤的增加而不断增加;这与基于物质扩散的推荐方法不同,物质扩散推荐中的总能量是守恒或保持不变的[3]。

---

[1] Guo Q, et al. Effect of the Time Window on the Heat-Conduction Information Filtering Model[J]. Physica A: Statistical Mechanics and Its Applications, 2014, 401: 15-21.

[2] Shang M S, et al. Personal Recommendation Using Weighted Bipartite Graph Projection[C]// 2008 International Conference on Apperceiving Computing and Intelligence Analysis, 2008: 198-202.

[3] Stojmirović A, Yu Y K. Information Flow in Interaction Networks[J]. Journal of Computer Biol, 2007, 14: 1115-1143.

7.3 基于热传导和物质扩散混合的社会化小众推荐

在原理上,基于物质扩散的推荐过程相当于是固定能量在系统中的资源项目间传递,最后的系统稳态结果与节点度值(如资源项目被标注的次数)成正比,所以比较适合推荐度值大(流行)的资源项目。其能量扩散方法犹如一个凸透镜,将能量汇聚在那些度值较大或较为流行的资源项目上,从而提高推荐的精确性,让用户无可挑剔(如图 7-7 所示)。

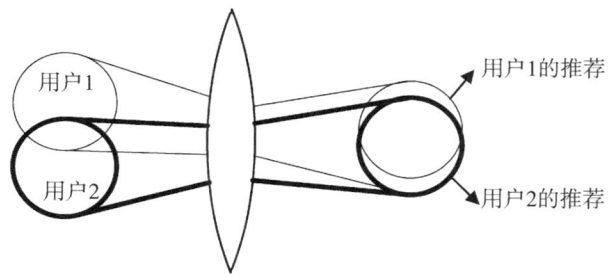

图 7-7 基于物质扩散的资源推荐原理

而基于热传导的推荐系统中,持续热源的存在保证了系统具有足够的能量可以传递给"冷门资源",使其升温或度值变大;当能量传递次数足够多时,系统中所有资源的能量都相同。因此,相对于物质扩散推荐,基于热传导的推荐方法在推荐"冷点"或度值较小(较不流行)的资源项目方面具有优势。因此,热传导推荐方法相当于一个凹透镜,把原始能量发散到那些度值较小或较不流行的资源项目上,从而提高了资源推荐的多样性(如图 7-8 所示)。

图 7-8 基于热传导的资源推荐原理

297

(2) 基于热传导能量扩散的推荐实现

在基于热传导的推荐中,将用户和资源看做是相互关联的二部图,通过物质能量在二部图之间的扩散将能量分散至各个节点(资源项目)中,从而最终得到每个资源项目的能量值①。

利用热传导的能量扩散过程进行推荐实现,首先是建立用户-资源项目的二部图,连边表示用户与资源项目的信息行为关系(如购买、评分、收藏、推荐、分享等),度值表示为被关注或使用的次数。热传导的能量扩散过程主要是从具有能量的资源项目图先向用户图扩散,然后再扩散回来,能量到达资源图中的其他资源项目,直至达到稳态。热传导能量传递过程与物质扩散能量传递过程不同,本研究在物质能量扩散过程②的基础上,对比阐述热传导能量的扩散过程③。

基于热传导的能量扩散过程,与物质扩散类似,不同的是没有能量的一端会主动从其所相连的具有能量的节点中吸收均量的能量。其步骤如下:

①所有资源的初始能量向量为 $\vec{f}=(1,0,0,1,0)$(如图7-9a所示),每个用户将从所连接的资源项目中等量吸附能量(如图7-9b所示),然后相加得到总能量。

②按照相同的规则将能量扩散至资源项目一边,每个资源将具有分配后的新能量,最终得到所有资源项目的能量向量 $\vec{f}^{*}=\left(\dfrac{2}{3},\dfrac{1}{2},\dfrac{1}{3},\dfrac{3}{4},0\right)$。可见,热传导能量扩散将能量分散于其他节点中(如图7-9c所示)。

与物质扩散不同的是,热传导能量扩散中一个节点等比例地从

---

① 韩腾跃.基于二分网络的个性化推荐系统研究[D].南昌:南昌航空大学硕士学位论文,2013.

② Zhang Y C, et al.Recommendation Model Based on Opinion Diffusion[J]. Europhysics Letters,2007,80(6):68003.

③ Zhang Y C, Blattner M, Yu Y K. Heat Conduction Process on Community Networks as a Recommendation Model[J]. Physical Review Letters,2007,99(15):154301.

它的每个邻居节点处得到能量,然后再以此规则进行下一轮能量扩散。

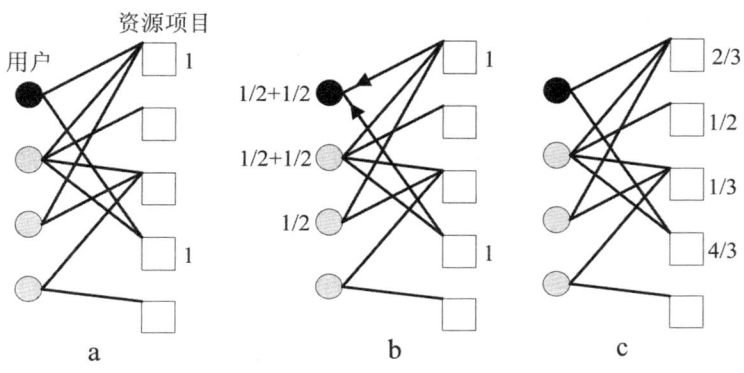

图 7-9 热传导能量扩散过程

在上述分析中,已详细阐述了二部关联图中基于物质扩散的推荐机理及算法实现。由此,本研究在前人成果的基础上,分析如何将热传导理论应用到二部关联图中,实现社会化的小众推荐。

热传导推荐过程与物质扩散一样,首先都是给每个资源项目赋予初始能量——矢量 $f(f_j$ 为资源项目 o_j 所拥有的能量,用户 u_l 对应资源项目 o_j 的矢量为 $f_j^l = a_{lj}$),则能量扩散后的能量分配矢量 $f = W^H f$,而资源项目 o_j 对 o_i 的能量传递为:$W_{ij}^H = \dfrac{1}{k(o_i)} \sum\limits_{l=1}^{m} \dfrac{a_{il} a_{jl}}{k(u_l)}$。其中,$u$ 为用户集,o 为资源项目集,a_{li} 为 $o \times u$ 邻接矩阵中的元素,表示用户 u_l 使用过资源项目 o_i 时为 1,否则为 0。$k(o_i)$ 表示资源项目 o_i 的度值(网络中的节点度,即连边数)。

7.3.2 基于热传导和物质扩散混合的推荐实现

从前文可知,物质扩散算法类似于物质或能量的扩散,资源分配是守恒的,满足守恒定律;而热扩散算法类似于热的扩散过程,一般由一个或多个恒温的热源驱动,不满足守恒定律。物质扩散算法比较倾向于推荐较为流行的项目,而热传导算法比较倾向于推荐较为冷门的项目,从其传导过程可以知道,在第二步中要除以项目的度,这实质上是对流行项目的惩罚。热传导算法通过最近邻居平均分配过程重新分配资源,每个用户节点的温度等于所有该用户选择过的项目节点温度的平均值,然后每个项目节点的温度等于所有选择过该项目的用户的温度平均值。两个步骤的加和被称为项目到项目的热传导的一步。物质扩散算法则是采用最近邻居的平均分配,将每个项目节点中的初始资源平均地分配给所有选择过该项目的邻居用户节点,用户能量值则是所有从项目传递的能量值的总和,然后又从每个用户节点把自己的能量平均地分配回到所有选择过的项目节点,项目节点的最终能量是从所有用户节点收到的能量值总和。两个步骤的加和被称为项目到项目的能量扩散的一步。为了保证大规模推荐系统的实时性和效率,不论是物质扩散算法,还是热传导算法,由于受到网络平均距离的影响,在实际应用中并非扩散或热传导步数越多就越精确,而往往扩散或热传导一至两步①。

因此,热传导与物质扩散理论下的推荐实现的侧重点不同,甚至相反。物质扩散过程倾向于大度节点或热门资源,侧重于准确率(虽然没有深入契合用户个性需求);热传导过程则趋向于所有节点或资源项目获得相同的能量,提高小度节点或冷门资源推荐的概率,实现推荐的多样性和新颖性②。

这两种推荐思路各有优缺点,如果能将两者结合起来,发挥各自的优势,既能够推荐大多数用户都需要的热门资源,又能推荐契合用户个性需求的冷门资源,同时提高推荐系统的准确度、多样性和新颖性。

因此,最简单直接的方法就是将热传导方法和物质扩散方法混合使用,通过一个可调参数调节两种方法(X 和 Y)的比例达到最佳

---

① 唐真. 基于hadoop的推荐系统设计与实现[D]. 成都:电子科技大学硕士学位论文,2013.

② Zhou T, et al. Solving the Apparent Diversity-Accuracy Dilemma of Recommender Systems[C]// Proceedings of the National Academy of Sciences,2010,107(10):4511-4515.

效果：$z_i = (1-\lambda)\left[\dfrac{x_i}{\max_j(x_j)}\right] + \lambda\left[\dfrac{y_i}{\max_j(y_j)}\right]$。

通过参数 $\lambda \in [0,1]$ 调节两种方法的权重，可获得基于热传导和物质扩散混合的推荐算法：$W_{ij}^{H+M} = \dfrac{1}{k(o_i)^{1-\lambda}k(o_j)^{\lambda}}\sum_{l=1}^{m}\dfrac{a_{il}a_{jl}}{k(u_l)}$。

从上式可知，$\lambda=0$ 则为热传导方法，$\lambda=1$ 则为物质扩散方法。

更重要的，是对基于资源项目度值惩罚和用户对资源项目反应程度的推荐多样性和个性化改进算法的综合，即控制度值较大资源项目的推荐，也增强度值较小资源项目的推荐。同时扩大不同用户之间推荐的差异，兼顾推荐的多样性和个性化；挖掘用户的潜在偏好，让用户发现更多新颖的资源。

与单独的热传导或物质扩散方法相比，此混合方法在计算复杂度方面并不比前两者高，但结合了两者的优点，既保证了推荐的准确性，也增强了其多样性和新颖性。

因此，本研究在用户-资源项目二部关联图的基础上，结合热传导和物质扩散理论，将资源的度看做是"温度"或"热度"，然后基于资源分配（能量流动）原理，进行能量传递，最终得到资源的度值，以此展开基于关联关系的推荐研究。

7.4 基于用户-资源-词汇三部关联图的社会化小众推荐实现

根据前面章节的分析可知，推荐过程的完成和效果的提升在于推荐的每个环节，特别是用户需求趋向的表达、文本内容的语义挖掘和表示，再就是本章社会化小众推荐服务的实现策略。本研究在二部关联图的基础上，将特征词引入关联图中，构建三部关联图，以此实现社会化的小众推荐，提升推荐效果。

7.4.1 推荐实现中三部关联图的应用

当前社会化网络服务愈来愈流行，成为网络服务的主流，通过分析和挖掘用户使用的标签、特征词等，能够获取用户的个性偏好。从上述分析中可知,物理动力学的理论和方法被创新地应用于协同过滤推荐算法中,如物质扩散、热传导等,取得了较多的研究成果,在一定程度上提高了推荐的准确度和多样性。本研究在文本内容主题提取的基础上,获取"文本集"中词汇的概率分布,建立用户-资源项目-特征词的三部关联图①,展开基于热传导和物质扩散混合的社会化小众推荐实现研究。

(1) 三部关联图的构建机理

用户与资源项目(主要是表示资源的文本)之间的关系并不是直接建立的,正如前文中对文本内容主题提取的分析,用户是无法直接获知或接触资源项目的,而主要是通过表达资源项目的特征词(特征词、标签)与资源项目产生关联②。这也与现实中用户的思维过程相同,即用户在进行信息行为时,首先关注的是此文本信息的关键词是什么、关键词产生的影响有多大(如关键词频次),然后才会决定要不要继续且细致地关注此资源。在此思想下,本研究将特征词从文本资源中抽离出来,作为连接用户和资源项目的桥梁,构建三部关联图③。

在研究过程中,将资源项目的范围主要设定为文本资源,因此本研究将文本资源语义挖掘和推荐作为重点研究对象。上述章节研究了文本信息资源中主题和词汇与文本之间的概率分布关系,阐述了主题词、特征词与文本之间所存在的语义关系。因此,将项目-特征词二部图作为关联图推荐的一个重要部分,将特征词作为能量扩散的载体,能较多地反映资源项目的语义信息,而且用户对标签的使用

---

① Yu S, et al. A Personalized Recommendation Algorithm Based on Interest Graph[C]// Systems and Informatics (ICSAI), 2014 2nd International Conference on IEEE, 2014: 933-937.

② Li H, et al. Personalized Recommendation via Relevance Propagation on Social Tagging Graph[C]// Database Systems for Advanced Applications. Springer Berlin Heidelberg, 2014: 192-203.

③ Tiroshi A, et al. Improving Business Rating Predictions Using Graph Based Features[C]// Proceedings of the 19th International Conference on Intelligent User Interfaces, ACM, 2014: 17-26.

7.4 基于用户-资源-词汇三部关联图的社会化小众推荐实现

情况也反映了其个性偏好;另外,对资源能量的扩散能够最大限度地保留真实信息,进而保证了推荐效果的提升。

整合前面几章的研究成果,本章将在用户建模和文本建模的基础上,将用户-资源项目之间的关联关系细化,将特征词加入用户-资源项目关联图中,构建用户-资源项目-特征词的三部关联图(User-Object-Topic Tripartite,UOTT),结合热传导和物质扩散理论,实现社会化小众推荐,提高推荐的准确性和多样性。

(2)三部关联图中的能量扩散机理

在本研究设计的推荐系统中,包含三个数据集:用户集 $U=\{u_1, u_2,\cdots,u_m\}$,资源项目集 $O=\{o_1,o_2,\cdots,o_n\}$ 和特征词集 $T=\{t_1,t_2,\cdots, t_r\}$。这三个数据集通过两个邻接矩阵或二部图组成三部关联图,A 为用户-资源项目关联矩阵(或二部图),A' 为项目-特征词关联矩阵(或二部图)[①]。在推荐系统中,如果用户 u_l 选择或使用了项目 o_i (在二部图中则表示为用户 u_l 与项目 o_i 之间有连边),则 $a_{li}=1$,否则为 $a_{li}=0$;与之相同,如果项目 o_i 包含了特征词或标签 t_k,则 $a_{ik}'=1$,否则 $a_{ik}'=0$。其关联关系如图 7-10 所示。

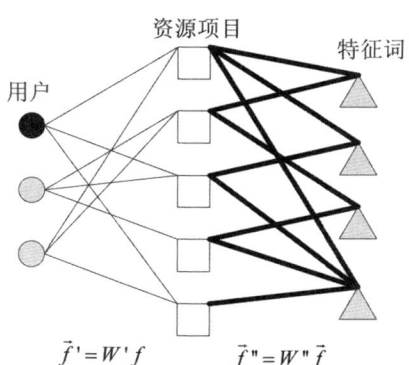

图 7-10 用户-特征词-资源项目三部关联图

---

① Rawashdeh M, et al. Graph-based Personalized Recommendation in Social Tagging Systems[C]// Multimedia and Expo Workshops (ICMEW), 2014 IEEE International Conference on IEEE, 2014:1-6.

三部关联图的能量扩散分为两个部分,即用户、项目之间的能量扩散和项目、特征词之间的能量扩散;然后加权相加得到资源项目的最终能量值①。

7.4.2 基于三部关联图的推荐实现

根据上述三部关联图的推荐机理,本研究结合能量扩散推荐机理的改进,分别构建用户-项目二部关联图和项目-特征词二部关联图,组成用户-项目-特征词三部关联图,在三部关联图中基于能量扩散算法实现社会化小众推荐。

(1) 用户-项目二部关联图的能量扩散推荐

用户对资源项目的利用、选择等反映了用户的个性偏好,体现了用户之间的差异性。将这些数据作为资源推荐的依据,通过能量在用户集和资源集之间的流动,得到契合用户个性偏好的推荐②。

在用户-项目二部图 $G(U,O,E_{UO})$ 中,U 和 O 为用户集和项目集,E_{UO} 为用户和项目之间的连边集合。首先给所有资源项目赋予初始能量,然后按照能量的物质扩散和热传导扩散方法得到每个项目的最终能量值:$f'(o_i) = W_{ij}'f(o_j)$。

其中 $f(o_j) = a_{ij}, j = 1,2,\cdots,n$,即给定目标用户 u_l 其所收集或与之相连的资源项目的初始能量值。

W_{ij}' 则代表资源之间相互推荐的能力,即项目 o_j 对 o_i 的推荐能力。根据上述基于热传导和物质扩散混合的算法可得:

$$W_{ij}' = \frac{1}{k(o_i)^{1-\lambda}k(o_j)^{\lambda}} \sum_{l=1}^{m} \frac{a_{il}a_{jl}}{k(u_l)}。$$

(2) 项目-特征词二部关联图的能量扩散推荐

本研究中所指"特征词"视不同的研究领域而定,如从文本内容

---

① Zhang Z K, Zhou T, Zhang Y C. Personalized Recommendation via Integrated Diffusion on User-Item-Tag Tripartite Graphs[J]. Physica A,2010,389(1):179-186.

② Watanabe A, et al. Generating Personalized Snippets for Web Page Recommender Systems[C]// Proceedings of the 2014 IEEE/WIC/ACM International Joint Conferences on Web Intelligence (WI) and Intelligent Agent Technologies (IAT)-Volume 02. IEEE Computer Society, 2014:218-225.

中提取的特征词、用户在协作标签系统(Del.icio.us 和 MovieLens)使用的标签、书签等①。本研究统一使用"特征词"这一称谓,而对于标签可根据文本主题提取情况进行归并和标准化处理,使其转化为规范的特征词。为了研究工作易于进行,主要在协同标签系统中进行实验研究,使用的特征词主要为系统中由用户生成的原始标签,但是是在主题提取基础上的规范化标签。将标签、书签及提取的特征词引入基于关联图的推荐算法中,能够较好地实现推荐准确性、多样性和新颖性的突破②。

同理,在项目-标签二部图 $G(O,T,E_{OT})$ 中,O 和 T 为项目集和标签集,E_{OT} 为项目和标签之间的连边集合。首先给所有项目赋予初始能量,同样按照能量的物质扩散和热传导扩散方法得到每个项目最终能量值:$f''(o_i) = W_{ij}'' f(o_j)$。

可得:$W_{ij}'' = \dfrac{1}{k'(o_i)^{1-\lambda'} k'(o_j)^{\lambda'}} \sum\limits_{k=1}^{r} \dfrac{a_{ik} a_{jk}}{k(t_k)}$。其中,$k'(o_i) = \sum\limits_{k=1}^{r} a_{ik}$,为项目 o_i 所拥有的标签数,或关联图中与标签相连的边数;$k(t_k) = \sum\limits_{i=1}^{n} a_{ki}$,表示标签 t_k 被多少项目使用,或关联图中与项目相连的边数;$\lambda' \in [0,1]$,为与 λ 相同的可调参数。

(3)三部关联图能量扩散推荐实现

在分析了用户-项目和项目-标签两个二部关联图的能量扩散算法后,将两个二部关联图所得的最终能量值通过线性叠加方式构建三部关联图能量扩散算法。

对于目标用户 u_l,其用户-项目二部图和项目-标签二部图能量扩散后所对应项目的能量值分别为 f' 和 f'',线性叠加则生成项目的最终能量值:$f^* = \xi f' + (1-\xi) f''$。

---

① Zhang X, et al. Web Service Recommendation Based on Watchlist via Temporal and Tag Preference Fusion[C].Web Services (ICWS), 2014 IEEE International Conference on IEEE, 2014: 281-288.

② Zhang Y, Wang S. The Role of Tags in Personalized Recommendation[J]. Journal of Computational Information Systems, 2014, 10(2): 719-725.

也即：

$$f^* = \left(\xi\left(\frac{1}{k(o_i)^{1-\lambda}k(o_j)^\lambda}\sum_{l=1}^{m}\frac{a_{il}a_{jl}}{k(u_l)}\right)\right.$$
$$\left.+ (1-\xi)\left(\frac{1}{k'(o_i)^{1-\lambda'}k'(o_j)^{\lambda'}}\sum_{k=1}^{r}\frac{a_{ik}a_{jk}}{k(t_k)}\right)\right)f(o_j)。$$

其中，f' 为所得的项目最终能量向量，f'' 为所得的项目最终能量向量。值得注意的是，f' 和 f'' 都是在指定目标用户 u_l 的前提下所得的。$\xi \in [0,1]$ 为一可调参数，$\xi=1$ 为完全的用户-项目能量扩散，$\xi=0$ 为完全的项目-标签能量扩散，ξ 的取值根据推荐效果而定。

因此，对于目标用户 u_l，通过能量扩散后，将得到对于此用户的项目最终能量值，或者称之为推荐得分。将项目按照得分降序排列后，则生成项目推荐列表，推荐给用户。

7.5 实验分析

本研究选取两个数据集（Del.icio.us 和 MovieLens）进行上述所提出的推荐实现策略的实验分析，旨在计算目标用户尚未收集或选择过的资源项目的推荐得分，生成按照降序排列的推荐列表，并以此进行算法比较和优劣评估。

7.5.1 实验数据集处理

Del.icio.us 为当前最为流行的社会化书签网站，允许用户自行添加和管理书籍书签，以此建立用户与书籍之间的关系。书签的添加行为也反映了用户的个性化需求偏好，且能够帮助用户寻找和发现与其偏好相投的其他用户。本研究所使用的 Del.icio.us 数据集为 2014 年 12 月随机采集的样本，大概包含 10000 个用户。MovieLens 为一个电影评分系统，系统给电影设定了 5 个等级（1~5 分），用户可根据对所观看电影的喜好程度给出评分。

因原始数据不甚规范，同时也为了保证实验易于实施，本研究对其进行预处理①。首先,将数据集中的孤立节点剔除,保证每个用户至少选择过一个项目,每个项目至少被两个用户选择过且至少有一个标签②。其次,Del.icio.us 和 MovieLens 允许用户使用自己的方式对资源项目进行标注,其中的标签数据存在较多的语法不规范问题,特别是 MovieLens 存在很多稀奇古怪、特别长的短语,甚至较为少见的符号等,本研究就将这些不规范的标签数据剔除。表 7-1 显示了两个数据集的基本信息。

表 7-1　　　　　　　　　　　　实验数据集

数据集	用户数 m	项目数 n	标签数 r	项目度 $\langle k \rangle$	项目度 $\langle k' \rangle$
Del.icio.us	10 000	235 304	109 892	5.27	9.63
MovieLens	3 859	6 104	5 882	8.65	9.98

其中,用户-项目二部图中,项目的度 k 为选择了此项目的用户数,$\langle k \rangle$ 则表示与所用项目相关的用户数的平均数。在项目-标签二部图中,项目的度 k' 为项目拥有的标签数,$\langle k' \rangle$ 表示所有项目拥有的标签数的平均数。可见,项目-标签二部图中的项目度要大于用户-项目二部图中的项目度。

在数据集中,用户、项目和标签组成了一个个最基本的数据单元或数据记录(Entry),即 Entry = $\{u, o, t_1, t_2, \cdots, t_h\}$,其中 h 代表每个用户给与之相关的项目标注的标签 t 数量。

为了更加客观准确地验证所构建的算法的性能,本研究将每个数据集随机分为两个部分:95%的训练集(training set)和 5%的测试集(testing set)。即从原始数据集中随机地移除 5%,利用剩余的

---

① Zhang Z K, et al. Website-Oriented Recommendation Based on Heat Spreading and Tag-Aware Collaborative Filtering[J]. Physica A: Statistical Mechanics and its Applications, 2014, 399: 82-88.

② Nie D C, et al. A Personalized Recommendation Algorithm via Biased Random Walk[C]// 11th International Joint Conference on IEEE, 2014: 292-296.

95%生成推荐列表①。

7.5.2 推荐性能评价指标

为了更加全面、真实、客观地评价本研究推荐策略的性能,采用4种评价方法分别评测此策略在推荐准确性、多样性和新颖性方面的性能。

(1)推荐准确度评价指标

①得分排名(Ranking Score,RS)。推荐算法的准确度可以这样表示,即对于目标用户推荐的资源项目总是能够按照用户的需求偏好程度排列,或者说用户对排在前面的项目的偏好程度或评分要高于排在后面的或不喜欢的项目②。

因此,如果一个未被用户选择的资源项目 o_i 出现在推荐给目标用户 u_l 的列表中的位置为 p,则其排名得分为:$rs_{li} = \dfrac{p}{n-k(o_i)}$。

那么,在测试集中,将推荐给目标用户的所有未选择过的项目的 rs 求平均得到整体的得分排名⟨rs⟩,即表示为此次推荐的准确度。显然,⟨rs⟩的值越小表明准确度越高③。

②AUC 准确度评测。在推荐系统的准确的评价中,AUC(Area under the ROC Curve,AUC)被用来描述未被用户选择且喜欢的项目分到推荐列表中的概率大小。现实中的样本在不同类别上的分布不均衡,传统的分类标准如召回率(Recall)和准确度(Precision)已不再能够准确地反映分类器的性能,因此 AUC 成为目前推荐系统中类别划分(即如何将未被用户选择的项目划分到正确的类别中,并作

---

① Zhang J, et al. Collaborative Filtering Recommendation Algorithm Based on User Preference Derived from Item Domain Features[J]. Physica A:Statistical Mechanics and Its Applications, 2014, 396:66-76.

② Clauset A, Moore C, Newman M E J. Hierarchical Structure and the Prediction of Missing Links in Networks[J]. Nature, 2008,453(7191):98-101.

③ Fitsilis P, Gerogiannis V, Anthopoulos L. Project Knowledge Management Based on Social Networks[C]// International Conference on Education and Management Innovation(ICEMI),2014.

7.5 实验分析

为推荐的依据)和用来度量推荐算法性能的较为流行的标准。

通常情况下,AUC 的值介于 0.5~1.0,AUC 越大表示性能越好。

(2)推荐多样性评价指标

推荐的多样性评价主要包括推荐列表中项目的个性化程度和新颖性程度。

①个性化(Personalization)。推荐的个性化程度即提供给用户的推荐列表中项目的不同程度,包含两种:不同用户推荐列表之间的多样性和用户推荐列表中项目主题的多样性[1]。

首先,用户之间的多样性程度(Inter Diversity, InterD)定义为:

$$\text{InterD} = \frac{2}{m(m-1)} \sum_{l_1 \neq l_2} \left(1 - \frac{|O_R^{l_1} \cap O_R^{l_2}|}{L}\right)$$

。其中,m 为用户集中的用户数量,$O_R^{l_1}$ 为提供给用户 u_{l_1} 的推荐项目集,$L = |O_R^{l_1}|$ 为推荐列表的长度。

由此,可知所有用户 InterD 的平均值 $\langle \text{InterD} \rangle$ 越大,表明此算法推荐的个性化程度就越高[2]。

其次,用户推荐列表内部项目主题范围的多样化程度(Inner Diversity, InnerD)定义为:$\text{InnerD} = 1 - \frac{2}{mL(L-1)} \sum_{l=1}^{m} \sum_{i_R \neq j_R} S_{i_R j_R}$。

$i_R, j_R \in O_R^{l_1}$,$S_{i_R j_R}$ 为推荐列表中项目 o_{i_R} 和 o_{j_R} 的余弦相似度,计算公式为:$S_{i_R j_R} = \frac{|\Gamma o_{i_R} \cap \Gamma o_{j_R}|}{\sqrt{|\Gamma o_{i_R} \times \Gamma o_{j_R}|}}$。其中,$\Gamma o_{i_R}$ 为收集了项目 o_{i_R} 的用户集。

因此,平均值 $\langle \text{InnerD} \rangle$ 越大表明提供给目标用户 u_l 的推荐列表中项目所涉及的主题范围越大,推荐的多样性效果越好[3]。

②新颖性(Novelty 或 Surprisal)。新颖性是测度推荐多样性的

---

[1] Rawashdeh M, et al. Folksonomy Link Prediction Based on a Tripartite Graph for Tag Recommendation [J]. Journal of Intelligent Information Systems, 2013, 40(2): 307-325.

[2] Rawashdeh M, et al. Folksonomy Link Prediction Based on a Tripartite Graph for Tag Recommendation [J]. Journal of Intelligent Information Systems, 2013, 40(2): 307-325.

[3] Pan R, et al. Improving Recommendations by the Clustering of Tag Neighbours[J]. Journal of Convergence, 2012, 3(1): 13-20.

另一重要指标,表明了推荐系统向用户推荐新奇或用户未预料到且符合用户需求偏好的资源的能力①。

本研究认为,一个项目对于用户的新颖性或新奇性,是与"流行度"相反的一个概念。首先,项目在数据集中被用户选择的次数越多则表明其流行程度越高,任一资源项目 o_i 被目标用户 u_l 选择的概率为 $\frac{k(o_i)}{m}$。因此,项目的新颖性 $I_{o_i} = \log_2\left(\frac{u}{k(o_i)}\right)$,通过计算所有项目的平均值 $\langle I \rangle$ 则得到总体的新颖性。$\langle I \rangle$ 越大表明新颖性效果越好。

衡量推荐算法生成新奇或用户意料不到的推荐结果,可以从推荐列表中资源项目的度值大小入手,最简单的方法就是计算推荐列表中项目度的平均值(项目被收集或选择的次数):$\langle k \rangle = \frac{1}{mL}\sum_{l=1}^{m}\sum_{o_i \in O_R^l} k(o_i)$。其中,$k(o_i)$ 为选择了项目 o_i 的用户数。与 $\langle I \rangle$ 不同的是,$\langle k \rangle$ 的值越小表明新颖性越好。

在此,项目的新颖性程度与每个用户的推荐列表长度相关。在推荐列表固定的前提下,将所有用户的推荐项目的新颖性求平均,则得到该算法在新颖性方面的性能②。

7.5.3 实验结果分析

本研究提出的算法共涉及三个可变参数 λ、λ' 和 ξ,而验证算法效果的步骤首先为验证单纯二部关联图情况下的 λ 和 λ',然后再验证两者组成三部关联图情况下的 ξ。前文已详细阐述了物质扩散和热传导推荐的性能表现的不同,本研究将对两种方法在两个二部关联图上的表现分别实验。

---

① Zhang Z K, Zhou T, Zhang Y C. Personalized Recommendation via Integrated Diffusion on User-Item-Tag Tripartite Graphs[J]. Physica A,2010,389(1):179-186.

② Gu Y R, Chen M. One Tag Time-weighted Recommend Approach on Tripartite Graphs Networks[J]. Computer Science, 2012, 39(8).

7.5 实验分析

(1) 准确度实验结果分析

$\xi=1$ 时,用户-项目二部关联图的算法实验情况如表 7-2、表 7-3、表 7-4 和图 7-11 所示。

表 7-2 　　Del.icio.us$\langle rs \rangle$准确度实验$(\xi=1)$

方法	$\langle rs \rangle$	$\langle rs \rangle_{k(o) \leq 10}$	$\langle rs \rangle_{k(o) > 10}$
MassD$(\lambda=1)$	0.224	0.273	0.047
HeatS$(\lambda=0)$	0.252	0.319	0.058

表 7-3 　　MovieLens$\langle rs \rangle$准确度实验$(\xi=1)$

方法	$\langle rs \rangle$	$\langle rs \rangle_{k(o) \leq 10}$	$\langle rs \rangle_{k(o) > 10}$
MassD$(\lambda=1)$	0.169	0.258	0.031
MassD$(\lambda=0)$	0.215	0.277	0.063

表 7-4 　　$\langle rs \rangle$准确度最优的 λ 值实验$(\xi=1)$

数据集	λ	$\langle rs \rangle$提高率
Del.icio.us	0.62	6.7%
MovieLens	0.41	1.3%

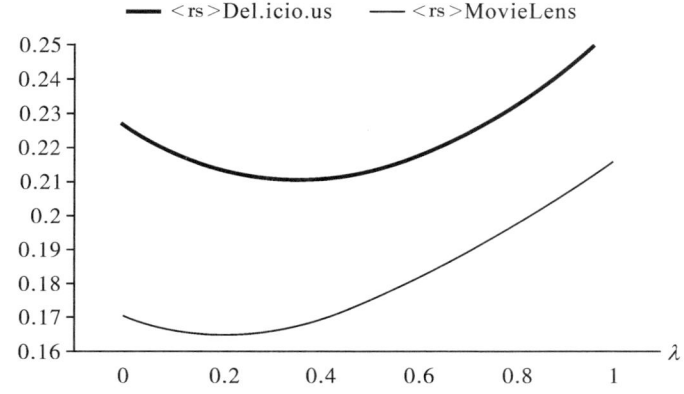

图 7-11　$\xi=1$ 时物质扩散和热传导混合下的$\langle rs \rangle$准确度实验

$\xi=0$ 时,项目-标签二部关联图的实验情况如表 7-5、表 7-6、表 7-7 和图 7-12 所示。

表 7-5　　**Del.icio.us$\langle rs \rangle$准确度实验($\xi=0$)**

方法	$\langle rs \rangle$	$\langle rs \rangle_{k'(o) \leq 10}$	$\langle rs \rangle_{k'(o) > 10}$
MassD($\lambda'=1$)	0.205	0.255	0.044
HeatS($\lambda'=0$)	0.217	0.283	0.051

表 7-6　　**MovieLens$\langle rs \rangle$准确度实验($\xi=0$)**

方法	$\langle rs \rangle$	$\langle rs \rangle_{k'(o) \leq 10}$	$\langle rs \rangle_{k'(o) > 10}$
MassD($\lambda'=1$)	0.166	0.192	0.041
MassD($\lambda'=0$)	0.194	0.267	0.049

表 7-7　　**$\langle rs \rangle$准确度最优的 λ' 值实验($\xi=0$)**

数据集	λ'	$\langle rs \rangle$提高率
Del.icio.us	0.54	5.4%
MovieLens	0.38	1.1%

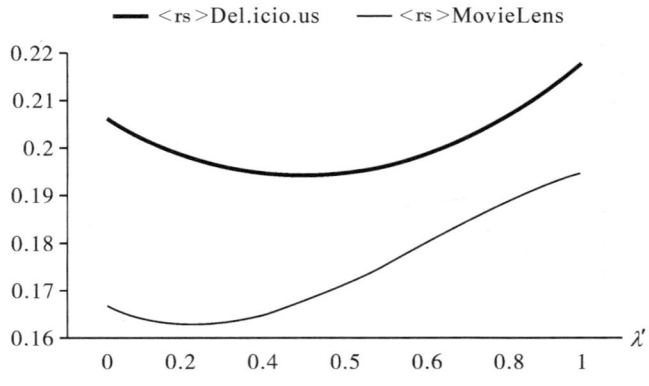

图 7-12　$\xi=0$ 时物质扩散和热传导混合下的$\langle rs \rangle$准确度实验

7.5 实验分析

依据上述评价指标,将两者整合时,即 AUC 准确度达到最优值时的参数取值 ξ_{opt} 情况如表 7-8 和图 7-13 所示。

表 7-8　　　　　　　　　　AUC 准确度评测

数据集	用户-项目二部图	项目-标签二部图	最优值	ξ_{opt}	AUC 提高率
Del.icio.us	0.8293	0.8547	0.8761	0.39	2.1%
MovieLens	0.8192	0.8241	0.8435	0.46	1.9%

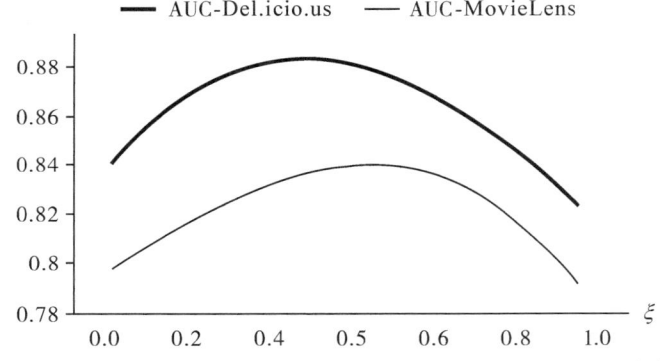

图 7-13　ξ 不同取值下数据集 Del.icio.us 和 MovieLens 的 AUC 准确度表现

上述实验从准确度的角度对算法进行了分析,实验结果归纳如下:

从单独的二部关联图推荐实验看,在准确度方面,物质扩散方法比热传导方法效果更佳,这与其他研究实验中所得结果一致,也符合两者在能量分配原理上的不同①。但是为了获得最佳的推荐效果,本研究将两个二部关联图上的能量扩散整合起来,实验结果显示,通过调整参数 λ 和 λ' 能够保持准确性,甚至使准确性超过单独的算法(如图 7-11、图 7-12 和图 7-13 所示),且高于其他算法②。

---

① Zhang Z K, Liu C. Hybrid Recommendation Algorithm Based on Two Roles of Social Tags[J]. International Journal of Bifurcation and Chaos,2012,22(7):1250166.

② Zhang Z K, Liu C, et al. Solving the Cold-start Problem in Recommender Systems with Social Tags[J]. Europhysics Letters,2010,92(2):28002.

项目在用户-项目二部关联图中的度和项目-标签二部关联图中的度对推荐结果产生了影响,项目度越大推荐准确度越高,被选入推荐列表的概率就越大。从总体上看,MovieLens 数据集上的推荐准确度要大于 Del.icio.us,原因则为两个数据集上项目度的分布情况不一样①:Del.icio.us 数据集中 90.04% 的项目度小于等于 10,而 MovieLens 数据集中此比例为 69.35%。因此,MovieLens 数据集上的表现较好。项目-标签二部关联图下的推荐准确度普遍优于用户-项目二部关联图,原因也为此二部图中项目的度普遍较大,一个项目拥有较多的标签②。

相对于传统的推算算法,本研究提出的混合算法既能够保证推荐准确度,又能将冷门资源或低度项目推荐给用户,在一定程度上解决了传统推荐算法中的冷启动问题。

(2)多样性实验结果分析

多样性的实验分析必须考虑推荐列表长度 L 对其性能的影响。图 7-14、图 7-15 和图 7-16 显示了两个数据集上不同推荐列表长度 L

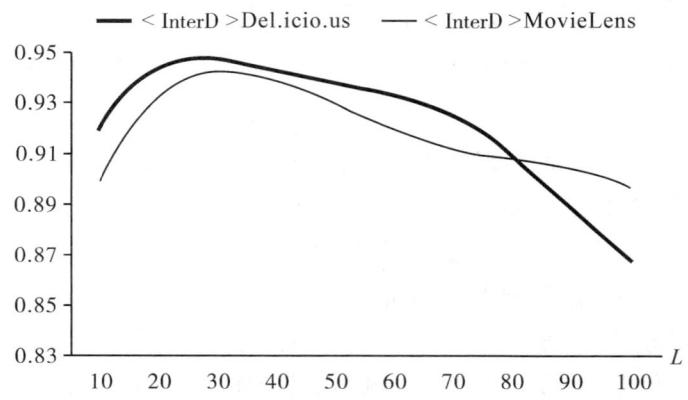

图 7-14　数据集 Del.icio.us 和 MovieLens 上推荐列表长度 L 下的〈InterD〉实验结果

---

① 魏建良,朱庆华.基于社会化标注的个性化推荐研究进展[J].情报学报,2010,29(4):625-633.
② Chelmis C, Prasanna V K. Exploring Generative Models of Tripartite Graphs for Recommendation in Social Media[C]// Proceedings of the 4th International Workshop on Modeling Social Media. ACM, 2013:2.

图 7-15　数据集 Del.icio.us 上推荐列表长度 L 下的 $\langle InnerD \rangle$ 实验结果

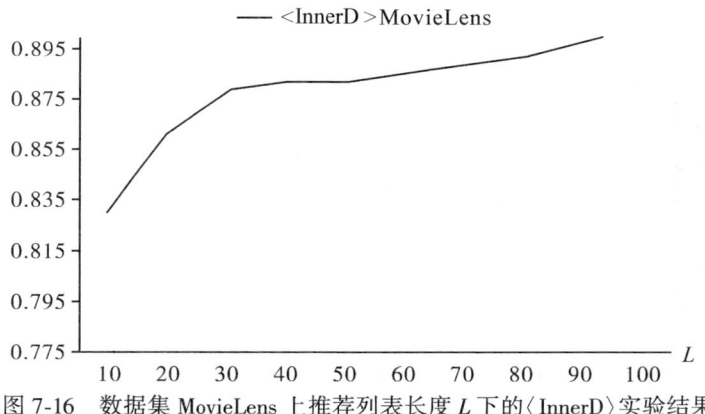

图 7-16　数据集 MovieLens 上推荐列表长度 L 下的 $\langle InnerD \rangle$ 实验结果

下的多样性性能实验结果,表 7-9、图 7-17 和图 7-18 显示了在最优长度 L 下的效果优势。

表 7-9　数据集 Del.icio.us 和 MovieLens 上推荐列表长度 L 下的 $\langle I \rangle$ 实验结果

数据集	$\langle I(20) \rangle$	$\langle I(30) \rangle$
Del.icio.us ($\xi = 0.39$)	21.62(↑6.1%)	
MovieLens ($\xi = 0.46$)		13.51(↑3.9%)

第7章 基于用户-资源关联和物理动力学的社会化推荐

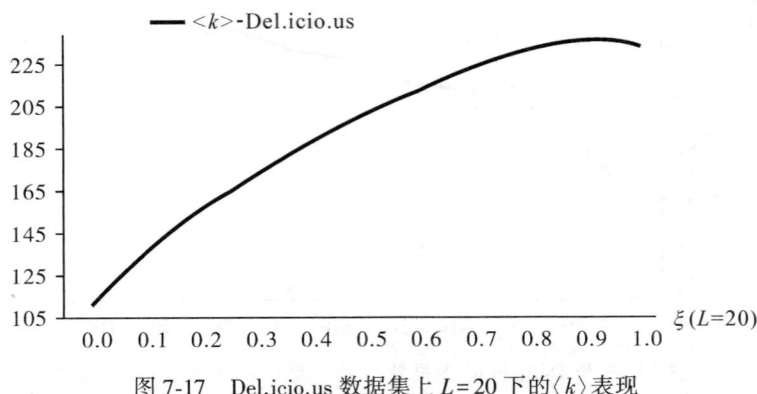

图 7-17 Del.icio.us 数据集上 $L=20$ 下的 $\langle k \rangle$ 表现

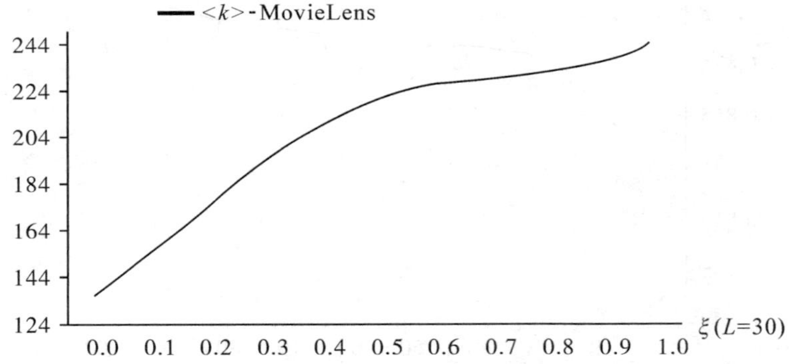

图 7-18 MovieLens 数据集上 $L=30$ 下的 $\langle k \rangle$ 表现

Del.icio.us 和 MovieLens 数据集在 $\langle \text{InterD} \rangle$ 上的表现不一。Del.icio.us 在 $L=20$ 时效果较好,而 MovieLens 在 $L=30$ 时效果较好。整体效果上,Del.icio.us 优于 MovieLens;且相对于其他算法,Del.icio.us 上的多样性效果得到了较小的提升,MovieLens 上的多样性效果基本与其他算法持平[①]。主要原因则为两个数据集特征的

---

① 程婷婷,王恒山,等.用户和项目联合度对二分网络个性化推荐的影响[J].计算机科学,2011,38(5):216-219.

不同：Del.icio.us 中用户、项目、标签较多，且涉及的概念较多；MovieLens 中的资源项目仅为电影，用户使用的标签概念范畴比 Del.icio.us 小且存在大量重复现象，从而限制了其多样性性能。然而，当推荐列表长度 L 较大时，MovieLens 上的多样性性能较 Del.icio.us 好。因此，标签的多样性正向决定了推荐算法生成推荐列表的多样性①。

在〈InterD〉实验结果中，Del.icio.us 和 MovieLens 的实验数据也较其他算法在性能上有所提升，从而帮助用户扩展了知识面和视野，了解到更丰富的资源项目。Del.icio.us 中标签所涉及的概念多样性比 MovieLens 大，因此在〈InterD〉测度上性能要较好。因此可以说，从信息文本中提取特征词，特别是如标签这种既能够反映资源内容，又能够表达用户需求偏好进而建立用户和资源项目之间语义关联的特征词，能够增强推荐的多样性和准确性②。

新颖性性能评价的实验主要是通过指标〈I〉和〈k〉完成的，实验结果表明本研究算法在此方面的性能要高于其他算法，两个数据集的新颖性性能都有所提升③，虽然提升幅度不大，但也说明了此算法在多样性方面的优势。

指标〈I〉的实验结果表明了通过此算法，系统中不甚流行或比较冷门的资源得到了较好的推荐，且出现在较靠前的位置，Del.icio.us 中的表现要略好于 MovieLens，原因与前者所涉及的项目度的分布有关。在新颖性上的实验结果也较其他算法略好，虽然效果提升不甚明显，但也表明了推荐性能与物质扩散和热传导算法中的参数

---

① Gollapalli S D, Mitra P, Giles C L. Ranking Experts Using Author-Document-Topic Graphs[C]// Proceedings of the 13th ACM/IEEE-CS Joint Conference on Digital libraries. ACM, 2013: 87-96.

② Hmimida M, Ankoud M. Recommendation System for Documentary Classification[C]// Education and E-Learning Innovations (ICEELI), 2012 International Conference on IEEE, 2012: 1-5.

③ Zhou T, et al. Solving the Apparent Diversity-Accuracy Dilemma of Recommender Systems[J]. Proceedings of the National Academy of Sciences, 2010, 107(10):4511-4515.

有关,降低大度节点能使推荐获得较好的新颖性。MovieLens中电影项目与用户之间所形成的关联较多,因此推荐列表中项目的平均度稍大①。

综上所述,通过与其他算法的比较,本研究算法在准确度和多样性整体性能上有所提升。实验证明,将以标签为桥梁的三部关联关系作为算法运行的重要支撑,对算法性能的提高发挥了重要作用,不仅提高了算法的准确度,而且增强了推荐的多样性和个性化。因此,将项目-标签二部关联图引入推荐算法中,能够较好地解决传统推荐算法中的冷启动问题,在今后的研究中,挖掘标签对推荐的作用将成为研究的一个重要方向。

7.6 总结

推荐作为服务开展的基础,其理念和实现方法随着服务的变革而升级。本章在详细阐述社会网络环境下的用户特点和服务要求的基础上,从协同过滤推荐原理和瓶颈分析入手,结合物理动力学原理(热传导和物质扩散),基于三部关联图进行了推荐策略的实现研究。

本章首先分析了当前用户需求偏好的长尾现象以及由此引发的社会化小众推荐服务要求。社会化网络服务在各个领域的广泛应用加速了用户个性需求导向下的小众群体聚合,要求网络服务从大众化逐步转向小众化,实现两者的平衡,既要满足用户对流行资源的需求,又要能契合用户的小众化和个性化需求。而在这种服务实现模式中,用户与资源交互所产生的关联关系对服务的开展产生了重要影响,由此推动了社会化推荐服务的产生和不断深化。根据调研发现,社会化网络服务中,用户的信息行为打破了传统意义上的"二八法则",呈现出一种以个性和参与惰性居多的小众化趋势,这就意味

---

① Bellogín A, Cantador I, Castells P. A Comparative Study of Heterogeneous Item Recommendations in Social Systems [J]. Information Sciences, 2013, 221: 142-169.

7.6 总结

着基于相似度计算和匹配的传统推荐服务方式不再适应用户的需要,应将用户与资源产生的关联关系及其程度引入推荐算法中,实现推荐准确度和个性化性能的提升。

个性化推荐成为当前服务系统的重要支撑,协同过滤推荐理念和技术被广泛应用其中。而资源的长尾现象和用户需求的小众化,与传统推荐策略强调准确度而忽略多样性的做法产生了根本矛盾,这就要求推荐系统适应当前资源和用户需求的特点,提供有针对性的推荐结果。协同过滤推荐方法旨在通过用户需求特征和资源特征的匹配产生推荐,存在着长期尚未解决的缺陷:冷启动、稀疏性和可扩展问题。虽然众多研究学者对其进行了多方面改进,但仅仅追求准确度(系统准确度)的提升,忽略了用户对推荐的需求(或称为用户满意下的准确度)。因此本章根据当前现实系统中用户与资源之间相对稀疏的特点,提出了小众推荐服务的理念,以期缩小推荐范围,提升推荐性能。

为了增强推荐的多样性和个性化效果,本章将用户与资源之间的关联关系引入推荐算法中,构建用户与资源关联图完成推荐。首先,从用户-资源项目二部关联图分析入手,阐述了基于物质扩散原理的能量流动在二部关联图中的实现机理和算法构建,并从资源利用和用户属性的角度,特别是资源项目度和用户度对推荐的影响,通过度值惩罚和区分用户对资源项目的反应程度,探索提升推荐多样性和个性化效果的算法实现。研究调研发现,适当降低大度资源的度,平衡整个资源集中所有资源的度,有利于推荐精度的提高,甚至提升个性化程度;区分用户的反应程度,能够使度值较小的资源得到推荐,且用户之间多样性的程度也有所提升。

推荐的小众化意味着为用户发掘新颖、新奇且契合用户潜在需求的资源。基于热传导的能量扩散能够合理地提高"温度"较低物体的"温度",有利于推荐系统发现那些不易被用户察觉的冷门资源。本章分析了热传导能量扩散的机理,并与物质扩散方法做了原理上的对比,指出了两者对推荐效果提升的侧重点不同:热传导侧重于冷门资源的推荐和提高推荐的多样化程度,具有能量发散作用;物质扩散侧重于流行资源和大度资源的推荐,能量呈聚集趋势。由此提出了两者结合的推荐思路,使其发挥各自的优点,既能推荐大家都偏好的热门资源,又能按照用户的个性化偏好推荐小众资源。

其次,本章根据当前社会化网络服务的特点和前面几章的研究成果,使用特征词作为桥梁,将用户和资源连接起来,通过特征词建立了用户与资源之间的语义关联。为了简化研究,本章直接采用社会化网络服务中的"标签"作为特征词进行算法构建和策略实现研究。在用户-项目和项目-标签二部关联图的基础上,构建用户-资源-标签三部关联图,实现社会化的小众推荐,提升推荐效果。先分析了三部关联图的运作机理,包括关联图构建机理和其中的能量扩散机理;在此基础上,将用户-项目二部关联图和项目-标签二部关联图中的能量扩散算法通过可调参数 ξ 线性叠加,生成项目的最终能量值,以此作为推荐的依据。

最后,本章在数据集 Del.icio.us 和 MovieLens 上进行了算法的实验分析。先对数据集进行预处理,将不符合实验的数据剔除,并随机生成训练集和测试集。本章将评价指标设为两大类:准确度,包括 $\langle rs \rangle$ 和 AUC;多样性,包括个性化程度($\langle InterD \rangle$ 和 $\langle InnerD \rangle$)及新颖性($\langle I \rangle$ 和 $\langle k \rangle$)。实验结果表明,本章提出的策略在整体性能上优于其他策略,通过调整参数 λ 和 λ' 将物质扩散方法和热传导方法的优势相结合,提高了两个二部关联图上推荐的准确度和多样性;进而调整参数 ξ,将用户-项目二部关联图和项目-标签二部关联图结合起来,融合生成的推荐列表,进一步提高了推荐的性能。

本章在分析物质扩散和热传导理论在二部关联图中应用机理的基础上,通过可调参数将两者相结合,提出了基于物质扩散和热传导能量流动混合的推荐算法,并创新地应用于用户-资源-标签三部关联图中,取得了较好的推荐效果。但仍存在大量需要完善的地方,如进一步精确参数之间的相对取值使其达到更优,进行更加细致的实验分析,明确性能表现背后的原理机制等,将是本研究需要进一步深化和扩展的研究方向。

第8章 案例与实证

在本书之前的分析研究中,根据所提出的研究框架,从社会化网络服务的运行分析入手,展开当前社会网络环境下的用户关系结构与演化研究,进而阐述了用户关系与信息流机制之间的相互作用,在此基础上正式进入本研究的重要部分——信息资源语义挖掘与社会化推荐服务实现,主要包括基于关系社区发现的用户建模,基于LDA主题模型、SVSM和HS-SVM的信息资源语义挖掘以及基于用户-资源关联图的社会化小众推荐。通过大量的实验分析,验证了本研究在推荐实施的各个环节所提出的改进策略的有效性。本章则将进一步整合上述环节的理论与实践研究工作,从两种视角——服务应用视角和学术社区视角进行相关的案例和实证分析。

在网络应用视角上,选取国内最为流行的社会化网络服务——新浪微博为例,进行微博内容的挖掘以及社会化小众推荐研究。在学术知识社区视角上,以数字图书馆知识社区为切入点,分析其服务开展的不足,以武汉大学图书馆电子资源门户为依托,进行面向学科领域的资源深度开发与社会化推荐服务策略研究。

8.1 微博服务中的社会化信息推荐实现

微博(微型博客,Microblog)[1]是一种基于单向用户关系的信

---

[1] Wikipedia. Microblogging [EB/OL]. [2014-12-12]. http://en.wikipedia.org/wiki/Microblogging.

息分享、传播、获取以及利用的信息服务平台。自 2006 年 Twitter 诞生以来,微博成为最为迅猛和典型的社会化网络服务业务,以其方便快捷的信息传播方式成为当前用户交流、分享的重要工具。

目前,国内微博服务不下 10 种[①],但从影响力和规模上看,新浪微博是目前国内领先的微博产品,其提供的 API 开放接口更加完善,有利于数据抽取,具有较大的研究价值。基于此,在网络应用视角下,本章以新浪微博为研究对象,展开信息资源文本挖掘和推荐服务的案例与实证研究。

8.1.1 微博信息结构与数据处理

新浪微博中的信息是以用户需求为中心而创造和扩散的,如微博的发布、评论、转发、收藏、话题发起,用户的关注、私信互发、搜索和推荐等。

(1)新浪微博的信息结构

新浪微博中信息丰富,但最为核心的信息主要为两种:用户信息和微博信息。

①用户信息。新浪微博中的用户信息主要分为三类:唯一标识信息、基本属性信息和行为信息(如表 8-1 所示)。用户 UID 为新浪微博随机生成分配给用户的 10 位数字,微博昵称是用户自行命名的;个性标签和个人描述是用户对自己需求偏好最贴切和最直接的表达。粉丝数、所关注的人数、微博数、创建时间、微博认证等是用户的行为信息,间接表现了用户的偏好、声望、人际关系等特征[②]。

---

① 百度文库.中国微博元年白皮书[EB/OL].[2010-09-15]. http://wenku.baidu.com/view/c713178fcc22bcd126ff0cfc.html.

② Chen C, et al. Making Recommendations on Microblogs through Topic Modeling[C]// Web Information Systems Engineering—WISE 2013 Workshops. Springer Berlin Heidelberg, 2014:252-265.

8.1 微博服务中的社会化信息推荐实现

表 8-1　　　　　新浪微博中的用户信息内容①

信息类别	信息内容(举例)
用户信息	ID:用户 UID(1197161814)(表示唯一用户)
	Screen_name:微博昵称(李开复)(表示唯一用户)
	Location:地址(北京)
	Description:个人描述(创新工场 CEO)
	Tag:个人标签(互联网、风险投资等)
	Gender:性别(男)
	Followers_count:粉丝数(10 980 006)
	Friends_counts:关注人数(279)
	Statuses_count:微博数(4 467)
	Created_at:创建时间(2009-08-28)
	Verified:加 V 表示为新浪微博认证用户

②微博信息。新浪微博的信息组织方式较为复杂,为嵌套式,其信息内容组成如表 8-2 所示。

表 8-2　　　　　新浪微博中的微博信息内容

信息类别	信息内容(举例)
微博信息	ID:微博 ID(17375609287)(微博唯一标识符)
	Created_at:创建时间(2月1日14:10)
	Text:微博信息内容(要远离原创时从种子期帮助创业者的理想……)
	Comment_count:评论数(78)
	Repost_count:转发数(187)
	Collect_count:收藏数(0)
	Source:微博来源(Weico.iPhone 版)
	User:作者信息(李开复……)
	Retweeted_status:源微博信息(@投资界微博:……)

微博评论、转发和收藏为衡量一条微博影响力的主要指标,它们

---

① 新浪微博.李开复[EB/OL].[2014-10-02]. http://weibo.com/kaifulee.

在微博信息内容中通过特殊的功能符号"@""//""#"进行区分。功能符号的含义及其在微博传播中的位置如表8-3和图8-1所示。

表 8-3　　　　　　新浪微博信息内容中的符号

符号	功能	功能说明	举例	例子解释
@	对话	对某某说	李开复:哈哈//@黄继新:这个有趣!	用户"李开复"对用户"黄继新"说"哈哈"
//	转发	连接两段博文	李开复:哈哈//@黄继新:这个有趣!	//前为用户"李开复"及其博文;后为用户"黄继新"及其博文
#	搜索链接	包含某一话题	李开复://@黄继新:#创新工场#这个有趣!	用户"李开复"在"创新工场"这个话题下说"这个有趣"

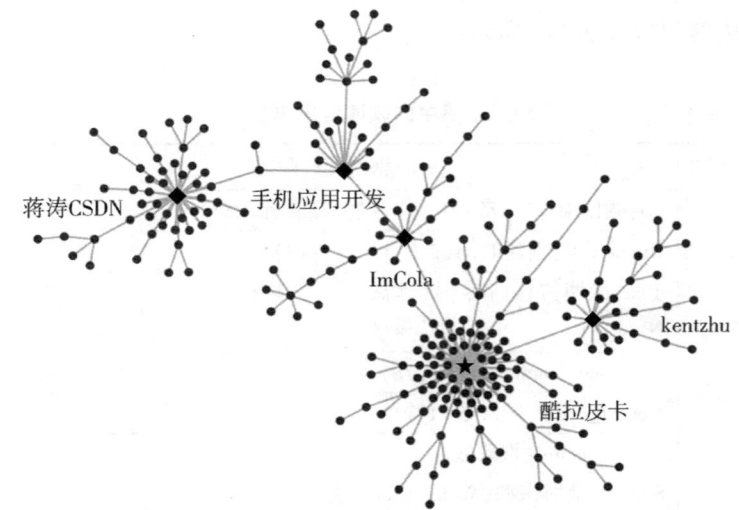

★微博发布人:初始发布微博的人
●微博转发人:转发微博,不能或只能带来少数转发的人
◆微博转发关键人:转发微博,并能够带来更多转发的人,多为影响力较高的人

图 8-1　新浪微博传播图①

---

①　酷拉皮卡.一条新浪微博引发的分析:如何让微博得到广泛传播[EB/OL].[2014-10-19]. http://blog.sina.com.cn/s/blog_605b0e2e0100oo6d.html.

8.1 微博服务中的社会化信息推荐实现

在微博信息呈爆炸式增长的环境下,用户的社交需求被激发,开始寻找自我所认同的空间和范围,根据不同的地域、需求、爱好及行业等属性而逐渐分化,然后产生聚合,逐步形成一个个具有特定属性(以标签、话题和用户为中心)的社区化交流系统——"社会化圈子"——微博社区①。微群作为典型的微博社区,是一种多用户通过微博进行交流的平台,由群主创建,可邀请朋友、同学或具有共同需求偏好的人在微群内交流分享,就感兴趣的话题展开讨论,浏览所有成员发布的信息及分享资源②。

(2)新浪微群数据采集与处理

本研究采用开源免费的火车采集器③对新浪微博进行数据抓取,按照一定的采集规则④对新浪微群"IT互联网"分类下的微群⑤(网络营销-微博营销、sina微营销和微博营销)进行采集,采集的信息属性如表8-4和表8-5所示。

表8-4　　　　　　所采集的微博属性信息

属性名称	属性值描述	所属元数据类型
标识ID	微博的唯一标识	微博文本元数据
类型	原创、转发、评论	微博文本元数据、微博传播路径元数据
创建时间	微博创建时间	微博文本元数据
文本长度	微博文本所包含的字符数	微博文本元数据

---

① 陈燕慧.论微博对用户交互行为的影响[J].东南传播,2011(8):73-75.
② Chen L, Jiang C, Wang W. A Micro blog Recommendation System Based on User Clustering[C]// 2014 International Conference on Computer Science and Electronic Technology (ICCSET 2014). Atlantis Press, 2015.
③ 火车采集器[EB/OL].[2014-11-01]. http://www.locoy.com/.
④ 谭婷婷.网络微内容推荐方法及支持系统研究[D].武汉:华中科学大学博士学位论文,2011:37-39.
⑤ 新浪微群. IT互联网分类下的微群[EB/OL].[2012-01-05].http://q.weibo.com/class/category/? id=8.

续表

属性名称	属性值描述	所属元数据类型
作者标识	微博创建者的标识ID	微博文本元数据、微博传播路径元数据
评论数	微博的评论次数	微博文本元数据、微博传播路径元数据
转发数	微博的转发次数	微博文本元数据、微博传播路径元数据
转发作者标识	微博转发作者的标识ID	微博-用户关系元数据、微博传播路径元数据
关键词	微博文本分词后的词汇集	微博文本元数据

表 8-5　　　　　　　　所采集的用户属性信息

属性名称	属性值描述	所属元数据类型
标识 ID	用户的唯一标识	用户元数据
称谓	用户微博昵称	用户元数据
关注人数	用户关注的用户数	用户元数据、用户关系元数据
粉丝数	用户拥有的粉丝数	用户元数据、用户关系元数据
微博数	用户发布的微博数	用户元数据
微博标识	用户发布的微博的标识 ID	用户元数据

本次数据采集时间为 2014 年 1 月 26 日,共采集用户 132378 位和微博 155079 条。三个微群用户交叉现象较多,多数用户同时在三个微群中发言或评论。本研究采用 WordParser[①] 中研究分词系统对

---

① 沈阳. ROST 虚拟学习团队[EB/OL].[2012-01-01]. http://www.fanpq.com/.

8.1 微博服务中的社会化信息推荐实现

微博文本进行切词和词频分析,去除停用词和过滤非法字符,剔除词频小于5的词汇,组成词汇集。

8.1.2 基于LDA的微博文本挖掘

根据本书有关文本内容主题提取的研究,本部分将对新浪微博数据集进行微博文本挖掘的相关研究。

(1)新浪微博文本的主题挖掘机理

前文已经分析了微博文本内容的组成和结构特点,其长度短而携带了丰富的用户和文本之间的关联关系信息,因此加大了主题挖掘的难度①。在此,本研究将微博用户与文本资源之间的关联关系引入微博文本挖掘中,基于LDA构建微博文本生成模型,在已知主题数目的前提下,通过调节词汇在潜在主题上的概率分布完成每篇微博文本的生成,即获得每个词汇在各个潜在微博主题上的概率分布以及每篇微博在这些潜在主题上的概率分布②。微博文本在某个潜在主题上的概率分布值越大,此主题成为该微博主题的可能性就越大;主题在微博文本集中出现次数较多,则说明此主题为热点主题的可能性就越大③。

如新浪微博中的微群"SNS圈"中微博短文"2012年社交网络5大发展趋势预测……"④通过LDA主题模型对整个文本集(语料库)的拟合,发现该微博在"社交网络"和"发展趋势"两个主题上的混合分布较大,可以判定为此微博的主题。该微博主题下所包含的特征词汇在这两个主题上的分布情况,如社交网站、社交产品、移动社交

---

① Kang J H, Lerman K, Anon P. Analyzing Microblogs with Affinity Propagation[C]// Proceedings of the First Workshop on Social Media Analytics,2010:67-70.

② Ye W L, et al. An Improved User Interest Model for Microblog Personalized Recommendation[C]// Applied Mechanics and Materials. 2014, 571: 1157-1162.

③ 余传明,张小青,等.基于LDA模型的评论热点挖掘:原理与实现[J].情报理论与实践,2010(5):103-106.

④ 新浪微群.SNS圈[EB/OL].[2011-12-23]. http://q.weibo.com/227099?source=home_interest.

等,也反映了社交网络主题。

(2) 新浪微博文本的主题挖掘模型

在新浪微博中,三种符号@、//和#表征了微博文本之间、用户之间以及微博文本和用户之间的关联关系,将两条看似无关的微博关联在一起,表明它们之间在主题上的语义相关性①。因此,本研究将新浪微博中的用户和微博文本之间的关联关系引入 LDA 主题模型中②,构建适用于新浪微博文本主题挖掘的模型(如图 8-2 所示)。

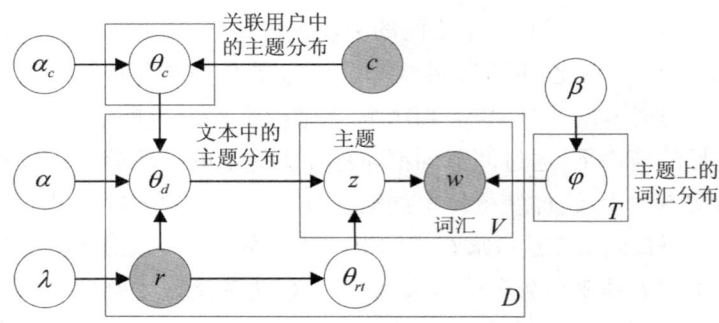

图 8-2 新浪微博文本主题挖掘模型

其中,c(contactor)代表用户参与微博对话关系的参数;θ_c 表示从超参数 α_c 的 Dirichlet 分布中抽样出关联用户与主题之间的关系关联,即用户在主题上的概率分布;r(retweet)代表原创微博转发关系的参数,即表示从超参数 λ 的伯努力分布(Bernoulli Distribution)中抽样出当前词汇所属的主题 z。

首先从参数 β 的 Dirichlet 分布中抽取主题与词汇之间的关系 φ,即主题-词汇的概率分布,然后确定文本与主题之间的关系。

其次,获得对话关系@ 所形成的微博文本-主题分布。如果微博文本以@ 开头,表示为一条对话微博,从超参数 α_c 的 Dirichlet 分布

---

① Gu W, et al. An Effective News Recommendation Method for Microblog User[J]. The Scientific World Journal, 2014:1-12.

② 张晨逸,孙建伶,丁轶群.基于 MB-LDA 模型的微博主题挖掘[J].计算机研究与发展,2011(10):1795-1802.

中抽样出该用户与微博主题之间的关系 θ_c；否则直接从超参数 α 的 Dirichlet 分布中抽样出该微博文本 d 与各个主题之间的关系 θ_d。

因此，在整个微博文本集中，文本主题的概率分布为：$P(\theta|\alpha, \alpha_c, c) = P(\theta_c|\alpha_c)^\gamma P(\theta|\alpha)^{1-\gamma}$。

其中，γ 为取值为 0 和 1 的参数，$\gamma=1$ 表示有用户之间存在对话关系，$\gamma=0$ 表示微博文本为原创且没有与其他用户产生关联。

再次，获得转发关系 retweet 所形成的微博文本-主题分布。如果微博文本中存在符号"//"，表明此微博为一转发微博，转发部分的微博文本 d_{rt} 与主题之间的关系为 θ_{rt}，则此时参数为 r（从超参数 λ 的伯努力分布中抽取，λ 表示转发部分的微博主题与原创微博主题的相关程度），进而从参数 θ_{rt} 的多项式分布中抽取当前词汇所述的主题 z；否则 $r=0$，即微博发布之后未被做任何行为，直接从参数 θ_d 的多项式分布中抽样出当前词汇所属的主题 z。

最后，则从参数 φ_z 的多项式分布中抽取出具体的词汇 w_z。

因此，新浪微博文本集中词汇与其所属主题的联合概率分布为：
$P(w,z|\lambda,\theta,\beta) = P(r|\lambda)P(z|\theta)P(w|z,\beta) = P(r|\lambda)P(z|\theta_d)^{1-r}P(z|\theta_{rt})^r P(w|z,\beta)$。

在上述确定了微博文本生成过程的基础上，对上述公式采用欧拉公式展开，然后使用增量吉布斯抽样方法对所有主题反复迭代抽样后，使抽样结果趋于稳定而得到最终的 θ_d 和 φ_z：$\hat{\theta}_{z=j}^{(d)} = \dfrac{n_j^{(d)}+\alpha-1}{n_\cdot^{(d)}+T\alpha-1}$，

$\hat{\varphi}_w^{(z=j)} = \dfrac{n_j^{(w)}+\beta-1}{n_j^{(\cdot)}+V\beta-1}$。

其中，$n_j^{(d)}$ 表示文本 d 中分配给主题 z_j 的词汇数，$n_\cdot^{(d)}$ 表示文本 d 中所有被分配了主题的词汇数；$n_j^{(w)}$ 表示词汇 w 被分配给主题 z_j 的次数，$n_j^{(\cdot)}$ 表示分配给主题 z_j 的所有词汇数。

同理，通过吉布斯抽样得到关联用户与主题之间的分布 θ_c：
$\hat{\theta}_{z=j}^{(c)} = \dfrac{n_j^{(c)}+\alpha_c-1}{n_\cdot^{(c)}+T\alpha_c-1}$。

通过模型推导，就得出了微博文本在主题上的概率分布 θ_d 以及

主题在词汇上的分布 φ_z，提取了特定关联用户与微博主题的概率分布 θ_c（θ_c 为 θ_d 的一种特殊形式）。根据 θ_d 和 φ_z 求出每篇微博文本在各个主题上的概率分布以及每个主题在词汇上的概率分布；在整个微博文本集上综合两者的概率分布，得出每篇微博文本属于主题的概率（最可能属于某个主题），每个主题最具代表性的词汇（概率最大的词汇）。

除此之外，通过 θ_c 得出每个关联用户在各个主题上的概率分布，说明了用户喜欢某个主题的概率，进而挖掘出每个用户的主题偏好，以此寻找特定微博的相似微博和特定用户的相似用户。

上述分析框架在社会化网络服务中具有一定的普适性[①]，将关联关系纳入挖掘过程中就能够帮助实现交互式文本的分析和挖掘。

(3) 新浪微博文本主题挖掘结果

本研究参数设置如下，超参数 $\beta = 0.01, \alpha = \alpha_c = \dfrac{50}{T}, T = 30, \lambda = 1$（表示微博转发部分与原创微博在主题上完全相关），迭代 300 次。本次对微博文本集挖掘的部分主题及其所包含的概率值排名前 5 的词汇如表 8-6 所示。

表 8-6　　　　新浪微博文本集主题挖掘结果

主题 1		主题 15		主题 30	
词汇	$P(w\mid z_1)$	词汇	$P(w\mid z_{15})$	词汇	$P(w\mid z_{30})$
产品	0.371	创意	0.223	信息	0.181
质量	0.268	心动	0.196	财富	0.175
粉丝	0.202	广告	0.191	机会	0.159
推广	0.177	推销	0.164	分享	0.128
精准	0.154	平台	0.102	推荐	0.098

---

① Casimiro C R, Paraboni I. Temporal Aspects of Content Recommendation on a Microblog Corpus[M]// Computational Processing of the Portuguese Language. Springer International Publishing, 2014: 189-194.

主题1是与微博营销技巧有关的主题,主题15是与微博营销创意有关的主题,主题30是与信息及商机有关的话题。

与此同时,根据微博文本生成过程中关联用户与主题的分布,可以挖掘出用户与微博主题的关联程度或用户对微博主题的喜好程度(如图8-3所示)。本文分析出用户"zuikelong"喜欢关注的两个主题为主题1和主题15,与实际相符,且能够推测出用户所关联的主题。

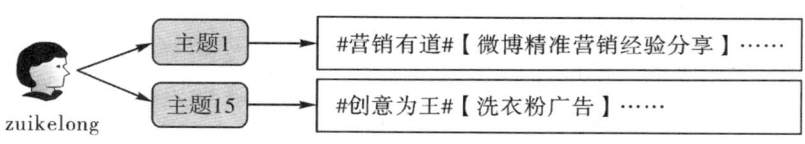

图8-3 关联用户偏好的主题及对应的微博

8.1.3 基于用户-微博文本-词汇三部关联图的微博推荐实现

本部分在梳理相关研究成果的基础上,以上述研究工作为起点,针对新浪微博展开案例研究,在三部关联图框架下实现新浪微博的推荐。

(1)微博推荐的相关研究与应用实践

国内外研究学者对微博推荐进行了研究,如微博需求偏好相似好友的推荐、微博文本的推荐与主题扩展等。国外方面,Zhang和Lei通过标签对Twitter文本内容进行分类,获得主题相关的微博[1];Weng等人采用PageRank算法将Twitter用户按照与不同主题的相关程度排序[2]。Who Should I Follow根据Twitter用户的个人信息、关

---

[1] Zhang J, Lei Y. Improving Content Recommendation in Social Streams via Interest Model[M]// Computer and Information Science. Springer International Publishing, 2015: 57-70.

[2] Weng J, Lim P E, et al. Twitterrank: Finding Topic-sensitive Influential Twitterers[C]// Proceedings of the Third ACM International Conference on Web Search and Data Mining, 2010, 37(4): 261-270.

第8章 案例与实证

注等搜索和推荐与之相似的其他用户[①];We Follow[②]通过相同标签的标注次数和粉丝数量对相关用户排序,分别罗列出各个标签下最受欢迎的 5 个 Twitter 用户及其 Twitter 链接地址[③]。

国内有关微博推荐的研究较少。在微博热点话题的发现和跟踪[④]方面有所涉及;陈渊等提出了针对不同特征用户群体的标签推荐方法[⑤];宋双永和李秋丹根据手机微博阅读的特点,提出了移动微博信息推荐方法[⑥]。新浪微博按照时间的先后向用户推荐其感兴趣或与其相关的微博,以及新浪微群中的微博主题相关性推荐和相似用户的微博推荐等。

国内外的微博推荐研究与应用主要为用户与微博(主题、标签等)的匹配,精确度不高,多为大众化推荐。本章在上述研究工作的基础上展开针对新浪微博文本的推荐策略和方法研究。

(2)新浪微博推荐中的三部关联图构建与实现

微博主题是用户、微博和特征词三者之间的桥梁,通过用户-主题概率分布 θ_c、微博文本-主题概率分布 θ_d 以及主题-词汇概率分布 φ_z,可得到某个词汇在特定文本上的概率值以及用户对微博文本的喜好程度(概率值)。因此,用户与微博文本之间以及特征词与微博文本之间不是单纯的一对一关系,而是一种概率关系;也可以理解为在用户-微博文本和微博文本-特征词二部关联

---

① Who Should I Follow[EB/OL].[2012-01-05].http://www.whoshouldifollow.com/.

② We Follow[EB/OL].[2014-01-05]. http://wefollow.com/.

③ Wong M.Twitters 的顶级用户排行榜:WeFollow[EB/OL].[2014-10-15]. http://article.yeeyan.org/view/11302/33654.

④ Hu X, et al. Topic Model-based Micro-Blog User Interest Analysis[C]// Audio, Language and Image Processing (ICALIP), 2014 International Conference on IEEE, 2014:443-448;孙胜平.中文微博客热点话题检测与跟踪技术研究[D].北京:北京交通大学硕士学位论文,2011.

⑤ 陈渊,林磊,等.一种面向微博用户的标签推荐方法[J].智能计算机与应用,2011(5):21-26.

⑥ 宋双永,李秋丹.面向移动终端的微博信息推荐方法[J].计算机科学,2011(11):137-139,166.

图中,两者之间的连边带有权值(如图 8-4 所示)。主题是潜在变量,是根据微博文本与词汇之间的概率关系抽象出来的,因此本研究将在主题下按概率值大小抽取出一定数量的词汇,作为分析的基础。

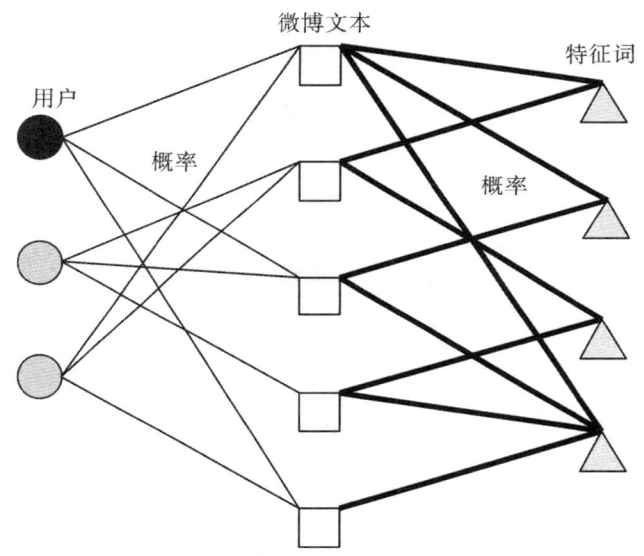

图 8-4 新浪微博推荐中的三部关联图

按照三部关联图推荐策略,本研究根据微博文本与用户之间的选择关系和概率分布赋予微博文本初始能量,在用户-微博文本和微博文本-特征词两个二部关联图中分别实施基于物质扩散和热传导混合加权的能量分配,最终得到两个二部关联图加权的三部关联图下的微博文本能量值,即针对目标用户的推荐得分,并将相关微博文本按照推荐得分降序排列生成推荐列表。本研究以用户"zuikelong"为例,从微博文本集中抽取此用户及其相关用户的微博,在小范围内进行推荐实现的示范,系统显示结果表明此用户需求偏好多集中于主题 1 和主题 5(如图 8-5 所示)。

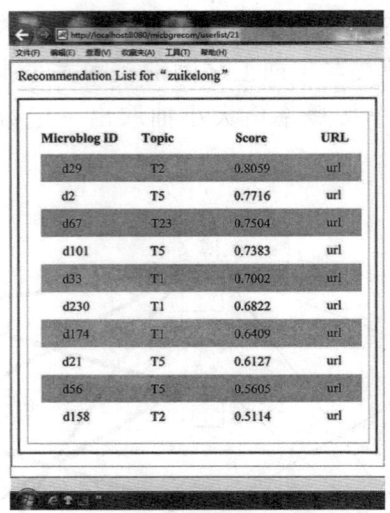

图 8-5　新浪微博推荐的简单示例

8.2　高校数字图书馆面向知识社区关系的交互推荐服务组织

高校数字图书馆作为直接服务于科学研究和知识创新的信息服务机构,若将本研究相关成果或其他有关社会化网络服务的资源推荐研究成果推广应用,对促进学术知识交流和知识创新的持续进行具有一定意义。

高校作为国家创新发展中知识创新和传播的源泉,具有开展社会化网络服务的资源、技术和人才优势,也为学术知识社区的发展提供了良好的环境基础;而学术知识社区作为高校数字图书馆建设中一种重要的服务组织方式,为高校科研用户提供了科研交流和知识分享的平台①。因此,探讨高校数字图书馆中面向知识社区的信息服务问题,特别是将用户参与纳入知识信息资源挖掘和推荐中,具有

---

①　Tejeda-Lorente Á, et al. A Quality Based Recommender System to Disseminate Information in a University Digital Library[J]. Information Sciences, 2014, 261: 52-69.

重要的现实意义。

根据研究框架设计,本节将从学术知识社区的角度,依托科研学术最为活跃的高校,以武汉大学高校数字图书馆为案例,根据武汉大学数字图书馆服务建设的实际情况,进行面向知识社区的基于交互和推荐的服务拓展。

8.2.1 高校数字图书馆基于知识社区的社会化服务推进

众所周知,高校图书馆的知识信息服务是科研创新和知识转化的重要支撑和保障,如何有效利用高校图书馆的知识信息资源,满足用户的专业科研需求是当前图书馆服务提升所面临的一个重要突破点。借鉴 SNS 的运行模式,从交互和推荐的角度构建高校数字图书馆的知识社区(Library Knowledge Community, LKC),实现其服务的社会化,是当前图书馆服务拓展和质量提升的有效方式①。

(1)知识社区与高校数字图书馆服务的社会化

随着 SNS 的广泛应用,具有相同专业需求的用户借助于各种社会化网站或软件自发地聚集成大大小小的知识社区,如豆瓣中的"用户体验研究"小组、人人网中的"海量数据处理与分析"小组等,用户依据对同一研究领域或方向的需求偏好而在群组内自由交流和共享资源,促进了知识传递和创新。因此,知识社区为 SNS 的一种特殊形式,专业学术知识的交流和分享是其主要内容②。

国内外有关知识社区的研究由来已久,认为用户借助计算机网络相互交流,彼此对某个专业领域有某种程度的认识,分享自己的知识和信息,建立彼此之间的认同,从而形成了交互协作的知识社区③。

---

① 王欣,王程.数字图书馆社会网络化之路[J].图书情报工作,2011(19):73-77.

② Huang Z, et al. A Graph-based Recommender System for Digital Library[C]// Proceedings of the 2nd ACM/IEEE-CS Joint Conference on Digital Libraries. ACM, 2002:65-73.

③ Chen H Q, Yang M L, Liang P. Construction of Digital Library Knowledge Community[C]// Proceedings of 2010 International Conference on Information Technology and Industrial Engineering, 2010,I&II:840-843.

至此,学术界对知识社区没有一个明确和公认的定义,综合学者们的研究成果,可以从知识社区的一些重要特性上对其进行描述。

知识社区是依据专业领域或知识范围的有边界系统,社区中的用户或多或少具备相关的专业知识,通过相互之间的交流互动(如知识共享、协同编辑)和其他社会化行为建立起有效的社会关系网,而用户的角色也会产生分化,如专家、意见领袖等①。知识社区的一个重要特性为支持和鼓励用户贡献内容(UGC),用户交流的内容为知识信息,而在交流过程中对问题的讨论和研究结果根据知识转化理论也终将成为知识,进入下一轮的知识创新过程,呈螺旋上升②。伴随着知识的创造、交流、传递和创新等演化过程,知识社区也处于动态演化过程中,如因用户研究重点的变化导致了其需求趋向改变,因用户的知识能力和在社区内的活跃程度不同而促使用户角色的变化等。

因此,知识社区本质上为一种新的知识组织形态和社会交流形态,是为了分享相近的专业需求或者共同完成某项科研任务而聚集在一起的用户社群。依托知识社区提供的工具和服务,用户分享知识和协同协作,用户和知识相互交织成一条可伸缩的有机关联网络,成为了目前具有空前灵活性和创造力的一种新型的、科研人员的社区③。知识社区的研究主题是社区形成的动力和条件,用户可根据自己的专业需求同时加入多个社区,从而将知识关联网络不断拓展,进而在社区内外参与各种线上或线下交流,将虚拟世界与现实世界相互交融。

高校数字图书馆为知识社区的开展提供了良好的环境基础,而知识社区又为其服务拓展提供了理念和技术上的可能④。因此,本

---

① Lee J Y, Hahn S H, Yoon J S. A Study on the Knowledge Community for Creating and Sharing Implicit Knowledge[C]// 1st International Womens Conference on BIEN-Technolog,2005,277-279:331-336.

② 胡昌平,胡吉明.基于群体交互学习的知识创新服务组织分析[J].图书馆论坛,2009(6):54-57.

③ 韩丽.论数字图书馆知识社区的构建[J].情报研究,2008(2):151-153.

④ 苏建华,汪初芸.国内外高校图书馆应用 SNS 的比较研究[J].情报资料工作,2011(2):102-104.

8.2 高校数字图书馆面向知识社区关系的交互推荐服务组织

节案例分析的第一步则为探讨知识社区与高校数字图书馆服务发展的相互关系,以期寻找两者结合共同促进的契合点。

高校中依托图书馆开展学术知识社区是信息服务社会化在微观层次上的具体体现。目前,信息服务是国家创新发展的重要保障,成为支持自主创新、科技、经济、文化发展与社会进步的先导行业,而服务于知识互动交流乃至创新的高校图书馆服务的社会化推进成为必然[①]。在宏观上拓宽服务范围,构建以用户为中心的知识创新服务平台;微观上则将社会化网络服务引入图书馆服务系统中,为用户提供基于SNS的互动交流平台,构建学术知识社区,激发创新思维,推进创新研究的可持续发展。

Web 2.0 及 SNS 推动了图书馆服务理念和方式的变革,要求通过构建知识社区,深度开发图书馆信息资源,开展新型的知识服务,从静态的信息资源中快速筛选出真正有用的知识,提炼出能够帮助用户迅速解决问题的知识,并将其在知识社区中充分共享[②]。因此,知识社区将成为数字图书馆未来的新型信息空间和发展趋势,将资源、用户与各种服务有机结合,使用户的科研需求以各种服务方式获得满足,从而实现图书馆信息服务的社会化。

(2) 我国高校图书馆基于 SNS 的知识社区建设

知识社区是以学术知识为媒介或交流对象的一种社交服务形式,是普遍意义上的 SNS 的一种特殊形式,主要服务于特定专业用户群体,即高校、科研机构等的教师、研究员及学生等科研人员。Web 2.0 和 SNS 技术的发展也为知识社区的建设提供了重要的支撑作用以及可行性和广阔的应用空间,在理念和技术上都是图书馆知识社区实现的最佳选择[③]。

---

① 胡昌平.创新型国家的知识信息服务体系研究[M].北京:经济科学出版社,2011:12.

② Tejeda-Lorente Á, et al. A Quality Based Recommender System to Disseminate Information in a University Digital Library[J]. Information Sciences, 2014, 261: 52-69.

③ 袁辉,周红,等.SNS应用于图书馆2.0知识社区的实践[J].数字图书馆论坛,2009(5):20-26.

第8章 案例与实证

目前,尽管国内高校图书馆应用 Web 2.0 和 SNS 实现知识社区的层次不一,但 211 高校大都引入了 Web 2.0 理念和技术以改善高校图书馆的资源整合和创新服务能力[①]。如基于 XML 的网络内容发布和集成技术 RSS 开展图书馆信息资源的整合、共享、发布、订阅及推送服务;基于 IM 开展虚拟参考咨询服务,根据实际情况为用户提供实时或留言方式的咨询服务,通过手机短信随时随地将信息传递给用户,等等。

除此之外,近年来 SNS 逐渐应用到高校数字图书馆的建设中,国内外较多的图书馆在其电子资源门户中通过已有的 SNS 服务或网站构建知识社区[②],如豆瓣网中的高校图书馆讨论小组(厦门大学图书馆、南京大学图书馆)、人人网、Facebook 和 MySpace 中的公共主页(中国矿业大学图书馆、华东师范大学图书馆)、新浪微博中的综合性微博等。在这些知识社区中,用户通过 SNS 对图书馆信息资源、信息服务的讨论或评论而建立起基于异质性资源的偏好关系;通过 Blog 撰写有关知识资源的细致分析和独到见解,拓展原有的资源属性,将隐性知识外化;利用 Tag 或 Folksonomy 对信息资源进行标注和组织,代表了用户对资源的理解,也体现了用户的专业科研属性,是用户参与资源组织和共享的有效方式[③]。

少数高校图书馆自建基于 SNS 的知识社区服务平台,如中国科学技术大学图书馆利用 UCenterHome 产品自建基于 SNS 的知识社区,逐步整合图书馆信息资源服务和用户;重庆大学图书馆研发了集成个性化服务平台、个性化学习平台和个性化信息空间于一体的社会化知识社区服务系统——ADLIB2.0,通过多种社会化共享功能,如文档库、共享库、图片库、私家藏书等,为用户提供个性化的交互空

---

① 李育嫦."211 工程"高校图书馆 Web 2.0 的应用[J].图书馆学刊,2011(3):71-75.

② 陈定权,刘颉颃.社会化交往站点(SNS)中的图书馆服务[J].新世纪图书馆,2011(6):6,41-44.

③ Itmazi J. A Suggested Algorithm of Recommender System to Recommend Learning Objects from Digital Library to Learning Management System[J]. Asian Journal of Information Technology, 2010, 9(2): 37-44.

8.2 高校数字图书馆面向知识社区关系的交互推荐服务组织

间。武汉大学、清华大学、厦门大学等十余所高校图书馆开发了可接入豆瓣 API 的 OPAC 馆藏图书查询应用程序,将馆藏图书与豆瓣图书相关联,用户可由本地图书馆馆藏页面查阅豆瓣图书中的有关图书评论等信息[1]。

综上所述,我国各大高校图书馆不同程度地实施了基于 SNS 的知识社区建设,且这些应用基本属于数字图书馆网站的建设,对 SNS、Blog、Tag 等社会化软件或功能的应用较少[2],并不是真正意义上的数字图书馆知识社区。从资源开发和服务利用上讲,高校数字图书馆纷纷通过建立电子资源门户等手段对资源和服务进行整合与集成,但资源多为信息资源而非知识资源,多为静态资源而非动态资源。服务与用户之间各自形成孤岛且相互分离,更多的还是搜索查询服务,用户大多处于被动接收状态,个性化和专业化程度不高。

8.2.2 武汉大学数字图书馆基于资源整合的知识社区服务建设

本章研究工作的重点为社会化网络服务视角下的高校图书馆学术知识社区构建及服务推进,即在构建和完善高校数字图书馆学术知识社区的基础上,根据所提出的信息资源语义挖掘与社会化小众推荐服务实现思路与方法,深层挖掘符合用户需求偏好的行业领域的信息乃至知识,激发用户在专业学术上的深入交流,帮助用户提升专业技能,拓宽知识视野,实现知识的内化和创新[3]。

基于此,本研究在深入调研武汉大学图书馆电子资源门户建设和知识社区服务开展的基础上,构建服务于科研交流和知识创新的知识社区服务平台,根据科研社群内用户的各种信息行为,实现知识信息资源的挖掘和推荐。

---

① 胡丽丽.SNS 在高校图书馆中的应用研究[J].农业图书情报学刊,2011(10):19-22.

② 苏建华,汪初芸.国内外高校国书馆应用 SNS 的比较研究[J].情报资料工作,2011(2):102-104.

③ Vaughan J, Costello K. Management and Support of Shared Integrated Library Systems[J]. Information Technology and Libraries, 2011, 30(2): 62-70.

第8章 案例与实证

(1) 武汉大学数字图书馆基于资源整合的个人知识社区服务

近年来,武汉大学从资源整合的角度展开了其数字图书馆建设,构建了基于 Metalib 的图书馆信息门户系统和基于 SFX 开放链接技术的信息资源整合平台——电子资源门户,实现了各种馆藏电子资源(电子书籍、电子全文期刊等)、校内相关资源(师生论文库、专题网站等)、多媒体资源(视频、影像等)、数据库资源(中外文期刊、学位、会议论文库等)、部分共建共享及一些优质的外部公共网络资源(Google Scholar、豆瓣网等)的整合,面向用户提供以集成检索为主的知识信息服务①。武汉大学数字图书馆电子资源门户中的集成检索服务平台如图 8-6 所示。

图 8-6　武汉大学数字图书馆电子资源门户中的集成检索服务平台

---

① Paul Anbu K J, Mavuso M R. Old Wine in New Wine Skin: Marketing Library Services Through SMS-based Alert Service[J]. Library Hi Tech, 2012, 30(2): 310-320.

在进行信息资源整合和提供集成检索服务的基础上,武汉大学数字图书馆为用户提供了以个性化空间服务为主的知识社区服务,包括我的借阅信息、我的图书荐购、我的电子资源、我的文献传递、我的电子书架、我的检索结果、我的数据库、我的电子期刊、检索历史、使用偏好等;允许用户收藏自己的检索结果,对书籍发表评论和添加标签,并与百度图书、豆瓣网、当当网、卓越亚马逊进行了链接,使用户进一步了解图书或其他资源的详细信息。武汉大学数字图书馆信息门户系统的整体架构如图 8-7 所示。

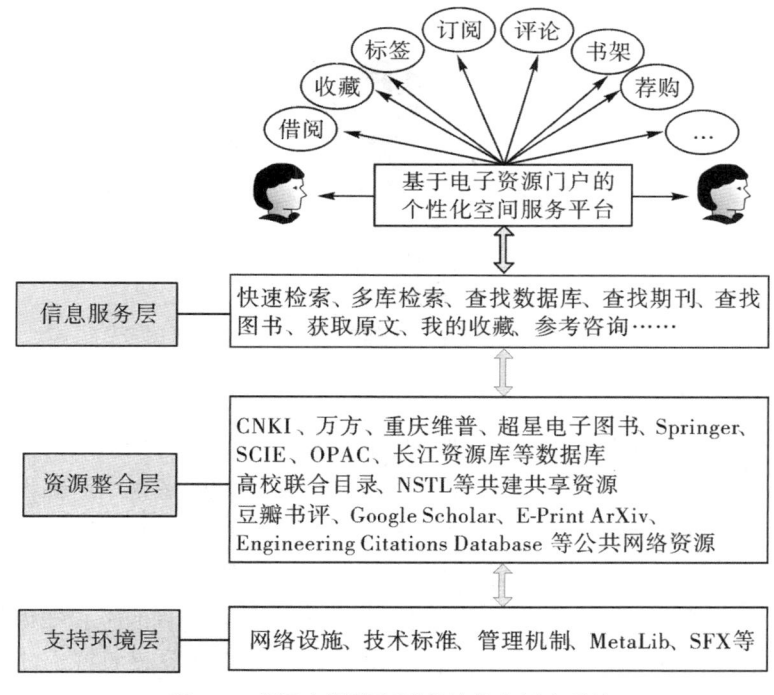

图 8-7　武汉大学数字图书馆信息门户系统

(2)武汉大学数字图书馆知识社区服务缺陷

通过上述分析可知,武汉大学图书馆的数字化建设更多地集中于资源的互联互通上,如基于 SFX 的资源相互链接、馆际资源的共建共享、资源的集成检索等,以及在此基础上的个人知识空间服务。

第8章 案例与实证

虽然武汉大学图书馆运用了各种 Web 2.0 和 SNS 的技术和工具,但针对用户的个性化服务为一种低层次的知识社区服务,用户的相关资源、服务构成了个人知识社区,此知识社区中仅包含用户自己、知识信息资源及用户对资源的操作,也即图书馆仅为用户提供了维护和管理个人知识信息资源的空间,用户与用户之间相互独立(如图 8-8 所示)。

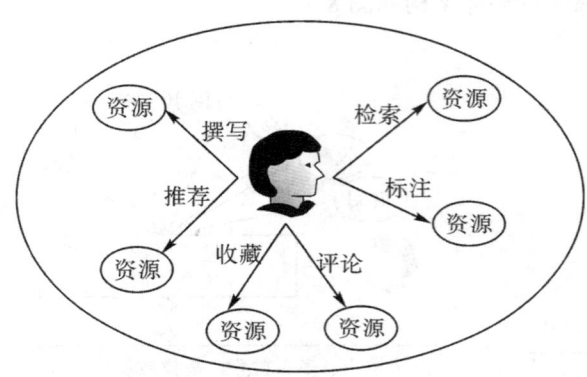

图 8-8　武汉大学数字图书馆中的个人知识社区服务

上述服务提供方式存在两种缺陷:从资源角度讲,提供的资源更多是用户检索所得,且对资源内容的开发深度较浅,忽视了对知识创新至关重要的资源——用户利用信息的经验资源;从交互角度看,使得用户的信息行为只与自己有关,抑制了用户的沟通、交流等需求,用户很难将自己对信息资源的理解以及利用知识过程的经验知识与其他用户分享[①]。因此,用户在上述服务中对信息资源的行为活动无法突破自身的知识能力,短期内无法将信息资源上升为知识资源,限制了信息资源知识价值的利用并降低了知识创新的效率。

基于上述分析,武汉大学数字图书馆的知识社区服务建设应充

---

① 胡昌平,胡吉明,邓胜利.基于社会化群体作用的信息聚合服务[J].中国图书馆学报,2010(3):51-56.

8.2 高校数字图书馆面向知识社区关系的交互推荐服务组织

分利用 SNS 的理念和技术,促进用户参与、交流互动和知识分享,运用群体智慧进行资源筛选和推荐;构建用户、资源、服务三者之间的关联网络,在此基础上开展社会化的知识社区服务,针对用户的专业需求偏好构建科研社区群组,挖掘用户的潜在需求,开展基于用户-资源关联的推荐服务。

8.2.3 武汉大学数字图书馆基于交互和推荐的知识社区服务拓展

武汉大学图书馆在其数字化服务建设中,虽然积极引入 Web 2.0 和 SNS 技术构建个人知识社区,但大多数还是停留在电子资源的整合和搜索上,用户始终是一种被动接受的角色,不利于用户潜在需求的表达和科研创新需求的满足。潜在需求的激发和满足对科研创新具有至关重要的作用[①],而其往往在用户与服务之间的交互中完成。

在上述案例分析中,梳理了高校图书馆知识社区的内涵与发展,分析了知识社区服务开展的基本原理,结合武汉大学数字图书馆建设中知识社区服务开展中所存在的问题,基于 SNS 的交互式理念和技术拓展图书馆信息服务,提出构建服务于科研创新的数字图书馆知识社区,从用户、资源、服务之间的互动关系出发,充分调动用户的积极性,通过各种 SNS 功能实现用户知识交流和共享,进行基于交互和推荐的知识社区服务拓展。

(1)武汉大学数字图书馆面向交互的知识社区服务平台构建

目前,包括武汉大学在内的多数高校图书馆都推出了基于电子资源门户的资源整合与集成检索服务,将馆藏资源、数据库资源、馆际资源、公共网络资源等进行整合,并向用户提供集成检索服务,有效地整合了图书馆信息资源,在一定程度上实现了与其他服务机构的资源共建共享。需要在此基础上,基于 SNS 进行高校图书馆知识社区的服务构建,将用户参与纳入服务中,实现基于社交网络的文献交流、科研交流和协作功能,通过交流、互动、参与等社会化行为深度

---

① 胡昌平.信息服务与用户[M].武汉:武汉大学出版社,2008:47.

挖掘信息资源,使其升华为知识资源,满足用户科研专业需求①。

结合武汉大学数字图书馆知识社区建设的实际情况,本研究提出了资源整合与集成检索服务基础上的知识社区服务平台构建框架,如图8-9所示。

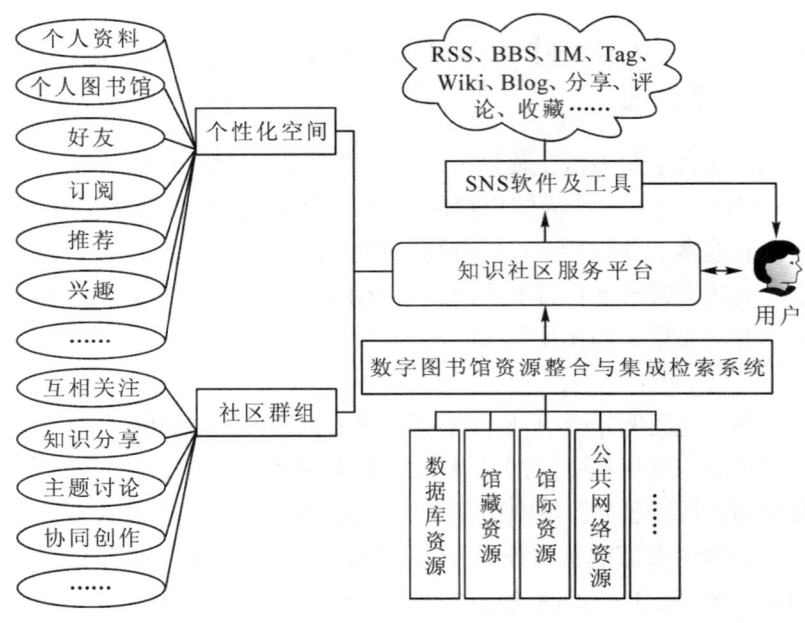

图8-9 数字图书馆知识社区服务系统

知识社区服务平台为一多维互动服务平台,用户通过各种SNS软件或工具对图书馆资源进行各种操作,构建基于"小众化"专业需求偏好的人际关系网络,从而形成两大服务模块:个性化空间服务模块和社区群组模块。

①个性化空间服务。知识社区为每个用户提供个性化的服务空间,包括个人属性信息编辑、个人信息管理、好友管理等。在知识社区中,用户在个人信息编辑模块编辑自己的个人身份信息,创建用户

---

① Lai Y, Zeng J. A Cross-language Personalized Recommendation Model in Digital Libraries[J]. The Electronic Library, 2013, 31(3): 264-277.

个人资料数据库。这些将成为需求偏好相似用户和关联资源推荐的依据。个人信息管理包括：借阅、网络资源收藏(数据库资源、网页内容等)、文献传递等信息,根据定制所推送的数据库、书评、新书通报等信息,好友动态信息、好友讨论信息等SNS信息,以及用户自己喜欢的网页内容、文摘信息等。最重要的是,知识社区鼓励用户根据自己的专业需求偏好撰写相关的科研文章、读书心得和体会,以文摘或博客的形式与其他好友分享,实现用户在学习、科研上的交流和沟通。与此同时,知识社区还提供了用户好友和需求偏好的管理功能,用户根据交互关系和专业需求偏好添加好友,订阅好友的文章及动态信息,也可添加自己感兴趣的书签、标签等,知识社区则根据用户的订阅关键词和好友为其筛选信息,推荐热点文章、动态趋势等。

②社区群组服务。"人以群分,物以类聚",知识社区的宗旨是将用户按照专业需求偏好聚合为互动交流的群组,如学术研讨小组、读书及书评小组等。用户融入自己感兴趣或对自己科研产生帮助的小组,找到志同道合的好友,快速了解研究领域的热点,加深对专业知识的理解,提升科研水平。在社区群组中,用户根据自己的专业能力,发表自己的见解,与其他用户相互讨论及分析问题,而且通过文献检索、评论等信息行为发现需求偏好相同或研究方向相似的用户,并将其纳入同一科研小组中,产生协同协作效应,从而创建了一个集知识获取、分享、推荐和交流学习为一体的社会化知识服务环境。分享添加了用户理解的知识资源,提升了资源利用的价值,增强了用户的服务黏性,因此提高了图书馆资源价值的利用效果和服务质量。

更重要的是,通过上述社区群组功能,知识社区将资源、服务和用户关联起来,不仅聚合了服务于同一科研方向的知识资源、有相同需求的用户,更聚合了用户的智慧;科研群组运用群体智慧的力量对知识进行过滤、分析、修正、整合和外化①,协同协作解决科研中所面临的难题,产生知识创新的效果。与此同时,知识社区中用户、资源和服务相互交错构成了关联网络,从而使得信息流转变为知识网络,

---

① 邓胜利,胡吉明.Web 2.0环境下基于群体交互学习的知识创新研究[J].情报理论与实践,2010(2):17-20.

将知识的不同单元(文献、作者、用户推荐、研究方向)互连,将其中的知识信息组织与利用结合,促进知识流动和创新①。

(2)武汉大学数字图书馆面向协作推荐的知识社区服务拓展

信息推荐是信息机构和系统服务开展的基础,是用户专业需求和潜在信息需求满足的重要保障②。武汉大学数字图书馆正是缺乏基于用户-资源-服务交互基础上的知识信息资源推荐服务。添加了用户社会化行为的资源推荐能够更深入地开发资源的知识价值,满足用户潜在的科研需求;用户之间的协同合作正是实现资源深度开发、知识共享及科研任务协调的有效手段,如协同标注对资源按照用户社群的要求进行重新组织,同时也是协同推荐的依据③。

本研究在学术视角下进行案例分析的最终目的也归为知识社区中的推荐服务实现,因此,在分析武汉大学数字图书馆面向交互的知识社区服务开展的基础上,将探讨其中的协作推荐服务问题。

知识社区中基于用户协作所形成的关系链条是社会化网络服务开展的基础,不仅加速了资源的流动速度和提升了资源价值的利用程度,而且为静态的资源添加了动态的语义信息(如标签、评论等),在资源和用户之间建立起语义关联网络,能够帮助服务系统发现用户感兴趣或对其专业科研有帮助的知识资源及其他相似用户,进而提升推荐服务效果④。

根据上述章节的研究工作,面向推荐的知识社区服务拓展模型如图8-10所示。

---

① 胡昌平.创新型国家的知识信息服务体系研究[M].北京:经济科学出版社,2011:36.

② Patton R, Potok T, Worley B. Discovery & Refinement of Scientific Information via a Recommender System[C]// INFOCOMP 2012, The Second International Conference on Advanced Communications and Computation, 2012:31-35.

③ Beel J, Langer S. Research Paper Recommender Systems: A Literature Survey[J]. Under Review, Pre-print available at http://www.docear.org/publications, 2014.

④ Yang W S, Lin Y R. A Task-focused Literature Recommender System for Digital Libraries[J]. Online Information Review, 2013, 37(4): 581-601.

8.2 高校数字图书馆面向知识社区关系的交互推荐服务组织

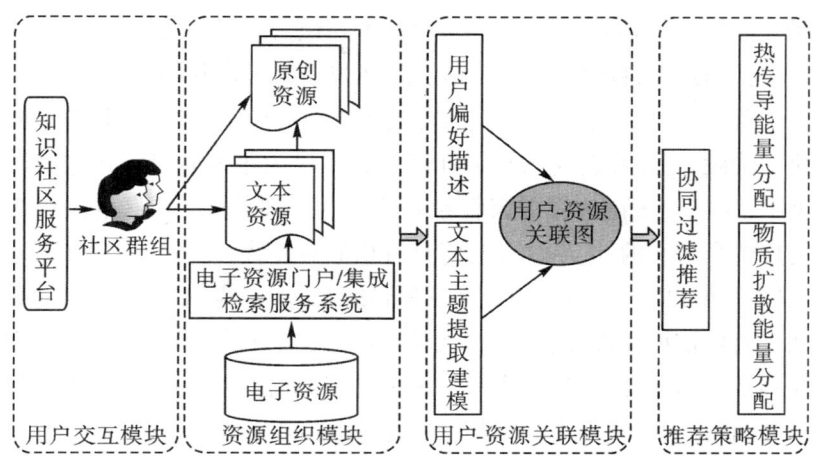

图 8-10　面向协作推荐的知识社区服务拓展模型

在知识社区服务平台中,根据用户的专业需求和偏好提供个性化推荐服务,是系统运作的最终目的[①]。在知识社区服务平台中,用户在显性信息需求的驱动下,通过电子资源门户和集成检索服务系统进行对所需资源的查找,在社区群组内利用各种社会化功能对电子资源进行深层次开发和共享,从而产生了两种意义上的文本资源:基于用户注解的文本资源(标注、评论、笔记)和用户原创的文本资源(心得体会、知识解读等)。由此,对用户社区群组内的信息资源进行基于 LDA 的主题提取、基于 SVSM 的资源语义向量表示及基于 HS-SVM 的资源分类与关联,得到信息资源内容的语义向量模型;根据用户的信息行为和与之关联的文本资源进行用户需求偏好描述,构建用户需求偏好模型,基于此而形成用户-资源关联图。根据基于关联图的资源推荐方法,实现面向小众用户科研社群的推荐服务。

在知识社区中,用户通过交流、互动等聚集为社区群组,这一过

---

① Li Y, Yang M, Zhang Z M. Scientific Articles Recommendation[C]//Proceedings of the 22nd ACM International Conference on Conference on Information & Knowledge Management. ACM, 2013: 1147-1156.

程也是对图书馆知识信息资源的增值利用过程;而面向小众用户科研社群的推荐服务,则更进一步深化了知识信息资源的挖掘和开发,满足了用户在科研层面的潜在需求,激发了知识创新的持续进行[①]。

目前,高校数字图书馆的发展已经历了资源数字化和服务集成化的阶段,正逐步转向以知识社区服务建设为主的阶段。在这一转型中,应将 SNS 融入图书馆服务中,注重用户参与,在社区群组内为用户聚合所有的社会化应用,将具有相似研究背景、科研需求和兴趣的用户纳入同一学术知识社区,进行知识交流与共享,实现资源的关联、整合、挖掘和推荐,使资源从单一的发布和检索转向基于用户交互和推荐的深度开发,升华为知识信息资源,构建用户-资源-服务的关联网络,为用户提供针对其个性化专业需求的推荐服务。

8.3 总结

根据研究框架设计,本章选取了两种视角(网络应用视角和学术知识社区)进行信息资源语义挖掘与推荐服务实现的相关案例与实证分析,以完善整个研究工作。

在网络应用视角下,本章选取典型的社会化网络服务——新浪微博进行微博文本的挖掘和推荐分析。社会化网络服务中的信息结构与处理方式与传统环境下不同,需要考虑信息文本中的交互因素,如对话、转发等社会化互动行为。本章在阐述新浪微博文本信息结构的基础上,抽取微博文本集,在小范围内简单进行了针对新浪微博文本的主题挖掘和推荐分析。

首先,本章梳理了当前微博的发展状况,特别是国内微博的发展格局;进而以新浪微博为例阐述了微博文本的信息结构,主要包括用户信息和微博信息,并借助信息抽取工具对新浪微群中的微博文本数据进行抽取,经过预处理后得到微博文本集。

---

① Küçüktunç O, et al. The Advisor: A Webservice for Academic Recommendation[C]// Proceedings of the 13th ACM/IEEE-CS Joint Conference on Digital Libraries. ACM, 2013: 433-434.

其次，分析了适用于新浪微博文本的主题挖掘机理，举例说明了微博文本、主题与词汇之间的关系以及微博文本的生成机理；进而根据新浪微博中微博文本、用户之间的关联关系，构建了新浪微博文本主题挖掘模型，在传统文本-主题概率分布的基础上，引入关联用户-主题分布思想，进而得到新浪微博文本、主题与词汇之间的联合概率分布。通过吉布斯迭代抽样推导出微博文本-主题概率分布、主题-词汇概率分布和用户-主题概率分布，从而提出了根据用户与微博文本之间的关联关系寻找相似微博和用户，获得用户主题偏好的思路；并以特定用户为案例，进行了微博文本主题提取和用户关联的简单分析。

最后，旨在完善整个研究脉络，梳理了有关微博推荐的研究与应用成果，提出了基于用户-微博文本-特征词三部关联图的微博筛选推荐策略。先构造适合新浪微博的用户-微博文本二部关联图和微博文本-特征词二部关联图，在对两个二部关联图分别实施基于物质扩散和热传导的能量扩散后，将其加权整合为三部关联图，以特定用户为例，简单实施了微博文本的推荐，生成了推荐列表。

在学术知识社区视角，本章选取了在知识创新服务中起重要作用的高校数字图书馆为例，探讨面向知识社区的交互推荐服务拓展。

高校数字图书馆服务的社会化是其发展趋势，而知识社区服务则是实现其服务社会化的最佳手段。从交互和推荐的角度，有效挖掘和深度开发图书馆资源，构建用户-资源-服务关联网络，实现面向科研社区群组的专业化和个性化推荐，是高校数字图书馆服务提升的有效手段和必然结果。

本章在阐述高校数字图书馆基于知识社区的社会化服务推进的基础上，分析了高校图书馆信息服务与知识社区的有机关系，指出高校图书馆为知识社区的开展提供了良好的环境基础，而知识社区服务则为图书馆服务的拓展提供了理念和技术上的支撑。知识社区服务是高校数字图书馆服务拓展的必然趋势，实现知识社区服务的基础则为 SNS 技术和工具的应用。

从我国高校数字图书馆的知识社区建设看，虽大多采用了 SNS 的工具和技术，构建了简单的个人知识社区空间，但尚未实现真正意

第8章 案例与实证

义上的数字图书馆知识社区服务。因此，本章以武汉大学数字图书馆建设为例，从交互和推荐的角度详细阐述了高校数字图书馆知识社区服务开展的策略和方案。

近年来，武汉大学图书馆基于数字资源整合和集成检索服务系统，开展了基于电子资源门户的个人知识空间服务，实现了用户对信息资源的统一检索和利用，并与公共信息资源进行了链接，扩展了服务的范围。虽然运用了 Web 2.0 和 SNS 的相关技术与工具，但针对用户的个性化服务为一种低层次的知识社区服务，用户的信息行为是孤立的，没有实现用户之间的协同协作和知识共享；因此，既限制了资源的深度开发，也降低了资源利用的效果和知识创新的效率。

基于此，本章提出充分利用 SNS 的理念和技术，构建面向科研社区群组的知识社区，从交互和推荐两个角度进行服务拓展。将用户参与纳入资源利用和服务实现中，实现基于社交网络的交流与协作，深度挖掘信息资源，使其转变为知识信息资源，提高资源价值的利用水平。其实现策略则为在数字图书馆资源整合和集成检索服务的基础上，通过知识社区服务平台中个性化空间服务模块和社区群组服务模块实现用户需求偏好和资源的个性化管理及面向科学研究的小组协作，从而构建用户、资源、服务之间的关联网络，使信息流转变为知识网络，在知识单元层次上实现资源、用户的互联。

武汉大学数字图书馆资源的深度开发和服务质量的提升，需要在构建知识社区服务平台的基础上，实现面向科研社区群组的专业化和个性化推荐。知识社区中，用户之间的协同合作是知识共享和创新的重要手段，同时也是资源和服务推荐的依据。本章在阐述基于协作形成的语义关系网络的基础上，构建了面向协作推荐的知识社区服务拓展模型，以此进行社区群组内数据库资源和用户原创资源的语义挖掘，构建用户-资源关联图，根据基于关联图的资源推荐方法，实现面向小众科研用户社群的推荐服务。

第9章 总结与展望

社会化网络服务是网络信息服务发展的新方向,是交互式服务理念和技术深化应用的必然结果。作为一种新型的服务模式,它不仅改变了用户服务获取和利用的方式,也是对传统服务研究的一种变革。众所周知,社会化网络服务为一宏观范畴下的服务组织模式,包含的内容繁多,研究体系庞大,涉及范围和领域甚广。基于此,本书仅仅选取其中的一个方向——资源语义挖掘与推荐服务实现展开相关的研究工作,以期在理念、思路和方法上拓展信息推荐的研究,寻找社会网络环境下信息推荐服务的独有思路框架。纵观全书,研究工作深入不足、水平尚浅,希望在本领域起到抛砖引玉的作用,为后续更加深入和科学的研究作铺垫。

9.1 全书总结

本书从信息服务的社会化变革出发,以当前社会化网络服务的发展和运行架构为突破口,引出基于社会化行为形成的用户关系网络结构,及其对信息服务的社会化进程和信息流机制的影响;分析用户关系社区对其需求偏好的影响,由此基于主题层次树进行用户建模和更新;根据当前环境下信息资源文本表示的特点,基于 LDA 主题模型、SVSM 和 HS-SVM 展开资源的文本建模、分类与语义挖掘,实现用户-文本资源-特征词的三部关联;加权混合二部关联图构建三部关联图,基于物质扩散和热传导理论,进行推荐列表生成;从网络应用和学术知识社区两个角度进行案例与实证分析,深化研究工作。

本书从确立研究背景和框架入手,梳理了国内外社会网络环境下的资源推荐研究和应用现状,指出当前网络环境下推荐服务思路与框架的区别,仅仅依靠对传统推荐方法的改进已无法适应当前的用户需求和服务发展,从而提出了从用户关系和小众化的角度实现资源语义挖掘和推荐的基本思想,而由此确立了本书的详细研究框架。

网络服务的社会化进程正在加快,在各个领域衍生出了多种多样的社会化网络服务形式;而在此环境下,用户行为和由此产生的关系发生了变革,在用户社交需求满足的基础上,构建了虚拟和现实交融的人际关系网络,表现出强弱关联、幂律分布、再中心化等结构特征;通过仿真实验发现,用户关系的增长不但具有以上特征,而且表现出明显的小世界现象。对用户关系网络结构特征和演化规律的解释,有助于发现社会化网络服务中的信息机制,为后续有关用户建模和资源推荐提供了基础。

进行社会网络环境下的资源语义挖掘与推荐服务工作,必须准确把握其信息流运行机制。本书从信息传播的角度,揭示其影响作用机制。首先分析了社会化网络服务中的信息传播变革,提出了用户关系传播、社会化媒体传播视角下的信息传播模型;进而以典型的社会化网络服务——微博为例,分析其用户关系分布对信息传播的影响,并通过问卷调研,结合结构方程模型和LISREL影响因素分析工具,得出群组关系、互动交流、信息传播价值及关注传播四个方面对微博传播具有直接影响,从而进一步确立了基于关联关系的资源语义挖掘与推荐研究思路。

用户的需求偏好和行为选择受到其周围人的影响,特别是其所认同或与其具有相似经历和需求偏好的用户的影响,而这些用户组成了具有共同认知的社区。因此,本书从用户关系社区发现入手,改进其模块度计算方法,准确定位用户的关系社区。在粗粒度层次上,提出了加权处理社区模型和个体模型的用户建模方法;在细粒度层次上,基于主题层次树和语义向量空间模型,进行用户需求趋向的四

9.1 全书总结

元组表示,并基于时间窗和遗忘函数混合进行了用户模型的更新。在 MovieLens 上的实验表明,本书方法可行且效果较好。

资源语义挖掘是整个推荐服务实现过程中的重要一环,本书根据推荐服务中用户关系与需求内容的关联关系,提出了用户关系导向下的资源关联组织与语义挖掘框架。其过程主要包括资源文本内容的主题提取、建模和关联。本书在分析了 LDA 主题模型的基础上,对其进行动态化改进,基于增量吉布斯抽样算法推导其文本-主题分布和主题-词汇分布,并实现基于主题相似度和强度的文本主题演化。在此基础上,对文本词汇与领域本体概念建立映射关系,基于语义向量空间模型对文本进行表示;构建基于 HS-SVM 的文本分类模型,实现基于增量学习和密集决策函数的分类算法改进,以及基于文本相似度计算的文本资源关联,构建资源关联网络。在实验分析中,本书提出的方法分类效果优于其他方法。

通过上述分析,结合社会化网络服务中用户与资源之间的关联关系,本书确立了基于用户-资源项目关联图的推荐策略,以解决社会网络环境下用户与资源选择之间的长尾小众现象对推荐服务的影响问题,特别是传统推荐算法盲目追求系统准确度,而忽视多样性和个性化的问题。而在算法原理的选择上,将物理动力学中的物质扩散和热传导能量分配原理引入推荐服务实现中,阐述了上述两种方法在关联图推荐实施中的多样性和个性化改进策略;进而将用户、文本资源和特征词组成三部关联图,基于两两二部关联图的能量分配推荐算法,加权混合得到最终的资源项目能量值,生成推荐列表。在数据集 Del.icio.us 和 MovieLens 上的实验分析表明,本书提出的推荐策略在准确度方面略优于其他方法,而在多样性和个性化方面优势明显。

最后,为了深化研究工作,本书从网络应用和学术知识社区两个角度进行了案例与实证分析。网络应用视角下,以新浪微博文本为例,进行数据抽取、文本挖掘和推荐实现,直观展示了社会化网络信息文本的推荐完成过程。更重要的是,选取高校数字图书馆知识社区服务及武汉大学数字图书馆建设为具体案例,基于 SNS 的理念和方法,从交互和推荐两个维度对其知识社区服务拓展进行了详细阐述。知识社区中资源语义挖掘与服务推荐实现的案例与实证分析对本书研究工作的推广和深化具有重要意义,升华了本书的研究成果;同时也是将来工作的一个重点,即重点研究数字图书馆知识社区中的资源语义挖掘与推荐服务实现,以及其中的知识创新问题,为专业领域的科学研究提供知识信息服务保障。

9.2 研究不足

社会化网络服务中的资源语义挖掘与推荐研究内容丰富,涉及学科领域广泛,不仅包括理论研究,也包括技术和应用研究。在理论研究方面,应充分借鉴其他学科的研究成果,探究其内在发生机制;在实践研究方面,则应改进现有算法和技术,提高资源语义挖掘和推荐服务实现的效果。本书的研究工作涉及了用户需求偏好建模、资源语义挖掘和推荐服务实现的多个环节,但研究深度仍很欠缺,存在大量的研究缺陷,如下所述:

①研究框架不尽完善。本书在研究框架的设计上遵循了传统推荐研究的思路,将用户和资源看做是推荐的两端,而推荐策略和方法是连接或匹配用户和资源的桥梁。但是,由于社会化网络服务的特殊性,用户、资源及服务之间的关联关系成为推荐实现的主要依据,与传统的推荐方式区别较大,传统的框架设计是否完善,关联关系如何更好地嵌入推荐中才能发挥最佳的推荐效果,必须继续深入研究。

②实验工作不足。用户关系仿真到后续各个环节的数据实验分析,在一定程度上验证了本书的研究工作,但存在较多缺陷。用户关系仿真实验借鉴了其他复杂网络的仿真方法,虽较好地说明了其演化过程和规律,但是否存在一种专门针对虚拟人际网络的仿真方法,还有待深入探索。在用户建模、资源语义挖掘和关联推荐的实验分析中,为了方便比较,本书借助了多个数据集分别展开实验,实验虽取得了预期效果,但实施过程比较粗糙;特别是资源语义挖掘和关联推荐算法实验分析中的参数选择上,应进一步细致深入地分析,以期达到更佳效果。

③其他不足。本书虽只取社会化网络服务中的一个方向展开研

究工作,但所涉及的理论、方法等较多,在梳理和应用方面也出现了不少纰漏。如问卷调研题目的设置虽多次调整,但始终存在不足,也影响了影响因素的实际测量;在用户关系社区发现中,社区规模的选择对用户建模存在影响;文本主题提取中的超参数设置为经验值,其是否科学或有规律可循;领域本体的构建及概念层次树中的关系确定比较单一,加入其他关系可能更好。关联推荐是本书研究工作的重点和难点,虽在推荐准确度、多样性和个性化方面投入了较多工作和精力,但同样存在较多的问题,如协同推荐作为基础性推荐与新理论、方法的结合问题,用户度和资源度的取舍程度问题,热传导和物质扩散两种方法加权的参数取值问题,以及两个二部关联图的加权参数问题等。对上述问题的研究有待继续深入。

除此之外,在案例与实证部分,本书所选视角具有代表性和一定的应用价值,但并没有完全实现研究框架中的所有设想和预期,这也是需要加强的部分。特别是高校数字图书馆知识社区的交互推荐服务拓展部分,将作为后续的研究展开,融入武汉大学的数字图书馆服务建设中,提升其服务质量,以期起到一定的示范作用。

9.3 研究展望

前文总结了本书的研究工作及其不足,也由此引出了后续的研究重点和方向。社会化网络服务作为服务变革的趋势,在理论、策略、方法、技术等方面都需要展开深入研究。本书主要侧重于从用户-资源关联关系的角度开展资源语义挖掘与推荐服务实现,研究方案设计及其中算法和方法的改进都是对服务理论和实践的探索。结合研究不足,在用户关系与信息传播的相互影响机制、基于关系社区发现的用户建模、文本主题提取与语义向量表示、文本的语义关联挖掘、基于物理动力学和三部关联图的资源推荐以及最终的案例与实证分析上,都需要不断深入研究,以不断增强其科学性和通用性。鉴于此,后续的研究工作将从以下几个方面展开:

①针对研究不足的改进。为了更加科学和完善地完成本书的研究,将从整体方案设计到具体算法的验证和改进上不断细化研究工

作,以寻找更加合理和效果更好的解决方案。主要为研究框架的重新设计和验证,以符合当前社会化网络服务运行的特点;加强实验分析,以更加科学地提高推荐服务的效果。

②知识社区服务中的资源语义挖掘与推荐研究。本书在案例与实证章节仅以高校数字图书馆的知识社区服务开展为例,探讨了其中的资源语义挖掘与推荐服务实现的策略和方案。依据知识社区服务在科研创新中的重要作用,开展针对用户专业研究需求的资源语义挖掘与推荐服务具有重要意义。因此,笔者将在前期工作的基础上,以武汉大学数字图书馆建设为依托,针对其自身特点,开展面向知识交互与协作推荐的知识社区服务拓展研究;在资源整合和集成检索服务的基础上,基于用户、资源与服务的交互关系,构建语义层次上的关联网络,进行资源的深度开发和知识信息资源语义挖掘,实现面向小众科研群体的知识推荐服务,发挥群体智慧推进知识创新的可持续发展。

参考文献

一、图书

[1] Bollobas B. Random graphs[M]. Cambridge, UK: Cambridge University Press, 2nd edition, 2001.

[2] Burt R. Structural Holes: The Social Structure of Competition[M]. Cambridge: Harvard University Press, 1992.

[3] Casimiro C R, Paraboni I. Temporal Aspects of Content Recommendation on a Microblog Corpus[M] // Computational Processing of the Portuguese Language. Springer International Publishing, 2014.

[4] Chartrand G, Zhang P. Introduction to Graph Theory[M]. Beijing: Posts & Telecom Press, 2006.

[5] Degenne A, Forsé M. Introducing Social Networks [M]. London: Sage Publications, 1999.

[6] Geertz C. The Bazaar Economy: Information and Search in Peasant Marketing[M] // Granovetter M and Swedberg R(Eds.). The Sociology of Economic Life. Boulder: Westview Press Inc, 1992.

[7] Jannach D, et al. What Recommenders Recommend—An Analysis of Accuracy, Popularity and Sales Diversity Effects[M] // User Modeling, Adaptation and Personalization. Springer Berlin Heidelberg, 2013.

[8] Kwon S, et al. Aspects of Rumor Spreading on a Microblog

Network[M] // Social Informatics. Springer International Publishing, 2013.

[9] Langville A N, Meyer C D. Google's PageRank and Beyond: The Science of Search Engine Rankings[M]. Princeton University Press, 2011.

[10] Lifshitz E M, Pitaevskii L P. Physical Kineticsp[M].世界图书出版公司,1999.

[11] Rheingold H.The Virtual Community: Homesteading on the Electronic Frontier[M]. New York: Addison-Wesley, 1993.

[12] Vapnik V N.The Nature of Statistical Learning Theory[M]. New York, Springer-Verlag Inc,1995.

[13] Wasserman S, Katherine F.Social Network Analysis: Methods and Applications[M].Cambridge: Cambridge University Press,1994.

[14] Watzlawick P, et al. Pragmatics of Human Communication: A Study of Interactional Patterns, Pathologies and Paradoxes[M]. New York: Norton, 1967.

[15] Wiil U K, Gniadek J, Memon N, et al. Knowledge Management Tools for Terrorist Network Analysis[M] // Knowledge Discovery, Knowledge Engineering and Knowledge Management. Springer Berlin Heidelberg, 2013.

[16] Zhang J, Lei Y. Improving Content Recommendation in Social Streams via Interest Model[M] // Computer and Information Science. Springer International Publishing, 2015.

[17] [美]巴拉巴西.链接:网络新科学[M].徐彬,译.长沙:湖南科学技术出版社,2007.

[18] 艾尔·巴比.社会研究方法[M].邱泽奇,译.北京:华夏出版社,2005.

[19] [英]布朗.群体过程[M].胡鑫,庆小飞,译.北京:中国轻工业出版社,2007.

[20] [美]邓肯·J.瓦茨.六度分隔:一个相互连接的时代的科学[M].陈禹,等,译.北京:中国人民大学出版社,2011.

[21] 邓胜利.基于用户体验的交互式信息服务[M].武汉:武汉大学出版社,2008.

[22] [英]菲利普·鲍尔.预知社会:群体行为的内在法则[M].暴永宁,译.北京:当代中国出版社,2007.

[23] [德]盖奥尔格·西美尔.社会学:关于社会化形式的研究[M].林荣远,译.北京:华夏出版社,2002.

[24] 龚群.道德乌托邦的重构:哈贝马斯交往伦理思想研究[M].北京:商务印书馆,2003.

[25] 郭庆光.传播学教程[M].北京:中国人民大学出版社,1999.

[26] 胡昌平.创新型国家的知识信息服务体系研究[M].北京:经济科学出版社,2011.

[27] 胡昌平.面向用户的信息资源整合与服务[M].武汉:武汉大学出版社,2007.

[28] 胡昌平.现代信息管理机制[M].武汉:武汉大学出版社,2004.

[29] 胡昌平.信息服务与用户[M].武汉:武汉大学出版社,2008.

[30] 胡昌平.信息资源管理原理[M].武汉:武汉大学出版社,2008.

[31] [英]霍布斯.利维坦[M].黎思复,黎廷弼,译.北京:商务印书馆,2009.

[32] [美]马斯洛.马斯洛人本哲学[M].成明,编译.北京:九州出版社,2003.

[33] [加]马歇尔·麦克卢汉.理解媒介:论人的延伸[M].何道宽,译.北京:商务印书馆,2000.

[34] [美]尼葛洛庞帝.数字化生存[M].胡泳,范海燕,译.海口:海南出版社,1997.

[35] [法]让·迈松纳夫.群体动力学[M].殷世才,孙兆通,译.北京:商务印书馆,1997.

[36] [英]桑吉夫·戈伊尔.社会关系:网络经济学导论[M].吴谦立,译.北京:北京大学出版社,2010.

[37] 邵培仁.传播学[M].北京:高等教育出版社,2000.

[38] 王济川.结构方程模型:方法与应用[M].北京:高等教育出版社,2011.

[39] 西门柳上.正在爆发的互联网革命[M].北京:机械工业出版社,2009.

[40] 谢新洲.网络传播理论与实践[M].北京:北京大学出版社,2004.

二、学位论文与报告

[1] A Year in Social Commerce [EB/OL].[2011-04-20]. http://socialcommercetoday.com/a-year-in-social-commerce-infographic/.

[2] Bernardo A, et al. Social Networks That Matter:Twitter Under the Microscope[EB/OL].[2009-01-05].http://www.hpl.hp.com/research/scl/papers/twitter/twitter.pdf.

[3] Blunsom P.Hidden Markov Models[EB/OL].[2013-08-19].http://digital.cs.usu.edu/~cyan/CS7960/hmm-tutorial.pdf.

[4] Cenielyj. What is the 1 rule? [EB/OL].[2014-05-05].http://article.yeeyan.org/view/138436/192239.

[5] CNKI.信息推荐研究趋势[EB/OL].[2014-07-31].http://trend.cnki.net/trendshow.php? searchword =%E4%BF%A1%E6%81%AF%E6%8E%A8%E9%80%81%E6%9C%8D%E5%8A%A1.

[6] EachMovie Data Set[EB/OL].[2014-11-15].http://www.grouplens.org/node/76.

[7] Friendfeed[EB/OL].[2014-06-27].http://zh.wikipedia.org/zh/FriendFeed.

[8] Google Trends. Recommendation Engine[EB/OL].[2014-01-01]. http://www.google.com/trends/? q = recommendation + engine&ctab=0&geo=all&date=all&sort=0.

[9] Google Trends. Search Engine[EB/OL].[2014-01-01]. http://www.google.com/trends/? q=search+engine.

[10] Google 快讯[EB/OL].[2014-08-04].http://www.google.com.hk/alerts.

[11] Huberman B A, Romero D M, Wu F. Social Networks That Matter:Twitter Under the Microscope [EB/OL]. [2014-04-28]. ht-

tp://www.hpl.hp.com/research/scl/papers/twitter/twitter.pdf.

[12] ICTCLAS2011[EB/OL].[2010-12-21].http://ictclas.org/ictclas_download.aspx.

[13] IMDB[EB/OL].[2014-11-15]. http://www.imdb.cn/.

[14] Lin J. Introduction to "Cloud Computing"[EB/OL].[2008-09-08].http://www.umiacs.umd.edu/~jimmylin/cloud-2008-Fall/.

[15] Marsden P. How Social Commerce Works: The Social Psychology of Social Shopping[EB/OL].[2010-09-06].http://socialcommercetoday.com/how-social-commerce-works-the-social-psychology-of-social-shopping/.

[16] Marsden P. The Future of Social Commerce[EB/OL].[2011-01-12]. http://socialcommercetoday.com/the-future-of-social-commerce-learning-from-crunchies-finalists/.

[17] Marsden P. How Social Commerce Works: The Social Psychology of Social Shopping[EB/OL].[2010-09-06].http://socialcommercetoday.com/how-social-commerce-works-the-social-psychology-of-social-shopping/.

[18] Manyika J, et al. Big Data: The Next Frontier for Innovation, Competition and Productivity[R]. Technical Report, Mckinsey Global Institute,2011.

[19] Mayfield A. What is Social Media[EB/OL].[2008-01-08].http://www.icrossing.co.uk/fileadmin/uploads/eBooks/What_is_Social_Media_iCrossing_ebook.pdf.

[20] Michael C H. Toward Academic Library 2.0:Development and Application of a Library 2.0 Methodology[D]. A Master's Paper for the M.S. in L.S degree, University of North Carolina at Chapel-Hill,2006:48.

[21] Wong M. Twitters 的顶级用户排行榜:WeFollow[EB/OL].[2014-10-15]. http://article.yeeyan.org/view/11302/33654.

[22] MovieLens Data Sets[EB/OL].[2011-11-10].http://www.grouplens.org/node/12.

参考文献

[23] mxwu. 真正有价值的社交网络——微观下的 Twitter [EB/OL]. [2010-4-27]. http：// mxwu.does-exist.info/？p=170.

[24] Netflix [EB/OL]. [2011-11-15]. http：// www.netflix.com/.

[25] Nielsen 亚太 SNS 研究 [EB/OL]. [2014-12-26]. http：// www.box.net/shared/ajz71uj681.

[26] Owyang J. The Future of the Social Web：In Five Eras [EB/OL]. [2009-04-27]. http：// www.web-strategist.com/blog/2009/04/27/future-of-the-social-web/.

[27] Pyo C. Everything About Social Games [EB/OL]. [2010-06-03]. http：// www.slideshare.net/charlespyo/everything-about-social-games.

[28] Ray M. Social Networking-Making Connections on the Web：Year In Review 2007 [EB/OL]. [2011-04-15]. http：// www.britannica.com/EBchecked/topic/1574519/Social-Networking-Making-Connections-on-the-Web.

[29] RSS [EB/OL]. [2011-07-01]. http：// zh.wikipedia.org/zh-cn/RSS.

[30] SCI. 信息推荐研究引文报告 [EB/OL]. [2014-07-31]. http：// apps.isiknowledge.com/CitationReport.do？product=WOS&search_mode=CitationReport&SID=3FDP8mCImdIAiIHC8mg&page=1&cr_pqid=12.

[31] SocialBeta. 社会化网络的五个时代 [EB/OL]. [2009-05-01]. http：// www.socialbeta.cn/articles/%E7%A4%BE%E4%BC%9A%E5%8C%96%E7%BD%91%E7%BB%9C%E7%9A%84E4%BA%94%E4%B8%AA%E6%97%B6%E4%BB%A3.html.

[32] Tsai J. Social Media：The Five-Year Forecast [EB/OL]. [2009-04-27]. http：// www.destinationcrm.com/Articles/CRM-News/Daily-News/Social-Media-The-Five-Year-Forecast-53635.aspx.

[33] Tsang I W, Kocsor A, Kwok J T. LibCVM Toolkit Version：2.2 (beta) [EB/OL]. [2011-08-29]. http：// c2inet.sce.ntu.edu.sg/ivor/cvm.html.

[34] Watters A. How Twitter Use Has Changed, from 2009 to 2010[EB/OL].[2010-12-16]. http://www.readwriteweb.com/archives/how_twitter_use_has_changed_from_2009_to_2010.php.

[35] We Follow[EB/OL].[2014-01-05]. http://wefollow.com/.

[36] Who Should I Follow[EB/OL].[2012-01-05]. http://www.whoshouldifollow.com/.

[37] Wikipedia. Amazon.com[EB/OL].[2014-10-11]. http://en.wikipedia.org/wiki/Amazon.com.

[38] Wikipedia. Microblogging[EB/OL].[2012-12-01]. http://en.wikipedia.org/wiki/Microblogging.

[39] Wortham J. Search Takes a Social Turn[EB/OL].[2014-09-13]. http://www.nytimes.com/2014/09/13/technology/13search.html.

[40] 安芳.电子商务个性化信息推荐服务的研究[D].北京:对外经济贸易大学硕士学位论文,2006.

[41] 百度百科. 推荐系统[EB/OL].[2015-01-25]. http://baike.baidu.com/link?url=WYOnc8AN3MNrnHI8fYzXL3_ikIAzusS-VK3CDtmTn9PdfUuieY3Ig7XuAMDCjS9rfW0gzD-YQhHInl6eNRdm68K.

[42] 百度百科.微博[EB/OL].[2011-10-30]. http://baike.baidu.com/view/1567099.htm.

[43] 百度文库.中国微博元年白皮书[EB/OL].[2014-09-15]. http://wenku.baidu.com/view/c713178fcc22bcd126ff0cfc.html.

[44] 百度新闻订阅[EB/OL].[2014-08-04]. http://newsalert.baidu.com/.

[45] 曾丽芳.基于Web日志和网页特征内容的个性化信息推荐[D].重庆:重庆大学硕士学位论文,2010.

[46] 陈毓亮.基于接口集成的云开放平台[D].武汉:华中科技大学硕士学位论文,2013.

[47] 楚克明.基于LDA的新闻话题演化研究[D].上海:上海交通大学硕士学位论文,2010.

[48] 崔凯.基于LDA的主题演化研究与实现[D].长沙:国防科学技术大学硕士学位论文,2010.

[49] 豆瓣电影.你可能感兴趣的电影[EB/OL].[2014-01-01].http://movie.douban.com/recommended.

[50] 甘永成.虚拟学习社区中的知识建构和集体智慧研究[D].上海:华东师范大学博士学位论文,2004.

[51] 高建煌.个性化推荐系统技术与应用[D].合肥:中国科学技术大学硕士学位论文,2010.

[52] 韩腾跃.基于二分网络的个性化推荐系统研究[D].南昌:南昌航空大学硕士学位论文,2013.

[53] 互动百科.约翰·佩里·巴洛[EB/OL].[2014-11-03].http://www.hudong.com/wiki/%E7%BA%A6%E7%BF%B0%C2%B7%E4%BD%A9%E9%87%8C%C2%B7%E5%B7%B4%E6%B4%9B.

[54] 黄佳.博客社区的结构与有序性研究[D].武汉:武汉大学硕士学位论文,2009:25-26.

[55] 火车采集器[EB/OL].[2014-11-01].http://www.locoy.com/.

[56] 机器聚合之殇[EB/OL].[2009-10-14].http://www.caozenghui.cn/archives/569.html

[57] 贾春晓.基于复杂网络的推荐算法和合作行为研究[D].合肥:中国科学技术大学博士学位论文,2011.

[58] 姜胜.虚拟社区自组织演进研究[D].北京:清华大学硕士学位论文,2007.

[59] 酷拉皮卡.一条新浪微博引发的分析:如何让微博得到广泛传播[EB/OL].[2011-01-19].http://blog.sina.com.cn/s/blog_605b0e2e0100oo6d.html.

[60] 乐云[EB/OL].[2015-01-02].http://www.cloudfun.cn.

[61] 李合莉.多层在线社交网络信息传播模型研究[D].济南:山东财经大学硕士学位论文,2013.

[62] 李强.基于本体论的个性化和社会化元搜索引擎的研究[D].杭州:浙江大学博士学位论文,2006.

[63] 李小宇.Web 2.0网络社区自生秩序演化机制研究——以维基百科为例[D].武汉:武汉大学硕士学位论文,2009.

[64] 林洋港.概率主题模型在文本分类中的应用研究[D].合肥:中国科学技术大学硕士学位论文,2009.

[65] 刘旸.用户需求驱动的网络演化模型[D].北京:清华大学硕士学位论文,2007.

[66] 马延妮.在线社会网络团结构分析[D].北京:北京交通大学硕士学位论文,2009.

[67] 尼尔森.全球消费者在线调查[EB/OL].[2010-07-20]. http://cn.nielsen.com/site/0720cn.shtml.

[68] 切客[EB/OL].[2015-01-02].http://www.qieke.com.

[69] 邱航明.博客圈的社会网络分析[D].哈尔滨::哈尔滨工业大学硕士学位论文,2008.

[70] 人人网[EB/OL].[2011-12-08].http://www.renren.com/.

[71] 沈珂轶.社会网络的社团发现与动态特性研究[D].上海:上海交通大学硕士学位论文,2011.

[72] 沈阳.ROST 虚拟学习团队[EB/OL].[2012-01-01]. http://www.fanpq.com/.

[73] 宋志理.基于 LDA 模型的文本分类研究[D].西安:西安理工大学硕士学位论文,2010.

[74] 孙胜平.中文微博客热点话题检测与跟踪技术研究[D].北京:北京交通大学硕士学位论文,2011.

[75] 谭婷婷.网络微内容推荐方法及支持系统研究[D].武汉:华中科学大学博士学位论文,2011.

[76] 唐真.基于 hadoop 的推荐系统设计与实现[D].成都:电子科技大学硕士学位论文,2013.

[77] 田军伟.基于社会网络的用户兴趣模型研究[D].成都:电子科技大学硕士学位论文,2010.

[78] 万方.信息推荐研究知识脉络[EB/OL].[2014-07-31].http://trend.g.wanfangdata.com.cn/Compare.aspx?wd=%e4%bf%a1%e6%81%af%e6%8e%a8%e8%8d%90.

[79] 万朔.基于社会化标签的协同过滤推荐策略研究[D].成都:电子科技大学硕士学位论文,2010.

[80] 王皓.Web服务交互网络的演化模型研究[D].沈阳:东北大学硕士学位论文,2010.

[81] 文旻.社会化网络服务的关系发展取向[EB/OL].[2009-06-29].http://www.sociology.cass.cn/shxw/shwl/P020090629369115462716.pdf.

[82] 问卷星-新浪微博中用户关系与信息传播调查[EB/OL].[2014-11-01].http://www.sojump.com/jq/1094658.aspx.

[83] 吴凯.基于微博的信息传播建模与节点影响力研究[D].郑州:解放军信息工程大学硕士学位论文,2013.

[84] 吴联仁.基于人类动力学的社交网络信息传播实证分析与建模研究[D].北京:北京邮电大学硕士学位论文,2013.

[85] 武慧娟.社会化标注系统中个性化信息推荐模型研究[D].长春:吉林大学博士学位论文,2014.

[86] 向密.翻东西:做社会化电商导购平台[EB/OL].[2014-10-24].http://www.donews.com/original/201410/691410.shtm.

[87] 肖东辉.基于主题与情感倾向的信息推荐算法研究[D].北京:北京邮电大学硕士学位论文,2008.

[88] 新浪微博.李开复[EB/OL].[2014-10-02].http://weibo.com/kaifulee.

[89] 新浪微博[EB/OL].[2014-11-10].http://weibo.com.

[90] 新浪微群.IT互联网分类下的微群[EB/OL].[2012-01-05].http://q.weibo.com/class/category/?id=8.

[91] 新浪微群.SNS圈[EB/OL].[2011-12-23].http://q.weibo.com/227099?source=home_interest.

[92] 信息琐碎时代聚合谁的生活[EB/OL].[2009-10-14].http://forum.techweb.com.cn/viewthread.php?tid=295752&page=1&authorid=158645.

[93] 熊会会.基于复杂网络的微博客信息传播机制研究[D].广州:华南理工大学硕士学位论文,2012.

[94] 译言.Facebook 应用程序的好消息和坏消息[EB/OL].[2010-05-07].http://article.yeeyan.org/view/13456/3404.

[95] 易成岐.社会网络的信息传播规律研究[D].哈尔滨:哈尔滨理工大学硕士学位论文,2013.

[96] 应晓敏.面向 Internet 个性化服务的用户建模技术研究[D].长沙:国防科学技术大学博士学位论文,2003.

[97] 余善红.基于社会网络的个性化推荐系统关键技术研究[D].长沙:国防科学技术大学,2011.

[98] 张富国.基于信任的电子商务个性化推荐关键问题研究[D].南昌:江西财经大学博士学位论文,2009.

[99] 张瀚青.基于 SNS 社交网络的模型及其拓扑分析[D].上海:东华大学硕士学位论文,2011.

[100] 张涛.Facebook 每日分享次数达 40 亿且呈指数增长态势[EB/OL].[2014-07-01].http://www.leiphone.com/facebook-daily-shairing-4b.html.

[101] 张耀坤.信息服务的跨系统协同组织研究[D].武汉:武汉大学博士学位论文,2011.

[102] 张玉.基于社会化标签的个性化推荐系统研究[D].合肥:合肥工业大学硕士学位论文,2011.

[103] 张子柯.浅谈物理学方法在推荐系统中应用价值和意义[EB/OL].[2010-05-02]. http://blog.sciencenet.cn/home.php?mod=space&uid=210641&do=blog&id=318997

[104] 赵家辉.个性化信息服务中的用户兴趣迁移研究[D].成都:电子科技大学硕士学位论文,2009.

[105] 赵一甲. 社会网络中社团发现算法研究[D]. 成都:电子科技大学硕士学位论文,2013.

[106] 中国科学院计算技术研究研制. ICTCLAS2011 [EB/OL]. [2010-12-21]. http://ictclas.org/ictclas_download.aspx.

[107] 周涛.Wiki 社群的社会网络分析[D].上海:华东师范大学硕士学位论文,2005.

三、期刊与会议论文

[1] Adomavicius G, Zhang J. Stability of Recommendation Algorithms [J]. ACM Transactions on Information Systems, 2012, 30(4): 23.

[2] Aksoy C, Can F, Kocberber S. Novelty Detection for Topic Tracking [J]. Journal of The American Society for Information Science and Technology, 2012, 63(4): 777-795.

[3] Alves L, et al. Influence of Virtual Communities in Purchasing Decisions: The Participants' Perspective [J]. Journal of Business Research, 2014, 67(5): 882-890.

[4] Amini B, et al. A Reference Ontology for Profiling Scholar's Background Knowledge in Recommender Systems [J]. Expert Systems with Applications, 2015, 42(2): 913-928.

[5] Arbelaitz O, et al. Web Usage and Content Mining to Extract Knowledge for Modelling the Users of the Bidasoa Turismo Website and to Adapt It [J]. Expert Systems with Applications, 2013, 40 (18): 7478-7491.

[6] Bank M, Franke J. Social Networks as Data Source for Recommendation Systems [J]. E-Commerce and Web Technologies, 2010, 61: 49-60.

[7] Barabas A, Albert R. Emergence of Scaling in Random Networks [J]. Science, 1999, 286(5439): 509-512.

[8] Barabasi A, et al. Scale-free Network [J]. Scientific American, 2003, 288(5): 50-59.

[9] Barbieri N, Manco G, et al. Probabilistic Topic Models for Sequence Data [J]. Machine Learning, 2013, 93(1): 5-29.

[10] Bellogín A, Cantador I, Castells P. A Comparative Study of Heterogeneous Item Recommendations in Social Systems [J]. Information Sciences, 2013, 221: 142-169.

[11] Biancalana C, et al. An Approach to Social Recommendation for Context-aware Mobile Services [J]. ACM Transactions on Intelli-

gent Systems and Technology (TIST), 2013, 4(1): 10.

[12] Blei D M, et al. Latent Dirichlet Allocation[J]. Journal of Machine Learning Research, 2003,3(2):993-1022.

[13] Bouza A, Bernstein A. User Preference Similarity as Classification-based Model Similarity[J]. Semantic Web, 2014,5(1):47-64.

[14] Boyd D M, Ellison N B. Social Network Sites: Definition, History, and Scholarship [J]. Journal of Computer-mediated Communication,2008,13(1):210-230.

[15] Cantador I. Categorizing Social Tags to Improve Folksonomy-based Recommendations [J]. Journal of Web Semantics,2011,9(1):1-15.

[16] Cao J, Xia T, et al. A Density-based Method for Adaptive LDA Model Selection [J]. Neurocomputing,2009(72):1775-1781.

[17] Carlo M. Markov Chain Monte Carlo and Gibbs Sampling[J]. Notes,2004,581:1-24.

[18] Chen C H, Hong T P, Tseng V S. Fuzzy Data Mining for Time-Series Data[J]. Applied Soft Computing, 2012,12(1): 536-542.

[19] Chen L, Zeng W, Yuan Q. A Unified Framework for Recommending Items, Groups and Friends in Social Media Environment via Mutual Resource Fusion[J]. Expert Systems with Applications, 2013,40(8):2889-2903.

[20] Cheng W, Juang C. A Fuzzy Model with Online Incremental SVM and Margin-selective Gradient Descent Learning for Classification Problems[J]. 2014,22(2): 324-337.

[21] Chikhaoui B, et al. Pattern-based Causal Relationships Discovery from Event Sequences for Modeling Behavioral User Profile in Ubiquitous Environments[J]. Information Sciences, 2014, 285: 204-222.

[22] Chumtong P, et al. Object Search Using Object Co-occurrence Relations Derived from Web Content Mining[J]. Intelligent Service

Robotics, 2014,7(1): 1-13.

[23] Colace F, et al. Terminological Ontology Learning and Population Using Latent Dirichlet Allocation[J]. Journal of Visual Languages and Computing, 2014,25(6): 818-826.

[24] De Meo P, et al. Recommendation of Reliable Users, Social Networks and High-quality Resources in a Social Internetworking System [J]. AI Communications,2011,24(1): 31-50.

[25] Ding J Y, et al. Prediction of Missing Links Based on Multi-resolution Community Division[J]. Physica A: Statistical Mechanics and Its Applications,2015,417: 76-85.

[26] Domingues M A, et al. Combining Usage and Content in an Online Recommendation System for Music in the Long Tail[J]. International Journal of Multimedia Information Retrieval, 2013, 2(1): 3-13.

[27] Ellison N, et al. The Benefits of Facebook "friends": Exploring the Relationship Between College Students' Use of Online Social Networks and Social Capital [J]. Journal of Computer-mediated Communication,2007,12(4):1143-1168.

[28] Enders A, et al. The Long Tail of Social Networking: Revenue Models of Social Networking Sites [J]. European Management Journal, 2008, 26(3): 199-211.

[29] Enders W, Jindapon P. Network Externalities and the Structure of Terror Networks[J]. Journal of Conflict Resolution, 2010, 54 (2): 262-280.

[30] Esling P, Agon C. Time-series Data Mining[J]. Acm Computing Surveys, 2012,45(1):124-131.

[31] Evangelopoulos N, Zhang X, Prybutok V R. Latent Semantic Analysis: Five Methodological Recommendations [J]. European Journal of Information Systems, 2012,21(1): 70-86.

[32] Evangelopoulos N E. Latent Semantic Analysis[J]. Wiley Interdisciplinary Reviews:Cognitive Science, 2013,4(6): 683-692.

[33] Faccin M, et al. Community Detection in Quantum Complex Networks[J]. Physical Review X, 2014,4(4):26-34.

[34] Fan W, Yeung K H. Similarity Between Community Structures of Different Online Social Networks and Its Impact on Underlying Community Detection[J]. Communications in Nonlinear Science and Numerical Simulation, 2015,20(3): 1015-1025.

[35] Fanaee-T H, Yazdi M. A Semantic VSM-based Recommender System[J]. International Journal of Computer Theory and Engineering,2013,5, (2):331-336.

[36] Fortunato S. Community Detection in Graphs[J]. Physics Reports, 2010, 486(3):75-174.

[37] Fortunato S, Flammini A, Menczer F. Scale-free Network Growth by Ranking[J]. Physical Review Letters,2006,96(21):218701.

[38] Fragkou P. Information Extraction Versus Text Segmentation for Web Content Mining[J]. International Journal of Software Engineering and Knowledge Engineering, 2013,23(8): 1109-1137.

[39] Fu Y, Liu Q, Cui Z. A Collaborative Recommend Algorithm Based on Bipartite Community[J]. The Scientific World Journal, 2014.

[40] Ghazanfar M A, Prügel-Bennett A, Szedmak S. Kernel-Mapping Recommender System Algorithms [J]. Information Sciences, 2012, 208:81-104.

[41] Goldberg D,et al. Using Collaborative Filtering to Weave an Information Tapestry[J].Communications of the ACM,1992,35(12): 61-70.

[42] Goldberg K,Roeder T,Gupta D. Eigentaste:A Constant Time Collaborative Filtering Algorithm [J].Information Retrieval,2001,4 (1):133-151.

[43] Goldstein D G, Goldstein D C. Profiting from the Long Tail[J]. Harvard Business Review, 2006, 84(6): 24-28.

[44] Granovetter M. The Strength of Weak Ties[J]. American Journal

of Sociology, 1973,78(6):1360-1380.

[45] Granovetter M. Threshold Models of Collective Behavior[J]. American Journal of Sociology,1978,83:1420-1443.

[46] Gu W, et al. An Effective News Recommendation Method for Microblog User[J]. The Scientific World Journal, 2014, 2014:1-12.

[47] Gunawardana A, Shani G. A Survey of Accuracy Evaluation Metrics of Recommendation Tasks[J]. Journal of Machine Learning Research,2009,10:2935-2962.

[48] Guo Q, et al. Effect of the Time Window on the Heat-Conduction Information Filtering Model[J]. Physica A: Statistical Mechanics and Its Applications, 2014, 401: 15-21.

[49] Guo Q, Song W J, Liu J G. Ultra-accurate Collaborative Information Filtering via Directed User Similarity[J]. Epl, 2014, 107(1):26.

[50] Hammann F, Drewe J. Decision Tree Models for Data Mining in Hit Discovery[J]. Expert Opinion on Drug Discovery, 2012, 7(4): 341-352.

[51] Han F, et al. A New Incremental Support Vector Machine Algorithm[J]. Journal of Electrical Engineering,2012,10(6):1171-1178.

[52] Hao W, et al. Document Vector Space Model Construction Based on Domain Ontology[J]. Application Research of Computers, 2013,30(3): 764-767.

[53] Hayes B. Cloud Computing[J]. Communications of the ACM, 2008,51(7): 9-11.

[54] He J, et al. A Semantics Schema Matching Approach Based on Vector Space Model[J]. Science of Surveying and Mapping, 2013,38(6): 111-114.

[55] Herlocker J L, et al. Evaluating Collaborative Filtering Recommender Systems[J]. ACM Transactions on Information Systems, 2004,22(1):5-53.

[56] Herlocker J L, Konstan J A, et al. Evaluating Collaborative Filtering Recommender Systems[J]. ACM Transactions on Information Systems,2004,22(1):5-53.

[57] Herlocker J L, Konstan J A, Riedl J. Empirical Analysis of Design Choices in Neighborhood-based Collaborative Filtering Algorithms [J]. Information Retrieval, 2002, 5(4):287-310.

[58] Hofmann T. Latent Semantic Models for Collaborative Filtering[J]. ACM Transactions on Information Systems,2004,22(1):89-115.

[60] Hong F, et al. FLDA: Latent Dirichlet Allocation Based Unsteady Flow Analysis[J]. IEEE Transactions on Visualization and Computer Graphics, 2014,20(12): 2545-2554.

[61] Hoyeon C, et al. PARuS: Personalized Academic Paper Recommender Using Semantic Relation in Digital Library Domain[J]. Journal of KIISE: Software and Applications, 2013,40(3):164-175.

[62] Hu J, et al. Personalized Tag Recommendation Using Social Influence[J]. Journal of Computer Science and Technology, 2012,27(3):527-540.

[[63] Hu Y C. Recommendation Using Neighborhood Methods with Preference-Relation-based Similarity [J]. Information Sciences, 2014,284: 18-30.

[64] Hu Y, Bai L, Zhang W. Modeling and Analyzing Topic Evolution [J]. Acta Automatica Sinica, 2012,38(10): 1690-1697.

[65] Hu Y, Bai L, Zhang W. OLDA-based Method for Online Topic Evolution in Network Public Opinion Analysis[J]. Journal of National Defense University of Science and Technology, 2012, 34(1): 150-154.

[66] Huang W, Yan Y, Li B. A New Method of Text Medical Records Semantic Analysis Based on Merging PLSA Model and Tree Model[J]. Journal of Jilin University, Science Edition, 2013,51

(4): 666-670.

[67] Huang Z, Chen H, Zeng D. Applying Associative Retrieval Techniques to Alleviate the Sparsity Problem in Collaborative Filtering[J]. ACM Transactions on Information Systems, 2004, 22(1):116-142.

[68] Huberman B A, Romero D M, Wu F. Social Networks That Matter: Twitter Under the Microscope[J]. First Monday, 2009, 14(1):8.

[69] Hwang S Y, et al. Coauthorship Networks and Academic Literature Recommendation[J]. Electronic Commerce Research and Applications, 2010, 9(4):323-334.

[70] Itmazi J. A Suggested Algorithm of Recommender System to Recommend Learning Objects from Digital Library to Learning Management System[J]. Asian Journal of Information Technology, 2010, 9(2): 37-44.

[71] Janarthanam S, Lemon O. Adaptive Generation in Dialogue Systems Using Dynamic User Modeling[J]. Computational Linguistics, 2014, 40(4): 883-920.

[72] Jia C X, et al. A New Weighting Method in Network-based Recommendation[J]. Physica A, 2008, 387(23):5887-5891.

[73] Jia S, Gao L, Gao Y. Anti-triangle Centrality-based Community Detection in Complex Networks[J]. Iet Systems Biology, 2014, 8(3): 116-125.

[74] Jin R, Si L, Zhai C X. A Study of Mixture Models for Collaborative Filtering[J]. Information Retrieval, 2006, 9(3): 357-382.

[75] Joachims T. Text Categorization with Support Vector Machines: Learning with Many Relevant Features[J]. Machine Learning ECML98, 1998, 1398(23):137-142.

[76] Jones M V, Coviello N, Tang Y K. International Entrepreneurship Research (1989-2009): A Domain Ontology and Thematic Analysis[J]. Journal of Business Venturing, 2011, 26(6):632-659.

[77] Ju S, et al. Applying Machine Learning Techniques to Tag Recommendation in Social Bookmarking Systems[J]. Information—An International Interdisciplinary Journal, 2010,13(5): 1613-1624.

[78] Junglas I A, Watson R T. Location-based Services[J]. Communications of the ACM,2008,51(3):65-69.

[79] Junhong M. A Method of Phased Integrated Semantic Similarity Computation[J]. Journal of Theoretical and Applied Information Technology, 2013, 49(3):825-831.

[80] Kao S, Wu C. PIKIPDL: A personalized Information and Knowledge Integration Platform for DL Service[J]. Library Hi Tech, 2012,30(3):490-512.

[81] Kim B M, Li Q, Park C S, et al. A New Approach for Combining Content-based and Collaborative Filters[J]. Journal of Intelligent Information System, 2006,27(1):79-91.

[82] Kim H L, Decker S, Breslin J G. Representing and Sharing Folksonomies with Semantics [J]. Journal of Information Science. 2010,36(1): 57-72.

[83] Kim P, Kim S. Detecting Overlapping and Hierarchical Communities in Complex Network Using Interaction-based Edge Clustering[J]. Physica A: Statistical Mechanics and Its Applications,2015,417: 46-56.

[84] Kim W, Kerschberg L, Scime A. Learning for Automatic Personalization in a Semantic Taxonomy-based Meta-Search Agent [J]. Electronic Commerce Research and Applications, 2002, 1(2): 150-173.

[85] Kim Y, Shim K. TWILITE: A Recommendation System for Twitter Using a Probabilistic Model Based on Latent Dirichlet Allocation[J]. Information Systems, 2014,42: 59-77.

[86] Konstan J A, Riedl J. Recommender Systems: From Algorithms to User Experience[J]. User Modeling and User-adapted Interaction, 2012, 22(1-2): 101-123.

[87] Kukla G, et al. Recommendation Boosted Query Propagation in the Social Network [J]. Social Informatics, 2010, 6430: 113-124.

[88] Kulkarni S S, Apte U M, Evangelopoulos N E. The Use of Latent Semantic Analysis in Operations Management Research[J]. Decision Sciences, 2014,45(5): 971-994.

[89] Kuta M, Kitowski J. Comparison of Latent Semantic Analysis and Probabilistic Latent Semantic Analysis for Documents Clustering [J]. Computing and Informatics, 2014,33(3): 652-666.

[90] Lai Y, Zeng J. A Cross-language Personalized Recommendation Model in Digital Libraries[J]. The Electronic Library, 2013, 31(3): 264-277.

[91] Lam W, Mostafa J. Modeling User Interest Shift Using a Bayesian Approach[J]. Journal of the American Society for Information Science & Technology,2001,52(5):416-429.

[92] Lancichinetti A, Fortunato S, Kertesz J. Detecting the Overlapping and Hierarchical Community Structure of Complex Networks[J]. New Journal of Physics,2009,11:033015.

[93] Landauer T K, Foltz P W, Laham D. An Introduction to Latent Semantic Analysis[J]. Discourse Processes, 1998, 25(2): 259-284.

[94] Latapy M, Magnien C, Vecchio N D. Basic Notions for the Analysis of Large Two-mode Networks[J]. Social Networks, 2008, 30(1):31-48.

[95] Lederer A L, Sethi V. Guidelines for Strategic Information Planning[J]. Journal of Business Strategy,1991,12(6):38-43.

[96] Lee C H. Unsupervised and Supervised Learning to Evaluate Event Relatedness Based on Content Mining from Social-media Streams[J]. Expert Systems with Applications, 2012,39(18): 13338-13356.

[97] Lee J S, Jun C H, Lee J, et al. Classification-based Collaborative Filtering Using Market Basket Data[J]. Expert Systems with Ap-

plications,2005,29(3):700-704.

[98] Lee L H, et al. An Enhanced Support Vector Machine Classification Framework by Using Euclidean Distance Function for Text Document Categorization [J]. Applied Intelligence, 2012, 37 (1): 80-99.

[99] Lee S H, et al. Googling Social Interactions: Web Search Engine Based Social Network Construction[J]. Plos One, 2010, 5(7): e11233.

[100] Li B, Yang X. Analyzing Research Topic Evolution with LDA and Topic Filtering[J]. Mini Micro Systems, 2012, 33(12): 2738-2743.

[101] Li L, Peng H, Lu S. A Micro-community Structure Merging Model Using a Community Sample Matrix[J]. Chinese Physics Letters,2013,30(1): 018901.

[102] Li Q, et al. User Comments for News Recommendation in Forum-Based Social Media [J]. Information Sciences, 2010, 180(24): 4929-4939.

[103] Li X, Ba Z, Huang L. News Topic Mining Method Based on Weighted Latent Dirichlet Allocation Model[J]. Journal of Computer Applications, 2014, 34(5): 1354-1359.

[104] Li X, Chen H. Recommendation as Link Prediction in Bipartite Graphs: A Graph Kernel-based Machine Learning Approach[J]. Decision Support Systems, 2013, 54(2): 880-890.

[105] Li Y, Hsiao H, Lee Y. Recommending Social Network Applications via Social Filtering Mechanisms[J]. Information Sciences, 2013,239:18-30.

[106] Li Y M, Chen C W. A Synthetical Approach for Blog Recommendation: Combining Trust, Social Relation and Semantic Analysis [J]. Expert Systems with Applications, 2009, 36(3): 6536-6547.

[107] Liao S H, Chu P H, Hsiao P Y. Data Mining Techniques and

Applications — A Decade Review From 2000 to 2011[J]. Expert Systems with Applications, 2012,39(12):11303-11311.

[108] Lin H L, Yang X D, Wang W S. A Content-boosted Collaborative Filtering Algorithm for Personalized Training in Interpretation of Radiological Imaging[J]. Journal of Digital Imaging, 2014,27(4):449-456.

[109] Linden G, et al. Recommendation Algorithms, Online Privacy and More[J]. Communications of the ACM,2009,52(5):10-11.

[110] Linden G, Smith B, York J. Amazon.com Recommendations: Item-to-Item Collaborative Filtering[J]. IEEE Internet Computing, 2003, 7(1):76-80.

[111] Liu G Z. Semantic Vector Space Model: Implementation and Evaluation[J]. Journal of The American Society for Information Science,1997,48,(5):395-417.

[112] Liu Q W, Xiong Y, Huang W C. Combining User-based and Item-based Models for Collaborative Filtering Using Stacked Regression[J]. Chinese Journal of Electronics, 2014,23(4):712-717.

[113] Liu S, Chen P, Li K. Multiple Sub-Hyper-Spheres Support Vector Machine for Multi-class Classification[J]. International Journal of Wavelets, Multiresolution and Information Processing, 2014,12(3):1450035.

[114] Liu Y H. Mining Frequent Patterns from Univariate Uncertain Data[J]. Data & Knowledge Engineering, 2012,71(1):47-68.

[115] Lopes G R, et al. Collaboration Recommendation on Academic Social Networks [J]. Advances in Conceptual Modeling: Applications and Challenges, 2010,6413:190-199.

[116] Luo X, Xia Y, Zhu Q, Li Y. Boosting the K-Nearest-Neighborhood Based Incremental Collaborative Filtering[J]. Knowledge-Based Systems, 2013,53:90-99.

[117] Ma H, King I, Lyu M R. Learning to Recommend with Explicit

and Implicit Social Relations[J]. ACM Transactions on Intelligent Systems And Technology, 2011, 2(3):29.

[118] Ma W, Wei W, Degn Y. Micro-blog Topic Detection Method Based on Latent Semantic Analysis[J]. Computer Engineering and Application, 2014,50(1): 96-100.

[119] Maedche A, Staab S. Ontology Learning for the Semantic Web[J].IEEE Intelligent Systems,2001,16(2):72-79.

[120] Maloof M, Michalski R. Selecting Examples for Partial Memory Learning[J].Machine Learning,2000,41(1):27-52.

[121] Marangoni-Simonsen D, Xie Y. Sequential Changepoint Approach for Online Community Detection[J]. IEEE Signal Processing Letters, 2015,22(8): 1035-1039.

[122] Marsden P V, Campbell K E. Measuring Tie Strength[J].Social Forces,1984,63(2):482-501.

[123] Marston S, et al. Cloud computing — The business Perspective [J].Decision Support Systems,2011,51(1):176-189.

[124] Martin-Vicente M I, et al. A Semantic Approach to Improve Neighborhood Formation in Collaborative Recommender Systems[J]. Expert Systems with Applications, 2014,41(17): 7776-7788.

[125] Mashechkin I V, et al. Automatic Text Summarization Using Latent Semantic Analysis [J]. Programming and Computer Software, 2011,37(6): 299-305.

[126] Medo M, et al. Adaptive Model for Recommendation of News[J].Europhysics Letters,2009,88(3):38005.

[127] Middleton S E, Shadbolt N R, De Roure D C. Ontological User Profiling in Recommender Systems[J].ACM Transactions on Information Systems (TOIS),2004,22(1):54-88.

[128] Min J K, Cho S B. Mobile Human Network Management and Recommendation by Probabilistic Social Mining[J]. IEEE Transactions on Systems Man and Cybernetics Part B—Cybernetics, 2011,41(3):761-771.

[129] Mobasher B, Dai H, et al. Discovery and Evaluation of Aggregate Usage Profiles for Web Personalization[J]. Data Mining and Knowledge Discovery, 2002, 6(1): 61-82.

[130] Mohd M, Crestani F, Ruthven I. Evaluation of an Interactive Topic Detection and Tracking Interface[J]. Journal of Information Science, 2012, 38(4): 383-398.

[131] Momtazi S, Naumann F. Topic Modeling for Expert Finding Using Latent Dirichlet Allocation[J]. Wiley Interdisciplinary Reviews-Data Mining and Knowledge Discovery, 2013, 3(5): 346-353.

[132] Morris M, Ogan C. The Internet as Mass Medium[J]. Journal of Communication, 1996, 46(1): 39-50.

[133] Movahedian H, Khayyambashi M R. A Semantic Recommender System Based on Frequent Tag Pattern[J]. Intelligent Data Analysis, 2015, 19(1): 109-126.

[134] Mu C, Liu Y, Liu Yi. Two-Stage Algorithm Using Influence Coefficient for Detecting the Hierarchical, Non-overlapping and Overlapping Community Structure [J]. Physica A: Statistical Mechanics and Its Applications, 2014, 408: 47-61.

[135] Nabi R L, et al. Facebook Friends with (Health) Benefits? Exploring Social Network Site Use and Perceptions of Social Support, Stress and Well-being[J]. Cyberpsychology Behavior and Social Networking, 2013, 16(10): 721-727.

[136] Nasir J A, et al. Semantic Smoothing for Text Clustering[J]. Knowledge-based Systems, 2013, 54: 216-229.

[137] Newman M. Fast Algorithm for Detecting Community Structure in Networks[J]. Physical Review E, 2004, 69(6): 066133.

[138] Oliveira A D R, et al. Trust-based Recommendation for the Social Web[J]. IEEE Latin America Transactions, 2012, 10(2): 1661-1666.

[139] Ozbal G, Karaman H, Alpaslan F N. A Content-boosted Collabo-

rative Filtering Approach for Movie Recommendation Based on Local and Global Similarity and Missing Data Prediction[J]. Computer Journal, 2011,54(9):1535-1546.

[140] Ozcan A, Oguducu S G. A Recommendation Framework for Mobile Phones Based on Social Network Data [J]. Software Engineering, Artificial Intelligence, Networking and Parallel-distributed Computing,2010,295:139-149.

[141] Ozik J, Hunt B R, Ott E. Growing Networks with Geographical Attachment Preference:Emergence of Small Worlds[J]. Physical Review E, 2004,69(2):026108.

[142] Palla G, Derenyi I, Farkas I, Vicsek T. Uncovering the Overlapping Community Structures of Complex Networks in Nature and Society[J]. Nature, 2005, 435(7043): 814-818.

[143] Pan R, et al. Improving Recommendations by the Clustering of Tag Neighbours[J]. Journal of Convergence, 2012, 3(1): 13-20.

[144] Park Y J. The Adaptive Clustering Method for the Long Tail Problem of Recommender Systems[J]. Knowledge and Data Engineering, IEEE Transactions on, 2013, 25(8): 1904-1915.

[145] Parpinelli R S, Lopes H S, Freitas A A. Data Mining with an Ant Colony Optimization Algorithm[J]. IEEE Transactions on Evolutionary Computation, 2002,6(4): 321-332.

[146] Paul Anbu K J, Mavuso M R. Old Wine in New Wine Skin: Marketing Library Services Through SMS-based Alert Service[J]. Library Hi Tech, 2012, 30(2): 310-320.

[147] Peng S, et al. Improved Support Vector Machine Algorithm for Heterogeneous Data[J]. Pattern Recognition, 2014(12):1-12.

[148] Pham M C. A Clustering Approach for Collaborative Filtering Recommendation Using Social Network Analysis [J]. Journal of Universal Computer Science,2011,17(4):583-604.

[149] Porter M A, Onnela J P, Mucha P J. Communities in Networks

[J]. Notices of the American Mathematical Society, 2009, 56 (9):1082-1097,1164-1166.

[150] Qia X, Su J, Zhang J. Recommending Friends Instantly in Location-based Mobile Social Networks[J]. China Communications, 2014,11(2):109-127.

[151] Qin L, et al. An Improved Incremental Training Algorithm of Support Vector Machines [J]. Advanced Materials Research, 2011,301-303:677-681.

[152] Qiu J, Lin Z. D-HOCS: An Algorithm for Discovering the Hierarchical Overlapping Community Structure of a Social Network[J]. Journal of Intelligent Information Systems, 2014, 42(3): 353-370.

[153] Qiu L Y, Benbasat I. Evaluating Anthropomorphic Product Recommendation Agents: A Social Relationship Perspective to Designing Information Systems [J].Journal of Management Information Systems,2009,25(4):145-181.

[154] Rawashdeh M, et al. Folksonomy Link Prediction Based on a Tripartite Graph for Tag Recommendation[J]. Journal of Intelligent Information Systems, 2013, 40(2): 307-325.

[155] Resnick P, et al. Reputation Systems[J].Communications of the ACM, 2000,43(12):45-48.

[156] Resnick P, Varian H R. Recommender Systems[J]. Communications of the ACM, 1997,40(3):56-58.

[157] Rich E. Users Are Individuals: Individualizing User Models[J]. Man-Machine Studies,1983,18:199-214.

[158] Rohani V A, et al. An Effective Recommender Algorithm for Cold-start Problem in Academic Social Networks[J]. Mathematical Problems in Engineering, 2014: 123726.

[159] Sagawa C. Cloud Computing Based on Service-oriented Platform [J]. Fujitsu Scientific & Technical Journal, 2009,45(3):283-289.

[160] Salton G, Buckley C. Term-weighting Approaches in Automatic Text Retrieval [J]. Information Processing and Management, 1988, 24(5):513-523.

[161] Sánchez D, et al. Ontology-based Semantic Similarity: A New Feature-based Approach[J]. Expert Systems with Applications, 2012, 39(9): 7718-7728.

[162] Sebastiani F. Machine Learning in Automated Text Categorization [J].ACM Computing Surveys,2002,34 (1):1-47.

[163] Sela R J, Simonoff J S. RE-EM Trees: A Data Mining Approach for Longitudinal and Clustered Data [J]. Machine Learning, 2012,86(2): 169-207.

[164] Shah D, Zaman T. Rumors in a Network: Who's the Culprit? [J]. Information Theory, IEEE Transactions on, 2011, 57(8): 5163-5181.

[165] Shen B, Zhao Y S. An Experimental Study of Incremental SVD on Latent Semantic Analysis[J]. Journal of Internet Technology, 2014,15(1): 35-41.

[166] Shilton A, et al. Incremental Training of Support Vector Machines[J]. Neural Networks ,2005,16(1):114-131.

[167] Skiera B,Eckert J,Hinz O. An Analysis of the Importance of the Long Tail in Search Engine Marketing[J].Electronic Commerce Research and Applications,2010,9(6):488-494.

[168] Song R P, et al. A Hybrid Recommender Algorithm Based on an Improved Similarity Method[J]. Applied Mechanics and Materials, 2014, 475: 978-982.

[169] Stojmirović A, Yu Y K. Information Flow in Interaction Networks [J]. Journal of Computer Biol,2007,14:1115-1143.

[170] Strack R, Kecman V, Strack B, et al. Sphere Support Vector Machines for Large Classification Tasks [J]. Neurocomputing, 2013,101:59-67.

[171] Stuart G, Donald G. Stochastic Relaxation, Gibbs Distributions

and the Bayesian Restoration of Images[J]. IEEE Transactions on Pattern Analysis and Machine Intelligence, 1984, PAMI-6(6): 721-741.

[172] Su J H, et al. Personalized Rough-set-based Recommendation by Integrating Multiple Contents and Collaborative Information[J]. Information Sciences,2010,180(1):113-131.

[173] Su X Y, Khoshgoftaar T M. A Survey of Collaborative Filtering Techniques[J]. Advances in Artificial Intelligence,2009(3):1-20.

[174] Sun P G. Community Detection by Fuzzy Clustering[J]. Physica A:Statistical Mechanics and Its Applications, 2015,419: 408-416.

[175] Sun Z B, et al. Recommender Systems Based on Social Networks [J]. Journal of Systems and Software, 2015,99: 109-119.

[176] Tang J, Hu X, Liu H. Social Recommendation: A Review[J]. Social Network Analysis and Mining, 2013, 3(4): 1113-1133.

[177] Tang S, Qi J. Vector Space Model Based on Keywords and Co-occurrence Word Pairs[J]. Computer Engineering and Science, 2014,36(5): 971-976.

[178] Tejeda-Lorente Á, et al. A Quality Based Recommender System to Disseminate Information in a University Digital Library[J]. Information Sciences, 2014, 261: 52-69.

[179] Thelwall M. My Space Comments[J].Online Information Review, 2009,33 (1):58-76.

[180] Tsai C W, et al. Data Mining for Internet of Things: A Survey[J]. IEEE Communications Surveys and Tutorials, 2014, 16(1): 77-97.

[181] Tsekouras G E, Gavalas D. An Effective Fuzzy Clustering Algorithm for Web Document Classification: A Case Study in Cultural Content Mining[J]. International Journal of Software Engineering and Knowledge Engineering, 2013,23(6): 869-886.

[182] Tsytsarau M, Palpanas T. Survey on Mining Subjective Data on the Web[J]. Data Mining and Knowledge Discovery, 2012, 24(3): 478-514.

[183] Turney P D. Similarity of Semantic Relations[J]. Computational Linguistics, 2006, 32(3): 379-416.

[184] Turney P D, Pantel P. From Frequency to Meaning: Vector Space Models of Semantics[J]. Journal of Artificial Intelligence Research, 2010, 37: 141-188.

[185] Vafaee F, et al. Novel Semantic Similarity Measure Improves an Integrative Approach to Predicting Gene Functional Associations [J]. BMC Systems Biology, 2013, 7(1): 22.

[186] Valle D, et al. Decomposing Biodiversity Data Using the Latent Dirichlet Allocation Model, a Probabilistic Multivariate Statistical Method[J]. Ecology Letters, 2014, 17(12): 1591-1601.

[187] Vaughan J, Costello K. Management and Support of Shared Integrated Library Systems[J]. Information Technology and Libraries, 2011, 30(2): 62-70.

[188] Walter F E, Battiston S, Schweitzer F. A Model of a Trust-based Recommendation System on a Social Network[J]. Autonomous Agents and Multi-agent Systems, 2008, 16(1): 57-74.

[189] Wang C, Zhang J. Improved K-Means Algorithm Based on Latent Dirichlet Allocation for Text Clustering[J]. Journal of Computer Applications, 2014, 34(1): 249-254.

[190] Wang J, et al. Multichannel Biomedical Time Series Clustering via Hierarchical Probabilistic Latent Semantic Analysis[J]. Computer Methods and Programs in Biomedicine, 2014, 117(2): 238-246.

[191] Wang J, Peng, J, Liu O. A Classification Approach for Less Popular Webpages Based on Latent Semantic Analysis and Rough Set Model[J]. Expert Systems with Applications, 2015, 42(1): 642-648.

[192] Wang Y, et al. Classification of Fault Location and the Degree of Performance Degradation of a Rolling Bearing Based on an Improved Hyper-Sphere-structured Multi-class Support Vector Machine[J]. Mechanical Systems and Signal Processing, 2012, 29: 404-414.

[193] Wang Z, et al. Web Clustering Based on Hybrid Probabilistic Latent Semantic Analysis Model[J]. Journal of Computer Applications, 2012, 32(11): 3018-3022.

[194] Wang Z, Yu X, Feng N, Wang Z H. An Improved Collaborative Movie Recommendation System Using Computational Intelligence [J]. Journal of Visual Languages and Computing, 2014, 25(6): 667-675.

[195] Watts D. Networks, Dynamics and the Small-World. Phenomenon [J]. American Journal of Sociology, 1999, 105(2): 493-527.

[196] Wei D, et al. Effective Mechanism for Social Recommendation of News [J]. Physica A: Statistical Mechanics and Its Applications, 2011, 390(11): 2117-2126.

[197] Weng J, Lim P E, et al. Twitterrank: Finding Topic-sensitive Influential Twitterers[C] // Proceedings of the Third ACM International Conference on Web Search and Data Mining, 2010, 37(4): 261-270.

[198] Widmer G, Kubat M. Learning in the Presence of Concept Drift and Hidden Contexts[J]. Machine Learning, 1996, 23(1): 69-101.

[199] Williamson O E. The Economics of Organization: The Transaction Cost Approach. Author(s)[J]. The American Journal of Sociology, 1981, 87(3): 548-577.

[200] Wu H, et al. On Improving Aggregate Recommendation Diversity and Novelty in Folksonomy-based Social Systems[J]. Personal and Ubiquitous Computing, 2014, 18(8): 1855-1869.

[201] Wu Q, et al. Topic Evolution Based on LDA and HMM and Its

Application in Stem Cell Research[J]. Journal of Information Science, 2014,40(5): 611-620.

[202] Wu X, et al. Data Mining with Big Data[J]. IEEE Transactions on Knowledge and Data Engineering, 2014,26(1): 97-107.

[203] Wu X, et al. Top 10 Algorithms in Data Mining[J]. Knowledge and Information Systems, 2008,14(1): 1-37.

[204] Xie W, Dong Q, Gao H. A Probabilistic Recommendation Method Inspired by Latent Dirichlet Allocation Model[J]. Mathematical Problems in Engineering,2014: 979147.

[205] Xu Y, Guo R. A Twin Hyper-Sphere Multi-class Classification Support Vector Machine[J]. Journal of Intelligent and Fuzzy Systems, 2014, 27(4): 1783-1790.

[206] Yang L X. Epidemics of Computer Viruses: A Complex-network Approach[J]. Applied Mathematics and Computation, 2013,219 (16): 8705-8717.

[207] Yang W S, Lin Y R. A Task-focused Literature Recommender System for Digital Libraries [J]. Online Information Review, 2013, 37(4): 581-601.

[208] Yang X, Guo Y, Liu Y, Steck H. A Survey of Collaborative Filtering Based Social Recommender Systems[J]. Computer Communications, 2014,41:1-10.

[209] Ye H, Cheng W, Dai G Z.Design and Implementation of Online Hot Topic Discovery Model[J].Wuhan University Journal of Natural Sciences,2006,11(1):21-26.

[210] Yildirim E A. Two Algorithms for the Minimum Enclosing Ball Problem[J]. SIAM Journal on Optimization, 2008,19(3):1368-1391.

[211] Yook S,Jeong H,Barabási A. Modeling the Internet's Large-scale Topology[J].The National Academy of Sciences,2002,99(21): 13382-13386.

[212] Yoon S, Elhadad N, Bakken S. A Practical Approach for Content

Mining of Tweets[J]. American Journal of Preventive Medicine, 2013,45(1): 122-129.

[213] Yu Y, Qiu R G. Followee Recommendation in Microblog Using Matrix Factorization Model with Structural Regularization [J]. The Scientific World Journal, 2014: 420841.

[214] Yu Y J, et al. Personalized Web Recommendation Based on Path Clustering[C] // Flexible Query Answering Systems, Proceedings.Heidelberg: Springer Berlin,2006,4027:368-377.

[215] Yuan M, Ouyang Y X, Xiong Z. A Text Categorization Method Using Extended Vector Space Model by Frequent Term Sets[J]. Journal of Information Science and Engineering, 2013,29(1): 99-114.

[216] Zeng L, et al. Distributed Data Mining: A Survey[J]. Information Technology & Management, 2012,13(4): 403-409.

[217] Zha X, et al. User Perceptions of E-quality of and Affinity with Virtual Communities: The Effect of Individual Differences[J]. Computers in Human Behavior,2014,38:185-195.

[218] Zhang C X, et al. Information Filtering via Collaborative User Clustering Modeling[J]. Physica A:Statistical Mechanics and Its Applications, 2014,396: 195-203.

[219] Zhang H, et al. Multidimensional Latent Semantic Analysis Using Term Spatial Information[J]. IEEE Transactions on Cybernetics, 2013, 43(6): 1625-1640.

[220] Zhang J, et al. Collaborative Filtering Recommendation Algorithm Based on User Preference Derived from Item Domain Features[J]. Physica A: Statistical Mechanics and its Applications, 2014, 396: 66-76.

[221] Zhang J, Li F. LDA Topic Evolution Based on Global and Local Modeling[J]. Journal of Shanghai Jiaotong University, 2012,46 (11): 1753-1758.

[222] Zhang J, Li T, Chen H. Composite Rough Sets for Dynamic Data

Mining[J]. Information Sciences, 2014, 257: 81-100.

[223] Zhang W, Huang W, Xia L. Recommendation Research Based on General Content Probabilistic Latent Semantic Analysis Model[J]. Journal of Computer Applications, 2013, 33(5): 1330-1333.

[224] Zhang Y, Wang S. The Role of Tags in Personalized Recommendation[J]. Journal of Computational Information Systems, 2014, 10(2): 719-725.

[225] Zhang Y C, Blattner M, Yu Y K. Heat Conduction Process on Community Networks as a Recommendation Model[J]. Physical Review Letters, 2007, 99(15): 154301.

[226] Zhang Z K, Liu C. Hybrid Recommendation Algorithm Based on Two Roles of Social Tags[J]. International Journal of Bifurcation and Chaos, 2012, 22(7): 1250166.

[227] Zhang Z K, et al. Website-oriented Recommendation Based on Heat Spreading and Tag-aware Collaborative Filtering[J]. Physica A: Statistical Mechanics and Its Applications, 2014, 399: 82-88.

[228] Zhang Z K, Liu C, et al. Solving the Cold-start Problem in Recommender Systems with Social Tags[J]. Europhysics Letters, 2010, 92(2): 28002.

[229] Zhang Z Y, Feng X, Huo W G. An Improvement of PLSA-based Community Detection Algorithm[J]. Modern Physics Letters B, 2014, 28(17): 1450120.

[230] Zhao D, et al. Satellite Recognition via Sparse Coding Based Probabilistic Latent Semantic Analysis[J]. International Journal of Humanoid Robotics, 2014, 11(2).

[231] Zhao M, Xie J H. Effects of Social and Temporal Distance on Consumers' Responses to Peer Recommendations [J]. Journal of Marketing Research, 2011, 48(3): 486-496.

[232] Zhao X, et al. A Topic Evolution Mining Algorithm of News Text

Based on Feature Evolving[J]. Chinese Journal of Computers, 2014,37(4):819-831.

[233] Zhou A Y, et al. Location-based Services:Architecture and Progress[J]. Chinese Journal of Computers,2011,34(7):1155-1171.

[234] Zhou T, Li H, Liu Y. The Effect of Flow Experience on Mobile SNS Users' Loyalty[J]. Industrial Management & Data Systems, 2010,110(5-6):930-946.

[235] Zou H T, et al. TrustRank:A Cold-start Tolerant Recommender System[J]. Enterprise Information Systems,2015,9(2):117-138.

[236] Zouaq A, Gasevic D, Hatala M. Towards Open Ontology Learning and Filtering[J]. Information Systems,2011,36(7):1064-1081.

[237] 艾青,秦玉平,李迎春.基于超球支持向量机的多主题文本分类算法[J].计算机工程与设计,2010,31(10):2273-2275,2279.

[238] 蔡丽宏,马静,等.基于OWL的本体半自动进化研究[J].情报学报,2011(1):56-60.

[239] 陈定权,刘颉颃.社会化交往站点(SNS)中的图书馆服务[J].新世纪图书馆,2011(6):6,41-44.

[240] 陈慧娟,郑啸,陈欣.微博网络信息传播研究综述[J].计算机应用研究,2014(2):333-338.

[241] 陈科,贾焰,杨树强,等.汉语短文话题提取系统中SDTF*PDF算法的研究[J].计算机应用,2005(1):14-16.

[242] 陈清华,李林锦,翁正秋.SNS网站用户关系挖掘的设计与实现[J].计算机工程,2011(3):61-63.

[243] 刁祖龙,张兴忠.基于本体用户兴趣模型的个性化推荐系统[J].计算机应用与软件,2013(10):155-158.

[244] 杜江.社会性网络服务的形态演变、学理特征与功能批判[J].科技传播,2010(12):204-205,210.

[245] 费洪晓,戴弋,等.基于优化时间窗的用户兴趣漂移方法[J].计算机工程,2008(16):210-211,214.

[246] 冯敏,姚伟,刘静.情报学中信息社会化推荐的理论研究[J].情报理论与实践,2011(8):25-30.

[247] 郭伟光,李道芳,章蕾.一种社会化标注系统资源个性化推荐方法[J].计算机工程与应用,2011(10):240-243.

[248] 韩丽.论数字图书馆知识社区的构建[J].情报研究,2008(2):151-153.

[249] 何铁科,陈振宇,刘嘉,骆斌.社会化推荐研究进展[J].计算机与数字工程,2012(11):1-5.

[250] 胡昌平,胡吉明,邓胜利.基于社会化群体作用的信息聚合服务[J].中国图书馆学报,2010(3):51-56.

[251] 扈维,张尧学,周悦芝.基于社会化标注的用户兴趣挖掘[J].清华大学学报(自然科学版),2014(4):502-507.

[252] 黄承慧,等.一种结合词项语义信息和TF-IDF方法的文本相似度量方法[J].计算机学报,2011(5):856-864.

[253] 黄立威,李德毅.社交媒体中的信息推荐[J].智能系统学报,2012(1):1-8.

[254] 黄颖.LDA及主题词相关性的新事件检测[J].计算机与现代化,2012(1):6-9,13.

[255] 纪良浩,王国胤.基于用户的协作过滤信息推荐模型研究[J].计算机工程与设计,2008(8):2047-2051.

[256] 蒋华,戚玉顺.基于球结构SVM的多标签分类[J].计算机工程,2013,39(1):294-297.

[257] 蒋胜,王忠群,等.集成社会化标签和用户背景信息的协同过滤推荐方法[J].计算机应用,2014(8):2328-2331.

[258] 李克潮,梁正友.适应用户兴趣变化的指数遗忘协同过滤算法[J].计算机工程与应用,2011(13):154-156.

[259] 李珊.个性化服务中用户兴趣建模与更新研究[J].情报学报,2010(1):67-71.

[260] 李晓堂,詹峰,龙能,等.基于SNS的社区网络服务架构与设

计[J].软件,2014(2):23-24.

[261] 李育嫦."211工程"高校图书馆 Web 2.0 的应用[J].图书馆学刊,2011(3):71-75.

[262] 刘合翔.基于社会化推荐的网络浏览行为分析[J].图书情报工作,2010(16):50-53.

[263] 刘洪涛,肖开洲,吴渝,等.带舆论评价的引文网络构建与主题发现[J].情报学报,2011,30(4):441-448.

[264] 卢承山.基于本体语义树的主题空间向量模型[J].计算机系统应用,2011(10):44-48.

[265] 罗恒超.云传播时代个人隐私权的法律保护[J].贵州民族大学学报(哲学社会科学版),2014(5):73-78.

[266] 吕琳媛,陆君安,张子柯,等.复杂网络观察[J].复杂系统与复杂性科学,2010(2):173-186.

[267] 闵栋.移动 SNS 业务跟踪研究[J].移动通信,2010(6):13-17.

[268] 潘红艳,陶剑文,等.基于信息项和用户群的信息推荐机制[J].情报学报,2006(5):601-605.

[269] 彭兰.数字技术推动下的信息传播趋势[J].军事记者,2011(4):4-7.

[270] 钱大千,张晓东.基于 SNS 社交网络的增长模型[J].合肥工业大学学报(自然科学版),2010(8):1264-1267.

[271] 石晶,李万龙.基于 LDA 模型的主题词抽取方法[J].计算机工程,2010(19):81-83.

[272] 宋双永,李秋丹.面向移动终端的微博信息推荐方法[J].计算机科学,2011(11):137-139,166.

[273] 苏建华,汪初芸.国内外高校图书馆应用 SNS 的比较研究[J].情报资料工作,2011(2):102-104.

[274] 苏喻,郑诚,等.基于语义的 VSM 模型改进[J].计算机应用与软件,2011(8):158-161.

[275] 孙巍.云传播:云计算时代的传播革命[J].青年记者,2014(22):60-61.

[276] 汤向男.关系化信息流:微博环境下的"把关人"[J].东南传

播,2011(4):38-40.

[277] 唐明伟,卞艺杰,陶飞飞,等.基于领域本体的语义向量空间模型[J].情报学报,2011(9):951-955.

[278] 田莹颖.基于社会化标签系统的个性化信息推荐探讨[J].图书情报工作,2010(1):50-53,120.

[279] 万雪飞,陈端兵,傅彦.一种重叠社区发现的启发式算法[J].计算机工程与应用,2010(3):36-38,41.

[280] 王德成,林辉.一种SVM不平衡分类方法及在故障诊断的应用[J].电机与控制学报,2012,16(9):48-52.

[281] 王建冬,王继民,等.博客圈的特征及其演化机制初探[J].现代图书情报技术,2008(4):56-60.

[282] 王伟,王洪伟,孟园.协同过滤推荐算法研究:考虑在线评论情感倾向[J].系统工程理论与实践,2014(12):3238-3249.

[283] 王晓堤,文军舰,张悦,叶娟娟.基于模糊兴趣模型与多Agent的个性化推荐系统[J].计算机系统应用,2010(9):183-186.

[284] 魏建良,朱庆华.基于社会化标注的个性化推荐研究进展[J].情报学报,2010(4):625-633.

[285] 杨博,赵鹏飞.推荐算法综述[J].山西大学学报(自然科学版),2011,34(3):337-350.

[286] 杨成明.微博客用户行为特征实证分析[J].图书情报工作,2011(12):21-25.

[287] 杨玉珍,刘培玉,等.向量空间模型中结合句法的文本表示研究[J].计算机工程,2011(3):58-60.

[288] 易明,邓卫华,徐佳.社会化标签系统中基于组合策略的个性化知识推荐研究[J].情报科学,2011(7):1093-1097.

[289] 张赛,徐恪,李海涛.微博类社交网络中信息传播的测量与分析[J].西安交通大学学报,2013(2):124-130.

[290] 张玉峰,何超.基于潜在语义分析和改进的HS-SVM的文本分类模型研究[J].图书情报工作,2010(10):109-113.

393